秦始皇与广宗沙丘平台遗址学术论文集

QIN SHIHUANG YU
GUANGZONG SHAQIU PINGTAI YIZHI
XUESHU LUNWENJI

卜宪群 | 主编

人民出版社

编　委　会

首届"沙丘平台与广宗区域文化"学术研讨会与会嘉宾合影留念
主办：中国秦汉史研究会 承办：政协广宗县委员会 2019.11.09 于河北广宗

2019年11月9日，首届"沙丘平台与广宗区域文化"学术研讨会与会嘉宾合影

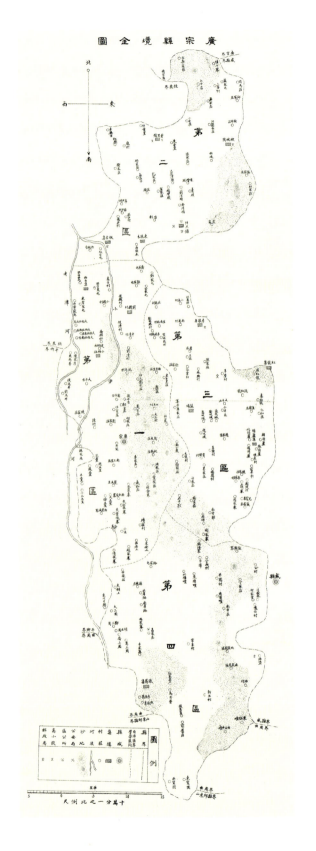

民国《广宗县志》卷首《广宗县境全图》

1996 年 4 月 19 日，全国人大常委会副委员长、民盟中央主席，著名社会学家、
人类学家费孝通第三次来广宗时考察了沙丘平台遗址

沙丘平台遗址

沙丘苑公园

沙丘苑公园之华表

明代县衙官署正堂

以沙丘地貌为创意建的迎宾湖公园

2019 年 11 月 10 日，与会专家学者考察夏家庄村东沙丘地貌

沙丘平台遗址旁侧曾经的黄河故道——老漳河

序

陈国平

中国人民政治协商会议广宗县委员会主席

为唤醒沉睡广宗大地千年的历史文化遗迹，激活典籍文献中的广宗文字记忆，2019 年 11 月 9 日，中国秦汉史研究会主办、广宗县政协承办了首届"沙丘平台与广宗区域文化"学术研讨会。中国历史学会副会长，中国秦汉史研究会会长，中国社会科学院古代史研究所所长、研究员卜宪群莅临大会，中国秦汉史研究会副会长、东北师范大学历史文化学院教授王彦辉，香港科技大学教授吕宗力，中国地方志指导小组办公室研究员张英聘等 40 余位来自全国地的秦汉史专家和学者，齐聚广宗，共襄盛会。

广宗地处河北省南部，属黑龙港流域，总面积 503 平方公里，辖 1 区 4 镇 4 乡，213 个行政村，总人口 33 万。县域南北狭长，百里沙带纵贯南北，历史上以"沙丘"著称。广宗县历史悠久、人杰地灵、文脉深邃，历史文化资源丰富厚重。2001 年列入"河北省重点文物保护单位"的沙丘平台遗址，是商纣王沙丘苑台所在地，是中国历史上有文字记载的第一座帝王园林。战国时期赵武灵王曾在此营建沙丘宫，因"废长立幼"发生"沙丘宫变"；"千古一帝"秦始皇病逝于此，围绕皇位继承问题发生了"沙丘之变"，这些都是影响中国历史进程的重大事件。广宗是世传八仙之一的张果老的故里，是文化部命名的民间艺术之乡，有梅花拳、太平道乐、柳编等国家级非物质文化遗产。广宗还是革命老区，冀南行政公署曾长期设在广宗，留下"西有太行、东有杜（庄）杨（庄）"的美称，宋任穷、王任重、杨秀峰、陈再道等老一辈无产阶级革命家在这里战斗生活过。广宗人民前赴后继，为抗击外来侵略和人民解放事业付出了巨大牺牲。

习近平总书记指出，"要深入了解中华文明五千多年发展史，推动把中国文明历史研究引向深入，推动全党全社会增强历史自觉、坚定文化自信"。习近平总书记关于历史文化的重要论述，为我们挖掘研究、开发利用沙丘平台历史文化指明了方向。我们召开沙丘平台与广宗区域文化学术研讨会，对广宗沙丘平台的重大历史文化内涵与价值进行深入挖掘、探讨，可以说是一次高水平、有影响、具有重要意义的盛会。此次研讨会的重大成果之一，就是将与会专家的研究成果结集出版。这是我们了解、学习、研究广宗沙丘文化的重要资料文献，也为沙丘平台的保护研究、开发利用提供了支撑、奠定了基础。

弘扬历史文化，传承文明记忆，坚定文化自信，是我们义不容辞的责任。让我们一起保护好传承好历史文化，为建设中华民族现代文明作出应有的贡献！

是为序。

2021 年 3 月 2 日

目　录

古代历史文化散论

秦始皇及其时代

从沙丘遗诏看秦始皇的社会建设思想*

卜宪群（中国社会科学院古代史研究所、
"古文字与中华文明传承发展工程"协同攻关创新平台）

一位学者在关于秦代历史的札记中论及秦代（指秦始皇时代）没有
"提出一个理想来"，所有的诏书"没有一个说建国的目的在哪里"，秦
始皇只是四处立碑歌功颂德，表扬自己的功劳，要天下每个人都要守
法，而"他的守法，守的不是社会的安定，他所谓法的目的是维持他个
人的权威，并没有目标"，因此秦代是一个"没有社会基础支持"的帝国，
等等。如此看来，曾经横扫六合，一统天下的秦始皇亲手建立了一个帝
国，又彻底站在了这个帝国社会的对立面，并摧毁了它。因此，秦代在
社会建设上毫无作为。这样的观点虽有汉初的"过秦"论作支持，但对
秦始皇来说又是一种不太公平的理解。

对历史的认识虽不能简单化，但往往又陷入简单化，其中原因很复
杂。汉初政论家的言论，包括伟大的史学家司马迁在《史记》中关于秦
始皇的记述，在史料的运用和理论分析的视角上都不能说没有自己的选
择。总结秦亡汉兴的历史经验以及在汉初形成的"过秦"思想高涨其实
都属于正常的社会思潮，但难免有过激之处。问题在于后人对历史的分
析还是要实事求是。诚如有学者所说的那样，对秦代的历史要"重新审

---
* 本文为"古文字与中华文明传承发展工程"规划项目"出土文献与秦汉社会研究"（项
目号 G2608）的阶段性研究成果。

视汉人的记载和评论，在鉴别史料的基础上，作具体、再具体的分析"。
这个观点值得我们重视。关于秦始皇，可说的太多，可是除了尽人皆知
的以外，似乎又很难再说出什么了。我想说的是，秦始皇这个人并不完
全是在战国混战的历史中走出来的一个暴君，也不能把他的行为完全看
作统一以后秦代社会的对立面。在砸碎旧的政治秩序之后，秦始皇也有
关于新的社会秩序建设、社会建设的思想。只不过有些历史的真实往往
藏在历史的细节之中，不去悉心体会，不作具体分析是很难挖掘出来
的。我们试从沙丘遗诏说起。

公元前 210 年（秦始皇三十七年），出巡东南之后西归的秦始皇在
沙丘病逝。《史记·秦始皇本纪》载秦始皇临死之前，给公子扶苏留下
了一道遗诏："与丧会咸阳而葬。"意指要扶苏从上郡回到咸阳参与葬礼。
这道遗诏在《李斯列传》中还有"以兵属蒙恬"及"与丧会咸阳而立为嗣"
诸语，可见遗诏的实态究竟如何很难知晓了。秦始皇有二十余子，胡亥
是他所爱的小儿子，并且当时就在他的身边，扶苏虽是长子，但秦始皇
似乎并不怎么喜欢他，那么这道遗诏究竟是要表达什么呢？赵高看出了
其中的奥秘。他告诉胡亥：始皇独赐长子书，是明确表示要立扶苏为皇
帝。胡亥也认为父亲的意思就是如此。此后赵高与胡亥、李斯密谋逼死
扶苏并造成秦代历史的重大转折是人们耳熟能详的事了。

从史料的记载来看，秦始皇与他的长子扶苏之间在思想上并不协
调。如秦始皇坑"诸生"于咸阳，扶苏就劝谏始皇不要用这样的"重法"，
以免引起"天下不安"。史书记载扶苏"刚毅而武勇，信人而奋士"，是
说他坚毅勇敢，待人诚信。这与刚愎自用，"乐以刑杀为威"的秦始皇
在性格上似乎也不相同。史书又说扶苏屡次上书"议时政"，恐怕与秦
始皇产生了不少矛盾。这种矛盾以至于发展到秦始皇难以容忍而把他赶
到边郡监军去了。既然如此，秦始皇为什么在临死之前又要把他所创立
的帝国交给与他自己有矛盾冲突的长子扶苏手中呢？我想，从秦始皇的
个性来看，选扶苏作为接班人的原因恐怕与他身为长子并无太大关系，

决定性的因素在于秦始皇从心里已经认识到，帝国需要一位能够安定天下的统治者，而胡亥及其他诸子承担不了这个责任。这个想法是否是他临死前才考虑到的，已不得而知。

汉初贾谊言秦之治乱兴衰被认为"其论甚美"，他认为秦之速亡的原因是"取之守之者无异也"。因此他提出了一个很有意义的命题："取与守不同术也。""取"是战争、进攻、夺取，"守"是安定、稳定、建设。那么秦始皇在统一以后的十几年里，在社会建设上是否只有破坏、暴政，而毫无建树呢？秦始皇是否在"取"与"守"的问题上一点没作思考呢？我想这不仅与一生具有雄才大略的秦始皇的才干不符，也与历史事实不相吻合。因此，对秦始皇的社会建设思想也应作实事求是的分析。

社会建设有广义和狭义两种涵义。广义的社会建设包括了政治、经济、社会、思想文化等多领域的内容；狭义的社会建设则指区别于政治、经济、思想文化建设之外的内容。例如，历史上的社会保障、社会救助、社会治安、社会秩序、环境保护、社会道德等都属于狭义的社会建设。我们这里所讲的主要是狭义上的社会建设。

首先，秦始皇在社会建设上有求"同"的思想。秦始皇二十六年秦灭齐，初并天下。就在当年，秦始皇否定了分封和郡县两种社会行政管理体制并行的方法，采取单一的郡县制，这样，帝国境内的社会管理完全是中央集权式的，世袭的贵族制、分封制不见了踪影。秦始皇本人说这样做的目的是为了"求其宁息"（二十六年语）、"天下和平"（二十八年琅邪刻石），因此才拒绝分封，整齐划一。与此同时，他还把各种不同的社会生活方式变成统一的了。史书记载二十六年，秦始皇"一法度衡石丈尺。车同轨。书同文字"。"一"也是"同"，这里突出的还是一个"同"字。"同"就是要把过去不同的东西"同"起来，"同"的思想和行为与当时的社会有千丝万缕的联系，牵涉到社会的方方面面，背景很复杂。在社会建设上求"同"好不好，不可一概而论，要具体分析，如统一的"法度"对社会有益处，统一的文字，统一的车轨、道路，统一的计量单位，统一的货币对社会都有好处，如果联系到战国纷乱的历史背景，好处就更多了。二十六年"同"了很多东西，不能说是秦始皇一个人的思想，也不能说一年之内就完成了，而是要看成以秦始皇为首的统治集团对战国以降的社会有很多研究，采取的措施较果断，是一个长期的任务。

这里再谈一点秦法与秦代社会的关系。统一的法律在当时对社会有益无害。汉代的政论家说秦赭衣塞途，囹圄成市，法律把社会变成了一所大监狱。过去我们对汉初法律不甚了解，因而对这些政论家言论的理解得过于绝对。可是这些年出土的汉律与秦律相比，很多方面其实差不多，甚至完全相同；出土的秦律虽很严密，但也很难和汉代政论家语言所描述的内容完全吻合。因此完全把秦律看成秦代社会的对立物并不合适。秦始皇在很多场合都谈到了法律与社会的关系，如二十八年泰山刻石中说："治道运行，诸产得宜，皆有法式"，琅邪刻石中说："端平法度，万物之纪""除疑定法，咸知所辟"，二十九年之罘刻石中说："普施明法，经纬天下，永为仪则"等，都是强调整个社会的运行要有法可依，公平的法律是包括老百姓（"诸产"）在内的社会各阶层的行为准则，与战国纷乱的社会相比这样的法治思想对社会没有什么不好。秦律确实比较细密，但法律细密与法律苛刻不能画等号。秦律当然是保护剥削阶级利益的法律，但秦律也体现了社会建设的思想，这一点还值得研究，尤其是我们要把秦二世时期的残暴行为对社会的破坏与秦律有所区别。

其次，秦始皇并没有全盘接受法家的社会思想。儒家说统治社会要讲礼仪道德，法家讲统治社会要依靠法、术、势，讲"愚民"。法家是敌视儒家社会思想的，这在韩非的言论中表现得很典型。因此法家思想中的人文精神是比较少的。但细检秦文献，秦始皇在重法家的同时，并不是不考虑儒家社会思想的。二十八年邹峄山立石，鲁儒生就参与了议论，泰山石刻中还有"男女礼顺"之语。同年琅邪刻石中讲到"法度"

要"以明人事，合同父子。圣智仁义，显白道理"。他还强调移风易俗，创造"廉清"的社会环境，这些与儒家社会思想的影响是有关系的。在诸刻石中，秦始皇多次描绘了"男乐其畴，女修其业，事各有序"的长治久安的美好社会远景，这都不能归之于法家。在民间社区建设上，秦代也注意养老和尊老，提倡孝的观念。过去根据贾谊的看法，自商鞅变法后，"秦俗日败"，既无礼仪也不尊老，如儿子借给父亲农具，会流露出恩赐的脸色，母亲使用一下扫帚和畚箕就会遭到责骂，妇姑之间经常反唇相讥。但是根据出土的云梦睡虎地竹简《为吏之道》的记载，秦代统治者认为"父慈子孝，政之本也"，要求官吏"除害兴利，慈爱万性"，抚恤"孤寡穷困，老弱独转"者。《法律答问》规定，殴打老人要受法律惩处，老人控告子女不孝要立即拘捕子女，除了"公室"外，子女告父母法律一律不接受，而且要治罪。战国时期形成的依靠三老实施基层社会教化的措施在秦代也得以延续，秦代基层也设三老，职责是"掌教化"。这个教化应当是礼仪道德上的教化而不是其他。

再次，秦始皇还有"节事以时"的"民本"思想。新近出土的里耶秦简中，洞庭郡守礼在给属县下达的公文中说："田时殴（也），不欲兴黔首，……（兴黔首）可省少弗省少而多兴者，辄劾移县，（县）亟以律令具论。"此文颁布于秦始皇二十七年二月，也就是统一后的次年。公文中强调要尽量使用犯罪之人来承担徭役，特别是在农忙季节使用老百姓要慎之又慎，如果多加征发，要立即以法律论处。这似乎与我们对秦代滥用民力的印象并不吻合。其实，这种行政风格是来自于中央的。如二十八年的琅邪刻石中，秦始皇就说国家要"上农除末，黔首是富"，"忧恤黔首，朝夕不懈"，"节事以时，诸产繁殖。黔首安宁，不用兵革"。结合里耶简，这种思想是得以贯彻实施的。秦代还有关于环境保护的法律，在出土的云梦秦简和龙岗秦简中都有记录。

人文思想的核心是强调以人为本，尊重人的价值，体现对人的关怀。这是一种非常崇高的理想境界。中国传统文化中人文思想的历史渊源起源很早，如儒家思想和道家思想都可以追溯到先秦时期。随着简帛的出土，我们对这两个学派的早期形态认识更加丰富，对其中的人文思想内涵也有了更多的认识。但是我们不仅要关注思想家思想中的人文思想，也要关注政治家政治实践过程中的人文思想。历代思想家或者其学派思想中的人文思想要产生积极意义，还要和社会相结合，特别是被统治者所接受并转化为政治实践。中国古代春秋战国以后的国家形态朝着君主专制和中央集权方向发展，法家思想占据上风，典型如秦代。但是，无论是秦代还是以后历代王朝，其统治思想和政治实践中的指导思想并不仅限于法家，如汉初道家思想对政治影响就很大，儒家思想在汉武帝以后占有了特殊地位，而在儒学独尊后，统治者也没有放弃法家思想，统治者在政治实践中也会随时调整统治思想，适应社会的变化，其中各时代中都有人文精神可追寻。即便酷烈如秦代，我们也可以透过社会建设看见统治者的人文精神。中国的封建社会为什么能够延续这么长？改朝换代很普遍，但王朝统治的基本形式却为什么长期不变？都与统治者政治实践中比较注意社会建设，在一定程度上吸收各学派思想中的人文精神是有关系的。大一统的秦帝国建立后，秦始皇对如何管理这个庞大的社会，除了深受法家的影响以外，也有自己独立的思考，也做了一些事情。他想把未竟的事业交给扶苏，这个选择无疑是对的，且正好反映了他思想的另一面。不过历史在这里走了弯路，非常可惜。

"秦项"并称现象略说

邬文玲(中国社会科学院古代史研究所、
"古文字与中华文明传承发展工程"协同攻关创新平台)

立于东汉桓帝永寿二年(156)的《礼器碑》在讲述鲁相韩敕造立礼器的缘由时,有如下一段话:

> 念圣历世,礼乐陵迟,秦项作乱,不尊图书,倍道畔德,离败圣舆食粮,亡于沙丘。①

这段话主要涉及秦始皇事迹和"秦项"并称两个方面的内容,兹分述如下。

一方面,《礼器碑》讲秦始皇焚书坑儒等乱政及最终死于沙丘的事迹。关于秦始皇之死,古书中保留了不少谶言,高文先生在为此碑作注时辑录了三种相关的资料。一是《阙里志》云:"秦始皇发孔子墓,既启,见冢壁上刻文云:'秦始皇,何强梁。开吾户,据吾床。饮吾浆,唾吾堂。飧吾饭,以为粮。张吾弓,射东墙。前至沙丘,当灭亡。'"二是《太平御览》卷696引《春秋演孔图》云:"驱除名政,衣吾衣裳,坐吾曲床。滥长九州灭六王,至于沙丘亡。"三是《论衡·实知篇》引孔子遗谶云:

---

① (宋)洪适:《隶释》卷1《鲁相敕造孔庙礼器碑》,《景印文渊阁四库全书》第68册,台湾商务印书馆2008年版,第454页。

"不知何一男子，自谓秦始皇，上我之堂，据我之床，颠倒我衣裳，至沙丘而亡。"这些关于秦始皇的谶言大约在东汉时期就已经流传开来，并为时人所熟知。其中《阙里志》提到"飡吾饭，以为粮"，与《礼器碑》云"离败圣舆食粮"最为相合。①

此外，南朝人编撰的逸闻小说集也收录了相关的内容。比如，在南朝宋人刘敬叔编撰的《异苑》中有如下记载：

> 秦世有谣曰："秦始皇，何僵梁。开吾户，据吾床。饮吾酒，唾吾浆，飡吾飦，以为粮。张吾弓，射东墙。前至沙邱当灭亡。"始皇既坑儒焚典，乃发孔子墓，欲取诸经传。圹既启，于是悉如谣者之言。又言谣文刊在冢壁，政甚恶之，乃远沙邱而循别路，见一群小儿，辇沙为阜，问云沙邱，从此得病。②

南朝梁人殷芸编的《殷芸小说》中记载的内容大体相同，只是个别细节稍微翔实生动一些：

> 秦世有谣云："秦始皇，何强梁；开吾户，据吾床；饮吾浆，唾吾裳；餐吾饭，以为粮；张吾弓，射东墙；前至沙丘当灭亡。"始皇既焚书坑儒，乃发孔子墓，欲取经传。墓既启，遂见此谣文刊在冢壁，始皇甚恶之。及东游，乃远沙丘而循别路，忽见群小儿攒沙为阜，问之："何为？"答云："此为沙丘也。"从此得病而亡。或云："孔子将死，遗书曰：'不知何男子，自谓秦始皇，上我之堂，据我之床，颠倒我衣裳，至沙丘

---

① 高文：《汉碑集释》，河南大学出版社1997年版，第190页。

② （南朝宋）刘敬叔：《异苑》卷4，黄益天校点，《汉魏六朝笔记小说大观》，上海古籍出版社1999年版，第623页。

而亡。'"①

据《史记·秦始皇本纪》记载:"七月丙寅,始皇崩于沙丘平台。"②
沙丘平台遗址位于今河北省广宗县境内。谣谶所言秦始皇"至沙丘而亡"
与史书所载秦始皇死于沙丘的事实相符,表面看起来,似乎是关于秦始
皇的死亡谶言得到了应验。不过,目前的资料表明,上述关于秦始皇死
于沙丘的谶言最早见于《春秋演孔图》和《论衡》,皆为汉代人的作品。
《春秋演孔图》成书的具体时间虽不明确,学界也有一些争议,但大体
成书于两汉之际的判断当与事实相去不远。根据《史记·秦始皇本纪》
的记载,在秦始皇时代已经有一些诅咒秦始皇死亡的谶言流传于民间,
应是时人不满秦政,借以表达对秦始皇的暴虐统治和焚书坑儒等不道行
为的抗议心声。秦亡汉兴,汉代全面反思秦政,在"过秦"思潮的影响
下,出于惩戒亡秦之鉴和证明汉政权合法性的目的,进一步强化了对秦
政的"暴秦"定性。贾谊《过秦论》云:"秦王怀贪鄙之心,行自奋之
智,不信功臣,不亲士民,废王道而立私爱,焚文书而酷刑法,先诈力
而后仁义,以暴虐为天下始。"③《史记·张耳陈馀列传》云:"夫秦为无
道,破人国家,灭人社稷,绝人后世,罢百姓之力,尽百姓之财。""秦
为乱政虐刑以残贼天下,数十年矣。北有长城之役,南有五岭之戍,外
内骚动,百姓罢敝,头会箕敛,以供军费,财匮力尽,民不聊生。重之
以苛法峻刑,使天下父子不相安。"④

随着汉武帝时期"罢黜百家,独尊儒术",儒学逐渐取得独尊地位。
儒学尊奉孔子,从学术文化的角度,进一步批评秦政,批判秦始皇"焚

---

① (南朝梁)殷芸编纂,周楞伽辑注:《殷芸小说》卷2《周六国前汉人》,上海古籍出
版社1984年版,第51页。

② 《史记》卷6《秦始皇本纪》,中华书局1959年版,第264页。

③ 《史记》卷6《秦始皇本纪》,第278页。

④ 《史记》卷89《张耳陈馀列传》,第2573页。

书坑儒"的无道行为，与之相应，孔子的形象则日渐被神化，从凡人而圣人而神人。加之两汉之际谶纬神学思想的盛行与弥漫，赋予了孔子更多的神性和能力，比如赋予他极其灵验的非凡预测能力即是其例。因此，从时代变迁的背景来看，关于孔子预测秦始皇死于沙丘的谶言，很可能是在秦始皇时代流传的一些诅咒秦始皇死亡的谶言基础上，经过不断流播、演绎，叠加了不同时段的人们尤其是儒生群体出于自身的目的而创作补充的内容，大约到两汉之际，基本定型下来，并流传于世。

另一方面，《礼器碑》这段话将项羽和秦始皇相提并论，明确说"秦项作乱"。高文先生在注文中指出："碑所言乃秦始皇焚书坑儒之乱，而并言秦项者，以项羽之暴与秦等，故连及之。"[①]从其后"不尊图书，倍道畔德"等语来看，"秦项作乱"当主要是强调秦始皇、项羽的乱政毁灭了学术文化，加剧了礼乐凌迟、道德败坏的局面。"秦项作乱"的表述，在一定程度上表明了时人对秦始皇与项羽的同质性评判。

翻检相关资料，可以发现"秦项""嬴项"并称的现象并不少见，当然，其使用语境并不完全相同。大体有以下四种情况：

第一，作为时段指称，似并无特别的意涵。比如，东汉灵帝建宁五年（172）三月所立的《北军中候郭仲奇碑》云："遭嬴项之际，高祖初起，运天符命，斥秦摛楚，遂定汉基。"[②]又如，东汉末年，镇贼中郎将朱儁率部与南阳黄巾军作战，斩杀黄巾首领赵弘，迫使其余部撤出宛城，退保小城，首领韩忠请降，朱儁的不少部下都主张接受其投降，但朱儁坚决反对，他说："兵有形同而势异者。昔秦项之际，民无定主，故赏附以劝来耳。今海内一统，唯黄巾造寇，纳降无以劝善，讨之足以惩恶。今若受之，更开逆意，贼利则进战，钝则乞降，纵敌长寇，非良计

① 高文：《汉碑集释》，河南大学出版社1997年版，第190页。

② （宋）洪适：《隶释》卷9《北军中候郭仲奇碑》，《景印文渊阁四库全书》第681册，第542页。

也。"① 又如，曹魏第四任皇帝曹髦崇慕少康，曾与臣下讨论帝王优劣，他提问曰："有夏既衰，后相殆灭，少康收集夏众，复禹之绩，高祖拔起陇亩，驱帅豪俊，芟夷秦项，包举寓内，斯二主可谓殊才异略，命世大贤者也。考其功德，谁宜为先？"在听了臣下的讨论之后，他说："诸卿论少康因资，高祖创造，诚有之矣，然未知三代之世，任德济勋如彼之难，秦项之际，任力成功如此之易。且太上立德，其次立功，汉祖功高，未若少康盛德之茂也。且夫仁者必有勇，诛暴必用武，少康武烈之威，岂必降于高祖哉？但夏书沦亡，旧文残缺，故勋美阙而罔载，唯有伍员粗述大略，其言复禹之绩，不失旧物，祖述圣业，旧章不愆，自非大雅兼才，孰能与于此，向令坟、典具存，行事详备，亦岂有异同之论哉？"②

第二，作为离乱、无道之世的象征。比如，班固《东都赋》云："往者王莽作逆，汉祚中缺，天人致诛，六合相灭。于时之乱，生民几亡，鬼神泯绝，壑无完柩，郛罔遗室，原野猒人之肉，川谷流人之血，秦项之灾犹不克半，书契已来未之或纪也。故下民号而上诉，上帝怀而降鉴，致命于圣皇。"③《汉书·五行志》载：元延元年七月辛未，有星孛于东井，践五诸侯……谷永对曰："上古以来，大乱之极，所希有也。察其驰骋骤步，芒炎或长或短，所历奸犯，内为后宫女妾之害，外为诸夏叛逆之祸。"刘向亦曰："三代之亡，摄提易方。秦项之灭，星孛大角。"④仲长统《昌言·理乱篇》云："昔春秋之时，周氏之乱世也。逮乎战国，则又甚矣。秦政乘并兼之势，放虎狼之心，屠裂天下，吞食生人，暴虐不已，以招楚汉用兵之苦，甚于战国之时也。汉二百年而遭王莽之乱，

① 《后汉书》卷71《朱儁传》，中华书局1965年版，第2309页。

② 《三国志》卷4《魏书·三少帝纪·高贵乡公髦》注引《魏氏春秋》，中华书局1959年版，第135页。

③ 《后汉书》卷40《班彪传附子班固传》，第1360页。

④ 《汉书》卷27《五行志》，中华书局1962年版，第1518页。

计其残夷灭亡之数，又复倍乎秦项矣。以及今日，名都空而不居，百里绝而无民者，不可胜数。此则又甚于亡新之时也。悲夫！不及五百年，大难三起，中间之乱，尚不数焉。变而弥猜，下而加酷，推此以往，可及于尽矣。"①

《晋书·地理志》云："秦始皇既得志于天下，访周之败，以为处士横议，诸侯寻戈，四夷交侵，以弱见夺，于是削去五等焉。汉兴，创艾亡秦孤立而败，于是割裂封疆，立爵二等，功臣侯者百有余邑。于时民罹秦项，户口雕弊，大侯不过万家，小者五六百户，而尊王子弟，大启九国。古者有分土而无分民，若乃大者跨州连郡，小则十有余城，以户口为差降，略封疆之远近，所谓分民自汉始也。"②《晋书·凉武昭王李玄盛传》云："臣闻历数相推，归余于终，帝王之兴，必有闰位。是以共工乱象于黄农之间，秦项篡窃于周汉之际，皆机不转踵，覆餗成凶。自戎狄陵华，已涉百龄，五胡僭袭，期运将杪，四海颙颙，悬心象魏。"③《殷芸小说》记载了张子房与四皓书，以及四皓答书。在四皓的答书中，说到自身隐居避世的缘由："当秦项之艰难，力不能负干戈，携手逃走，避役山草，倚朽若立，循水似济。"④

第三，作为强力的代表。比如，在更始政权中封侯拜将的王常，一心想归附光武帝刘秀，曾劝说其属下将帅云："往者成、哀衰微无嗣，故王莽得承间篡位。既有天下，而政令苛酷，积失百姓之心。民之讴吟思汉，非一日也，故使吾属因此得起。夫民所怨者，天所去也。民所思者，天所与也。举大事必当下顺民心，上合天意，功乃可成。若负强恃勇，触情恣欲，虽得天下，必复失之。以秦项之势，尚至夷覆，况今布衣相聚草泽？以此行之，灭亡之道也。今南阳诸刘举宗起兵，观其来议

---

① 《后汉书》卷49《仲长统传》，第1649—1650页。

② 《晋书》卷14《地理志·总叙》，中华书局1974年版，第413页。

③ 《晋书》卷87《凉武昭王李玄盛传》，第2260页。

④ （南朝梁）殷芸编纂，周楞伽辑注：《殷芸小说》卷2《周六国前汉人》，第55—56页。

事者，皆有深计大虑，王公之才，与之并合，必成大功，此天所以佑吾属也。"①《后汉书·吴盖陈臧列传》论曰："中兴之业，诚艰难也。然敌无秦、项之强，人资附汉之思，虽怀玺纡绂，跨陵州县，殊名诡号，千队为群，尚未足以为比功上烈也。"②中平年间，皇甫嵩因平定黄巾军而威震天下，但当时朝政混乱、海内虚困，于是信都县前县令阎忠劝皇甫嵩拥兵自立，被他拒绝了，他说："非常之谋，不施于有常之势。创图大功，岂庸才所致。黄巾细孽，敌非秦项，新结易散，难以济业。且人未忘主，天不佑逆。若虚造不冀之功，以速朝夕之祸，孰与委忠本朝，守其臣节。虽云多谗，不过放废，犹有令名，死且不朽。反常之论，所不敢闻。"③《三国志·蜀书·宗预传》注引孙盛曰："夫帝王之保，唯道与义，道义既建，虽小可大，殷周是也。苟任诈力，虽强必败，秦项是也。"④南齐顾欢在给高帝萧道成的上表中说："臣闻举网提纲，振裘持领，纲领既理，毛目自张。然则道德，纲也。物势，目也。上理其纲，则万机时序。下张其目，则庶官不旷。是以汤武得势师道则祚延，秦项忽道任势则身戮。"⑤

第四，作为对立面，与汉氏对举，以彰显汉高祖的功业。比如，《汉书·刑法志》云："汉兴，高祖躬神武之材，行宽仁之厚，总揽英雄，以诛秦项。"⑥《汉书·叙传》曰："固以为唐虞三代，《诗》《书》所及，世有典籍，故虽尧舜之盛，必有典谟之篇，然后扬名于后世，冠德于百王，故曰'巍巍乎其有成功，焕乎其有文章也。'汉绍尧运，以建帝业，至于六世，史臣乃追述功德，私作本纪，编于百王之末，厕于秦项之列。太初以后，阙而不录，故探篹前记，缀辑所闻，以述《汉书》，

---

① 《后汉书》卷15《王常传》，第579页。
② 《后汉书》卷18《吴盖陈臧列传》，第697页。
③ 《后汉书》卷71《皇甫嵩传》，第2303页。
④ 《三国志》卷45《蜀书·宗预传》，第1076页。
⑤ 《南齐书》卷54《高逸传·顾欢》，中华书局1972年版，第929页。
⑥ 《汉书》卷23《刑法志》，第1090页。

起元高祖，终于孝平王莽之诛，十有二世，二百三十年，综其行事，旁贯《五经》，上下洽通，为春秋考纪、表、志、传，凡百篇。"①

东汉桓帝延熹七年（164），黄琼病重，临终前上疏劝谏，其中有一段话说："昔高皇帝应天顺民，奋剑而王，埽除秦项，革命创制，降德流祚。至于哀、平，而帝道不纲，秕政日乱，遂使奸佞擅朝，外戚专恣。所冠不以仁义为冕，所蹈不以贤佐为力，终至颠蹶，灭绝汉祚。"②《文心雕龙·史传》："汉灭嬴项，武功积年，陆贾稽古，作《楚汉春秋》。"③《刘子·文武》："秦之季叶，土崩瓦解，汉祖躬提三尺之剑为黔首请命，跋涉山川，蒙犯矢石，出百死以续一生而争天下之利，奋武厉诚以决一旦之命。当斯之时，冠章甫，衣缝掖，未若戴金胄而擐犀甲也。嬴项既灭，海内大定，以武创业，以文止戈。征邹鲁诸生而制礼仪，修六代之乐，朝万国于咸阳。当此之时，修文者荣显，习武者惭恧，一世之间而文武遽为雄雌。以此言之，治乱异时，随务用才也。"④根据史书记载，末代秦王子婴，最初正是投降于刘邦，后来刘邦又打败了项羽，从这个意义上来说秦朝政权和项羽政权皆终结于刘邦之手。因此，将汉兴与秦亡楚崩对举，以彰显高祖刘邦的功业，也就顺理成章。

另外，相关记载显示，自西汉以来，就有了对秦始皇和项羽的同质性评判。《史记·太史公自序》曰："秦既暴虐，楚人发难，项氏遂乱，汉乃扶义征伐。"⑤《史记·淮阴侯列传》载韩信对项羽的评价说："项王所过无不残灭者，天下多怨，百姓不亲附，特劫于威强耳。名虽为霸，实失天下心。"⑥《汉书·刑法志》云："至于秦始皇，兼吞战国，遂毁先王之法，灭礼谊之官，专任刑罚，躬操文墨，昼断狱，夜理书，自程决

---

① 《汉书》卷100《叙传》，第4235页。
② 《后汉书》卷61《黄琼传》，第2037页。
③ （南朝梁）刘勰：《文心雕龙》卷4《史传》，《景印文渊阁四库全书》第1478册，第24页。
④ （北齐）刘昼：《刘子》卷6《文武》，《景印文渊阁四库全书》第848册，第911页。
⑤ 《史记》卷130《太史公自序》，第3303页。
⑥ 《史记》卷92《淮阴侯列传》，第2612页。

事,日县石之一。而奸邪并生,赭衣塞路,囹圄成市,天下愁怨,溃而叛之。"①《汉书·武五子传》赞曰:"秦始皇即位三十九年,内平六国,外攘四夷,死人如乱麻,暴骨长城之下,头卢相属于道,不一日而无兵。由是山东之难兴,四方溃而逆秦。秦将吏外畔,贼臣内发,乱作萧墙,祸成二世。"② 不难看出,在这些评论者看来,由于为政暴虐失去民心从而最终走向崩亡失去天下,是秦始皇和项羽最大的共同点,也是秦始皇所代表的秦政权和项羽所代表的楚政权的共同结局。

总体来看,大约正是因为秦始皇、项羽皆曾以武力横扫天下,其为政皆有残酷暴虐的特点,其政权时代前后相接,其崩亡结局相似,且均终结于刘邦之手,使"秦项"并称的用法获得了普遍的认同,并沿用至后世。

---

① 《汉书》卷23《刑法志》,第1096页。
② 《汉书》卷63《武五子传》,第2771页。

"荧惑守心"与秦始皇之死[*]

——从马王堆汉墓帛书《五星占》说起

宋艳萍（中国社会科学院古代史研究所、
"古文字与中华文明传承发展工程"协同攻关创新平台）

先秦秦汉时期，天人关系一直令人敬畏。人们认为天象与人事有着密切关联，荧惑等星辰的运行状况，是人间祸福休咎的重要征候。人们将星辰运行纳入数术占测系统，在马王堆汉墓帛书《五星占》中，有依据木、金、火、土、水五星运行状况占测人事吉凶的占辞。据马王堆汉墓帛书整理小组的释文，火星的占辞为："南方火，其帝赤帝，其丞祝庸（融），其神上为荧〔惑〕……其与它星遇而〔□□□□〕□。在其南、在其北，皆为死亡……"^②。依据占文，当荧惑与它星相遇，就会发生死亡事件，令人望而生畏。荧惑与心星相遇，也就是"荧惑守心"，是荧惑失行中最为严重的天象。春秋时期，宋景公三十七年（前480），出现了"荧惑守心"天象，引起宋景公极度恐惧，害怕大祸降临。人们对荧惑失行的恐慌情绪，早在先秦时期便已形成，一直延续到后代。成书于西汉初期的马王堆汉墓帛书《五星占》，是对先秦以来荧惑失行所对应灾难的总结。从"皆为死亡"这句占辞，可以获知荧惑失行后果的严重性，亦能深切体会到自先秦以来人们对荧惑失行的恐惧。

---

* 本文为"古文字与中华文明传承发展工程"规划项目"汉代画像与观念世界"（项目号 G3612）的阶段性研究成果

② 裘锡圭主编：《长沙马王堆汉墓简帛集成（肆）》，中华书局 2014 年版，第 229 页。

关于"荧惑守心",前人已经做过相关研究。如黄一农《星占、事应与伪造天象——以"荧惑守心"为例》[1];刘次沅《古代"荧惑守心"记录再探》[2];武家璧《"荧惑守心"问题之我见》[3]等。本文在前人研究的基础上,对"荧惑守心"与秦始皇驾崩之间的微妙关系加以探析。

一、"荧惑"与荧惑失行

荧惑,为太阳系八大行星之一的火星(Mars)。由于火星星体荧荧似火,时而顺行,时而逆行,行踪捉摸不定,因此中国古人们称其为"荧惑"。先秦秦汉时期,人们将辰星、荧惑、太白、岁星和填星称为五星,并将它们与五行相结合。"五星之合于五行,水合于辰星,火合于荧惑,金合于太白,木合于岁星,土合于填星。"[4]荧惑五行合为火,即火星。在方位上,为南方。

古人们认为,荧惑顺行时,会出现祥瑞之象。据《尚书纬·考灵耀》记载:"荧惑顺行,甘雨时也。"[5]但如果失行,则会带来灾难。据《汉书·天文志》记载:"礼亏视失,逆夏令,伤火气,罚见荧惑。"[6]荧惑失行,正是对统治者失礼、逆夏令等行为的罚诫。《汉书》《后汉书》《三国志》中记载了很多荧惑失行所应验的灾异事件,我们列举其中几例:汉武帝建元六年(前135)出现荧惑守舆鬼的失常现象,占卜师占测的

---

① 黄一农:《星占、事应与伪造天象——以"荧惑守心"为例》,《自然科学史研究》1991年第2期。

② 刘次沅:《古代"荧惑守心"记录再探》,《自然科学史研究》2008年第4期。

③ 武家璧:《"荧惑守心"问题之我见》,《中国科技史杂志》2009年第1期。

④ 《汉书》卷21上《律历志上》,中华书局1962年版,第985页。

⑤ 《后汉书》卷40下《班彪传附子固传》,中华书局1965年版,第1372页。

⑥ 《汉书》卷26《天文志》,第1281页。

结果是"为火变，有丧"①。荧惑代表火，火有变，预示着会发生火灾，并将有丧事发生。结果这一年真的发生了高园火灾、窦太后驾崩之事。汉昭帝始元年间，出现了一系列星宿失行现象，其中与荧惑有关的为："荧惑在娄，逆行至奎。"这种天象意味着"当有兵"；随后"荧惑出东方，守太白。"这也预示着"兵当起，主人不胜"。②此后不久，果然发生了左将军上官桀、骠骑将军上官安与鄂邑长公主、燕刺王刘旦联合谋反事件，被朝廷镇压后全部诛杀，正与荧惑失行"当有兵"相应。孝宣本始、地节年间，也发生了一系列星宿失行天象，与荧惑相关的为：本始元年（前73），"荧惑守房之钩钤"；本始四年（前70），"荧惑入舆鬼天质"。占曰："大臣有诛者，名曰天贼在大人之侧"③；地节元年"正月戊午乙夜，月食荧惑，荧惑在角、亢""辛酉，荧惑入氐中，氐，天子之宫，荧惑入之，有贼臣"。所有这些荧惑失行天象，都预示着将要发生大臣谋反事件，果然于地节元年（前69），发生了楚王刘延寿因谋反而自杀事件。地节四年（前66），发生了更大规模的谋反事件：故大将军霍光夫人显、将军霍禹、范明友、奉车霍山及诸昆弟宾婚为侍中、诸曹、九卿、郡守者联合谋反，人数众多，都被朝廷镇压后诛杀。

光武帝建武"三十一年七月戊午，火在舆鬼一度，入鬼中，出尸星南半度，十月己亥，犯轩辕大星。又七（日）〔星〕间有客星，炎二尺所，西南行，至明年二月二十二日，在舆鬼东北六尺所灭，凡见百一十三日"。④火即为荧惑。荧惑入舆鬼、尸星，是有大丧征兆。果然在此后两年，光武帝驾崩。孝安永初元年五月戊寅，荧惑逆行守心前星。"心为天子明堂，荧惑逆行守之，为反臣。"⑤此时汉安帝还未临朝，邓太后

① 《汉书》卷26《天文志》，第1305页。
② 《汉书》卷26《天文志》，第1307页。
③ 《汉书》卷26《天文志》，第1308页。
④ 《后汉书》志10《天文上》，第3223页。
⑤ 《后汉书》志11《天文中》，第3238页。

摄政。其兄邓骘为车骑将军，弟弘、悝、阊皆以校尉封侯。邓氏集团掌控政权，引起了司空周章的不满，于是和王尊、叔元茂等密谋，欲诛杀邓氏集团，废黜皇太后和皇帝。此事还未行动即被发觉，周章自杀谢罪，正应和了"荧惑守心前星有反臣"的征兆。汉安帝永初五年（111）到永宁年间，十年之中，出现多次五星入舆鬼天象，其中荧惑五入舆鬼。五星入舆鬼，预示着将有较为严重的死丧事件发生。果然于建光元年（121）三月癸巳，邓太后驾崩；五月庚辰，太后兄车骑将军邓骘等七侯皆免官，自杀，正应和了"五星入舆鬼有死丧"之兆。

　　在《史记》《汉书》《后汉书》中，因荧惑失行而应验的重大政治事件还有很多，因篇幅所限，我们只能列举以上几例。荧惑所犯星宿不同，就会对应不同灾异现象，归结起来，主要有战争、杀戮、死丧、饥饿、火灾、旱灾、疾病等。《史记·天官书》中说"荧惑为勃乱，残贼、疾、丧、饥、兵"①，《汉书·天文志》中亦曰："荧惑为乱为贼，为疾为丧，为饥为兵，所居之宿国受殃。"②残贼、疾、丧、饥、兵，都为人间重大灾难。唐代瞿昙悉达在《开元占经》中，对荧惑犯四方星宿所产生的灾难进行了汇总，因篇幅所限，我们不再一一列举。总之，荧惑失行所带来的灾难非常深重，使人们陷入极大痛苦之中。汉代一些思想家，以此为理论依据，批判政治过失。如汉顺帝时，荧惑失行，灾异频现，郎顗上书道："……臣伏案《飞候》，参察众政，以为立夏之后，当有震裂涌水之害。又比荧惑失度，盈缩往来，涉历舆鬼，环绕轩辕。火精南方，夏之政也。政有失礼，不从夏令，则荧惑失行。正月三日至乎九日，三公卦〔也〕。三公上应台阶，下同元首。政失其道，则寒阴反节。"③荧惑失行，正是因为顺帝在政治上有失礼行为所致。因荧惑是"火"，而"火为礼"，如果君主有失礼之举，荧惑就会失行，以对失礼

----

① 《史记》卷27《天官书》，中华书局2014年版，第1317页。
② 《汉书》卷26《天文志》，第1281页。
③ 《后汉书》卷30下《郎顗传》，第1056页。

之举进行谴告。正如《史记·天官书》中所言:"礼失,罚出荧惑,荧
惑失行是也。"①汉顺帝政有失礼,不从夏令,所以荧惑失行,出现了寒
阴反节的异常现象。荧惑失行会带来重大灾难,统治者必须引起高度重
视。"荧惑,天子理也,故曰虽有明天子,必视荧惑所在。"②即使圣明
天子,也必须关注荧惑,根据荧惑的昭示,及时纠正政治上的过失,否
则会发生严重政治危机,甚至国破家亡。

先秦秦汉时期,人们在对星象进行观测时,往往根据星宿的特点,
赋予其拟人化形象。荧惑的特点是行踪不定,失行会带来死丧、战争、
疾病等重大灾难,但顺行却能带来风调雨顺的祥瑞景象。根据这些特
点,人们赋予它多种形象。据《天官占》记载:"荧惑主死丧,大鸿胪
之象。主甲兵,大司马之义。伺骄奢乱孽,执法官也。其精为风伯,惑
童儿歌谣嬉戏也。"③大鸿胪为九卿之一,掌管礼宾事务。诸侯王死丧,
大鸿胪遣使吊唁,并草制谏策和谥号。荧惑若失行,预示着将会发生死
丧之事,和大鸿胪职掌相同,所以荧惑有大鸿胪之象。大司马的主要职
责为掌管军事,荧惑失行,会带来战争等甲兵之事,所以荧惑有大司马
之象。执法官之职为伺察官员的骄奢乱孽,而荧惑失行,会发生臣下因
骄奢乱孽而被诛杀之事,所以荧惑有执法官之象。童谣是民俗、民风的
神秘性表达方式,具有迷惑人心的特点。风伯是能兴风的神祇,和歌谣
等民风有着某种关联。荧惑行踪不定,具有迷惑性,和风伯及童谣特征
相似,所以荧惑被视为风伯之象,引惑儿童吟唱歌谣及嬉戏。除了大鸿
胪、大司马、执法官、风伯等形象之外,荧惑还有方伯之象。据《天官
占》记载:"荧惑方伯象,司察妖孽。"④方伯为伺察妖孽之神祇,保护人
们生命、财产安全。荧惑被赋予方伯之象,看来在人们心目中,它不仅

---

① 《史记》卷 27《天官书》,第 1317 页。
② 《汉书》卷 26《天文志》,第 1281 页。
③ 《史记》卷 27《天官书》,第 1317 页。
④ 《史记》卷 27《天官书》,第 1317 页。

是一颗灾星，同时也是一颗福星，具有亦正亦邪两重身份，与其顺行则"风雨时"，逆行则发生灾异的特点相吻合。

秦代时，荧惑已进入国家祭祀体系。雍为秦早期的都城，分别设立了青帝、赤帝、白帝、黄帝四畤。除了四帝庙，雍还设有"日、月、参、辰、南北斗、荧惑、太白、岁星、填星、〔辰星〕、二十八宿、风伯、雨师、四海、九臣、十四臣、诸布、诸严、诸逑之属，百有余庙"①。可见雍的祭祀系统非常庞大。荧惑在雍设有专庙，供人们祭祀。西汉初期，汉高祖在四帝之外，加入黑帝，组成五帝祭祀系统，即雍五畤。到汉宣帝时，除了雍地祭祠，"又立岁星、辰星、太白、荧惑、南斗祠于长安城旁"②，荧惑在长安城旁得以立祠祭祀。

从西汉前期开始，荧惑就归入南方神灵系统。如前面提到的马王堆汉墓帛书《五星占》中的《火星占》曰："南方火，其帝赤帝，其丞祝庸（融），其神上为荧〔惑〕。"荧惑为南方赤帝之下地位最高的神灵。《淮南子·天文训》中亦曰："何谓五星……南方，火也，其帝炎帝，其佐朱明，执衡而治夏；其神为荧惑，其兽朱鸟，其音征，其日丙丁。"③到了西汉后期，荧惑逐渐纳入五帝祭祀系统。汉平帝时，王莽认为雍五畤不合古制，应该移至国都长安，而且要将群神进行分类。按照方位和性质，将群神纳入五帝祭祀系统之下。在王莽的群神分类体系中，荧惑被划归南方赤帝祭祀体系，在南郊兆中接受祭祀。王莽的建议被汉平帝采纳，"于是长安旁诸庙兆畤甚盛矣"。④西汉中后期，谶纬兴起。在神学体系中，炎帝和荧惑合二为一。《春秋纬·文耀钩》云："赤帝熛怒之神，为荧惑焉，位在南方，礼失则罚出。"⑤荧惑成为赤帝的化身。东汉后期，道教兴起后，荧惑成为"南

---

① 《史记》卷28《封禅书》，第1375页。

② 《汉书》卷25下《郊祀志下》，第1250页。

③ 何宁：《淮南子集释》卷3《天文训》，中华书局1998年版，第186页。

④ 《汉书》卷25下《郊祀志下》，第1268页。

⑤ 《史记》卷27《天官书》，第1317页。

方火德荧惑星君"①，为赤帝之子，接受人们的崇拜和祭祀。

从西汉后期开始，在官方祭祀系统中，荧惑一直作为南方赤帝的从祀。到唐代依然如此。据《旧唐书·礼仪志》记载，皇帝于四时进行祭祀，其中"立夏，祀赤帝于南郊，帝神农氏配，祝融、荧惑、三辰、七宿从祀。"②宋代因崇尚火德，对荧惑更为尊崇。宋徽宗于崇宁元年（1102），在京师修建长生宫，专门祠祀荧惑。还在南郊赤帝坛壝外，建荧惑坛，令有司按时祭祀。元明清时期，虽不像宋代那样推崇，但对荧惑也一直比较重视。在祭祀系统中，荧惑始终占据一席之地。

二、"荧惑守心"与重大灾异

荧惑失行会造成灾难，其中最严重的失行要数"荧惑守心"。所谓"荧惑守心"，就是荧惑侵入了心宿。心宿二便是大火，两火相遇，会发生更严重的灾异。

唐代瞿昙悉达在《开元占经》中，对历代文献及占星家言论中关于"荧惑守心"的记载进行了汇总。③ 我们以表格形式呈现如下：

所引书籍或人物	荧惑守心的后果
《黄帝占》	荧惑犯心，战不胜，国大将斗死。一日主亡。
	荧惑经心，清明烈照，天下内奉王，帝必延年。
	荧惑宿心色青，有丧。色赤，有兵。宿心东，为齐越。西，为秦郑。南，荆宋。北，卫赵。中，为魏鲁。
	荧惑守心，大人恶之。
	荧惑逆行而西守心二十日，大臣为乱。

---

① 《洞渊集》卷7，《道藏》第23册，文物出版社1988年版，第848页。

② 《旧唐书》卷24《礼仪四》，中华书局1975年版，第909页。

③ 《唐开元占经》卷31《荧惑占二》，中国书店1989年版，第239—241页。

续表

所引书籍或人物	荧惑守心的后果
《皇帝占》	荧惑逆行守心，环绕成钩己，皆为大人忌。期六月。以赦解之。
《海中占》	荧惑犯心，天子王者绝嗣。犯太子，太子不得代。犯庶子，庶子不利。
	荧惑犯心，必有饥饿而死者。
	火守心色赤，有兵，臣谋其主。黑，主死。白，谋臣有赐爵者。青，大人有忧。
	荧惑守心，天下大吟，居之三月，有殃。五月，受兵。十月，其野亡。
	荧惑守心南，为水。北，为旱。
	荧惑守心，民流亡。
	荧惑留逆犯守乘凌心星，王者宫中乱，臣下有谋易立天子者，权在宗家得势大臣。
郗萌	荧惑犯心，有谋臣，不即有死王。
	荧惑入心，大臣有反者，天子忧之，期六月。
	荧惑入角道，逆行进退，欲留氐亢，因复少进，绕心与房，不留止舍，往来彷徉，可三十日。
	因以东西有忧，南北有丧。
	荧惑回心，若去之复还，反之二日，大赦。
	荧惑入心，留二十日，主病。三十日，疾困。群臣亦然。
	荧惑起角芒如剑刃，经两角间进退不留止，磨心以行，有伏阵兵。
	荧惑与心斗，天下暴丧，期三年。
	荧惑守心南，有小男丧。守北，有小女丧。
	以十月守心北，不出其岁，国有大丧。以十月守心，期六十日；有辱主。一日皆起兵。
	荧惑守心为侵阳，守心上下星，名幸臣骖乘者有事。
	荧惑守心，有反者，从太子起。一日九卿为害。
	大国兵四起，天子军破。
	二十日相死。
	守心留十日，后死。
	守心三十日，有女丧。
	荧惑守心房间，三十日，地动。
	荧惑守心，有反者，从宗家。
	荧惑逆行守心，旱，失火。

所引书籍或人物	荧惑守心的后果
郗萌	荧惑中犯乘守心明堂，为万民备火。近期一年，中期三年，远期九年。一曰旱。
	荧惑中犯乘守，庶子女主势行。
	荧惑中犯乘守蚀心右星，为庶子有忧，若死。
	荧惑中犯乘守太子星，天心明堂星，有大丧。
	中国有小忧。一曰宋忧。
	中犯乘守太子星，天下大赦。
	荧惑中犯乘守心明堂成钩己，为大人忧，近期十月，远期三年。以赦令解之。
《春秋文曜钩》	荧惑入心前后星，相戮中野。
	荧惑与心合，主死；不死，出走。又曰易帝。
《春秋演孔图》	荧惑在心，则缟素麻衣。
宋均	荧惑在心，海内之殃，海内亡主，故素缟麻衣。
石氏	荧惑乘心，其国相死。
	荧惑犯蚀乘心右星，太子有忧，若不立。一曰不死即去。
	荧惑舍心，贵人振旅，天下大兵。若色玄不明，丧。
	荧惑守心，大人易政，主去其宫。
	荧惑守心，天子走，失位。入心，必见血，其国库兵出，天下士半死，五月大旱。二十日不下，天子有令有忧，布大贵。
	荧惑守心，时王将军为乱。
	荧惑守心，成钩己，期三月，大臣反，攻战，不将军死。
	荧惑逆行守心，哭泣涔涔，主命恶之。国有大丧与兵。国易政。
	荧惑逆行守心中央大星，有白衣之会。
《洛书》	荧惑居心阳，其国有喜。居阴，有忧。
	荧惑守心成钩己，不言王命凶。
陈卓	荧惑留心，近臣为乱。
	荧惑守心，期三十日，彗星出王都西南指。
	荧惑逆而行心，地震。
司马彪《天文志》	金火俱在心，为大丧。

续表

所引书籍或人物	荧惑守心的后果
甘氏	荧惑贯心，天下民饥。
	荧惑守心，大臣为变，谋其主，诸侯皆起。
	荧惑守心，成钩己及环绕之，天子失其宫，期六月。
《春秋纬》	荧惑守心，海内哭。
《雒书雒罪级》	荧惑守心，必有逆臣起。
巫咸	荧惑守心，万物不成，土功兴。一曰岁水。
	荧惑中犯乘守心明堂，大臣当之。在阳为燕，在阴为胡。一曰有火异。
《荆州占》	荧惑守心色黑，有兵必败。
《玄冥占》	荧惑守心为饥。
《春秋纬说题辞》	荧惑守心，主死，天下大溃。

　　表格所涉文献有《黄帝占》、《海中占》、《春秋文曜钩》、《春秋演孔图》、《洛书》、司马彪《天文志》、《春秋纬》、《雒书雒罪级》、《荆州占》、《玄冥占》、《春秋纬说题辞》。其中《黄帝占》《海中占》《荆州占》《玄冥占》，都是唐代之前的占星学著作。《春秋文曜钩》《春秋演孔图》《洛书》《春秋纬》《雒书雒罪级》《春秋纬说题辞》，皆为谶纬神学文献。司马彪《天文志》，为史书。表格所涉占星家有郗萌、宋均、石氏、陈卓、甘氏、巫咸，皆为唐代之前的占星家。巫咸为殷商时人，石氏、甘氏为战国时人，郗萌、宋均为汉代人，陈卓为三国时人。《开元占经》将以上文献及占星家言论中关于"荧惑守心"的资料进行汇总，让人们对"荧惑守心"所引发灾异有了更清晰的了解。从表格中可以看出，"荧惑守心"所带来的灾难，最严重的是天子驾崩、国破家亡、天下大溃；其次是天子失位、权臣谋反、国祚危机；然后是战乱、火灾、饥饿、疾病、地震、洪水、干旱、民流亡等。可见，"荧惑守心"带来的灾难是非常深重的。

三、"荧惑守心"与秦始皇之死

"荧惑守心"是一种令人见而色变的天象，统治者对此非常忌惮。如出现这一天象，意味着将有重大灾难发生，令统治者非常惊惧和担忧。

据《史记·秦始皇本纪》记载，秦始皇三十六年（前211），出现了"荧惑守心"现象。《史记》中没有直接记载秦始皇对这一天象的态度，但肯定引起了他的极大恐慌。"荧惑守心"之后，接下来发生了三件怪异之事。第一件为：有颗陨星坠落在东郡，落地后变为石头，有人在石上刻字曰："始皇帝死而地分。"① 王充在《论衡》中对陨星刻字事件加以分析道："当星坠之时，荧惑为妖，故石旁家人刻书其石，若或为之，文曰'始皇死'，或教之也。犹世间童谣，非童所为，气导之也。"② 王充认为，陨星坠下之时，荧惑化身为妖。在石上刻字者，或者是荧惑幻化为人刻之，或者是他教给石旁之人刻之。王充将刻字之事归结为荧惑，认为是荧惑化身为妖所为。王充的分析饱含神秘色彩，或许秦汉时有不少人作此理解。但客观分析，刻字者或为齐国的残存贵族，他们对秦始皇灭齐怀有深仇大恨，一直寻找时机进行复仇。"荧惑守心"天象出现后，他们或许认为这是秦始皇将亡的征兆，于是制造出"始皇帝死而地分"的符谶，希望秦始皇应天象而亡，重新裂地分封，光复齐国，重掌政权。秦始皇果然对这一符谶惶恐不安，派遣御史前去查问无果，于是将居住在石头周围的人全部杀掉，并焚毁了那块陨石。秦始皇让博士作《仙真人诗》，无论到哪里巡游，都让乐人弹唱此诗，以祈求仙人、真人的庇佑。

---

① 《史记》卷6《秦始皇本纪》，第330页。
② 黄晖：《论衡校释》卷22《纪妖篇》，中华书局1990年版，第923页。

第二件怪事为：这年秋天，秦始皇派出的使者夜间从关东过华阴平舒道时，有人持璧拦住使者道："为吾遗滈池君。"并继续说道："今年祖龙死。"① 没等使者问明原由，那人忽而不见。关于"滈池君"，史家有两种解释：一种解释为滈池君是水神。持这种观点者为汉代服虔。唐代司马贞赞同这一观点："服虔云水神，是也。江神以璧遗滈池之神，告始皇之将终也。且秦水德王，故其君将亡，水神先自相告也。"② 认为滈池君为滈池的水神，持璧之人为江神。江神将璧送给滈池的水神，告诉他秦始皇将死。司马贞认为，秦为水德，其君将亡，水神先自相告知。另一种解释为滈池君是周武王。持这种观点的是三国时魏人张晏，他认为："武王居滈，滈池君则武王也。伐商，故神云始皇荒淫若纣矣，今武王可伐矣。"③ 武王因居住在滈，所以为滈池君。商纣王残暴荒淫，所以武王伐灭之。张晏认为，持璧之人为神人，他送璧给使者的目的，是要告知使者：秦始皇和商纣一样荒淫，世人可以像武王伐纣一样讨伐他。持璧者还说道："今年祖龙死。"裴骃在《史记集解》中引苏林之言道："祖，始也。龙，人君象。谓始皇也。"④ 祖龙也就是秦始皇。"今年祖龙死"，预示着秦始皇将于一年之内死亡。使者将璧奉给秦始皇，并将此人之言转告于他。秦始皇默然良久，虽自我解嘲道："山鬼固不过知一岁事也"⑤，但内心却很是惶恐。秦始皇让御府查看此璧，发现这是那块二十八年（前219）出游时沉入长江中的玉璧。秦始皇沉璧的本意是为求福，但却被退还回来，说明江不接受璧，不会赐福于他，所以秦始皇非常惊慌。他令人占卜此事，卦象为"游徙吉"⑥。于是秦始皇迁北河榆中三万家，完成了卜卦中的"徙"，又于三十七年（前210）十月巡游，

---

① 《史记》卷6《秦始皇本纪》，第330页。
② 《史记》卷6《秦始皇本纪》，第331页。
③ 《史记》卷6《秦始皇本纪》，第331页。
④ 《史记》卷6《秦始皇本纪》，第331页。
⑤ 《史记》卷6《秦始皇本纪》，第330页。
⑥ 《史记》卷6《秦始皇本纪》，第331页。

以践行卦象中的"游"。王充在《论衡》中分析持璧事件道："使者过华阴，人持璧遮道，委璧而去，妖鬼象人之形也。夫沉璧于江，欲求福也。今还璧，示不受物，福不可得也。璧者象前所沉之璧，其实非也。何以明之？以鬼象人而见，非实人也。人见鬼象生存之人，定问生存之人，不与己相见，妖气象类人也。妖气象人之形，则其所赍持之物，非真物矣。'祖龙死'，谓始皇也。祖，人之本；龙，人君之象也。人、物类，则其言祸亦放矣。"① 王充认为，持璧者不是真人，而是妖鬼，化作人形。所持之璧并非沉江之璧，只是形状相似而已。既然持璧者非人，那么所持之璧也非真物。王充认为祖龙为秦始皇，妖鬼言祖龙死，确实为祸患将至的征兆。王充所说持璧者为妖鬼，其实就是秦始皇所言"山鬼"。但王充和秦始皇理解不同的是，王充认为璧非沉璧，而秦始皇却相信璧为沉璧，可见这件事对他的影响确实很大。

秦始皇在巡游到琅邪时，又遇到了第三件怪事：他梦到与海神交战，海神长相似人状。秦始皇咨询此事，博士认为水神不可见，通常是大鱼蛟龙在作祟，建议秦始皇去除恶神。于是秦始皇命人去海中猎捕巨鱼，并亲自持连弩寻找大鱼。从琅邪北至荣成山都没看到，至之罘，终于见到巨鱼，于是射杀其中一条。

秦始皇所遇怪事，如滈池君、祖龙、海神、巨鱼，都直接与水相关，这应该与秦朝实行水德之制有密切关联。璧遗滈池君、今年祖龙死、与海神交战，或许就是水德已衰、秦始皇将亡的征兆。

在先秦秦汉时期人们的观念中，天象与人事有着不可分割的联系。在文献记载中，天象对应的灾难触目惊心，其中最严重者为"荧惑守心"。秦始皇是个非常迷信之人，查看《史记·秦始皇本纪》，上面记载了他多次求仙问药之举。所以出现"荧惑守心"天象时，秦始皇肯定非常惊慌。在"荧惑守心"出现后的一年时间里，他做出了灭杀陨石周围

① 黄晖：《论衡校释》卷22《纪妖篇》，第924页。

之人、"游徙"、射杀巨鱼等一系列残暴、荒谬之举，足见他内心的恐慌及忌惮。据《史记·秦始皇本纪》记载，秦始皇于"荧惑守心"次年驾崩，一方面与"荧惑守心"给他带来的心理冲击有关，另一方面也因占卜"游徙吉"后，巡游过程中舟车劳顿、突发疾病所致。在《北京大学藏西汉竹书·赵正书》中，有一段简文值得关注："昔者，秦王赵正出斿（游）天下，环（还）至白（柏）人而病。病蒀（笃），恩（喟）然流涕长大（太）息，谓左右曰：'天命不可变于（欤）？吾未尝病如此，悲□……'……而告之曰：'吾自视天命，年五十岁而死。吾行年十四而立，立卅七岁矣。吾当以今 [岁] 死，而不智（知）其月日，故出斿（游）天下，欲以变气易命，不可于（欤）？……'"① 这段简文记载了秦始皇在巡游的最后阶段对左右所说的两段话，其中两次提到"天命"，可见秦始皇非常迷信天命。秦始皇为何如此笃定"吾当以今 [岁] 死"？除了他"自视天命，年五十岁而死"之外，应该还与"荧惑守心，主死"，及"今年祖龙死"等天象及符谶相关。秦始皇企图以出游的方式变气易命，可惜未能达其所愿。

"荧惑守心"与秦始皇之死，两者之间的关系如何，一直是史学家津津乐道之事。汉代班固在《汉书·天文志》中曰："周卒为秦所灭。始皇之时，十五年间彗星四见，久者八十日，长或竟天。后秦遂以兵内兼六国，外攘四夷，死人如乱麻。又荧惑守心，及天市芒角，色赤如鸡血。始皇既死，适、庶相杀，二世即位，残骨肉，戮将相，太白再经天。因以张楚并兴，失相跆籍，秦遂以亡。"② 他将秦始皇的死因与荧惑守心和天市芒角等天象相联，并将秦朝灭亡也归结为荧惑守心等天象异常。宋末元初史学家马端临在《文献通考》中亦持同样的观点："秦始皇之时，荧惑守心，及天市芒角，色赤如鸡血。始皇既死，适庶相

---

① 北京大学出土文献研究所编：《北京大学藏西汉竹书》〔叁〕，上海古籍出版社 2015 年版，第 189 页。

② 《汉书》卷 26《天文志》，第 1301 页。

杀，二世即位，残骨肉，戮将相，太白再经天。因以张楚并兴，兵相蹂藉，秦遂以亡。"① 马端临肯定是受了班固的影响，甚至连文字也与《汉书·艺文志》基本相同。

唐代李淳风在《乙巳占序》中曰："荧惑守心，始皇以终"②，明确地将"荧惑守心"与秦始皇之死结合在一起。明代刘士骥撰有《蟋蟀轩草》一书，其中有《拟东方朔陈泰阶六符奏（乙巳五月下旬馆课）》，此中提道："比及秦政，内筑阿房，外修驰道，天下苦之。荧惑守心，秦卒以灭。"③ 刘士骥直接将秦始皇乃至整个秦朝灭亡归结为"荧惑守心"。

"荧惑守心，国有大丧"，应该是先秦秦汉时期被人们普遍接受的理论，并被后世学者传承与损益，成为史学家们立论的重要依据。史学家们将秦始皇死因归结为"荧惑守心"，正是基于此理论。两者之间的关联，看似荒谬，但在天人关系盛行的社会背景下，似有其诠释的合理性。

在整个中国古代历史中，荧惑一直占据一席之地。荧惑失行，特别是"荧惑守心"所带来的恐惧，一直是人们心中难解的心结。

附记：据黄一农研究，"荧惑守心"并非发生在秦始皇三十六年，而是发生在三十七年，也就是秦始皇驾崩的当年。④ 刘次沅和日本学者鹤间和幸也持同样观点。⑤ 如果此说无误，正是"荧惑守心"与秦始皇之死有密切关联的直接证据。但因本文旨在以《史记》《汉书》等为史

① （元）马端临：《文献通考》卷287《象纬考十·月五星凌犯》，中华书局2011年版，第7831页。

② （清）董诰等编：《全唐文》卷159《乙巳占序》，中华书局1983年版，第1634页。

③ （明）刘士骥：《蟋蟀轩草》，《四库全书存目丛书》第182册，齐鲁书社1997年版，第417页。

④ 参见黄一农：《星占、事应与伪造天象——以"荧惑守心"为例》，第123页。

⑤ 参见刘次沅：《古代"荧惑守心"记录再探》，第512页；[日]鹤间和幸：《始皇帝：秦始皇和他生活的时代》，杨振红、单印飞译，中信出版社2019年版，第154页。

料依据，探讨文献记载中"荧惑守心"与秦始皇驾崩之间的关系，以及后世学者对此的态度，所以对这一观点暂且存疑。感谢匿名评审专家提出的宝贵修改意见！

秦始皇出巡与求仙活动

田旭东（西北大学历史学院）

从史书记载可知，秦始皇一生有多次出巡，在统一战争期间就曾有三次远程出巡，秦王朝建立以后，从公元前221年到前210年去世，在短短的12年间更有五次大规模的出巡。值得注意的是，这五次出巡除了第一次是陇西和北地，其他四次均为东方或东南方。出巡的目的固然是为了彰显"皇帝之明""临察四方""皇帝之德，存定四极""东抚东土，以省卒士"等，但笔者认为秦始皇虽心怀"欲游天下之志"多次不避霜露地辛苦出行，绝不仅仅是为了以上目的而祷祠各地名山诸神，也不仅仅是亲自慰抚镇守东方的秦军士卒，一个重要的目的是为了寻求长生不死之道。下面我们将依据《史记》的记载和北大简《赵正书》对秦始皇四次东南方出巡做一个梳理。

一

先看《史记》的记载。

据《秦始皇本纪》所载，秦始皇四次东南方出巡，访名山祷祠诸神，每到一地均有立石刻辞"颂秦德、明得意"之举，除此以外，更为重要的动机是求长生不死之道。这四次出巡分别是：秦始皇二十八年，始皇东行郡县，上邹峄山、登之罘，南登琅邪；二十九年，始皇东游，至阳武博狼沙，再登之罘，遂之琅邪；三十二年，始皇之碣石；三十七年十月癸丑，始皇出游，十一月，行至云梦，望祀虞舜于九疑山，浮江下，观籍柯，渡海渚，过丹阳，至钱唐临浙江，上会稽，望于南海，还过吴，从江乘渡，并海上，北至琅邪，又自琅邪北至荣城山，至芝罘，射大蛟鱼，并海西，至平原津而病。①

以上四次东巡，除了第二次（二十九年）东巡《史记》记述简单以外，其他三次均伴随有重大的求仙活动。第一次（二十八年）至琅琊时即有"齐人徐市等上书，言海中有三神山，名曰蓬莱、方丈、瀛洲，仙人居之。请得斋戒，与童男女求之"。秦始皇"于是遣徐市发童男女数千人，入海求仙人。"第三次（三十二年），"始皇之碣石，使燕人卢生求羡门、高誓。刻碣石门。坏城郭，决通堤防。……因使韩终、侯公、石生求仙人不死之药。始皇巡北边，从上郡入。燕人卢生使入海还，以鬼神事，因奏录图书，曰'亡秦者胡也'。始皇乃使将军蒙恬发兵三十万人北击胡，略取河南地。"第四次（三十七年）至琅琊，又听信徐市之言，于是乃有芝罘射杀大蛟鱼之举，"方士徐市等入海求神药，数岁不得，费多，恐谴，乃诈曰：'蓬莱药可得，然常为大鲛鱼所苦，故不得至，愿请善射与俱，见则以连弩射之。'始皇梦与海神战，如人状。问占梦，博士曰：'水神不可见，以大鱼蛟龙为候。今上祷祠备谨，而有此恶神，当除去，而善神可致。'乃令入海者赍捕巨鱼具，而自以连弩候大鱼出射之。自琅邪北至荣成山，弗见。至之罘，见巨鱼，射杀一鱼。遂并海西"。

再看"北大简"《赵正书》的记载。

《赵正书》出自《北京大学藏西汉竹书》〔叁〕②，是一篇基本完整并且已经佚失了的古代典籍。篇名自题为"赵正书"，书写于第2枚简的

① 以上四次出巡见《史记》，中华书局1982年版，第242—264页。
② 北京大学出土文献研究所编：《北京大学藏西汉竹书》〔叁〕，上海古籍出版社2015年版，第189页。

背面。首简以圆点起头，现存 51 简，缀合后为 50 简。简长 30.2 厘米—30.4 厘米、宽 0.8 厘米—1 厘米。《赵正书》以大部分篇幅记录了秦始皇临终前与李斯的对话、李斯被害前的陈词以及子婴的谏言等，整理者认为成书年代可能在西汉早期。《赵正书》的部分内容与《史记》中的某些记载相似，但在一些重大史事的记载上又差异很大。例如，《赵正书》说秦二世胡亥之继位是由秦始皇死前认可，而非李斯、赵高等人密谋篡改遗诏；赵高是被秦将章邯而非子婴所杀等，这些均未见于传世文献。在这里，我们仅看第一段文字：

> 昔者，秦王赵正出游天下，还至柏人而病。病笃，喟然流涕长大息，谓左右曰："天命不可变欤？吾未尝病如此，悲□……"而告知曰："吾自视天命，年五十岁而死。吾行年十四而立，立卅七岁矣。吾当今岁死，而不知其月日，故出游天下，欲以变气易名，不可欤？今病笃，几死矣。其亟日月输趋，至白泉之置，毋须后者。其谨微密之，毋令群臣知病。"①

这讲的是秦始皇的最后一次出巡。此处秦始皇自语"吾自视天命，年五十岁而死。吾行年十四而立，立卅七岁矣。吾当今岁死，而不知其月日，故出游天下，欲以变气易名，不可欤？""天命不可变欤？"整理者赵化成注释"变气易名"是"改变气数与天命"，这正好道出了秦始皇此次出巡的真正目的是"欲以变气易名"改变天命，也就是说，秦始皇最后一次出巡实际上仍然与他笃信的神仙方术与长生观念有关。

---

① 此为释读后文字。

二

先秦时期，神仙方术即已流行，古籍中有不少关于仙人、仙境、仙药等传说的记载。如庄周基于出世思想，在《庄子》一书许多篇章中均有对仙人、仙境的描述。典型者如《庄子·逍遥游》说："藐姑射之山，有神人居焉，肌肤若冰雪，绰约若处子，不食五谷，吸风饮露，乘云气，御飞龙，而游乎四海之外。"《天地篇》说："千岁厌世，去而上仙，乘彼白云，至于帝乡，三患莫至，身常无殃。"此后，《列子》一书更在《庄子》的基础上，对仙人、真人、至人加以引申赞美，进一步夸饰仙境的美妙与神秘。此外，春秋战国时期，源自上古巫觋之术等的神仙方术非常流行，并有神仙家。《汉书·艺文志·方技略》就著录有"神仙十家，二百五卷"，均属春秋战国时期。《史记·封禅书》记载与邹衍同时的即有"宋毋忌、正伯侨、充尚、羡门高以后皆燕人，为方仙道，形皆销化，依于鬼神之事。驺衍以阴阳主运显于诸侯，而燕齐海上之方士传其术不能通，然则怪迂阿谀苟合之徒自此兴，不可胜数也。"正是这些观念，为秦始皇所接受，成为秦代神仙方术与长生观念的来源。

与后世历代帝王一样，秦始皇在统一六国、建立专制帝国之后，为长久保有皇帝之位，也竭尽全力搜求春秋战国以来的神仙方术之道，以图长生不死，他多次"东游海上，行礼祠名山大川及八神，求仙人羡门之属"，他信任徐市、韩终、侯公、石生、卢生等多个方士，为他寻求仙人不死之药，并且"恶言死"。前面所述《史记·秦始皇本纪》记他的几次出巡，固然是为"威服海内"、炫耀权力，但也多与其信奉神仙方术之道有关。

在秦始皇第一次东巡时，不仅有封禅、祠祀活动，并遣徐市发童男女数千人，入海求仙人之举。《史记·淮南王列传》记淮南王刘安谋反时，召臣下伍被议事，伍被对淮南王讲了百年前亡秦旧事，列举暴秦诸事，也提到了令徐福（市）入海求仙事：

　　昔秦绝圣人之道，杀术士，燔诗书，弃礼义，尚诈力，任刑罚，转负海之粟致之西河。当是之时，男子疾耕不足于糟糠，女子纺绩不足于盖形。遣蒙恬筑长城，东西数千里，暴兵露师常数十万，死者不可胜数，僵尸千里，流血顷亩，百姓力竭，欲为乱者十家而五。又使徐福入海求神异物，还为伪辞曰："臣见海中大神，言曰：'汝西皇之使邪？'臣答曰：'然。''汝何求？'曰：'原请延年益寿药。'神曰：'汝秦王之礼薄，得观而不得取。'即从臣东南至蓬莱山，见芝成宫阙，有使者铜色而龙形，光上照天。于是臣再拜问曰：'宜何资以献？'海神曰：'以令名男子若振女与百工之事，即得之矣。'"秦皇帝大说，遣振男女三千人，资之五谷种种百工而行。徐福得平原广泽，止王不来。

　　与《秦始皇本纪》所不同的是，除遣三千男女之外还携带有五谷种子且尚有百工同行。

　　然而徐市入海之后，并没有立即回来。秦始皇在三十二年第三次出巡至碣石之后，又"使燕人卢生求羡门、高誓。刻碣石门。坏城郭，决通隄防。……因使韩终、侯公、石生求仙人不死之药。始皇巡北边，从上郡入。燕人卢生使入海还，以鬼神事，因奏录图书，曰'亡秦者胡也'。始皇乃使将军蒙恬发兵三十万人北击胡，略取河南地。"羡门，《史记集解》韦昭曰"古仙人"，高誓，《史记正义》张守节曰"亦古仙人"。此行不仅命燕人卢生求古仙人羡门、高誓，并派韩终、侯公、石生求仙人不死之药，更听信卢生"亡秦者胡也"之言，"使将军蒙恬发兵三十万人北击胡，略取河南地"，竟然以神鬼之事决断军事行动。

　　秦始皇三十五年，卢生回来，因为没有取到不死之药，于是对秦始皇说:"臣等求芝奇药仙者常弗遇,类物有害之者。方中,人主时为微行以辟恶鬼,恶鬼辟,真人至。人主所居而人臣知之,则害于神。真人者,入水不濡,入火不热,陵云气,与天地久长。今上治天下,未能恬倓。原上所居宫毋令人知,然后不死之药殆可得也。"于是秦始皇说:"吾慕真人,自谓'真人',不称'朕'。""乃令咸阳之旁二百里内宫观二百七十复道甬道相连,帷帐钟鼓美人充之,各案署不移徙。行所幸,有言其处者,罪死。始皇帝幸梁山宫,从山上见丞相车骑众,弗善也。中人或告丞相,丞相后损车骑。始皇怒曰:'此中人泄吾语。'案问莫服。当是时,诏捕诸时在旁者,皆杀之。自是后莫知行之所在。听事,群臣受决事,悉于咸阳宫。"又听信卢生之言不仅更名号,天子自称为"朕"改为"真人",而且"所居宫毋令人知",这一切,为的都是得到那长生不死之药。

再看《史记·秦始皇本纪》之记:

　　侯生卢生相与谋曰:"始皇为人,天性刚戾自用,起诸侯,并天下,意得欲从,以为自古莫及己。专任狱吏,狱吏得亲幸。博士虽七十人,特备员弗用。丞相诸大臣皆受成事,倚辨于上。上乐以刑杀为威,天下畏罪持禄,莫敢尽忠。上不闻过而日骄,下慑伏谩欺以取容。秦法,不得兼方不验,辄死。然候星气者至三百人,皆良士,畏忌讳谀,不敢端言其过。天下之事无小大皆决于上,上至以衡石量书,日夜有呈,不中呈不得休息。贪于权势至如此,未可为求仙药。"于是乃亡去。始皇闻亡,乃大怒曰:"吾前收天下书不中用者尽去之。悉召文学方术士甚众,欲以兴太平,方士欲练以求奇药。今闻韩众去不报,徐市等费以巨万计,终不得药,徒奸利相告日闻。卢生等吾尊赐之甚厚,今乃诽谤我,以重吾不德也。诸生在咸阳者,吾使人廉问,或为訞言以乱黔首。"于是使御史悉案问诸生，诸生传相告引，乃自除。犯禁者四百六十余人，皆阬之咸阳，使天下知之，以惩后。

秦始皇"坑儒"，按照《史记》记载，严格来说应称为"坑术士"，事件的缘起仍然与秦始皇求仙人或求长生不死之药而未得有直接关系，使得"坑儒"，再加上"焚书"，成为中国历史上重大的历史事件和中国文化史上重大的文化标志以及汉语的常用词汇，深刻地影响了中国历史达两千年之久。

公元前210年，秦始皇三十七年的最后一次出巡，更与不得仙人与不死之药有关，也与先一年发生的几个事件有关。

第一个事件：秦始皇三十六年有陨星坠落到东郡，有人在这块陨石上刻写"始皇帝死而地分"，秦始皇派官吏追查，结果没有查出作案的人，竟残忍地下令把住在陨石旁边的居民全都杀光。第二个事件：是年秋，秦一使者从关东夜过华阴平舒道，有人把秦始皇二十八年巡行渡江时沉入水中的玉璧送给使者，并请转告秦始皇说："为吾遗滈池君。"并明确说"今年祖龙死"。滈池君，《史记集解》服虔曰："水神也。"张晏曰："武王居镐，镐池君则武王也。武王伐商，故神云始皇荒淫若纣矣，今亦可伐也。"《史记索隐》按："服虔云水神，是也。江神以璧遗滈池之神，告始皇之将终也。且秦水德王，故其君将亡，水神先自相告也。"可见对滈池君的解释无论是比作水神还是比喻武王伐纣，都暗示着秦始皇的死期。对第一个事件，秦始皇不仅杀光了陨石周边的居民，还"使博士为《仙真人诗》，及行所游天下，传令乐人謌弦之"。对第二个事件，秦始皇沉默良久，解释"祖龙者，人之先也"，仍是追慕长生真人之道，忌讳说他会死，又通过占卜得"游徙吉"之卦，于是"迁北河榆中三万家"，以应卜卦化解其疑虑。

秦始皇这最后一次出巡，从咸阳出发，向东南行径云梦，然后浮江而下，视察吴越旧地，登会稽山，临望东海。又沿海岸北上，至于琅琊

（在今青岛西海岸新区县）时，徐市才回来。仙药数年不得，花费巨大，仍然空手而归，徐市于是编造海上遇大鲛鱼的说法蒙骗秦始皇，秦始皇竟信以为真。"始皇梦与海神战，如人状。问占梦，博士曰：'水神不可见，以大鱼蛟龙为候。今上祷祠备谨，而有此恶神，当除去，而善神可致。'乃令入海者赍捕巨鱼具，而自以连弩候大鱼出射之。"直到行至平原津，秦始皇病重，仍然"恶言死，群臣莫敢言死事"。①

我们再回到《赵正书》所记秦始皇病重时召左右所说的一段话："今病笃，几死矣。其匜日月输趋，至白泉之置，毋须后者。""毋须后者"，整理者解释："《汉书·王莽传》'前后毋相须'，颜师古注：'须，待也。'"②意思是抓紧时间前行，不必等待前后舆车仪仗的配备完整。

关于"白泉之置"，整理者注释如下：

《广雅·释诂四》："置，驿也。"从简文来看，秦王赵正当死于"白泉之置"，与《史记》记载不同。《秦始皇本纪》："七月丙寅，始皇崩于沙丘平台。"徐广曰："沙丘去长安两千余里。赵有沙丘宫，在钜鹿，武灵王之死处。"《正义》引《括地志》："沙丘台在邢州平乡县东北二十里。又云平乡县东北四十里。"今案："沙丘平台"在今河北省邢台市平乡东北。"白泉之置"不见于文献记载，但简文说"至柏人而病"，于"白泉之置"病死，故其地当距柏人不远。③

"白泉之置"，虽不见于传世文献，但我们在《太平御览》中找到有关"白泉"的记录，卷五百二十二引《礼稽命征》："得礼之制，泽谷之中有赤乌、白玉、赤蛇、赤龙、赤木、白泉生出，饮酌之，使寿长。"④卷八百七十三引《礼稽命征》："王者得礼之制，则泽谷之中白泉出，饮

---

① 以上引文均见《史记·秦始皇本纪》，中华书局1982年版，第251—264页。

② 北京大学出土文献研究所编：《北京大学藏西汉竹书》〔叁〕，上海古籍出版社2015年版，第189页。

③ 北京大学出土文献研究所编：《北京大学藏西汉竹书》〔叁〕，上第189页。

④ （宋）李昉：《太平御览》卷522《礼仪部一·叙礼上》，中华书局1960年版，第2347页。

之，使寿长。"①《太平广记》卷二"神仙二十"引《博异志》有"阴隐客"故事，讲唐代有人名阴隐客，使人在自家后院打井，井打了两年不见水，却见一洞，打井人入之，见白泉水，味如乳，甘美甚，饮之而到"梯仙国"，"皆诸仙初得仙者，关送此国，修行七十万日，然后得至诸天，或玉京蓬莱、昆阆姑射。然方得仙宫职位，主策主印，飞行自在"。打井人在此国得到金印，即觉得身体为风云所拥，飞升起来，不一会儿云开风住，打井人发现自己已经在房州北三十里的孤星山顶的一个洞中。他出洞之后，就去寻找阴隐客家，人们告诉他，已经过去三四代人了。②

《太平御览》所引《礼稽命征》言饮白泉之水"使长寿"，《太平广记》引《博异志》讲打井人饮白泉之水之后得到仙宫职位与金印，亦长寿活过三四代人的故事。这些记载或故事显然与自古就有的神仙世界有关，由此我们可推断，秦始皇为何要抓紧时间急忙赶往白泉之置？并非是为了赶到那里去死，而是想尽快到达可饮白泉之水的神仙世界，以达到长寿不死的目的。

《史记·李斯列传》记秦始皇死后，赵高乘机与胡亥、李斯密谋，擅自开启密封的玺书，篡改并重新伪造秦始皇遗诏，立公子胡亥为太子，有"更为书赐长子扶苏曰：'朕巡天下，祷祠名山诸神以延寿命。'"的说法，也可作为秦始皇出巡目的的佐证。

综上所述，我们分析梳理了《史记》所载秦始皇的几次东巡与北大简《赵正书》所记录的秦始皇最后一次出巡途中与左右的对话，可明显看出他的多次出巡，固然是为"威服海内"、炫耀权力，但也多与其信奉神仙方术之道有关。尤其是最后一次出巡的目的，与继续寻找长生不死之药，借以"变气易名"，改变天命有直接的关系。

---

① （宋）李昉等编：《太平御览》卷 873《休徵部二》，中华书局 1960 年版，第 3870 页。
② （宋）李昉等编：《太平广记》卷 20《神仙二十》，中华书局 1961 年版，第 134—135 页。

我们就以上所述梳理一下。

为达到长生不死的目的，且看他一系列举措：

（一）听信卢生"亡秦者胡也"之言，"使将军蒙恬发兵三十万人北击胡，略取河南地"，以神鬼之事决断军事行动。

（二）听信方士建议，所居宫室不让外人知道，"乃令咸阳之旁二百里内宫观二百七十复道甬道相连，帷帐钟鼓美人充之，各案署不移徙"，所幸之处有泄露者，处以死刑。

（三）自谓"真人"，不称"朕"。

（四）因侯生卢生逃亡"坑术士"，并将进谏的长子扶苏派往上郡监军蒙恬。

（五）因"滈池君"事件暗示了他的死期，占卦之后"迁北河榆中三万家"，以应卜卦。

（六）辗转琅琊、荣城山、芝罘"射大蛟鱼"。

（七）"欲以变气易名"改变天命，急奔"白泉之置"以达神仙世界。

虽然秦始皇没有实现长生不死的愿望，但他对神仙方术的迷信及多次的求仙活动却使得神仙方术在秦代得以逃脱禁免的命运，秦王朝颁行的"挟书律"明确规定"所不去者，医药、卜筮、种树之书"。由此亦可见秦人注重功利的价值取向，其宗教信仰世俗性极强的特点，这与东方诸国注重崇尚祖宗神的特点有很大不同。由于秦始皇的倡导，方仙之术为整个国家社会各阶层所信仰，成为当时社会生活中不可或缺的内容。至汉代，方仙之术更是风靡一时，成千上万的方士紧步秦代方士的后尘，奔走于大海与京师之间，使方仙之术发挥到了极致。因而秦代也就成为神仙方术的承上启下时期，并在其中保留了大量的上古天文、历数、医药、化学内容，成为后来道教产生的思想渊源。

秦二世胡亥继位说新探

刘文超（南京师范大学历史系）

自《史记》的《秦始皇本纪》《李斯列传》等篇详细记述秦二世胡亥篡位之事以来，由于缺乏与之不同的更多记载，学界普遍视其为定论。虽然有个别学者对司马迁所记持怀疑态度，但由于没有明确的史料支撑，也只能停留在推测阶段。如吕思勉《秦汉史》第二章第四节"二世之立"即仅仅指出"史所传李斯、赵高废立之事，必非其实也"，[①]而不能有所深入。2009年北大藏汉简《赵正书》及2013年湖南益阳兔子山简牍"秦二世元年文告"的问世，引发了学界对秦始皇、胡亥等人及相关事件、问题的热烈讨论，其中秦二世胡亥继位正当性问题便是争论的焦点之一。围绕这一问题，学界目前主要有三种观点：第一种即坚持司马迁所记更为可信。[②]第二种则主张《赵正书》及"秦二世元年文告"

---

① 吕思勉：《秦汉史》，上海古籍出版社2005年版，第20页。

② 代表性文章如赵化成：《北大藏西汉竹书〈赵正书〉简说》，《文物》2011年第6期；吴方基、吴昊：《释秦二世胡亥"奉诏登基"的官府文告》，2014年5月27日，见武汉大学简帛网 http://www.bsm.org.cn/show_article.php?id=2025；张春龙：《湖南益阳兔子山遗址九号井出土简牍概述》，《国学学刊》2015年第4期；孙家洲：《兔子山遗址出土〈秦二世元年文书〉与〈史记〉纪事抵牾释解》，《湖南大学学报（社会科学版）》2015年第3期；高中正：《〈赵正书〉与西汉前期的秦末记忆》，《南京师范大学文学院学报》2018年第2期；辛德勇：《辛德勇读〈赵正书〉——汉以前的"小说家"：说事儿不纪事》，2019年2月27日，见澎湃新闻 https://www.thepaper.cn/newsDetail_forward_2974446；王辉：《重新审视秦二世胡亥——从中国国家博物馆藏两诏铜板谈起》，《文史杂志》2019年第1期。

更接近历史真相。① 第三种则认为《史记》《赵正书》等反映的均是一种历史记忆，而对胡亥继位的史实不作辨析。② 上述观点虽各有可取之处，但仍有继续讨论的空间。本文不揣谫陋，试就秦二世胡亥继位正当性问题作新的探讨。

一、扶苏并非秦始皇指定继承人

在探讨秦二世胡亥继位一事之前，一个无法回避的问题就是：公子扶苏是否为秦始皇指定继承人？有关于此，已有许多学人进行过探讨。③ 他们从不同的方面论证了公子扶苏并非秦始皇指定继承人。概括起来主要有：一、先秦之时太子皆不将兵，如果将兵即有意废黜。扶苏监军上郡多年，即表明了秦始皇不欲立扶苏为太子。二、秦始皇赐扶苏书的内容和写就过程疑点重重，既没有指明立扶苏为帝，重要人物如李斯、冯去疾等对此竟也毫不知情。三、扶苏好儒术，与秦始皇政治旨趣相背离。四、秦朝并没有严格的嫡长子继承制，立扶苏为帝只是六国人反叛时编造的借口。五、扶苏被杀，只是因为其统兵在外而遭胡亥猜忌。上述论据在很大程度上已经可以说明，秦始皇无意立扶苏为帝。但

① 代表性文章如安子毓：《〈史记〉所载秦二世史事辨疑》，《形象史学研究》2015年上半年，人民出版社2015年版；马瑞鸿：《秦二世胡亥继位说考辨》，《文化学刊》2017年第7期。

② 陈侃理持此说。见陈侃理：《〈史记〉与〈赵正书〉——历史记忆的战争》，日本中国史学会编《中国史学》第26辑，2016年10月；又载于北京大学北京论坛办公室编：《北京论坛（2016）文明的和谐与共同繁荣——互信·合作·共享：出土文献与中国古代文明分论坛论文及摘要集》，2016年11月。

③ 如吕思勉：《秦汉史》第二章第四节"二世之立"，第18—22页；孙文礼：《秦始皇"赐公子扶苏书"考》，《秦文化论丛（第11辑）》，三秦出版社2004年版；徐志斌：《秦二世胡亥夺位说质疑》，《秦汉研究（第2辑）》，三秦出版社2007年版；雷依群：《论扶苏不得立为太子》，《咸阳师范学院学报》2014年第5期；安子毓：《〈史记〉所载秦二世史事辨疑》，《形象史学研究》；马瑞鸿：《秦二世胡亥继位说考辨》，《文化学刊》2017年第7期。

笔者仍有补充、修正之处。

其实，从扶苏自杀之前的各种表现，可以清楚地看出，扶苏并不被秦始皇所看重，以致他自己都很清楚在秦始皇心中的地位如何。《史记·李斯列传》记载：

> 使者至，发书，扶苏泣，入内舍，欲自杀。蒙恬止扶苏曰："陛下居外，未立太子，使臣将三十万众守边，公子为监，此天下重任也。今一使者来，即自杀，安知其非诈？请复请，复请而后死，未暮也。"使者数趣之。扶苏为人仁，谓蒙恬曰："父而赐子死，尚安复请！"即自杀。蒙恬不肯死，使者即以属吏，系于阳周。①

很难想象，一个被秦始皇看重且有望继承帝位的人，会在收到自裁书之后，没有起一丝疑心，而选择"泣，入内舍，欲自杀"这种行为。唯一的解释只能是扶苏早已对继承帝位无望，且自觉被秦始皇长久厌恶着。只有这样的心理定位，才能造成其在收到自裁书后，不仅没有起疑心，反而悲叹父亲的绝情，说出"父而赐子死，尚安复请"这样痛心、无望的话。从史书记载中我们也不难发现此种心理定位的反映。首先便是秦始皇令扶苏北监蒙恬于上郡。《史记·秦始皇本纪》：

> 益发谪徙边。始皇长子扶苏谏曰："天下初定，远方黔首未集，诸生皆诵法孔子，今上皆重法绳之，臣恐天下不安。唯上察之。"始皇怒，使扶苏北监蒙恬于上郡。②

---

① 《史记》卷87《李斯列传》，中华书局1982年版，第2551页。
② 《史记》卷6《秦始皇本纪》，第258页。

对此，吕思勉在《秦汉史》第二章第四节"二世之立"中论述道："案古大子皆不将兵。使将兵，即为有意废立，晋献公之于申生是也。扶苏之不立，盖决于监军上郡之时。"①此论极是。扶苏在此之前应该读过或被告知晋献公废立申生的故事，不可能不知道其中的道理。因此为太子无望，应在秦始皇令其北监上郡之时便已知晓的。其次是扶苏北监上郡时间之长。《史记·李斯列传》"赐长子扶苏书"记载：

> 今扶苏与将军蒙恬将师数十万以屯边，十有余年矣，不能进而前，士卒多耗，无尺寸之功，乃反数上书直言诽谤我所为，以不得罢归为太子，日夜怨望。扶苏为人子不孝，其赐剑以自裁！②

假如秦始皇真是为锻炼扶苏能力或一时动怒的话，怎么可能让其监军上郡"十有余年"而不归？唯一的解释只能是秦始皇厌恶扶苏，不想让其待在身边。此外，扶苏"数上书直言"这处细节，也从侧面揭示出扶苏欲求归而不能的无奈现状。正是这"十有余年"监军上郡的事实，让扶苏清楚了自己在秦始皇心中的地位，因而在接到自裁书之后，悲痛之余，他只有无奈地选择自杀，而丝毫没有起疑心。与扶苏的反应形成鲜明对比的则是蒙恬。这固然有其久于历练、遇事冷静的个人因素在里面，但更应与他对秦始皇的了解及个人心理定位有关。《史记·蒙恬列传》记其临终遗言曰：

> 自吾先人，及至子孙，积功信于秦三世矣。今臣将兵三十余万，身虽囚系，其势足以背畔，然自知必死而守义者，不敢

① 吕思勉：《秦汉史》，第20页。
② 《史记》卷87《李斯列传》，第2551页。

辱先人之教，以不忘先王也。……今恬之宗，世无二心，而事卒如此，是必孽臣逆乱，内陵之道也。①

正因为蒙恬自觉有功于秦，且被秦始皇委以重任，率兵三十余万守边，因此他才会在收到自裁书后，立即起了疑心，认为"安知其非诈""必孽臣逆乱"，而选择"不肯死""请复请"的行为。同时，《史记》对扶苏选择自杀的解释也颇为牵强。"为人仁"与选择自杀构不成必然的关系。其实，扶苏在收到自裁书之后，是不得不死，是无法选择"复请"的。这从"使者数趣之"就可以明显看出来。而胡亥令人编造自裁书，其主要目的也是令扶苏自杀，《史记·蒙恬列传》便记载："使者还报，胡亥已闻扶苏死，即欲释蒙恬。赵高恐蒙氏复贵而用事，怨之。"②可见，不管扶苏仁义与否，他唯有自杀这一条路可走。"为人仁"很大程度上应是后人对其的一种想象。

秦始皇厌恶、冷落扶苏，学者们普遍认为是两人政治旨趣相背离造成的。如徐志斌认为："不喜之原因，当是秦始皇尚申韩之术"，"然而扶苏却好儒术，为人仁厚，在始皇心目中自然非理想继承人。"③雷依群也认为："在治国理念和统治思想上，扶苏与其父秦始皇存在较大的分歧。"④但扶苏好儒术，实际上是不那么确定的。学者们一般依据上引《史记·秦始皇本纪》扶苏劝谏的记载，认为其倾向儒术，这其实是不恰当的。分析扶苏所言，他劝谏的主要目的只是希望秦始皇举措不要太急，以免天下人人自危，而并没有表现出对儒术的倾向性。学者们以"始皇怒，使扶苏北监蒙恬于上郡"这一后续结果，反推扶苏与秦始皇政治旨趣不同是其主要原因，这是不能成立的。退一步讲，扶苏明知秦

---

① 《史记》卷 88《蒙恬列传》，第 2569 页。

② 《史记》卷 88《蒙恬列传》，第 2567 页。

③ 徐志斌：《秦二世胡亥夺位说质疑》，《秦汉研究》第 2 辑，三秦出版社 2007 年版。

④ 雷依群：《论扶苏不得立为太子》，《咸阳师范学院学报》2014 年第 5 期。

始皇推崇法家之术，却在其面前公开表示对儒术的喜好，于情于理这都是说不过去的。因此，无论扶苏是否对秦始皇说过类似的话，都不可能由此传达出喜好儒术的信息，二人政治旨趣的背离也就无从谈起，而至多是具体实施方法的不尽相同而已。可这并不足以让秦始皇达到厌恶、冷落扶苏"十有余年"的程度。那究竟是什么原因呢？笔者以为，根源在于扶苏与楚人血缘的相近上。正是这一身份标识，使得秦始皇不信任扶苏，其言行也被秦始皇有意无意地曲解，以致最终被彻底冷落。关于这一点，李开元在《秦谜：秦始皇的秘密》一书第四案"秦始皇的后宫谜团（下）"中有过论述。他在转述藤田胜久《项羽与刘邦的时代——秦汉帝国兴亡史》一书的观点时，写道：

> 藤田先生以为，扶苏之所以在这里与项燕一道出现，或许是因为他的母亲的关系。扶苏的母亲可能是出身于楚国的王女，因为母亲的关系，扶苏与楚国就有了血缘上的关联，扶苏冤死于二世皇帝之手，楚人同情扶苏，复兴楚国的起义军以扶苏的名义为号召，就可以得到合理的解释了。①

由此，他认为藤田先生的推测，"有相当的合理性"。藤田胜久的推测，源于《史记·陈涉世家》的一段记载：

> 陈胜曰："天下苦秦久矣。吾闻二世少子也，不当立，当立者乃公子扶苏。扶苏以数谏故，上使外将兵。今或闻无罪，二世杀之。百姓多闻其贤，未知其死也。项燕为楚将，数有功，爱士卒，楚人怜之。或以为死，或以为亡。今诚以吾众诈

---

① 李开元：《秦谜：秦始皇的秘密》，北京联合出版公司 2015 年版，第 158 页。

自称公子扶苏、项燕，为天下唱，宜多应者。"吴广以为然。①

文中多次出现"或"字，可见当时信息传递并不流畅。陈胜对扶苏当立及秦始皇令其监军上郡原因的表述，也应是听闻传言，至少是浮于表面现象的分析而已，毕竟朝堂之事并非一介平民所能确切知晓的。但其"诈自称公子扶苏、项燕，为天下唱"的提法，却表明项燕、扶苏二人有走向联合的历史基础，否则反秦的楚将怎么会与秦始皇的儿子走到一块儿？又怎么会出现"宜多应者"的良好期待效果呢？即使扶苏同情楚国民众，也不可能让反秦之人将项燕与其并列，以共同推翻秦朝。唯一的解释只能是扶苏与楚人有血缘上的相近性，藤田胜久和李开元的推测，即由此而生。笔者以为，这一推测是合情合理的。如果是这样的话，那么秦始皇厌恶、冷落扶苏就可以解释得通了。从史料记载来看，在秦始皇生命的最后十几年中，对楚人的厌恶是不言而喻的。如秦王政二十三年（前224），秦国灭楚受挫，秦王嬴政放低身段，强起王翦将兵出战。后又有楚将项燕立昌平君为王，继续在淮南一地反秦。楚人如此顽强抗争，不可能不给秦始皇留下一些负面印象。又如楚地具有深厚的仇视秦国（朝）的民众基础。《史记·项羽本纪》记载范增语：

> 夫秦灭六国，楚最无罪。自怀王入秦不反，楚人怜之至今，故楚南公曰："楚虽三户，亡秦必楚。"今陈胜首事，不立楚后而自立，其势不长。②

也正因如此，最先举起反秦大旗的是楚人，率军灭亡秦朝的将领们也大多是楚人。而楚地这种历史与现实的状况，秦始皇不会不有所耳

---

① 《史记》卷48《陈涉世家》，第1950页。
② 《史记》卷7《项羽本纪》，第300页。

闻。对楚人产生厌恶，连带厌恶与楚人血缘相近的公子扶苏一脉，也就在所难免了。可以说，扶苏最不可能被秦始皇指定为继承人。

二、立胡亥为帝应为秦始皇无奈之举

自北大藏汉简《赵正书》及湖南益阳兔子山简牍"秦二世元年文告"问世后，部分学者便指出胡亥应为秦始皇指定继承人，并认为《赵正书》等反映了历史的真相。如马瑞鸿《秦二世继位说考辨》一文认为："若将传世文献与出土文献结合起来研究，形成一系列证据链，便可证实胡亥是始皇的法定继承人显然更符合史实。"① 但正如陈侃理在《〈史记〉与〈赵正书〉——历史记忆的战争》中所言，笔者以为，无论是《史记》所记，还是《赵正书》所讲，很大程度上均是秦汉时人对当时情形的一种特定想象或记忆。同时，秦始皇临终之际立胡亥为帝，虽然更接近历史事实，但也应是一种无奈之举。

（一）《史记》《赵正书》所记均为秦汉时人的一种想象

陈侃理对此论述道：

《史记》选用的故事有特定的时代背景，体现的是特定的历史认识。这种历史认识，源于楚人反秦的政治宣传，包含着汉代人对秦史有意识的涂抹。《赵正书》则反映另一种历史记忆，承认胡亥继承帝位的合法性，而将秦二世而亡归因于国君不听

① 马瑞鸿：《秦二世继位说考辨》，《文化学刊》2017 年第 7 期。

谏言、独断专行。①

可以说，两种历史记忆都带有很强的目的性，实际上就是秦汉时人对胡亥继位情形的各自想象。《史记》对此的记载，主要集中于《秦始皇本纪》《李斯列传》《蒙恬列传》中，内容无需赘言。学界对《史记》中"沙丘之谋"的说法多有质疑，除扶苏不当立和陈侃理提及的反秦政治宣传外，还有《史记》行文问题、李斯不可思议的短视、密谋之内容不可能如此详细、贾谊未质疑胡亥继位合法性等。②《赵正书》则记载道：

> ·昔者，秦王赵正出斿（游）天下，环（还）至白（柏）人而病。病篤（笃），愳（喟）然流涕长大（太）息，谓左右曰："天命不可变于（欤）？吾未尝病如此……（省略）③ 今病篤（笃），几死矣。其亟日夜揄（输）趣（趋），至白泉之置，毋须后者。其谨微（微）密之，毋令群臣智（知）病。"

> 病即大甚，而不能前，故复召丞相斯曰："吾霸王之壽（寿）足矣，不奈吾子之孤弱何。……其后不胜大臣之分（纷）争，争侵主。吾闻之：牛马鬬（斗），而蚊（蚊）虻（蛇）死其下；大臣争，贵（齐）民古（苦）。吾衣（哀）令（怜）吾子之孤弱，及吾蒙容之民，死且不忘。其讓（议）所立。"丞相臣斯昧死顿首言……（省略）赵正流涕而谓斯曰："吾非

---

① 陈侃理：《〈史记〉与〈赵正书〉——历史记忆的战争》，北京大学北京论坛办公室编：《北京论坛（2016）文明的和谐与共同繁荣——互信·合作·共享：出土文献与中国古代文明分论坛论文及摘要集》，第29—30页。

② 具体参见吕思勉：《秦汉史》第二章第四节"二世之立"，第20页。徐志斌：《秦二世胡亥夺位说质疑》，《秦汉研究》第2辑，三秦出版社2007年版；安子毓：《〈史记〉所载秦二世史事辨疑》，《形象史学研究》2015年第1期；马瑞鸿：《秦二世胡亥继位说考辨》，《文化学刊》2017年第7期。

③ ……（省略），表示笔者为节省篇幅而进行的省略，非简文中原有的省略。下同。

疑子也，子，吾忠臣也。其謙（议）所立。"丞相臣斯、御史臣去疾昧死顿首言曰："今道远而诏期窘（群）臣，恐大臣之有谋，请立子胡亥为代后。"王曰："可。"

王死而胡亥立，即杀其兄夫（扶）胥（苏）、中尉恬。大赦（赦）罪人，而免隶臣高以为郎中令。……（省略）

秦王胡亥弗听，遂行其意，杀丞相斯，立高，使行丞相、御史之事。未能冬（终）其年，而果杀胡亥。将军张（章）邯入夷其国，杀高。

曰："胡亥所谓不听間（谏）者也，立四年而身死国亡。"①

关于《赵正书》，赵化成推断其"可能出自六国旧贵族后裔之手，或为与张苍观念相类似的文人所撰写"，且"撰写年代当早于汉武帝时期"。② 朱凤瀚认为，《赵正书》"部分段落见于《史记》的《蒙恬列传》《李斯列传》，但文句不尽相同，可能是司马迁撰写《史记》时的参考之一。"③ 可以说，大部分学者目前仍接受《史记》的说法，而对《赵正书》的史料可靠性持谨慎、怀疑态度，以致有人认为兔子山简牍"秦二世元年文告"也是官方的虚假宣传。"秦二世元年文告"记载道：

天下失始皇帝，皆遽恐悲哀甚。朕奉遗诏，今宗庙吏及箸以明至治大功德者具矣，律令当除定者毕矣，元年与黔首更始，尽为解除流罪，今皆已下矣。朕将自抚天下，吏、黔首其具行事已，分县赋援黔首，毋以细物苛刻县吏。亟布。④

① 北京大学出土文献研究所：《北京大学藏西汉竹书》〔叁〕，上海古籍出版社 2015 年版，第 189—194 页。

② 赵化成：《北大藏西汉竹书〈赵正书〉简说》，《文物》2011 年第 6 期。

③ 朱凤瀚：《北京大学藏西汉竹书概说》，《文物》2011 年第 6 期。

④ 简文引自张春龙、张兴国：《湖南益阳兔子山遗址九号井出土简牍概述》，《国学学刊》2015 年第 4 期。

对此，孙家洲《兔子山遗址出土〈秦二世元年文书〉与〈史记〉纪事抵牾释解》认为：

> 假如秦二世即位之后，社会上没有出现其权力来源是否"合法"的不同议论，秦二世何必以诏书的名义来向社会加以强调？——在政治"铁幕"的时代，统治者的官方文告中越是刻意强调的，大多要从其反面加以思考和诠释。①

高中正在《〈赵正书〉与西汉前期的秦末记忆》中则主张：

> 作为胡亥合法继位的官方表述，秦二世元年诏书经过了中央到地方的宣传。而生活在距秦灭不远，甚至很可能经历过秦统治的《赵正书》编者，对这类宣传较为熟悉，由于无法接触到上层的秘辛，所以在编造《赵正书》这类文献时，自然地选择接受文告宣扬的合法继承说。②

此外，北京大学出土文献研究所在"说明"中强调："（《赵正书》）这种以记言为主，注重'以史为鉴'的文体，与战国时期流行的'语'类古书相似。"③ 这样的文体特征，更使得其史料可靠性大打折扣。

在笔者看来，《史记》与《赵正书》所记，很大程度上只能是秦汉时人的特定想象。一方面，帝位传承这样的上层大事，外人是很难知晓的。也正因为如此，民间才会流传各种皇帝继位的故事、隐情，以满足

---

① 孙家洲：《兔子山遗址出土〈秦二世元年文告〉与〈史记〉纪事抵牾释解》，《湖南大学学报（论坛科学版）》2015 年第 3 期。

② 高中正：《〈赵正书〉与西汉前期的秦末记忆》，《南京师范大学文学院学报》2018 年第 2 期。

③ 北京大学出土文献研究所：《北京大学藏西汉竹书》〔叁〕，第 187 页。

大众的好奇心。秦始皇行事周密，如他听信方士卢生所言，下令"行所幸，有言其处者，罪死"，以致最后群臣"莫知行之所在"。① 因此，在帝位传承这样一件国家大事上，外人更是难以知晓。而《史记·李斯列传》中"独子胡亥、丞相李斯、赵高及幸宦者五六人知始皇崩，余群臣皆莫知也"②的情形，虽然不尽实录，却很好地道出了此事的隐秘性。另一方面，秦二世胡亥继位之后不到四年，国家便走向灭亡。局势的混乱，又使得大部分官方实录被焚毁或丢弃，当事人或死亡或逃跑，继位情形更加难以查找。而出于反秦宣传或著述立论的目的，各种版本的胡亥继位故事也在随后相继出现，并最终被有选择地记录在了《史记》与《赵正书》这样的文本之上。

（二）立胡亥为帝更接近历史事实，但也应是秦始皇的无奈之举

《史记》所采用的"沙丘之谋"的说法，以赵高弄权为其鲜明特色，先是"留所赐扶苏玺书"，继而劝说胡亥、说服李斯，最终成功诈受诏，立胡亥为太子。《赵正书》采用的胡亥继位故事，看似平淡，实际上同样充斥着政治斗争的一面。如在秦始皇病重不能前行时，透露出的对"吾子之孤弱"而"大臣纷争"局面的担忧。相较之下，《赵正书》的叙事更加合理、缜密一些，秦始皇立胡亥为帝更接近历史事实。笔者之所以下如此判断，理由有三：

其一，《史记》版本的故事明显忽略了一点，那就是以秦始皇多疑的性格，是绝不会把帝位传承这样的大事，仅仅发送一封玺书就草草了事的。赵高不存在弄权的机会。史载秦始皇性格多疑，如王翦就评价秦始皇道："夫秦王怚而不信人。今空秦国甲士而专委于我，我不多请田

① 《史记》卷6《秦始皇本纪》，第257页。
② 《史记》卷87《李斯列传》，第2548页。

宅为子孙业以自坚，顾令秦王坐而疑我邪？"① 又如《史记·秦始皇本纪》记载："始皇帝幸梁山宫，从山上见丞相车骑众，弗善也。中人或告丞相，丞相后损车骑。始皇怒曰：'此中人泄吾语。'案问莫服。当是时，诏捕诸时在旁者，皆杀之。"② 因此，在帝位传承这样的大事上，他是不会如《史记》所言，仅仅"为玺书赐公子扶苏曰：'与丧会咸阳而葬'"，③必会召集重臣如丞相李斯等，议定帝位人选的。因此，赵高也就不存在弄权的机会，《史记》的说法存在明显漏洞。

其二，在当时形势下，立近在身边的胡亥为帝是秦始皇的最佳选择。无论是《史记》，还是《赵正书》，都透露给我们一个信息，那就是围绕立太子一事，秦始皇的诸子以及群臣之间，已经在明争暗斗。如《赵正书》载，秦始皇病重不能前，召丞相李斯议立太子时说道："不奈吾子之孤弱何。……其后不胜大臣之分（纷）争，争侵主。"④ 李斯在主张立胡亥为太子时，也说："今道远而诏期宭（群）臣，恐大臣之有谋。"⑤ 而《史记·秦始皇本纪》记载胡亥与赵高计谋时，也说道："大臣不服，官吏尚强，及诸公子必与我争，为之奈何？"⑥ 可见秦始皇末年围绕立太子一事，朝廷内部已经出现了不同的声音。秦始皇在此种形势下，当着丞相李斯等大臣的面，指定相对认可且近在身边的胡亥作为继承人，不仅可以最大程度消除大臣的猜疑，也有利于自己对国家未来继承人进行临终嘱托。可以说，立胡亥为帝是秦始皇当时的最佳选择。

其三，胡亥继位后的一系列举措正是对秦始皇担忧的回应。一方面，"秦二世元年文告"的发布，即是对秦始皇巡游途中传位一事的回应与释疑，毕竟这个事件比较特殊，存在较多的隐秘之处，有必要强调

① 《史记》卷73《白起王翦列传》，第2340页。
② 《史记》卷6《秦始皇本纪》，第257页。
③ 《史记》卷6《秦始皇本纪》，第264页。
④ 北京大学出土文献研究所：《北京大学藏西汉竹书》〔叁〕，第190页。
⑤ 北京大学出土文献研究所：《北京大学藏西汉竹书》〔叁〕，第190页。
⑥ 《史记》卷6《秦始皇本纪》，第208页。

一下其继位的正当性；另一方面，秦二世诛杀诸大臣及诸公子，其实也是在清除异己力量，巩固自身的统治，而并非是得位不正导致的结果。在《史记·李斯列传》中，赵高对胡亥说道："夫沙丘之谋，诸公子及大臣皆疑焉，而诸公子尽帝兄，大臣又先帝之所置也。今陛下初立，此其属意快快皆不服，恐为变。"① 可见，即使胡亥继位成为皇帝，诸公子及大臣也仍然心有不甘，对其也是貌合而神离。因此，为防患于未然，诛杀一些心有快快的大臣及公子，也是势在必行的。胡亥继位后的一系列举措正是稳定时局的需要，也是对秦始皇担忧的回应。

然而，立胡亥为帝更接近历史事实，却并不代表秦始皇早已有此打算。笔者以为，这其实是秦始皇的无奈之举。在此前的研究中，吕思勉、雷依群及安子毓均推测，秦始皇早已有意立胡亥为太子，沙丘传位于胡亥正是秦始皇的真正心愿。如吕思勉《秦汉史》认为："二十余子，而胡亥独幸从，则蒙毅谓先王之举用大子，乃数年之积，其说不诬。始皇在位，不为不久，而迄未建储，盖正因欲立少子之故。"② 雷依群进一步认为："秦始皇二十多位儿子，唯独把胡亥留在身边，显然有培养他处理政务和其他能力的意愿在内。"③ 安子毓《〈史记〉所载秦二世史事辨疑》也持类似看法。但在笔者看来，一方面，"胡亥独幸从"其实并非秦始皇有意为之。《史记·秦始皇本纪》："三十七年十月癸丑，始皇出游。左丞相斯从，右丞相去疾守。少子胡亥爱慕请从，上许之。"④ 可见，秦始皇最后一次出游，本无意带胡亥一起去。是胡亥首先申请随行，秦始皇同意才得以实现的。这至多说明秦始皇不讨厌胡亥，却没有一点儿立太子的意愿在里面。更何况古代出征之时，太子本人一般留守京师，而不会随国君一起征战。秦始皇出游，虽然不比出征，但因其行

---

① 《史记》卷 87《李斯列传》，第 3097 页。
② 吕思勉：《秦汉史》，第 20 页。
③ 雷依群：《论扶苏不得立为太子》，《咸阳师范学院学报》2014 年第 5 期。
④ 《史记》卷 6《秦始皇本纪》，第 331—332 页。

程之远、时间之长，是断不会携带太子人选一起远离京师重地的。另一方面，假如秦始皇早有意立胡亥为太子，是不会拖到临终之时才进行的。《史记·李斯列传》："蒙恬止扶苏曰：'陛下居外，未立太子，使臣将三十万众守边，公子为监，此天下重任也。'"① 可以看出，秦始皇直到最后一次出游时，也没有确定太子人选。假如秦始皇真是想锻炼胡亥行政能力的话，大可以在立其为太子后，名正言顺地进行，何必迟迟不确立呢？以秦始皇的人生阅历和治国能力，不会不清楚这样做会给政局稳定带来哪些消极影响。笔者以为，秦始皇迟迟不立太子，极有可能是在诸公子中没有特别钟意之人，他还在筛选、考察中。但是突如其来的疾病，打乱了原有的布局。病危之际，为了国家政权的平稳过渡，他无奈地选择了相对认可的胡亥来继承帝位。既然如此，又如何理解蒙毅的话呢？《史记·蒙恬列传》记载：

> （胡亥使者曲宫）令蒙毅曰："先主欲立太子而卿难之。今丞相以卿为不忠，罪及其宗。朕不忍，乃赐卿死，亦甚幸矣。卿其图之！"毅对曰："以臣不能得先主之意，则臣少宦，顺幸没世。可谓知意矣。以臣不知太子之能，则太子独从，周旋天下，去诸公子绝远，臣无所疑矣。夫先主之举用太子，数年之积也，臣乃何言之敢谏，何虑之敢谋！"②

首先，文中"先主欲立太子而卿难之"的指责，已经被蒙毅"何言之敢谏，何虑之敢谋"所否定了，也就意味着胡亥使者对蒙毅的指责纯属污蔑，是编造的谎言。其次，蒙毅所谓"太子独从，周旋天下，去诸公子绝远"，指的应是秦始皇最后一次出游而胡亥独幸从这件事，前文

---

① 《史记》卷 87《李斯列传》，第 3096 页。
② 《史记》卷 88《蒙恬列传》，第 2568 页。

已经指出，这是胡亥先申请随行的，并非秦始皇有意为之。最后，蒙毅说的"先主之举用太子，数年之积也"，应是蒙毅从胡亥继位的事实反推出来的结论。蒙毅多少是了解秦始皇的，因此他才说"可谓知意矣"，但蒙毅却不了解胡亥，其所谓"太子独从，周旋天下，去诸公子绝远，臣无所疑矣"，实际只是针对秦始皇最后出游而胡亥独幸从这件事而发。因此在胡亥为帝这一事实面前，他只有将平时秦始皇与胡亥的接触，看成是秦始皇有意立其为太子的表现，最终得出结论："先主之举用太子，数年之积也"。可以说，蒙毅此番话的主要目的在于给自己辩护，其所谓秦始皇有意立胡亥为太子，只是从既成事实反推出来的结论，为的就是说明"臣乃何言之敢谏，何虑之敢谋"。总之，秦始皇立胡亥为帝，更接近历史事实，同时也应是一种无奈之举。

三、几点结论与启迪

综上所述，可以得出以下几点结论。

首先，扶苏并非秦始皇指定继承人。从《史记》所记扶苏自杀之前的各种表现，可以清楚地看出，其对于自己在秦始皇心中的定位如何有清醒的认识。那就是自觉继承帝位无望，且被秦始皇长久厌恶着。只有这样的心理定位，才能引发扶苏一系列异于常人的表现。而这样的心理定位反映到现实中，就是其被秦始皇指派去监军上郡且十余年未归。正是基于这样的现实基础，才促使扶苏产生了上述的心理定位。而扶苏之所以被秦始皇如此冷落、打击，也并非如某些学者所言，是两人政治旨趣相背离造成的。真正的原因应是扶苏与楚人血缘的相近。秦始皇在统一六国的过程中，灭楚一战面临的困难最大、麻烦最多，且楚地民众长期怀有深厚的反秦情绪。因此秦始皇厌恶楚人，连带冷落、打击与楚人血缘相近的公子扶苏一脉，也就在所难免。

其次，《史记》《赵正书》所记胡亥继位的故事，很大程度上均是秦汉时人的一种特定想象或记忆。一方面，《史记》所记"沙丘之谋"的说法，有太多难以解释得通的地方，如扶苏不会被立为太子、丞相李斯不可思议的短视、帝位传承的大事不可能仅以一封玺书草草了事等。而《赵正书》所记胡亥正当继位的说法，又是以一种"语"类文体来进行呈现，明显带有"以史为鉴"的政论色彩，使得其史料可靠性大为降低；另一方面，帝位传承这样的上层大事，外人是难以知晓的，其隐秘性极高。又加以胡亥继位四年之后，秦王朝便走向灭亡。政局的混乱，必然使得继位真相更加难以查找，这便给出于各种目的而编造的民间传闻的流行，创造了极为有利的条件。正是在如此形势之下，"沙丘之谋"的说法以及正当继位的说法先后出现，并最终被《史记》与《赵正书》分别记录了下来。

再次，秦始皇立胡亥为帝应更接近历史事实。虽然《史记》与《赵正书》所记很大程度上均是秦汉时人的一种特定想象。但相较之下，后者的叙事更加合理、缜密一些。秦始皇立胡亥为帝，虽然在具体细节上无从考究，但这一行为本身应更接近历史事实。除《史记》的说法存在重大疏漏之外，一方面，在当时政局紧张的情况下，病重的秦始皇立近在身边的胡亥为帝，是最佳的选择。这样不仅可以最大程度消除大臣的猜疑，也有利于自己对王朝未来继承人进行临终嘱托。另一方面，胡亥继位后的一系列举措，也正是对秦始皇担忧的回应，并非得位不正而采取的掩盖手段。其发布"秦二世元年文告"，即是对秦始皇巡游途中传位这一特殊事件的回应与释疑。诛杀诸大臣及公子，也是稳定时局的需要，借以巩固自身的统治。

最后，立胡亥为帝并非秦始皇真正心愿，应是一种无奈之举。一些学者指出的秦始皇钟爱胡亥的迹象，其实并不能成立。秦始皇最后一次出游，本无意让胡亥与之同行，是胡亥主动申请随行才得以实现的，从中并不能看出秦始皇有意立胡亥为帝。秦始皇迟迟不立太子，也不是因为少子胡亥的缘故，更大可能是他还没有在诸公子中找到满意的继承人。蒙毅所谓的"先主之举用太子，数年之积也"，也构不成秦始皇有意立胡亥为帝的证据，因为蒙毅此番话的主要目的在于给自己辩护，是从既成事实反推出来的结论，并不能准确反映史实。于是，当秦始皇在最后一次巡游途中突然病重时，为了国家政权的平稳过渡，才不得不确立了近在身边的胡亥为帝位继承人。

进一步思考，"沙丘之谋"这种说法之所以能成为当时社会历史认识的主流，并被司马迁写入《史记》中，应与其自身的贬秦倾向及由此引申出来的借鉴意义有关。正如陈侃理《〈史记〉与〈赵正书〉——历史记忆的战争》一文所言，"沙丘之谋"来源于楚人反秦的政治宣传，具体到本文中，这种说法既是对秦二世胡亥继位正当性的否定，实际上也是对秦始皇治国理政能力的贬低。言外之意就是，秦始皇不早日立储，才最终导致胡亥篡位、赵高弄权局面的出现，以致秦王朝最终灭亡。随之，此一版本的胡亥继位故事便被赋予了前车之鉴的角色，而被汉初士人继续接受、利用，如叔孙通便曾向刘邦谏言曰："昔者晋献公以骊姬之故废太子，立奚齐，晋国乱者数十年，为天下笑。秦以不蚤定扶苏，令赵高得以诈立胡亥，自使灭祀，此陛下所亲见。"① 反观北大藏汉简《赵正书》，其所采用的胡亥继位故事明显不如"沙丘之谋"有价值与意义。一方面，描写秦始皇传位胡亥的内容，与论述的主题联系不紧密，给人一种画蛇添足之感；另一方面，其采用的胡亥正当继位的说法，与秦末汉初以来贬低秦始皇、秦二世个人形象的士人普遍做法相背离。又加上其故事情节没有"沙丘之谋"曲折、精彩，因此没有以传世文献的形式流传下来，也是很正常的。

---

① 《史记》卷99《刘敬叔孙通列传》，第2725页。

自然、家庭与帝国：人性视角下的秦始皇

——从岳麓秦简秦始皇"禁伐树木诏"谈起

符奎（浙江师范大学人文学院、浙江师范大学边疆研究院）

从勤政的角度讲，秦始皇绝对是中国古代君主的典范。《史记》载："天下之事无小大皆决于上，上至以衡石量书，日夜有呈，不中呈不得休息。"[①]面对天下统一之后的复杂形势，从秦始皇二十七年（前220）到三十七年（前210），短短十年间，秦始皇共五次巡行天下，并在巡行途中暴卒，可谓操劳致死。关于秦始皇巡行的目的与动因，学界从政治、军事、文化、宗教信仰等不同角度进行了分析。[②]《岳麓书院藏秦简（伍）》有一条简文涉及秦始皇二十八年（前219）巡行，它反映的史实与《史记》的记载全然不同，一定程度上反映了秦始皇热爱山水的

---

① 《史记》卷6《秦始皇本纪》，中华书局1982年版，第258页。

② 黄宛峰：《从东巡看秦始皇对统治思想的探索》，《南都学坛》1995年第4期；冷鹏飞：《"东南有天子气"释——秦汉区域社会文化史研究》，《学术研究》1997年第1期；张华松：《试探秦始皇东巡的原因与动机》，《东岳论丛》2002年第1期；李瑞、吴宏岐：《秦始皇巡游的时空特征及其原因分析》，《中国历史地理论丛》2003年第3辑；张灿辉：《"东南天子气"之演生与江南区域政治格局的形成》，《株洲工学院学报》2006年第1期；何平立：《中国古代帝王巡狩与封建政治文化》，《社会科学》2006年第3期；彭丰文：《秦始皇东巡与秦王朝国家认同的建构》，《东岳论丛》2014年第9期；张梦晗：《"东南有天子气"与秦始皇东游》，《江苏师范大学学报（哲学社会科学版）》2015年第5期；李磊：《吴越边疆与皇帝权威——秦始皇三十七年东巡会稽史事钩沉》，《学术月刊》2016年第10期；等等。

自然情怀。本文以此为出发点，结合近年来其他相关出土文献，通过对秦始皇自然、家庭与帝国等观念的分析，试图还原一位立体的、具有真实人格的始皇帝，不当之处，敬请斧正。

一、"皆禁勿伐"：岳麓秦简所见秦始皇的自然情怀

秦始皇二十八年（前219），秦始皇第二次巡行，在泰山封禅之后返回咸阳的途中，发生了一件令他十分不愉快的事。史载：

> 乃西南渡淮水，之衡山、南郡。浮江，至湘山祠。逢大风，几不得渡。上问博士曰："湘君何神？"博士对曰："闻之，尧女，舜之妻，而葬此。"于是始皇大怒，使刑徒三千人皆伐湘山树，赭其山。①

这是司马迁在《史记·秦始皇本纪》中的描述。然而客观的历史丰富多彩，史料的选择具有目的性和主观性。随着考古学的发展，一些已经湮没在历史长河中的史料重见天日，这其中不仅包括一些前所未见的资料，也包括一些与传世文献不同的记载。《岳麓书院藏秦简（伍）》相关律文就涉及秦始皇二十八年（前219）的东巡：

> ·廿六年四月己卯丞相臣状、臣绾受制相（湘）山上：自吾以天下已并，亲抚晦（海）内，南至苍梧，凌涉洞庭之水ㄥ，登相（湘）山、屏山，其树木野美，望骆翠山以南树木□见亦美，其皆禁勿伐。臣状、臣绾请：其禁树木尽如禁苑树木，而

---

① 《史记》卷6《秦始皇本纪》，第248页。

令苍梧谨明为骆翠山以南所封刊。臣敢请。制曰：可。①

整理者推测："'六'也可能是'八'之误。"② 甚是。有学者认为："秦简中记载的秦始皇下令湘山等处'皆禁勿伐'一事当属可信。"③ 可从。《史记》与岳麓简的记载出现矛盾的原因，拟专文探讨④，这里先对简文所见秦始皇的自然情怀进行分析。

简文称丞相隗状与王绾"受制相（湘）山"，可见保护湘山、屏山、骆翠山及其以南的树木，出自秦始皇的个人意志。秦代建有大量的禁苑，并设有官吏进行严格的管理。如龙岗秦简："禁苑吏、苑人及黔首有事禁中，或取其□□□☑""诸有事禁苑中者，□□传书县、道官□乡□□□☑"⑤ 睡虎地秦简《内史杂》："苑啬夫不存，县为置守，如厩律。"⑥ 睡虎地秦简《徭律》："县葆禁苑、公马牛苑，兴徒以斩（堑）垣离（篱）散及补缮之，辄以效苑吏，苑吏循之。"⑦ 简文"其禁树木尽如禁苑树木，而令苍梧谨明为骆翠山以南所封刊"，是针对秦始皇"皆禁勿伐"的纲领性意见，丞相隗状、王绾提出的具体保护措施，即建议参照禁苑的管理方式进行管理。日本学者增渊龙夫认为园囿与山林薮泽的经济收入是专制君主权力的经济基础。⑧ 山林川泽是各种动植物生存繁

---

① 陈松长主编：《岳麓书院藏秦简（伍）》，上海辞书出版社 2017 年版，第 57—58 页。

② 陈松长主编：《岳麓书院藏秦简（伍）》，第 76 页。

③ 秦桦林：《〈岳麓书院藏秦简（伍）〉第 56—58 简札记》，简帛网，2018 年 3 月 11 日，见 http://www.bsm.org.cn/show_article.php?id=3008。

④ 参见符奎：《五德终始说与司马迁的历史书写——以〈史记〉与岳麓秦简史料矛盾的考辨为中心》，未刊稿。

⑤ 陈伟主编、李天虹、刘国胜等撰著：《秦简牍合集·释文注释修订本（叁）》，武汉大学出版社 2016 年版，第 15 页。

⑥ 陈伟主编，彭浩、刘乐贤等撰著：《秦简牍合集·释文注释修订本（壹）》，武汉大学出版社 2016 年版，第 136 页。

⑦ 陈伟主编，彭浩、刘乐贤等撰著：《秦简牍合集·释文注释修订本（壹）》，第 105 页。

⑧ ［日］增渊龙夫：《中国古代的社会与国家》，吕静译，上海古籍出版社 2017 年版，第 270 页。

衍的场所，将其划为禁苑确实是君主一笔可观的收入。这里仅仅是对湘山及其周边地区的树木采取与禁苑类似的保护措施，禁止砍伐，而非直接划定为禁苑，其原因当是这次禁伐树木诏是秦始皇被湘山、屏山以及骆翠山以南地区森林美景吸引所致，而非出于对洞庭湖地区山林川泽中所蕴藏经济利益的考虑。所谓"野美"，当是指湘山、屏山的树木，未遭人为破坏，呈现出一种原始质朴的自然之美。质言之，这次的树木保护，除政治等因素之外，秦始皇自然审美需要也是主要动因之一。

《史记》"始皇大怒，使刑徒三千人皆伐湘山树，赭其山"的记载，将秦始皇的残暴形象刻画得淋漓尽致。在君主专制体制下，不单单是黔首，即便是神、大自然，也不能逃脱君主的制裁，稍不如意，照样被施以刑罚。人间、自然与神均在皇帝的控制之下。《岳麓书院藏秦简(伍)》所见关于湘山及周边地区的树木保护令，从诏书下达形式、保护的动因与形式等方面分析，是秦始皇个人审美的需要，是秦始皇个体意志的体现，从而将一个与传世文献所刻画的残暴形象迥然不同的拥有自然情怀的秦始皇展现在世人面前。

二、山水与政治：秦始皇巡行天下的多重动因

上古时期，山林川泽充满了未知性与神秘性，在当时知识的体系及水平下，一些无法解释的自然现象被赋予灵性与人格性，使其成为古人崇拜的对象。故此，山川祭祀在古代信仰系统中占有重要地位。在生产力发展的基础上，社会经济水平提高，不同区域之间的经济、政治及文化交流与联系加强，古人活动的地域范围不断扩大。山成为区域地理单元内部的坐标物。水的作用表现出双重性，在分割地理单元的同时，也发挥了沟通的功能，促进了各区域之间的交流。可以说，山与水在地缘社会形成过程中发挥了重要作用，一方面强化了区域社会内部的地缘认

同，另一方面又使区域社会保持了与其他地域之间的联系与交往。

先秦秦汉时期，王权在借助神权的宗教性强化自己的同时，也逐渐挣脱神权，直至世俗社会的彻底形成。广为流传的圣王关于山川的祭祀与巡狩正是神权与世俗王权结合，并表现出向世俗王权逐渐过渡的趋势。《尚书·舜典》载：

> 岁二月，东巡守，至于岱宗，柴。望秩于山川，肆觐东后。协时月正日，同律度量衡。修五礼、五玉、三帛、二生、一死贽，如五器，卒乃复。五月南巡守，至于南岳，如岱礼。八月西巡守，至于西岳，如初。十有一月朔巡守，至于北岳，如西礼。归，格于艺祖，用特。五载一巡守，群后四朝。①

所谓"柴""望秩于山川"乃是圣王们向天下宣告其世俗权力神圣来源的政治表演，而对"岱宗""南岳""西岳""北岳"的巡狩，正是将以山为地理标志的区域社会纳入统一的世俗王权之中的体现，神权与王权在这里实现了完美融合②。

秦始皇统一天下之后，一共进行了五次巡行。巡行的原因，众说纷纭。历史事件的动因与该事件的结果之间，并不一定具有前后承继的因果关系。历史事件的发展受多种因素的影响，结果具有一定的偶然性。所以，在观察历史事件的进程时，既要注意探寻历史事件的主观动因，又要对造成历史发展方向的偶然性因素进行分析。具体到秦始皇的巡行而言，每次巡行的具体动因并不相同，从秦始皇刻石来看，巡行具有强

---

① （汉）孔安国传，（唐）孔颖达正义：《尚书正义》，（清）阮元校刻：《十三经注疏》，中华书局 1980 年版，第 127 页。

② 杨华先生认为秦始皇通过连续的东巡来取得东方神祇的认同，从而实现全国神权的统一。参见杨华：《秦汉帝国的神权统一——出土简帛与〈封禅书〉〈郊祀志〉的对比考察》，《历史研究》2011 年第 5 期，载杜常顺、杨振红主编：《汉晋时期国家与社会论集》，广西师范大学出版社 2016 年版，第 149 页。

烈的政治目的，也进行了一系列的社会秩序构建工作，但具体到某一次的巡行，其真正的动因，除政治因素之外，可能还具有偶然性的个人因素。这需要结合当时的历史背景进行具体分析。

秦始皇的巡行，从时间来说，前四次巡行分别为：二十七年（前220）、二十八年（前219）、二十九年（前218）及三十二年（前215），其间间隔短暂。三十七年（前210）的第五次巡行，与第四次之间相隔五年之久，据此，秦始皇巡行可以划分为前四次和第五次前后两个阶段；从巡行地域来说，除第一次"巡陇西、北地、出鸡头山，过回中"①之外，其他四次均为东巡，即原六国地区，如此，又可以将巡行分为第一次和后四次两个阶段。

切入点不同，巡行阶段的划分也迥然有别，说明了秦始皇巡行动因的复杂性。这样的划分并非没有意义，如秦始皇四次东巡，从国家治理的角度来讲，无论是政治威慑②，还是统一神权等动因说，均表明当时政治的重心已经转移到东方地区。有学者结合《史记·高祖本纪》"秦始皇常曰：'东南有天子气'，于是因东游以厌之"③的记载，从地域文化的对立与斗争、东南地区的政治格局、"楚虽三户，亡秦必楚"所反映的楚人强烈反秦情绪等角度，对秦始皇东巡作了分析。④可见，如何迅

---

① 《史记》卷6《秦始皇本纪》，第241页。

② 参见白寿彝主编：《中国通史》（修订本）第4卷《中古时代·秦汉时期》，上海人民出版社2004年版，第216页。

③ 《史记》卷8《高祖本纪》，第348页。

④ 冷鹏飞：《"东南有天子气"释——秦汉区域社会文化史研究》，《学术研究》1997年第1期；张灿辉：《"东南天子气"之演生与江南区域政治格局的形成》，《株洲工学院学报》2006年第1期；张梦晗：《"东南有天子气"与秦始皇东游》，《江苏师范大学学报（哲学社会科学版）》2015年第5期。秦始皇因"东南有天子气""东游以厌之"的说法，在当时思想背景下，有一定的合理性，但需要注意的是，刘邦对此说法的利用。刘邦因"东南有天子气""自疑"而逃亡（《史记》卷8《高祖本纪》，第348页），目的是借秦始皇之口与行，为刘氏的统治营造神秘性与合法性。这与吕后能望见刘邦所居处有"云气"一样，不过是神秘化自己的一种手段，通过这种带有欺骗性的虚假宣传，增加刘邦集团的认同感、向心力与影响力。身为史官，司马迁对这种宣传的本质与手法应当十分清楚，但作为刘氏王朝体制中的一员，在

速稳定东方局势，确保政令传达的效率与执行的效果，建设东方社会，是秦始皇统一天下之后的主要任务之一。这也正是秦始皇刻石中反复出现移风易俗等社会治理内容的原因。

第五次与前四次巡行时间的断裂性与阶段性，反映巡行的主要动因发生明显变化。二十七年（前 220）的西巡，除了祭祀祖先和告庙之外①，还有一个历史文化上的依据，据《史记》记载，黄帝曾经"东至于海，登丸山，及岱宗。西至于空桐，登鸡头。南至于江，登熊、湘。北逐荤粥，合符釜山。而邑于涿鹿之阿"②，可见此次西巡带有模仿传说中圣王巡狩天下的性质。二十八年（前 219）的东巡，主要目的是封禅③，而这一年是秦派兵进攻南越的时间，林剑鸣先生认为秦始皇远渡湘水与此不无关系④。二十九年（前 218）和三十二年（前 215）两次东巡，除政治目的外，还与对东方地区的向往和追求长生不老之术等求仙问药活动有关。三十七年（前 210）秦始皇的东巡，有学者将其与南越战局相联系，指出其目的是控制吴越边疆与树立皇帝权威⑤。三十七年（前 210）东巡的直接原因，是秦始皇在死亡即将来临的恐惧心理状态下，因占卜"游徙吉"⑥，而临时做出的决定，⑦ 与前面四次巡行或多

涉及王朝合法性塑造的历史事件上，表面上他也只能以官方构建的标准模式为依据书写历史，但为了保证历史的真实性，他将客观的历史过程记载下来，由读者自己判断真伪。《史记》中，司马迁直书刘邦因押送"骊山徒"大量逃亡而亡匿（《史记》卷 8《高祖本纪》，第 347 页）这一史实，刘邦因"东南有天子气""自疑"逃亡说法的政治宣传本质就跃然纸上。

① 李开元：《秦崩：从秦始皇到刘邦》，生活·读书·新知三联书店 2015 年版，第 62 页。

② 《史记》卷 1《五帝本纪》，第 6 页。

③ 李开元先生认为："古代中国，泰山是天下的圣山，登泰山封禅，是人世间伟业完成、告祭于天的大礼。"参见李开元：《秦崩：从秦始皇到刘邦》，第 62—63 页。

④ 林剑鸣：《秦汉史》，上海人民出版社 1989 年版，第 169 页。

⑤ 李磊：《吴越边疆与皇帝权威——秦始皇三十七年东巡会稽史事钩沉》，《学术月刊》2016 年第 10 期。

⑥ 《史记》卷 6《秦始皇本纪》，第 259 页。

⑦ 于振波先生认为："第五次出巡的原因，《史记》记载比较明确，是秦始皇为躲避死神的威胁而采取的行动。"参见于振波《岳麓书院藏秦简始皇禁伐树木诏考异》，《湖南大学学报

或少均带有政治目的有根本差别，这也正是它们间隔五年之久的原因所在。

司马迁在《史记》中描述秦始皇巡行时，有时使用"巡"，有时使用"游"，秦始皇巡行时所立刻石亦是两者兼用。二十七年（前220），"始皇巡陇西、北地"。二十八年（前219），"始皇东行郡县"。泰山刻石"亲巡远方黎民"①。我们认为，"巡"字的使用，意味着秦始皇的巡行活动是彰显君权、加强对地方社会控制的"巡狩"行为，如琅玡台刻石"东抚东土，以省卒士"②，以及前引岳麓秦简秦始皇自言"亲抚海内"等均表明了巡行的政治目的。二十九年（前218），"始皇东游"。之罘刻石："维二十九年，时在中春，阳和方起。皇帝东游，巡登之罘"③。东观刻石："维二十九年，皇帝春游，览省远方。"④这个"游"字弱化了秦始皇巡行的政治含义，表明秦始皇出行的动因之一，是他对陌生、神秘的自然界与东方异域社会的好奇心理，以及个人审美的需求。三十二年（前215）的东巡，司马迁直接记作"始皇之碣石"⑤，此次东巡除政治原因外，寻求长生不老术可能亦是主要动因之一，巡行中秦始皇"使燕人卢生求羡门、高誓""因使韩终、侯公、石生求仙人不死之药"⑥。此次巡行亦带有政治军事目的，史载"始皇巡北边，从上郡入"⑦，可能跟对匈奴的军事行动有关。⑧可见，同一次巡行的动因及巡行过程中所完成的

（社会科学版）》2018年第3期。

① 《史记》卷6《秦始皇本纪》，第241—243页。

② 《史记》卷6《秦始皇本纪》，第245页。

③ 《史记》卷6《秦始皇本纪》，第249页。之罘刻石"巡登之罘"的"巡"字，可能是"遂"字之形误，后文东观刻石即作"遂"（《史记》卷6《秦始皇本纪》，第250页）。此外，会稽刻石"遂登会稽"（《史记》卷6《秦始皇本纪》，第261页），可为旁证。

④ 《史记》卷6《秦始皇本纪》，第250页。

⑤ 《史记》卷6《秦始皇本纪》，第251页。

⑥ 《史记》卷6《秦始皇本纪》，第251、252页。

⑦ 《史记》卷6《秦始皇本纪》，第252页。

⑧ 林剑鸣：《秦汉史》，第170页。

政治行为及其结果具有多样性。三十七年（前210）的东巡，司马迁书作"三十七年十月癸丑，始皇出游"，而会稽刻石曰"亲巡天下，周览远方"①，后文接着陈述了许多移风易俗的社会治理思想与措施，这说明即便是一次带有明显个人目的的出行，因为皇帝身份的象征意义，也必定会产生多样的政治效果，给当时的他者及后世的观察者留下了充分的合乎逻辑的政治意蕴联想的空间。

秦始皇东巡带有游山玩水的性质，不少论著已经涉及这一点，如《剑桥中国秦汉史》指出："除了皇帝对他的新版图具有当然的兴趣和自豪感外，这些巡游表现了他作为生在西面内陆的人对中国东部沿海的明显的喜爱。"② 还有学者认为地理景观地域差异的吸引是秦始皇巡游活动的原因之一。③ 这些观点无疑是正确的，但是能直接反映秦始皇对山水等地理景观态度的传世史料并不多见。前引岳麓秦简秦始皇眼、口中湘山及其周边地区树木的"野美""美"，是秦始皇自然情怀与审美观的第一手资料，真实可信，表明对自然的喜爱与游山玩水确实是秦始皇巡行天下的动因之一。如果仔细分析，相关刻石内容也能说明这一点，如泰山刻石"登兹泰山，周览东极"、之罘刻石"从臣嘉观"、东观刻石"观望广丽"④ 等描写，均与秦始皇君臣欣赏、赞叹自然之美有关。琅玡台刻石"事已大毕，乃临于海"⑤，则表明在巡行天下途中，登山、涉水、临海等观光活动，原本就是政事之余的日常安排。三十七年（前210）秦始皇出游前，"少子胡亥爱慕请从，上许之"⑥，这里所谓的"爱慕"，

---

① 《史记》卷6《秦始皇本纪》，第260、261页。

② ［英］崔瑞德、鲁惟一编：《剑桥中国秦汉史》，杨品泉等译，中国社会科学出版社1992年版，第63页。

③ 李瑞、吴宏岐：《秦始皇巡游的时空特征及其原因分析》，《中国历史地理论丛》2003年第3辑。

④ 《史记》卷6《秦始皇本纪》，第243、249、250页。

⑤ 《史记》卷6《秦始皇本纪》，第245页。

⑥ 《史记》卷6《秦始皇本纪》，第260页。

除了小孩子对大人的心理依赖之外，更多的应该是指胡亥对巡游本身的好奇、对东方世界自然与文化景观的期待。这从侧面反映了巡行途中异域的自然景观必将带来视觉与心理上的满足，它无形之中也会成为秦始皇东巡的潜在动因。

秦始皇巡行时游山玩水的行为，吕思勉先生认为是其淫侈的表现，说："当时天下初定，始皇之巡行，初亦或有镇压之意，然后亦为游观之乐所夺矣。"① 历史人物，特别是像秦始皇这种人物，不仅要对他进行历史评价，还要对其进行道德评价。作为古代社会关系集中体现的帝王，如果沉溺于游乐之中，肆意耗费国家财力物力来实现自己的骄奢淫欲，理应受到严厉批判。从封建专制政治人格化的角度出发，林甘泉先生指出秦始皇"所推行的专制统治，是封建地主阶级利益的人格化。当然，由于他的思想、性格和情感具有自己的特点，又使得他所体现的封建专制政治具有不同于其他皇帝的个人色彩"②。可见，历史研究的对象，无论是具体的物质性实体，还是抽象的社会发展历程，其背后均是作为个体及社会关系存在的活生生的人。只有充分认识历史时期人性的发展变化，尤其是不同社会背景对人性的内在本质与外在表现的影响，才能全面认识历史发展的过程。自然审美的需要是人自然成长与社会性发展的有机组成部分，从这一视角进行分析，将有利于全面认识历史上的帝王，尤其是认识人性的复杂性与多面性。

秦始皇统一六国，建立君主专制的中央集权官僚制国家之后，其巡行的主要动因无论是统一神权的需求，还是对异域社会的威慑与治理，或者是游山玩水、追求长生不老之术，在当时政治体制下，均因其皇帝的身份，而被赋予强烈的政治意义。事实上，秦始皇也利用巡行之机，开展了移风易俗等社会建设的实践。但巡行的政治效果并不能构成对巡

---

① 吕思勉：《秦汉史》，上海古籍出版社 2005 年版，第 18 页。

② 林甘泉：《论秦始皇：对封建专制政治人格化的考察》，载林甘泉：《中国古代政治文化论稿》，安徽教育出版社 2004 年版，第 86 页。

行动因的解释，从客观的历史事实来讲，五次巡行动因各不相同，且具有多重性。

三、长生术与少子爱：人性视角下的秦始皇

由于统一后的秦帝国迅速灭亡，出于维护王朝长治久安的需要，西汉初年"过秦"成为一股强大的社会思潮。① 在这一思潮的影响下，汉人对秦始皇的评价基本维持在专制、残暴、昏庸等层面上，甚至在外在形象上"丑化"秦始皇，以刻画其性格特征。据司马迁记载，尉缭曾说："秦王为人，蜂准，长目，挚鸟膺，豺声，少恩而虎狼心，居约易出人下，得志亦轻食人。我布衣，然见我常身自下我。诚使秦王得志于天下，天下皆为虏矣。不可与久游。"② 这是唯一一处详细描写秦始皇相貌的文字，通过对其外貌特征的描述，反映了其性格特征及对政治的影响，其中也透露了尉缭对秦始皇的不满。究其原因，对于前来游说的尉缭，秦王嬴政虽然以礼相待，但并未授予他任何官爵，所以自视怀才不遇的尉缭在准备离开秦国时，如此抱怨一番。然而，当秦王嬴政授予其国尉一职时，他最终还是接受并留了下来。这说明在列国竞争的背景下，游士们具有自由选择的权力，合则留，不合则去，而追求功名利禄也是他们游走于列国间的主要目的之一。在认为被慢待的情况下，具有一定独立人格的游士激愤地表达自己的真实想法，是当时社会环境所允许的。当然，这里需要注意的是，司马迁如此生动翔实地记载尉缭的话，与其刻画秦始皇残暴形象的目的有直接关系。

据《过秦论》《战国策》《史记》《淮南子》《盐铁论》《汉书》等典

---

① 孙家洲：《汉初的"过秦"思潮及其影响》，《光明日报》2008 年 1 月 1 日。
② 《史记》卷 6《秦始皇本纪》，第 230 页。

籍的记载，秦始皇的形象以负面为主：贪鄙多疑、专制独裁、严刑峻法、不讲仁义、自大威严，并且其形象已经被固定化了。[①] 在"过秦"和"宣汉"思潮的主导下[②]，汉代对秦始皇形象的塑造带有明确的政治目的。为了总结秦帝国崩溃的原因，给汉帝国提供维持长治久安的历史经验，士大夫们在刻画秦始皇政治形象时，集中表现了秦始皇人性中残暴、贪鄙的一面，突出了帝王品行与帝国命运之间的密切关系，用以警示汉代帝王。从人性的角度而言，这些记载当然是不全面的。

传世文献关于秦始皇人性另一面的记载虽然少，但也不能说完全没有。秦始皇三十六年（前211），东郡陨石被刻"始皇帝死而地分"，秦始皇的反映是"不乐"，当听到"今年祖龙死"的谶语时，他又"默然良久"[③]，均反映在死亡面前，秦始皇内心的惶恐、无奈与落寞。日本学者泷川资言指出："颓堕萎靡，无复豪迈气象，始皇至此稍衰。"[④]司马迁对秦始皇形象的刻画相当成功，准确地反映了他的心理活动过程与性格特点。秦始皇所言"山鬼固不过知一岁事也""祖龙者，人之先也"[⑤]，顾炎武分析说：

> "山鬼固不过知一岁事也"，其时已秋，岁将尽矣，今年不验则不验矣，山鬼岂能知来年之事哉！"退言曰：'祖龙者，人之先也。'"谓称祖乃亡者之辞，无与我也。皆恶言死之意。[⑥]

---

① 姚磊：《北大藏汉简〈赵正书〉中的秦始皇形象》，《历史教学问题》2017年第1期。

② 陈其泰：《"过秦"和"宣汉"——对史学社会功能思考之一》，《史学史研究》1990年第2期，载陈其泰：《史学与中国文化传统》，华夏出版社2018年版，第63—80页。

③ 《史记》卷6《秦始皇本纪》，第259页。

④ ［日］泷川资言考证：《史记会注考证》卷6《秦始皇本纪》，杨海峥整理，上海古籍出版社2015年版，第364页。

⑤ 《史记》卷6《秦始皇本纪》，第259页。

⑥ （清）顾炎武著，黄汝成集释，栾保群、吕宗力校点：《日知录集释》卷27《史记注》，

秦始皇先否定山鬼的预测能力，再将"祖龙"解释为已死亡的祖先，并非仅仅是顾氏所谓的"恶言死之意"，而是秦始皇在反复进行自我安慰，反映了他对死亡的恐惧，对人生的眷恋。正是这种强烈的生命意识，激发他不辞劳苦地前往东方世界求仙问药，幻想获得长生不老之术，为此他甚至不惜改变自称名号。在卢生等人的煽动下，三十五年（前212）秦始皇宣布："吾慕真人，自谓'真人'，不称'朕'。"并且根据"人主时为微行以辟恶鬼，恶鬼辟，真人至"①的荒谬方术，毅然决定隐藏自己的行踪，不与群臣见面，置朝政于不顾。秦始皇二十六年（前221），他确定秦谥号制度时，"制曰：'朕闻太古有号毋谥，中古有号，死而以行为谥。如此，则子议父，臣议君也，甚无谓，朕弗取焉。自今已来，除谥法。朕为始皇帝。后世以计数，二世三世至于万世，传之无穷。'"②谥法的废除虽然表明秦始皇的自傲与自大，但其对王朝世代传承的安排说明他对人的生死仍然有着理性的清醒认识。对死亡的恐惧导致秦始皇对长生术的追求陷入非理性的地步，日本学者西嶋定生说："始皇帝的这种渴望得到长生不死药、共存于天地、同化于宇宙的欲望渐渐走向极端。"③这种极端荒诞的追求长生的行为，不仅劳民伤财，而且荒废政事，带来了极其恶劣的政治影响，遭到后世政治家、史学家们的严厉批评。

需要指出的是，秦始皇对长生术的追求并不是脱离社会现实的孤立行为。秦汉瓦当、铜镜上的"千秋万岁""长生无极"④"尚方作镜真大好，上有仙人不知老，渴饮玉泉饥食枣，浮天下遨四海，寿

上海古籍出版社2014年版，第597页。

① 《史记》卷6《秦始皇本纪》，第257页。

② 《史记》卷6《秦始皇本纪》，第236页。

③ [日]西嶋定生：《秦汉帝国：中国古代帝国之兴亡》，顾姗姗译，社会科学文献出版社2017年版，第58页。

④ 陕西省考古研究所秦汉研究室编：《新编秦汉瓦当图录》，三秦出版社1986年版，第228、246页。

如金石长相保"①等句式与文字，已为人们所熟知，王子今先生指出这不仅反映了长生是秦汉时期已经得到主宰天下的权势的帝王们的最高追求，而且追慕"仙人""神人"而求"长生""延年"的意识也已经在民间相当普及②。可见，秦始皇祈求长生的行为有深厚的社会基础。

《赵正书》载秦始皇曰："吾当以今〔岁〕死，而不智（知）其月日，故出斿（游）天下，欲以变气易命，不可于（欤）？"③可见，直到临死前的那一刻，秦始皇仍然抱着长生不老的幻想。《赵正书》不仅反映了秦始皇对个人生命的关切，而且难能可贵的是其中包含他家庭观念的史料。传世文献中关于秦始皇与子女之间情感关系的记载较少，《史记》记载扶苏因上谏言激怒秦始皇被派往上郡作为蒙恬的监军④，其起因是政见的不同，还不能直接反映秦始皇与子女之间的亲情关系。秦始皇三十七年（前210）的游行，"少子胡亥爱慕请从，上许之"，暗示秦始皇可能较为溺爱胡亥，这在《赵正书》中得到了证实：

> （秦始皇）病即大甚，而不能前，故复召丞相斯曰："吾霸王之壽（寿）足矣，不奈吾子之孤弱何……其后不胜大臣之分（纷）争，争侵主。吾闻之：牛马鬭（斗）而蚊（蚊）䖟（虻）死其下；大臣争，贵（齐）民古（苦）。吾衣（哀）令（怜）吾子之孤弱，及吾蒙容之民，死且不忘。其謙（议）所立。"丞相臣斯昧死顿首言曰……赵正流涕而谓斯曰："吾非疑子也，子，吾忠臣也。其謙（议）所立。"丞相臣斯、御史臣去疾昧

---

① （清）高宗弘历敕撰：《宁寿鉴古》卷15《汉尚方鉴三》，《续修四库全书》第1107册，上海古籍出版社2002年版，第483页。

② 王子今：《史记的文化发掘》，湖北人民出版社1997年版，第395页。

③ 北京大学出土文献研究所编：《北京大学藏西汉竹书》〔叁〕，上海古籍出版社2015年版，第189页。

④ 《史记》卷6《秦始皇本纪》，第258页。

死顿首言曰："今道远而诏期窘（群）臣，恐大臣之有谋，请立子胡亥为代后。"王曰："可。"①

胡亥作为继承人，是秦始皇认可的，这与《史记》记载不同。从事件的整个过程来看，李斯等人建议立胡亥为继承人，完全是出自秦始皇的暗示，其死后孤弱之子难以驾驭强臣的政治局面，只可能出现在当时正在身边的少子胡亥身上，而非已有政治经验的长子扶苏，所以秦始皇两次强调"哀怜吾子之孤弱"的"吾子"显然是指胡亥，反映了秦始皇对幼子的爱怜之情②。由此可见，晚年秦始皇面临死亡的恐惧时，一方面将主要精力放在了追求长生术上，另一方面将自己的情感寄托于家人，尤其是少子胡亥身上。当然，秦始皇去世之前，究竟传位于谁尚有争议，即便历史的真相是秦始皇最终传位于扶苏，但如前所述，因对胡亥的溺爱，在巡行时将其带在身边，为赵高发动的篡位行动留下了可乘之机。

对幼子的喜爱，是高龄者人性返老还童的表现。由于年长的儿子踏入社会较早，人生观、价值观、世界观均已定型，在处理各类事务时难免与父辈发生分歧，从而引起父辈的失望，甚至是反感与厌恶。这样一爱一恶就形成了一种叠加效果，为父亲溺爱幼子的行为提供了感性与理性的依据。推言之，这不仅仅是帝王之家，实则是整个社会的普遍现象，但帝王之家的稳定直接关系到整个国家的安定，千百年来因宠爱幼子而造成国家混乱的历史不断上演。因母亲武姜的溺爱，有非分之想的共叔段阴谋造反，最终被老辣阴毒的郑庄公击败③；周幽王宠爱褒姒及其子伯服，废长立幼，最终导致自己身死人手及西周灭亡的悲惨

① 北京大学出土文献研究所编：《北京大学藏西汉竹书》〔叁〕，第190页。
② 参见姚磊：《北大藏汉简〈赵正书〉释文补正》，《古籍整理研究学刊》2016年第1期。
③ （晋）杜预注，（唐）孔颖达正义：《春秋左传正义》，（清）阮元校刻：《十三经注疏》，中华书局1980年版，第1715—1717页。

结局①；同样，晋献公宠溺骊姬之子奚齐，太子申生被逼自杀，重耳和夷吾被迫出奔，结果是献公死而晋国乱②。自认为是前无古人后无来者的始皇帝毕竟也是血肉之躯，最终也没能超越肉体生老病死的自然之道与人性中各种感性因素的困扰。这正是古代中国家国同构的专制政体所无法逾越的人性难题：感性上无法克服的人情冷暖与国家行政理性要求之间的矛盾。

由于总结政治得失、帝国兴衰、长治久安等历史经验的需要，传世文献所刻画的秦始皇形象标签化了。虽然秦始皇的历史功绩得到了历代有识之士的肯定，但其残暴、专制的政治行为对国家、社会所产生的负面影响，亦是史家批判的对象。为了塑造秦始皇的政治形象，传世文献多侧重于反映他残暴、专制、昏聩的性格，关于秦始皇的自然与家庭观念的记载较少。《赵正书》和岳麓秦简的相关记载，提供了重新认识秦始皇的机会。在人性视角下，他是一个有着自然情怀，对未知的东方世界充满好奇，乐于徜徉山水之间的普通人；他是一个与下层民众一样有着强烈的生命意识，渴望永生，并乐此不疲至死仍醉心于追寻长生术的凡夫俗子；他是一个有着七情六欲，严厉而慈爱，需要天伦之乐慰藉的父亲；当然他更是一个自以为是的帝国统治者，政治方面既具有果敢、勤奋与坚强的作风，又拥有狡诈、残暴与多疑的性格，他的专制不仅造成了帝国的毁灭，而且给人民带来了沉痛的灾难。随着帝国的崩塌，他也成为千古永恒的话题，崇拜者有之，贬斥者有之，不屑者亦有之。从人性视角对秦始皇一生的所作所为进行分析，无疑将丰富、深化对秦始皇个人，乃至专制政体下的皇帝的认识。

---

① 《史记》卷 4《周本纪》，第 147—149 页。
② 《史记》卷 39《晋世家》，第 1641—1652 页。

四、结语

在"过秦"思潮的影响下，司马迁在《史记》中成功地塑造了秦始皇的政治形象，秦因暴政而亡的历史教训，为汉及其以后的王朝提供了典型的反面教材。近年来随着秦汉简牍材料的发现，反映秦始皇真实情感生活的史料日渐丰富。北京大学藏西汉竹书《赵正书》虽然是小说家言，但其所描述的故事建立在一定的社会现实基础上，故事情节本身符合人情世故，表达了一部分人释放自己、解放自己的诉求，是君主专制体制下个体精神表达的渠道。从中可以看到，秦始皇是一个具有爱心的普通父亲，临终前仍为子女的未来担忧；《岳麓书院藏秦简（伍）》所见的秦始皇二十八年"皆禁勿伐"湘山树诏书，表明秦始皇是一个喜欢游山玩水、具有自然情怀的人。故此，从自然、家庭与国家的综合视角观察秦始皇，将发现他是一个具有丰富人格特征的真实的人。

本文原载邬文玲、戴卫红主编《简帛研究二〇一九年春夏卷》，广西师范大学出版社 2019 年版，第 136—147 页。

「沙丘之变」的史实书写

"沙丘之变"发微

"沙丘之变"是秦朝末年一重大事件，因为它不仅关乎秦始皇死后的继嗣问题，而且直接影响了秦朝国家的历史走向。司马迁的《史记·秦始皇本纪》对这一事件的来龙去脉做了如下的描述，秦始皇三十七年，始皇出游：

> 至平原津而病，始皇恶言死，群臣莫敢言死事。上病益甚，乃为玺书赐公子扶苏曰：'与丧会咸阳而葬。'书已封，中车府令赵高行符玺事所，未授使者。七月丙寅，始皇崩于沙丘平台。丞相斯为上崩在外，恐诸公子及天下有变，乃密之，不发丧。……独子胡亥、赵高及所幸宦者五六人知上死。赵高故尝教胡亥书及狱律令法事，胡亥私幸之。高乃与公子胡亥、丞相斯阴谋破去始皇所封书赐公子扶苏者，而更诈为丞相斯受始皇遗诏沙丘，立子胡亥为太子。更为书赐公子扶苏、蒙恬，数以罪，赐死。……太子胡亥袭位，为二世皇帝。

《史记·李斯列传》的记载较《秦始皇本纪》更为详细，记述了赵高力劝李斯立胡亥为帝和决定立胡亥的过程。

《史记》还记载，秦二世元年（前209）七月，秦王朝征发闾左谪戍渔阳，由于遇雨而失期。依照秦法，失期当斩。于是在陈胜、吴广的号召下，戍卒揭竿而起，爆发了中国历史上第一次农民起义。他们不仅提出了"王侯将相宁有种乎"①这句令人振聋发聩的口号，而且还抬出了自杀将近一年的秦始皇长子扶苏作为号召。陈胜与吴广相谋说："吾闻二世少子也，不当立，当立者乃公子扶苏。扶苏以数谏故上使外将兵。今或闻无罪，二世杀之。百姓多闻其贤，未知其死也。"②于是起义军遂将扶苏未被立为太子而胡亥不当立作为发动起义之由。

沙丘之变的结局是胡亥被立为太子并成为皇帝，扶苏被迫自杀。加上秦末农民起义又以扶苏之被冤做号召，所以对沙丘之变的真相甚少有人怀疑。

但伴随着近年湖南益阳兔子山竹简及北大收藏的汉简《赵正书》的出现（尽管有学者将其视为小说家流），还是引发了我们对沙丘之变真实性的质疑与思考，在这里把这种想法和思考提出来，希望能得到批评与指正。

一

首先，我们应当关注的是《史记·秦始皇本纪》的史料来源问题，也即所记"沙丘之变"的史源学问题。关于其史料的来源，《史记·六国年表》这样写道：

> 太史公读《秦记》，至犬戎败幽王，周东徙洛邑，秦襄公始封为诸侯……秦既得意，烧天下《诗》《书》，诸侯史记尤甚，为其有所刺议也。《诗》《书》所以复见者，多藏人家，而史记独藏周室，以故灭。惜哉，惜哉！独有《秦记》又不载日月，

---

① 《史记》卷48《陈涉世家》，中华书局1982年版，第1952页。
② 《史记》卷48《陈涉世家》，第1950页。

其文略不具。

　　余于是因《秦记》，踵《春秋》之后，起周元王，表六国
时事，讫二世，凡二百七十年，著诸所闻兴坏之端。

　　据此，日人藤田胜久先生认为："关于《秦记》，因为秦国在焚书时
'史官非秦记皆烧之，'据此可以确认《秦记》的留存，所以秦国的记录
当时确实存在。"又说："但《六国年表》所说《秦记》的范围从秦襄公
直至秦二世皇帝，如果根据这一记载的话，那《秦记》就是楚汉之际以
后编纂的资料。"①

　　藤田的第一句话应当是对的，但第二句话理解有误。司马迁是说他
读《秦记》"至犬戎败幽王"云云，其意是说他读《秦记》，阅读到"犬
戎败幽王"有一段感慨，并不是说《秦记》的记事是从秦襄公开始的。
秦从文公以后已经有了记载本国历史的制度，②《秦记》也就不可能是楚
汉之际以后编纂的了。

　　但藤田关于"《秦记》没有'日月'的记载，其记述很简略，不够
全面"的说法，还是极具启发性的。如果拿《史记·秦始皇本纪》的记
载与其后所附载的秦国历史记载对比，确实是这样。这说明司马迁在写
《史记·秦始皇本纪》时不仅用了《秦记》，而且用了《秦记》以外的其
他史料，因此藤田进一步推断："这批资料不是司马迁所见《秦记》。"③
由以上所述，我们可以设想：

　　第一，"沙丘之变"是秦朝末年在极端绝密情况下发生的一次宫廷
政变，再加上秦始皇晚年在立太子问题上的犹豫不决、由于生病的突然
死去、外界对此事的真相一无所知、秦二世为巩固皇位所实行的一切暴

　　① ［日］藤田胜久：《〈史记〉战国史料研究》，曹峰、［日］广濑薰雄译，上海古籍出版
社 2008 年版，第 223 页。
　　② 《史记》卷 6《秦本纪》，第 179 页。
　　③ ［日］藤田胜久：《〈史记〉战国史料研究》，第 228 页。

虐行为、秦朝瞬间的灰飞烟灭，都给"沙丘之变"蒙上了一层阴暗和神秘的色彩，在秦末汉初社会上对"沙丘之变"产生各种各样的看法，形成各种不同传说的版本，都是很正常的。我们今天看到的湖南益阳兔子山遗址所出土的秦二世"诏书"①及北大入藏的汉简《赵正书》②应当就是这一类东西。

第二，在司马迁写《史记·秦始皇本纪》时，正值汉朝国家文治武功的鼎盛时期，汉朝国家的档案保存已相当丰富，"百年之间，天下遗文古事靡不毕集太史公。"③除了《秦记》之外，肯定还会有众多的关于秦国、秦朝的各种记载以供选择，由司马迁《太史公自序》"网罗天下放失旧闻，王迹所兴，原始察终，见盛观衰，论考之行事"来看，他对这些史料显然是经过了甄别和有意选择的。

我们所要关注的是司马迁所处的正是一个儒家独尊的时代，司马迁本人又曾从大儒董仲舒问学④，他在写《史记·秦始皇本纪》时自然摆脱不了儒家思想的束缚，脱离不了儒家的立场，也就是说他是会站在扶苏一边说话的。

第三，司马迁在写《史记·秦始皇本纪》，特别是关于"沙丘之变"这一部分时，采用了《秦记》，尊重《秦记》中关于胡亥继位的事实，但也采纳了《秦记》以外的其他材料并进行了艺术加工。

二

"沙丘之变"，秦二世被秦始皇立为太子成为二世皇帝，公子扶苏并

---

① 张春龙：《湖南益阳兔子山遗址有惊世发现》，《湖南日报》2014 年 8 月 6 日。

② 北京大学出土文献研究所编：《北京大学藏西汉竹书》〔叁〕，上海古籍出版社 2015 年版。

③ 《史记》卷 130《太史公自序》，第 3319 页。

④ 《汉书》卷 62《司马迁传》，中华书局 1962 年版，第 2717 页。

未能按世人想象被立为太子，这符合不符合历史逻辑？有没有历史的真实性？我们认为这是完全可能的。

首先，秦人没有严格的嫡长子继承制。

秦人起源于东夷族，西迁之后，又长期生活在戎狄之中，其文化与中原各国有着明显的差异。在秦的政治文化传统中尤其缺乏宗法制度和严格的嫡长子继承制度。据林剑鸣先生的统计，秦"自襄公建国以后，至穆公以前，共九代国君，襄公、文公、宪公、出子、武公、德公、宣公、成公、穆公。计兄终弟及者三人（德公、成公、穆公），以次子立者一人（襄公），以孙立者二人（宪公、出子），不明嫡庶者一人（文公），以长子身份继位者仅有两人（武公系宪公长子，宣公系德公长子），"就是到了穆公以后，秦国的君位继承也无定制。如躁公卒，立其弟怀公，灵公卒，子献公不得立，随后由简公、惠公继位，最后才立献公。可见嫡长子在秦国并未成为定制。① 所以我们不能拿嫡长子继承制来论定扶苏必定要立为太子。

其次，在秦人的政治文化传统和选拔领袖人物时，要求必须"择勇猛者而立之"。《春秋公羊传》昭五年记："秦伯卒，何以不名？秦者，夷也，匿嫡之名也"，何休注谓："嫡子生，不以名令于四境，择勇猛者而立之。"孔广森《春秋公羊经传通义》于此解释说："谨案：秦居西垂，杂犬戎之习，非实夷国也，用夷俗尔。"作为华夏族的秦人，西迁之后，主要活动于西汉水上游及关陇一带，这里是典型的多民族聚集区，《史记·秦本纪》说："故自陇以西有绵诸、绲夷、翟豲之戎；岐、梁山、泾、漆之北有义渠、大荔、乌氏、朐衍之戎。"生活在他们之间的秦人，自然难免沾染其俗，直至战国时代，东方诸国对秦仍以夷狄视之，正说明了这一点。

对领袖人物选择"勇猛者立之"，不仅要求其体力强壮，而且要求

---

① 林剑鸣：《秦史稿》，上海人民出版社1981年版，第253页。

他们的思想个性应是智力超群、刚毅果断、峻法深刻者。秦代是一个崇尚法家的时代，所以在王储的选择和培养上，能否精通各种法律是其考虑的主要条件之一。在扶苏和胡亥两人之间，胡亥则具有更大的优势，《史记·秦始皇本纪》和《史记·蒙恬列传》都提到胡亥曾从赵高学习狱律法令事，而关于扶苏则没有这一方面的记载。秦始皇本人又是一位特别钟情于法家的领袖人物，所以我们认为，扶苏虽为嫡长子，但按照秦人的宗法制度和政治文化传统则未必能被立为太子。

再次，在治国理念和对待知识分子的态度上，扶苏与其父存在着根本的分歧。秦自孝公以来，在秦国、秦朝的政治文化体系中，依法治国，法家思想、治国理念、统治思想以法家为骨干是一个永远难以避开的话题。秦始皇坚持前代"法令由一统""事皆决于法"的治国理念，所谓的"秦圣临国，始定刑名，显陈旧章，初平法式，审别职任，以立恒常"①，就是对这种模式的最好表述。

秦始皇在治国理念上强调法制和法治的重要性，强调用法的手段来维护国家的大一统，凡是与此相违背者，都要重之以严刑峻法。扶苏在这方面与其父存在着严重的分歧。扶苏看重的是"仁义""德治""礼乐""王道"这些儒家所提倡的东西，并因此和秦始皇发生了正面冲突。秦始皇三十五年（前212），曾为秦始皇信任的侯生、卢生相继从秦始皇身边逃跑，激怒了秦始皇，他下令说："吾前收天下书不中用者尽去之，悉招文学方术之士甚众，欲以兴太平，方士欲练以求奇药，今闻韩终去不报，徐福等费以巨万计，终不得药。徒奸利相告日闻，卢生等吾尊赐之甚厚，今乃诽谤我，以重吾不德也。诸生在咸阳者，吾使人廉问，或为妖言以乱黔首。""于是使御史悉按问诸生，诸生转相告引，乃自除，犯禁者四百六十余人，皆坑之咸阳。"（《史记·秦始皇本纪》）这就是历史上有名的"坑儒事件"。面对这一严重事件，秦史中未见其他

---

① 《史记》卷6《秦始皇本纪》，第261页。

任何人有反对意见，我们今天能看到的唯独是扶苏对其父的进谏批评。他进谏说：“天下初定，远方黔首未集，诸生皆诵法孔子，今上皆重法绳之，臣恐天下不安。唯上察之。”①扶苏的话引起了秦始皇的极大反感，使其北监蒙恬军于上郡。

扶苏深受儒家学说的影响，秦始皇三十七年，当那封“沙丘之变”“伪造”的秦始皇遗书被送到扶苏手中时，扶苏即欲自杀，蒙恬止之曰：“陛下居外，未立太子，使臣将三十万众以守边，公子为监，此太子重任也，今一使者来，即自杀，安知其非诈？请复请，复请而后死，未暮也。”②扶苏不听，他认为：“父而赐子死，尚安复请。”③遂自杀。由此可见儒家思想对扶苏的影响有多么深刻！这也正是他不同于胡亥的地方，是他不能被立为太子的深层原因。

胡亥是秦始皇的第十八个儿子，他少年时即从赵高学习书法及狱律令法事，从现存的文献来看，秦始皇临去世也没有诏封他为太子或皇位继承人，虽然他在秦始皇死后被“遗诏”立为太子，做了皇帝，但司马迁在《史记》中却告诉世人，秦始皇的这封遗诏是赵高、李斯他们伪造的。

但我们认为，即使没有秦始皇的突然病死，没有“沙丘之变”，胡亥被立为太子成为皇帝的可能性也是完全存在的。

第一，胡亥被立为太子、成为皇帝，是符合秦始皇的思想和意愿的。从少年时代始，胡亥便被赵高培养成为一个极具法家思想又有法家治国理念的人，这从胡亥继位后的所作所为可以看出：胡亥继位后，除了屠戮那些与自己政见不同者、功臣异己外，在更多的方面则是继承了秦始皇的既定治国理政政策。一是严行督责之术，如《李斯列传》说的那样，胡亥认为：“明主圣王之所以能久处尊位，长执重势，而独擅天

---

① 《史记》卷6《秦始皇本纪》，第258页。
② 《史记》卷87《李斯列传》，第2551页。
③ 《史记》卷87《李斯列传》，第2551页。

下之利者，非有异道也，能独断而审督责，必深刻，故天下不敢犯也。"所以行督责益严，以严刑峻法来实现对整个社会的控制。二是用法日益深刻，使人人感到自危，不敢触犯法律。史籍中关于秦朝"图圄成市，赭衣遍道"的说法虽不免有点过分，但也未必完全失实。胡亥的做法从反面证实了"为人仁"的扶苏并不是秦始皇心目中的理想接班人。

第二，秦始皇对胡亥疼爱有加，情有独钟。在秦始皇东巡时，没有其他儿子独有胡亥随从。巡守是中国古代帝王行使其政治权利、控制地方政权、祭祀山川河流、统一思想文化的重大活动，是对接班人进行教育的极好机会，秦始皇有二十多个儿子，唯独把胡亥带在身边，这件事情的本身已经表明了秦始皇的深刻用意。

第三，历史文献透露，秦始皇生前确实有立胡亥为太子的意愿，并曾在统治上层公开过自己的意见。《史记·蒙恬列传》记载：秦始皇"丧至咸阳，已葬，太子立为二世皇帝，而赵高亲近，日夜毁恶蒙氏，求其罪过，举劾之。子婴进谏，胡亥不听，而遣御史曲宫乘传之代，令毅曰：'先王欲立太子，而卿难之，今丞相以卿为不忠，罪及其宗，朕不忍，乃赐卿死，亦其幸矣。卿其图之。'毅对曰：'以臣不能得先主之意，则臣少宦，顺幸没世，可谓知意矣，以臣不知太子之能，则太子独从，周旋天下，去诸公子绝远，臣无可疑矣，夫先王之举用太子，数年之积矣。'"《蒙恬列传》中讲到的"先王欲立太子""数年之积矣""臣不能得先王之意"等话，不正说明秦始皇要立胡亥为太子是他一个长久的心愿吗？

蒙毅的话是没错的，蒙氏家族出于齐，是中国历史上著名的儒化之邦。他们自幼受其熏染，因而认为扶苏作为嫡长子应当被立为秦始皇的接班人，是合乎情理的，但这恰恰和秦的宗法制度与政治文化传统相背离，这正是他们"不得先王之意"的地方。蒙氏兄弟在秦始皇一朝拥有极高的威信，他们不仅出身于名将世家，而且都有出类拔萃的治国才干，深受秦始皇的信任，《史记·蒙恬列传》说："始皇甚尊崇蒙氏，信任贤之，而亲近蒙毅，位至上卿，出则骖乘，入则御前，恬任外事而毅常为内谋，名为忠信，故虽诸侯将相莫敢与之争焉。"所以蒙恬本人对秦朝统治上层内部之事应当有非常清楚的了解，特别是秦始皇立太子这件重大事情的心理动态，他肯定比别人把握得更多。

沙丘政变与二世胡亥的心路历程

王绍东（内蒙古大学历史与旅游文化学院）

根据司马迁《史记》的记载，由于赵高的策划，李斯、胡亥的积极参与，沙丘政变得以成功，胡亥取代公子扶苏成为秦始皇的接班人。由于胡亥一系列倒行逆施的统治政策，导致秦朝短命而亡。近年来，由于一些新的简牍史料，特别是北大简《赵正书》和兔子山遗址《秦二世元年文书》的发现，学者们对胡亥是秦始皇的指定继位者还是诈立皇位者展开了激烈争辩。本文试图在前人研究的基础上，从心态史的角度对秦二世其人加以分析，不妥之处敬请方家指教。

一、秦始皇选择接班人的标准蠡测

秦二世是秦始皇的合法接班人还是政变篡位者，学界对此争辩激烈，莫衷一是。正如陈侃理先生所言："二世诈立一事，文献不足征，证实，证伪，都很困难。"① 选择扶苏还是胡亥做接班人，起决定作用的不是扶苏、胡亥本人，而是秦始皇。那么，我们试着分析一下秦始皇选择接班人的标准是什么？或许有助于对此问题的进一步思考。

---

① 陈侃理：《〈史记〉与〈赵正书〉——历史记忆的战争》，《北京论坛（2016）文明的和谐与共同繁荣——互信·合作·共享：出土文献与中国古代文明分论坛论文及摘要集》，第1—12页。

　　嬴政即位为秦王，本身具有很大的偶然性。嬴政的父亲子楚，本是秦国储君安国君的中子，母亲夏姬又不得夫宠，因此被派到赵国做人质。当时正处于长平之战的前夜，秦赵关系非常紧张，子楚在赵国的处境艰难。"子楚，秦诸庶孽孙，质于诸侯，车乘进用不饶，居处困，不得意。"① 按正常情况发展，他几乎没有任何继承秦王之位的机会。大商人吕不韦将子楚作为"奇货"进行投资经营，使他成为安国君的宠妃华阳夫人的养子，子楚才有了咸鱼翻身的机会。嬴政的父亲子楚靠改变嫡庶关系，成为安国君的接班人，在父亲死后得以成为秦王。后来，嬴政也以长子的身份继承了秦王王位。

　　出生在赵国的嬴政，经历了从母子被追杀，到即位为秦王的过程，这段经历使他产生了刻骨铭心的记忆，因此嫡庶之分、长幼之别也当深深地铭刻在嬴政的思想深处。

　　吕不韦经营辅佐秦始皇的父亲子楚登上了王位，自己担任了秦朝的相国，灭掉东周，立下战功。子楚（秦庄襄王）去世后，嬴政为了进一步拉近与吕不韦的关系，尊称他为"仲父"，将功与亲结合起来，表示对吕不韦的无比信任和恩宠。嬴政亲政后，镇压了嫪毐的叛乱，免除了吕不韦的职务，让他离开首都回到文信侯的封地。后又担心他的势力过大，把他流放到蜀地。嬴政写信给吕不韦："君何功于秦？秦封君河南，食十万户。君何亲于秦？号称仲父。其与家属徙处蜀！"从"亲"与"功"两方面对吕不韦进行了否定。看着嬴政长大，对他深为了解的吕不韦感到了彻底的绝望。"吕不韦自度稍侵，恐诛，乃饮鸩而死。"②

　　嬴政打败六国，统一天下后，下令群臣为自己确立一个新的称号。他在回顾了秦灭六国的过程后指出："寡人以眇眇之身，兴兵诛暴乱，

---

① 《史记》卷85《吕不韦列传》，中华书局1982年版，第2506页。
② 《史记》卷85《吕不韦列传》，第2513页。

赖宗庙之灵，六王咸伏其辜，天下大定。今名号不更，无以称成功，传后世。其议帝号。"① 在秦始皇看来，自己能够统一天下的因素主要有三点，一是自己的能力，二是秦国的强大军事力量，三是祖先的保佑。据此，我们可以认为，在秦始皇看来，"亲"（个人能力与祖先保佑）与"功"（军队强大与战争胜利）是他最重视的评价因素。

可以推测，"亲"与"功"是秦始皇评价人物，也应该是他选择接班人的重要标准。以此揆度扶苏与胡亥：史书上没有记载秦始皇立皇后之事，所以秦始皇诸子的嫡庶之分尚不明确，扶苏是长子，自然占据了"亲"上的优势。扶苏"刚毅而武勇，信人而奋士"②，这样的性格特点，只有在事功中才能体现出来，扶苏当在秦统一战争中发挥了作用，立有功劳。秦始皇派他去监军蒙恬，既是对扶苏的进一步历练，也是为了增加他继位的资本。反观胡亥，身为幼子，与长兄相比，在"亲"上已经输了三分。胡亥 21 岁即位，秦灭六国时，他刚刚 10 岁，不可能对秦统一作出过贡献。赵高评价胡亥："慈仁笃厚，轻财重士，辨于心而诎于口，尽礼敬士，秦之诸子未有及此者。"③"慈仁笃厚"是赵高与秦二世的个人情感反映；"轻财重士""尽礼敬士"是对李斯的诱惑之言；"辨于心而诎于口"则表现的是胡亥无法掩饰的缺点。即使千方百计想将胡亥推向君位的赵高，也没有表彰他的任何能力与功绩。可见登位前的胡亥，确实没有功业可述。

按照秦始皇的一贯标准，在选择接班人的问题上，扶苏比胡亥具有更大的可能性。据此，个人以为，司马迁的记述更具历史真实性。陈侃理先生认为，司马迁应该看到过《赵正书》一类的资料。"现在重新发现的《赵正书》，当然还不足以否定《史记》的记载。按照采用的古籍分类法，《赵正书》是小说家，而《史记》则在'正史'之首，史料价

---

① 《史记》卷6《秦始皇本纪》，第 236 页。

② 《史记》卷 87《李斯列传》，第 2549—2550 页。

③ 《史记》卷 87《李斯列传》，第 2550 页。

值似乎高下立判。但如果回到《赵正书》流传的时代，追溯《史记》的编纂过程，不难认识到，《史记》所依据乃至抄录的大量资料，本就与《赵正书》性质相似，甚或内容相同。《赵正书》的出现提醒我们，秦代历史在西汉时期尚有多种叙述，《史记》中所见的，只是在汉帝国大一统历史背景下'整齐百家杂语'而成的一家之说。"①《史记》与《赵正书》的记载各有思想渊源，一个通过记述二世即位的非法性，为反秦兴汉寻找依据；一个分析秦亡的原因在于二世不听谏言，独断专行，希望汉朝的君主引以为戒。如果将秦始皇的选人标准考虑其中，那么二世沙丘政变的可能性更大。

二、秦二世即位的合法性建构与统治政策

二世胡亥即位时，秦始皇的治国政策已经穷途末路，面临着重重危机。要想挽救秦朝的统治，只有调整政治政策，把国家的重心由大兴土木、拓疆开土转移到与民休息、发展生产上来。对此，整个社会对二世胡亥充满了希冀。正如贾谊在《过秦论》中所言："今秦二世立，天下莫不引领而观其政。夫寒者利裋褐而饥者甘糟糠，天下之嗷嗷，新主之资也。此言劳民之易为仁也。乡使二世有庸主之行，而任忠贤，臣主一心而忧海内之患，缟素而正先帝之过，裂地分民以封功臣之后，建国立君以礼天下，虚囹圄而免刑戮，除去收帑污秽之罪，使各反其乡里，发仓廪，散财币，以振孤独穷困之士，轻赋少事，以佐百姓之急，约法省刑以持其后，使天下之人皆得自新，更节修行，各慎其身，塞万民之望，而以威德与天下，天下集矣。即四海之内，皆欢然各自安乐其处，

---

① 陈侃理：《〈史记〉与〈赵正书〉——历史记忆的战争》，《北京论坛（2016）文明的和谐与共同繁荣——互信·合作·共享：出土文献与中国古代文明分论坛论文及摘要集》，第1—12页。

唯恐有变，虽有狡猾之民，无离上之心，则不轨之臣无以饰其智，而暴乱之奸止矣。"① 历史给了秦二世难得的时机，只要顺应百姓愿望，调整秦始皇时期残暴的统治政策，做到任用忠贤、约法省刑、轻赋少事、发展生产、与民休息，就能够帮助秦朝度过危机，甚至带来一个安定太平的盛世之治。对此，许多历史学家都有过秦朝"逆取顺守"的假想。② 可惜的是，历史没有沿着人们渴望的道路前行。二世胡亥不仅没有修正秦始皇时期残暴的统治政策，而且在错误的道路上越走越远，加速了秦朝的灭亡步伐。造成这一局面的原因是复杂的，秦二世担忧自己沙丘政变的行为败露以及急于进行即位合法性的建构，是其中的重要因素。

通过政变登上皇位的二世胡亥，在进行即位合法性建构时，自然面临着双重困境。从"亲"的方面而言，作为"少子"，胡亥的诸位兄长都比他更具继承皇位的身份；从"功"的方面看，胡亥在秦朝的统一及建设中，更是没有任何值得炫耀的资本。对于胡亥来说，只有伪造的父皇遗诏能够作为自己即位的合法性证据。因此，胡亥即位后一要反复强调自己即位是父亲的遗命；二要对父亲表现出无比的尊重；三要继承父亲的事业，并将此作为自己的功绩。

2013 年，在湖南益阳兔子山遗址九号井发掘的秦代墓葬里，发现了一组名为"二世元年文告"的简牍。"天下失始皇帝，皆遽恐悲哀甚，朕奉遗诏，今宗庙事及箸以明至治大功德者具矣。律令当除定者毕矣。元年与黔首更始，尽为解除流罪，今皆已下矣。朕将自抚天下（正）吏、黔首，其具行事已，分县赋扰黔首，毋以细物苛劾县吏，亟布。以元年十月甲午下，十一月戊午到守府。"③ 这份文告发布于秦二世即位的第一

---

① 《史记》卷 6《秦始皇本纪》，第 283—284 页。

② 王绍东：《关于秦朝"逆取顺守"之假说》，《内蒙古大学学报》2004 年第 6 期。

③ 湖南省文物考古所、益阳市文物处：《湖南益阳兔子山遗址九号井发掘报告》，《文物》2016 年第 5 期。

个月，或是二世皇帝的登基诏书。这份诏书刻意宣称"朕奉遗诏"而即位，正如孙家洲先生所分析的那样，"假如秦二世即位之后，社会上没有出现其权力来源是否'合法'的不同议论，秦二世何必以诏书的名义来向社会加以强调"？① 值得关注的是，在这份诏书中，秦二世也提出了"与黔首更始"的改革主张，要在法律、经济、吏治方面调整秦始皇时期的统治政策。但对于通过沙丘政变得到权位的秦二世来说，这一切目标都比不上即位合法性建构、为自己的权位正名重要。

自称奉皇帝遗诏登位的秦二世，首先要表现出对前皇帝的无比尊崇。在埋葬秦始皇时，不顾秦献公时已经颁布的"止从死"之令，宣布："'先帝后宫非有子者，出焉不宜。'皆令从死，死者甚众。"② 大量无辜宫女成为秦始皇的随葬品。登基后的胡亥立即下诏，"增始皇寝庙牺牲及山川百祀之礼。令群臣议尊始皇庙"③。在秦二世看来，在统治方式及统治政策上，只有按照秦始皇的生前所为去做，才能证实自己是父皇心仪的继承人。

秦始皇即位后多次巡游全国，二世认为："先帝巡行郡县，以示彊，威服海内。今晏然不巡行，即见弱，毋以臣畜天下"④。决定按照秦始皇生前的做法，外出巡游。这次巡行，先到碣石，再沿海到会稽，又回到辽东返回，重复了秦始皇五次巡游的大部分路线。为了体现对父皇的敬意，二世一行不仅在秦始皇当年巡行之地所刻石碑上重新刻上随行大臣的名字，"以章先帝成功盛德焉"⑤，而且把秦始皇所颁布的诏书也尽可能地加以刊刻。

对于秦始皇生前的其他行为，二世皇帝也尽可能遵行。阿房宫工

---

① 孙家洲：《兔子山遗址出土〈秦二世元年文书〉与〈史记〉纪事抵牾解释》，《湖南大学学报》2015 年第 3 期。

② 《史记》卷 6《秦始皇本纪》，第 265 页。

③ 《史记》卷 6《秦始皇本纪》，第 266 页。

④ 《史记》卷 6《秦始皇本纪》，第 267 页。

⑤ 《史记》卷 6《秦始皇本纪》，第 267 页。

程巨大，因为秦始皇的去世而暂停，二世认为："今释阿房宫弗就，则是章先帝举事过也。"① 可见，秦二世已经认识到修筑规模宏大的阿房宫是劳民伤财的过错行为。但为了表现自己对先父的忠诚，还得继续调发人力加以修筑。秦二世还继承了秦始皇的对外政策，"外抚四夷，如始皇计"②。这些政策的推行，明显与二世皇帝的登基诏书有所背离，从《史记》的记载来看，也多有勉强的成分。但秦二世为了证实父皇确实选择了自己为接班人，自己的所作所为也与父皇生前所为亦步亦趋，也只能按照秦始皇的旧路走下去了。这样不仅能够体现自己对父皇的效忠，也能将父皇的功业转换为自己的功业，在"功"的方面建立起信心与心理安慰。受这样的心理支配，秦二世也就不可能改变秦始皇时期的统治政策，真正实现"与黔首更始"，进行国家政策的根本性调整了。

身为少子靠政变即位的二世胡亥，在"亲"的方面更加缺乏自信而充满恐惧。按照《史记·李斯列传》的记载，"始皇有二十余子"，《集解》解释说："辩士隐姓名，遗秦将章邯曰：'李斯为秦王死，废十七兄而立今王'也。然则二世是秦始皇第十八子"③。也就是说，胡亥上面还有 17 位兄长。按照"亲"的原则，这 17 人都比胡亥更具继承秦朝皇位的合法性。胡亥假借父皇的遗诏，逼长子扶苏自杀，铲除了自己最有力的竞争者。但因为靠政变登位，一旦阴谋败露，每一位兄长都有可能名正言顺地取代自己，胡亥心里自然充满了恐惧。对此，身为胡亥的老师，长期生活在他身边并深谙其心理的赵高，鼓动胡亥对自己权位形成威胁的诸位兄长痛下杀手。"夫沙丘之谋，诸公子及大臣皆疑焉，而诸公子尽帝兄，大臣又先帝之所置也。今陛下初立，此其属意怏怏皆不服，恐为变。"在赵高的诱导下，"二世然高之言，乃更为法律。于是群臣诸公子

① 《史记》卷 6《秦始皇本纪》，第 269 页。
② 《史记》卷 6《秦始皇本纪》，第 269 页。
③ 《史记》卷 87《李斯列传》，第 2547—2548 页。

有罪，辄下高，令鞠治之。杀大臣蒙毅等，公子十二人僇死咸阳市，十公主矺死于杜，财物入于县官，相连坐者不可胜数"。① 据王霄云、贺润坤先生考证，胡亥共计杀死了 17 位秦公子。② 也就是说，凡是自己的兄长，可能对皇位形成威胁的，胡亥残忍地将他们全部杀害。如果胡亥是名正言顺地遵循父亲遗诏即位，他也不会对皇位如此缺乏安全感。如果不是因为担心政变阴谋败露，很难想象胡亥会对自己的兄长绝情到这种地步。即位后的胡亥，既担心哥哥们的权位竞争，也害怕权臣们与哥哥联合，甚至担心姐姐们知道政变丑闻，内心里的极度恐慌，再加上赵高的诱惑引导，开始了在统治集团内部的杀戮与清洗，胡亥实际上是在自毁长城，为秦朝灭亡埋下了导火索。

可以说，胡亥继承了秦始皇确立的"功"与"亲"的即位标准。以尊崇秦始皇名位，亦步亦趋于秦始皇生前所为来体现自己的"功"，导致秦朝的统治政策未能及时调整。通过杀掉所有兄长，排除自己的竞争者，在"亲"的方面获取安全感。沙丘政变的梦魇始终缠绕着即位后的秦二世，使他急于摆脱恐慌的心理，在"功"与"亲"两方面排除对自己的不利因素，无暇顾及社会的普遍要求和社会转型的良好条件，葬送了秦朝改弦更张、"逆取顺守"的历史机遇，加速了秦朝的灭亡步伐。

三、秦二世对法家思想的终极思考与秦朝政治

法家学说诞生于春秋战国的"大争之世"，主张削弱贵族势力，加强君主集权，以适应列国并争的局面。商鞅变法，加强君主专制，尊崇

---

① 《史记》卷 87《李斯列传》，第 2552 页。
② 王霄云、贺润坤：《秦公子几人被秦二世所杀》，《兰台世界》2014 年第 30 期。

法术，奖励耕战，将秦国带上了富国强兵之路。韩非主张法术势并重，集法家思想之大成。法家思想逐渐由"法律本位"向"君主本位"发展。在韩非看来，民众、大臣甚至国家都是实现君主专制的工具，君主的利益高于一切。到秦始皇统治时期，将法家思想作为治理国家的唯一思想，以法为教、以吏为师，焚书坑儒，法家思想的负面效应逐渐被强化。胡亥 21 岁即位，他出生时距离秦国统一仅有 10 年，从他开始接受教育起，法家学说就在秦国占据了独尊的地位。秦始皇为胡亥选定的老师是赵高，"赵高故尝教胡亥书及狱律令法事，胡亥私幸之"①。可以说，胡亥几乎没有接触过法家以外的其他学说，他不仅是法家学说的忠实学子，也是法家学说负面效应的终极思考者，法家思想深深影响了胡亥及其统治。

发展到韩非时期的法家学说，主张一切以君主为中心。在韩非看来，"故君臣异心：君以计畜臣，臣以计事君。君臣之交，计也"。②君臣之间是相互利用、相互算计利害的关系。要想大臣为君主尽忠效死，只有依靠法律的强制和利益的诱惑。"至夫临难必死，尽智竭力，为法为之。故先王明赏以劝之，严刑以威之。赏刑明则民尽死，民尽死则兵强主尊。"③君主不仅要用各种手段防范大臣，而且要能够对于自己无法操控的大臣痛下杀手，"势不足以化则除之"④。对象包括"赏之誉之不劝，罚之毁之不畏，四者加焉不变，则除之"⑤，臣下对君主要绝对服从，君主则要用变幻莫测的手段对付臣下。"故明主之行制也天，其用人也鬼。"⑥

秦二世即位后，面对的多是在秦统一过程中帮助秦始皇出谋划策、

① 《史记》卷 6《秦始皇本纪》，第 264 页。
② 梁启雄：《韩子浅解》第 19 篇《饰邪》，中华书局 1960 年版，第 137 页。
③ 梁启雄：《韩子浅解》第 19 篇《饰邪》，第 137 页。
④ 梁启雄：《韩子浅解》第 19 篇《外储说右上》，第 310 页。
⑤ 梁启雄：《韩子浅解》第 19 篇《外储说右上》，第 312 页。
⑥ 梁启雄：《韩子浅解》第 48 篇《八经》，第 448—449 页。

屡立战功的功臣名将，这些人功高权重，二世感觉自己很难驾驭他们，他们也很难与自己同心同德。他问赵高："大臣不服，官吏尚彊，及诸公子必与我争，为之奈何？"赵高认为自己虽然得到了二世的器重，但群臣并不买账。"臣固愿言而未敢也。先帝之大臣，皆天下累世名贵人也，积功劳世以相传久矣。今高素小贱，陛下幸称举，令在上位，管中事。大臣鞅鞅，特以貌从臣，其心实不服。"他建议二世皇帝："今上出，不因此时案郡县守尉有罪者诛之，上以振威天下，下以除去上生平所不可者。今时不师文而决于武力，愿陛下遂从时毋疑，即群臣不及谋。明主收举余民，贱者贵之，贫者富之，远者近之，则上下集而国安矣。"①在赵高的引导下，二世采取"严法而刻刑，令有罪者相坐诛，至收族，灭大臣而远骨肉；贫者富之，贱者贵之。尽除去先帝之故臣，更置陛下之所亲信者近之"②的措施，对大臣进行了屠杀和清洗。李斯上《督责书》后，更加坚定了二世胡亥"税民深者为名吏""杀人众者为忠臣"③的做法，秦朝的政治愈加黑暗。

法家思想发展到以君主为尊的时代，一切为了君主，一切服务于君主。举国上下，都应该以君主之是非为是非，以君主之利益为利益。作为法家思想的忠实信徒，胡亥无疑做了进一步思考，那就是，君主为了什么呢？

按照儒家"格物、致知、诚意、正心、修身、齐家、治国、平天下"的理论逻辑，君主只有做好自己的心性修养，起到带头表率作用，才能达到"治国、平天下"的目标。在二世胡亥看来，这样，社会岂不是陷入了一种恶性循环，那就是，民众为了君主而辛勤劳苦，君主也要倾心尽力为民众服务。君主以一己之力为大众谋福，那么君主自然会更加辛劳。他责问李斯："吾有私议而有所闻于韩子也，曰'尧

---

① 《史记》卷6《秦始皇本纪》，第268页。
② 《史记》卷87《李斯列传》，第2552页。
③ 《史记》卷87《李斯列传》，第2557页。

之有天下也，堂高三尺，采椽不斫，茅茨不翦，虽逆旅之宿不勤于此矣。冬日鹿裘，夏日葛衣，粢粝之食，藜藿之羹，饭土匦，啜土铏，虽监门之养不觳于此矣。禹凿龙门，通大夏，疏九河，曲九防，决淳水致之海，而股无胈，胫无毛，手足胼胝，面目黎黑，遂以死于外，葬于会稽，臣虏之劳不烈于此矣'。然则夫所贵于有天下者，岂欲苦形劳神，身处逆旅之宿，口食监门之养，手持臣虏之作哉？此不肖人之所勉也，非贤者之所务也。"①在胡亥看来，如果按照儒家的思想，君主的生活连住店的旅者都不如，吃的像守门人一样简朴，工作像奴仆一样辛劳。这样的君主只有傻子才会去做，聪明人绝对不会选择。君主就应该把天下作为满足自己私欲的工具，享有别人无法企及的人生乐趣。

法家倡导君道无为，也就是说具体事情要让臣下去做。"人主之道，静退以为宝。不自操事而知拙与巧，不自计虑而知福与咎。"②慎到将此上升为君臣之道，"君臣之道，臣事事而君无事，君逸乐而臣任劳。臣尽智力以善其事，而君无与焉，仰成而已。故事无不治，治之正道然也。"③君主越是无为，越能更好地控制臣下。"明君无为于上，群臣竦惧乎下。"④君主如果辛勤工作，就如君臣之位颠倒，大臣反而处于逸乐之中了。"人君自任，而务为善以先下。则是代下负任蒙劳也，臣反逸矣。"⑤君主甚至不能带头做好事，否则就会出现君劳臣逸的情形。"申不害曰：'有天下而不恣睢，命之曰以天下为桎梏。'谏争绝，桎梏脱，则虽日劳于刑名文籍之中，而耽酒嗜色、佚游骄乐，可晏享而不辍。苟未亡逸豫之情者，恶能不以此为两得之术哉！"⑥申不害进一步推论，君

---

① 《史记》卷87《李斯列传》，第2553页。
② 梁启雄：《韩子浅解》第5篇《主道》，第32页。
③ 慎到：《慎子》，《诸子集成》（第八册），河北人民出版社1992年版，第3—4页。
④ 梁启雄：《韩子浅解》第5篇《主道》，第30页。
⑤ 慎到：《慎子》，《诸子集成》（第八册），第4页。
⑥ 王夫之：《读通鉴论》卷2《二世》，中华书局1974年版，第5页。

主应该任性妄为，否则犹如自设牢笼。只有不听任何劝谏，才能摆脱牢笼束缚，做到既控制政权，又纵情享乐。

法家思想深深影响了胡亥，在二世胡亥看来，无为就可以治理好天下，那么君主就应该纵情享受，在吃喝玩乐中痛快地度过一生。他甚至过滤掉了控制政权的重要性，将政事完全交于赵高，自己只管无度逸乐。在他看来："夫人生居世间也，譬犹骋六骥过决隙也。吾既已临天下矣，欲悉耳目之所好，穷心志之所乐，以安宗庙而乐万姓，长有天下，终吾年寿。"① 胡亥想到的是，人生苦短，需及时行乐，这样既可以显示自己的天子之尊，也能保有天下社稷。

法家学说的君主本位论，必然发展到君主独裁，君主独裁必然发展到君主利用不受制约的权力穷奢极欲，把国家作为满足君主私欲的工具。受法家学说浸淫已久的二世胡亥，竟认为君主越是纵欲享乐，天下越是太平安定，越能显示君主的无比英明。"彼贤人之有天下也，专用天下适己而已矣，此所以贵于有天下也。夫所谓贤人者，必能安天下而治万民，今身且不能利，将恶能治天下哉！故吾愿赐志广欲，长享天下而无害。"② 这样的结论是胡亥对法家学说君主本位论进一步思考推理的必然结果。为了迎合二世心理，保住自己的官位俸禄，李斯上《督责书》，建议二世对臣民行督责之术，严刑酷法，轻罪重罚。"故督责之术设，则所欲无不得矣。群臣百姓救过不给，何变之敢图？"③ 皇帝为了满足个人的私欲，可以任意找借口处罚臣民，让他们随时在死亡线上挣扎，才能不对国家构成威胁，对君主所为不提反对意见，君主才能不受任何制约地纵欲享乐。"是故主独制于天下而无所制也。能穷乐之极矣。"④ 李斯的无耻迎合进一步坚定了二世胡亥的认识，使

① 《史记》卷87《李斯列传》，第2552页。
② 《史记》卷87《李斯列传》，第2553—2554页。
③ 《史记》卷87《李斯列传》，第2557页。
④ 《史记》卷87《李斯列传》，第2554页。

他在个人纵欲享乐和对臣民严刑酷法的道路上走得毫无顾忌、理直气壮，直到把秦王朝带入灭亡之境。由此可见，法家学说在赋予君主无限专制权力的同时，也埋下了君主必然腐化堕落、国家必然快速而亡的种子。

"沙丘"历史定位与"沙丘之谋"历史书写 [①]

李斯（湘潭大学历史系）

　　位于今河北广宗境内的沙丘平台，不仅是燕赵区域文化的一处代表遗址，而且是历代帝王行迹的历史见证。其中尤为治秦汉史学者所熟知的，当属秦始皇在最后一次出巡途中"崩于沙丘"，由此引发秦王朝统治阶层一系列的复杂政治斗争和剧烈政治动荡，秦帝国也迅速由盛转衰，直至二世而亡。传世文献与新出简牍有关"沙丘之谋"的历史叙事呈现出明显差异，其原因可能源自秦汉时人对秦始皇与秦政的评价标准的不同，也体现出执政理念与政治文化的变化。

一、沙丘：见证帝王末路的历史舞台

　　位于今河北广宗境内的沙丘平台，不仅是燕赵区域文化的一处代表遗址，而且是历代帝王行迹的历史见证。《史记·殷本纪》可以看到"帝纣"对于沙丘的经营，"沙丘苑台"也成为历史上著名的"酒池肉林"故事的演出舞台：

　　　　帝纣资辨捷疾，闻见甚敏；材力过人，手格猛兽；知足以

————————
　　① 本文为国家社科基金重大项目"秦统一及其历史意义再研究"（项目批准号14ZDB028）的阶段性成果。

距谏，言足以饰非；矜人臣以能，高天下以声，以为皆出己之
下。好酒淫乐，嬖于妇人。爱妲己，妲己之言是从。于是使师
涓作新淫声，北里之舞，靡靡之乐。厚赋税以实鹿台之钱，而
盈巨桥之粟。益收狗马奇物，充仞宫室。益广沙丘苑台，多取
野兽蜚鸟置其中。慢于鬼神。大冣乐戏于沙丘，以酒为池，县
肉为林，使男女倮相逐其间，为长夜之饮。[①]

关于"沙丘苑台"的具体地理信息，《史记正义》引《括地志》云：
"沙丘台在邢州平乡东北二十里。《竹书纪年》自盘庚徙殷至纣之灭
七百七十三年，更不徙都，纣时稍大其邑，南距朝歌，北据邯郸及沙
丘，皆为离宫别馆。"[②] 客观地说，帝纣并非无能之辈，却最终身死国
灭，与其自负才力"矜人臣以能""好酒淫乐"等荒唐行为不无关系。《史
记·殷本纪》在引述"为长夜之饮"等荒淫行为之后，又提到由此导致
的恶劣政治影响："百姓怨望而诸侯有畔者，于是纣乃重刑辟，有炮格
之法。"帝纣滥用刑罚、任人唯亲等不当举措，甚至引发了"殷人弗亲"
和"诸侯以此益疏"等严重后果。帝纣"益广沙丘苑台""皆为离宫别馆"
等行为固然是其聪明才智的表现，但其实暗中敲响了灭亡的丧钟。

但我们也可以看到，后世对于"帝纣"的历史功绩及其评价一直存
在不同看法。例如，子贡就曾说："纣之不善，不如是之甚也。是以君
子恶居下流，天下之恶皆归焉。"三代以降，历代典籍不乏对于商纣王
荒淫无道、终以此覆国的负面评价，相关经验及其教训也成为统治阶层
的历史镜鉴。顾颉刚曾对有关殷纣之恶七十事详加考证，认为在《尚书》
中殷纣之罪仅有六条，其中"最大罪名是酗酒"，由此罪名逐渐延伸扩
展，至西汉"他的罪恶的条款因年代的更久远"而"层累"到二十二条，

---

① 《史记》卷3《殷本纪》，中华书局 1959 年版，第 105 页。

② 《史记》卷3《殷本纪》，第 106 页。

至晋皇甫谧作《帝王世纪》再新增十条，殷纣之罪行简直"已经充类至尽"，由前至后，计达七十条之多。① 他指出"纣之不善""天下之恶皆归焉"的历史形象建构其实经历了一个漫长而复杂的"层累"过程，值得相关研究者予以重视。司马迁在《史记·货殖列传》中提到西汉时"中山地"民风："中山地薄人众，犹有沙丘纣淫地余民，民俗懁急，仰机利而食。丈夫相聚游戏，悲歌忼慨，起则相随椎剽，休则掘冢作巧奸冶，多美物，为倡优。女子则鼓鸣瑟，跕屣，游媚富贵，入后宫，遍诸侯"。② 司马迁笔下的"中山地""相随椎剽""作巧奸冶"等不良风习，以及女子凭借"游媚富贵"以"入后宫""遍诸侯"等社会现象，似乎都隐约透露出与"沙丘纣淫地余民"的历史渊源。至西晋皇甫谧撰《帝王世纪》，也说"纣自朝歌北筑沙丘台"，导致"至今民俗歌谣，男女淫纵，犹有纣之余风，世称赵女之美是也。"③《太平寰宇记》述及卫州风俗，引《十三州志》云："朝歌，纣都，其俗歌谣，男女淫纵，犹有纣之余风存焉。"④ 可知汉宋间人对于"纣之余风"间接作用于赵地民风民俗的历史认识，似乎都在不同程度上体现了"层累"说的影响。

商纣王覆亡之后，又一位在沙丘留下历史印迹的是战国雄主赵武灵王。《史记·赵世家》记载了赵武灵王"饿死沙丘宫"的悲剧故事：

> 主父及王游沙丘，异宫，公子章即以其徒与田不礼作乱，诈以主父令召王。肥义先入，杀之。高信即与王战。公子成与李兑自国至，乃起四邑之兵入距难，杀公子章及田不礼，灭其党贼而定王室。公子成为相，号安平君，李兑为司寇。公子章

---

① 顾颉刚:《纣恶七十事的发生次第》,《顾颉刚古史论文集》(第 2 册),中华书局 1988 年版,第 211—221 页。

② 《史记》卷 129《货殖列传》,第 3263 页。

③ 徐宗元辑:《帝王世纪辑存·殷商第三》,中华书局 1964 年版,第 62 页。

④ (宋)乐史:《太平寰宇记》卷 56《河北道五·卫州》,王文楚等点校,中华书局 2007 年版,第 1151 页。

之败，往走主父，主父开之，成、兑因围主父宫。公子章死，公子成、李兑谋曰："以章故围主父，即解兵，吾属夷矣。"乃遂围主父。令宫中人"后出者夷"，宫中人悉出。主父欲出不得，又不得食，探爵鷇而食之，三月余而饿死沙丘宫。①

　　以"胡服骑射"著称，勇武过人的赵武灵王在安排继承人问题上却颇为幼稚，缺乏政治家应有的深谋远见。秦汉以降，多以此为鉴。《史记·范雎蔡泽列传》载范雎说秦昭王："李兑管赵，囚主父于沙丘，百日而饿死。今臣闻秦太后、穰侯用事，高陵、华阳、泾阳佐之，卒无秦王，此亦淖齿、李兑之类也。且夫三代所以亡国者，君专授政，纵酒驰骋弋猎，不听政事。其所授者妒贤嫉能，御下蔽上，以成其私，不为主计；而主不觉悟，故失其国。"②关于一代雄主赵武灵王悲剧人生的谢幕原因，后世多归结为其废长立幼、用人失察。《史记·赵世家》又说："是时王少，成、兑专政，畏诛，故围主父。主父初以长子章为太子，后得吴娃，爱之，为不出者数岁。生子何，乃废太子章而立何为王。吴娃死，爱弛，怜故太子，欲两王之，犹豫未决，故乱起，以至父子俱死，为天下笑，岂不痛乎！"③赵武灵王因宠爱吴娃而立其子，却又对故太子心有愧疚，"欲两王之"的犹豫心态或许才是"父子俱死""为天下笑"的深层原因。西汉刘向《列女传》卷七《赵灵吴女》也有论说：

　　主父游沙丘宫，章以其徒作乱，李兑乃起四邑之兵击章，章走主父，主父闭之，兑因围主父宫。既杀章，乃相与谋曰："以章围主父，即解兵，吾属夷矣。"乃遂围主父，主父欲出不得，又不得食，乃探雀鷇而食之，三月余，遂饿死沙丘宫。诗

_____

① 《史记》卷43《赵世家》，第1815页。
② 《史记》卷79《范雎蔡泽列传》，第2411—2412页。
③ 《史记》卷43《赵世家》，第1816页。

曰:"流言以对,寇攘式内。"言不善之从内出也。①

所谓"不善之从内出也"语意似更近于因"宫内"争权夺利、废长立幼等"内乱"而导致"不善"后果发生。《后汉书·文苑传上》也可见东汉文人对于"赵灵沙丘"的评述:

> 暴辛惑妇,拒谏自孤。蝮蛇其心,纵毒不辜。诸父是杀,孕子是刳。天怒地忿,人谋鬼图。甲子昧爽,身首分离。初为天子,后为人螭。非但耽色,母后尤然。不相率以礼,而竞奖以权。先笑后号,卒以辱残。家国泯绝,宗庙烧燔。末嬉丧夏,褒姒毙周,妲己亡殷,赵灵沙丘。戚姬人豕,吕宗以败。陈后作巫,卒死于外。霍欲鸩子,身乃罹废。②

值得注意的是,东汉崔琦所作《外戚箴》明确把"妲己亡殷"与"赵灵沙丘"相提并论,或许不仅是有感于现实政治问题的急切,同时也反映出沙丘在汉代政治文化中的独特象征意味。有学者指出,"在中国古代政治文化史的书写中,沙丘既是昏君纵欲的代表性意象,也象征着君王折戟沉沙的伤心之地"。③ 这一历史认识既切合事实,又富于启示意味。

二、秦始皇"崩于沙丘"与帝国局势动荡

秦始皇晚年痴迷求仙,巡游无度,不仅因此积劳成疾,而且竟然在

---

① (清)王照圆:《列女传补注》,虞思征点校,华东师范大学出版社2012年版,第319页。
② 《后汉书》卷80上《文苑传》,中华书局1965年版,第2621页。
③ 吕宗力:《从汉唐间历史叙事看沙丘的政治文化象征意义》,《首届"沙丘平台与广宗区域文化"学术研讨会论文集》,第19页。

途中"崩于沙丘"。《史记·秦始皇本纪》对此记载较为详细：

> 至平原津而病。始皇恶言死，群臣莫敢言死事。上病益
> 甚，乃为玺书赐公子扶苏曰："与丧会咸阳而葬。"书已封，在
> 中车府令赵高行符玺事所，未授使者。七月丙寅，始皇崩于沙
> 丘平台。丞相斯为上崩在外，恐诸公子及天下有变，乃秘之，
> 不发丧。棺载辒凉车中，故幸宦者参乘，所至上食。百官奏事
> 如故，宦者辄从辒凉车中可其奏事。独子胡亥、赵高及所幸宦
> 者五六人知上死。赵高故尝教胡亥书及狱律令法事，胡亥私幸
> 之。高乃与公子胡亥、丞相斯阴谋破去始皇所封书赐公子扶苏
> 者，而更诈为丞相斯受始皇遗诏沙丘，立子胡亥为太子。更为
> 书赐公子扶苏、蒙恬，数以罪，其赐死。语具在《李斯传》中。①

对于秦始皇病逝于"沙丘平台"的具体地理位置，徐广注："年
五十。沙丘去长安二千余里。赵有沙丘宫，在巨鹿，武灵王之死处。"
《史记正义》引《括地志》："沙丘台在邢州平乡县东北二十里。又云
平乡县东北四十里。"按：始皇崩在沙丘之宫，平台之中。邢州去京
一千六百五十里。② 秦始皇在最后一次出巡途中"崩于沙丘平台"，不
仅直接导致"秦帝国最高执政者继承人选择"的政治局势动荡 ③，而且
引发足以影响秦帝国发展态势乃至后世历史进程的"沙丘之谋"事件，
《史记·蒙恬列传》记载道：

> 始皇三十七年冬，行出游会稽，并海上，北走琅邪，道病，

---

① 《史记》卷 6《秦始皇本纪》，第 264 页。
② 《史记》卷 6《秦始皇本纪》，第 265 页。
③ 王子今：《论〈赵正书〉言"秦王""出游天下"》，《鲁东大学学报（哲学社会科学版）》
2016 年第 2 期。

使蒙毅还祷山川,未反。始皇至沙丘崩,秘之,群臣莫知。

是时,丞相李斯、公子胡亥、中车府令赵高常从。高雅得幸于胡亥,欲立之,又怨蒙毅法治之而不为己也,因有贼心,乃与丞相李斯、公子胡亥阴谋,立胡亥为太子。太子已立,遣使者以罪赐公子扶苏、蒙恬死。扶苏已死,蒙恬疑而复请之,使者以蒙恬属吏,更置,胡亥以李斯舍人为护军。①

有学者提出,赵高、秦二世等人"沙丘之谋"后对宗室、大臣的清洗,是继秦始皇"焚书坑儒"后的又一次大规模对秦王朝精英人才的逆淘汰,经过这一波逆淘汰,"秦朝体制内的几乎所有精英人物,从睿智贤明的皇位继承人、最忠心皇室的嬴氏兄弟姊妹,到眼界高远、谋略出众的政治干才,再到智勇兼备、战胜攻取的军事将领,无不被淘汰出局","秦朝的灭亡之势已经不可逆转了"。②

"沙丘之谋"或许由于其特殊的隐秘色彩被后世贴上"阴谋论"之类的标签,"沙丘之变"也成为汉代以降史官文士笔下值得警醒的历史镜鉴。《后汉书·光武十王传》载"广陵思王荆"在光武帝"崩"后所作蕴含谋逆图谋的"飞书":"愿君王为高祖、陛下所志,无为扶苏、将闾叫呼天也。"李贤注:扶苏,秦始皇之太子。将闾,庶子也。扶苏以数谏始皇,使与蒙恬守北边。始皇死于沙丘,少子胡亥诈立,赐扶苏死。将闾昆弟三人囚于内宫。胡亥使谓将闾曰:"公子不臣,罪当死。"将闾乃仰天而大呼天者三,曰:"天乎!吾无罪。"昆弟三人皆流涕,伏剑自杀。事见《史记》。③《后汉书·李固传》载冲帝崩逝后,梁太后以地方强盗横行,"恐惊扰致乱"为由"欲须所征诸王侯到乃发丧",但李

---

① 《史记》卷88《蒙恬列传》,第2567页。

② 孟祥才:《精英人才的逆淘汰是秦朝"二世而亡"的重要原因》,《西安财经学院学报》2014年第2期。

③ 《后汉书》卷42《光武十王传》,第1446—1448页。

固等人为避免"沙丘之谋"重演而断然提出反对意见:"帝虽幼少,犹天下之父。今日崩亡,人神感动,岂有臣子反共掩匿乎?昔秦皇亡于沙丘,胡亥、赵高隐而不发,卒害扶苏,以至亡国。近北乡侯薨,阎后兄弟及江京等亦共掩秘,遂有孙程手刃之事。此天下大忌,不可之甚者也。"极力主张推迟发丧是"天下大忌""不可之甚者",甚至可能导致"亡国"的严重后果。"太后从之,即暮发丧",在一定程度上使得东汉王朝免于重蹈"沙丘之变"覆辙。①《晋书·段灼传》载秦始皇"道化未淳,崩于沙丘。胡亥乘虐,用诈自娱,不能弘济统绪,克成堂构,而乃残贼仁义,毒流黔首",对于"速秦之祸"的具体原因,明确指出是"邪臣擅命""指鹿为马",或许也体现出"沙丘之谋"与"沙丘之变"足为最高统治者戒惧的历史认识。②唐人韦楚老《祖龙行》:"黑云兵气射天裂,壮士朝眠梦冤结。祖龙一夜死沙丘,胡亥空随鲍鱼辙。腐肉偷生二千里,伪书先赐扶苏死。墓接骊山土未干,瑞光已向芒砀起。陈胜城中鼓三下,秦家天地如崩瓦。龙蛇撩乱入咸阳,少帝空随汉家马。"如果抛开文学上的夸张与渲染色彩,则可以看到"祖龙一夜死沙丘"实际与"秦家天地如崩瓦"确有密不可分的联系。唐人罗隐《秦纪》:"长策东鞭极海隅,鼋鼍奔走鬼神趋。怜君未到沙丘日,肯信人间有死无?"虽未直接提及"沙丘之谋",但似乎也隐约流露出人事未尽,却偏信鬼神的负面评价。

秦始皇最后一次出巡途经沙丘,或许与其"姓赵氏"有一定联系。至于其是否了解赵武灵王因废长立幼而导致"内乱"的悲剧故事,已难于确知。但其"崩于沙丘"所引发的帝国统治阶层与政局剧烈动荡,却又是殷鉴不远、发人深省的。黑格尔《历史哲学》写道:"人们惯于以历史上经验和教训,特别介绍给各君主、各政治家、各民族国家。但是

---

① 《后汉书》卷63《李固传》,第2082—2083页。

② 《晋书》卷48《段灼传》,中华书局1974年版,第1344—1345页。

经验和历史所昭示我们的，却是各民族和各政府没有从历史方面学到什么，也没有依据历史上演绎出来的法则行事。"这段话后来常被简化成："人类从历史当中得到的唯一教训，就是人类从来不会从历史中吸取任何教训"。杜牧《阿房宫赋》："秦人不暇自哀而后人哀之，后人哀之而不鉴之，亦使后人而复哀后人也。"其中蕴含的思辨光芒与历史眼光又是发人深省的。

三、《史记》与《赵正书》的叙事异同

有关"沙丘之谋"的传世文献记载，主要见于《史记·秦始皇本纪》和《史记·李斯列传》，相关文字或有些许差异，但其基本叙事框架并无二致。因此，"沙丘之谋"在传统历史书写中就被描述为一场"政变"，秦二世胡亥即便不是有心"阴谋篡位"，也难免"得位不正"之嫌。历代学者于此多有阐释发挥，绵延千载，几成定论。然而，上述观点受到新近刊布的部分简牍材料的挑战，最具代表性的当属2013年在湖南益阳兔子山遗址发现的"秦二世元年甲午诏书木牍"和2011年公布的北大汉简《赵正书》。时贤对此已多有研究，无疑将丰富和深化学界关于"沙丘之谋"及其具体细节的历史认识。

据相关整理者介绍，《赵正书》主要记述从秦始皇第五次出巡之死，到秦二世继位后诛杀诸公子大臣，直至秦亡国这段历史过程中，秦始皇、李斯、胡亥、子婴的言论活动，是一篇以对话为主要内容的著作。值得注意的是，《赵正书》的重点并不在于记载历史事件本身，而是以较大篇幅描述秦始皇临死前与李斯的对话、李斯被害前的陈词以及婴的谏言等，并偶有作者的感言，似为一种"以史为鉴"的叙事方式。《赵正书》内容与司马迁的《史记·秦始皇本纪》《史记·李斯列传》《史记·蒙恬列传》等记载部分相似，有些内容可对读，但两者也有许多不同之处。

其成书年代可能在西汉早期。①《赵正书》的部分内容与《史记》中的某些记载相似，但在一些重大史事的记载上又存在较大差异。例如胡亥即位是始皇遗命，而非《史记》所说的阴谋篡位。

> 昔者，秦王赵正出游天下，还至柏人而病，病笃，喟然流涕长太息，谓左右曰："天命不可变欤？吾未尝病如此，悲……"……而告之曰："吾自视天命，年五十岁而死。吾行年十四而立，立卅七岁矣。吾当以今岁死，而不知其月日，故出游天下，欲以变气易命，不可于欤？今病笃，几死矣。其亟日夜输趋，至白泉之置，毋须后者。其谨微密之，毋令群臣知病。"

> 病即大甚，而不能前，故复召丞相斯曰："吾霸王之寿足矣，不奈吾子之孤弱何。……其后不胜大臣之纷争，争侵主。吾闻之：牛马斗，而蚊虻死其下；大臣争，齐民苦。哀怜吾子之孤弱，及吾蒙容之民，死且不忘。其议所立。"

> 丞相臣斯昧死顿首言曰："陛下万岁之寿尚未央也。且斯非秦之产也，去故下秦，右主左亲，非有强臣者也。窃善陛下高议，陛下幸以为粪土之臣，使教万民，臣窃幸甚。臣谨奉法令，阴修甲兵，饬政教，官斗士，尊大臣，盈其爵禄。使秦并有天下，有其地，臣其王，名立于天下，势有周室之义，而王为天子。臣闻不仁者有所尽其财，毋勇者有所尽其死。臣窃幸甚，至死及身不足。然而见疑如此，臣等尽当戮死，以报于天下者也。"

> 赵正流涕而谓斯曰："吾非疑子也。子，吾忠臣也，其议所立。"

---

① 赵化成：《北大藏西汉竹书〈赵正书〉简说》，《文物》2011 年第 6 期。

> 丞相臣斯、御史臣去疾昧死顿首言曰："今道远而诏期群臣，恐大臣之有谋，请立子胡亥为代后。"王曰："可。"

《赵正书》言始皇临终时命群臣"议所立"，并且对"请立子胡亥为代后"予以明确认可。湖南益阳兔子山出土的"秦二世元年甲午诏书"木牍明言秦二世"奉遗诏"即位：

> 天下失始皇帝，皆遽恐悲哀甚，朕奉遗诏，今宗庙吏及箸以明至治大功德者具矣，律令当除定者毕矣。元年与黔首更始，尽为解除流罪，今皆已矣。朕将自抚天下，吏、黔首，其具行事已，分县赋援黔首，毋以细物苛劾县吏。亟布。以元年十月甲午下，十一月戊午到守府。

然而，关于《史记》与《赵正书》记载不同之处，整理者已经有所发现，也得到研究者的一定关注。例如：《史记》与《赵正书》所说秦始皇生病处不同；《史记·秦始皇本纪》称此次出游"左丞相斯从，右丞相去疾守"。《赵正书》则记载去疾为御史大夫，并与之同行，还与李斯共同建言立胡亥为太子；《史记·蒙恬列传》记载赵高及胡亥欲杀蒙氏兄弟，但赵高之谗言及蒙氏兄弟的反驳陈词均不见于《赵正书》，《赵正书》所载子婴谏言篇幅则更长一些；《史记·李斯列传》所载其狱中上书与《赵正书》虽大致相似，但也有一定出入；《史记·秦始皇本纪》载赵高为子婴诱杀，《赵正书》却说其为将军章邯所杀。面对传世文献与出土简牍关于"沙丘之谋"记载的明显抵牾，学者众说纷纭，有的提出或可据此改写秦末政治史，有的质疑"沙丘之变"发生的真实可能性，有的建议重新评价李斯、胡亥等人的是非功过。值得重视的是，有学者基于史料的可靠性原则提出，《赵正书》的"性质是史书还是子书乃至于小说家言"不清楚，"似乎归属于小说家言的可能性更高"。① 因此不能仅仅凭借两条新出简牍的部分叙述就彻底否定《史记》等传世文献的相关记载。类似这样审慎的处理意见，值得相关研究者予以充分重视。

四、"3+N" 的历史世界

李开元先生首倡"3+N"的历史学知识构成论对于理解传世文献与出土简牍中有关"沙丘之谋"的不同历史叙述有重要的启示意义。他指出："历史学的三个基础世界可分为第一历史（史实）、第二历史（史料）和第三历史（史书），当然还可据此衍生出更多的历史世界，但总体历史真实程度呈现不断降低的趋势。"② 有关"沙丘之谋"的历史真相，可以视为"史实"（第一历史）；出土简牍《秦二世元年甲午诏书》等记载，可以视为"史料"（第二历史）；传世文献有关"沙丘之谋"的记载，可以视为"史书"（第三历史）；其余衍生作品（文学、故事类等），可以视为第四、第五历史；等等。循此逻辑，汉代对于秦政与秦王朝的追述与评价，如"焚书坑儒""沙丘之谋"与"沙丘之变"等重大历史事件，似乎也可以从不同的角度提出新的解说。

《赵正书》载秦始皇"病即大甚"之时复召丞相斯曰："吾霸王之寿足矣"云云似不应出自始皇之口。《史记·秦始皇本纪》："寡人以眇眇之身，兴兵诛暴乱，赖宗庙之灵，六王咸伏其辜，天下大定。今名号不更，无以称成功，传后世。其议帝号。"后经始皇亲自裁断，确立"皇帝"作为至高无上的专用称谓。值得注意的是，《赵正书》所载"丞相臣斯

---

① 孙家洲：《兔子山遗址出土〈秦二世元年文书〉与〈史记〉纪事抵牾释解》，《湖南大学学报（社会科学版）》2015年第3期。

② 李开元：《解构〈史记·秦始皇本纪〉——兼论3+N的历史学知识构成》，《史学集刊》2012年第4期。

昧死顿首言曰""陛下万岁之寿尚未央也"等语,明显不符合"皇帝"一词的特有语境。"万岁"本为先秦两汉时人常用语,人臣亦可称"万岁",或为庆贺祝颂之词,或为帝王死之讳称,但似乎尚未发展到专指皇帝。《战国策·齐策四》:"(冯谖)驱而之薛,使吏召诸民当偿者,悉来合券。券徧合,起矫命以责赐诸民,因烧其券,民称万岁。"赵翼《陔馀丛考·万岁》:"盖古人饮酒必上寿称庆曰万岁,其始上下通用为庆贺之词,犹俗所云万福万幸之类耳。因殿陛之间用之,后乃遂为至尊之专称,而民间口语相沿未改,故唐末犹有以为庆贺者,久之遂莫敢用也。"《史记·秦始皇本纪》:"始皇恶言死,群臣莫敢言死事。"汉晋以降,帝王亦言"万岁",但多为死之讳称。《史记·高祖本纪》:高祖乃起舞,慷慨伤怀,泣数行下。谓沛父兄曰:"游子悲故乡。吾虽都关中,万岁后吾魂魄犹乐思沛。"《史记·梁孝王世家》:上与梁王燕饮,尝从容言曰:"千秋万岁后,传于王。"王辞谢。虽知非至言,然心内喜,太后亦然。因此,臣下当面称始皇"万岁之寿未央",恐怕已触犯"始皇恶言死"的忌讳,更显出"吾霸王之寿足矣"等语的令人费解之处。

汉代以降有关"沙丘之谋"的叙事不仅带有明显的神秘主义色彩,甚至多有牵强附会之举。其原因可能与汉代儒学取得"独尊"地位后,对于秦王朝的贬抑更多出于儒生之手有关。据整理者初步研究,《赵正书》抄写年代当晚于西汉文景至武帝早期,大致为武帝后期或昭帝时期,即西汉中期。其不以秦为正统意味明显,或许不仅由于秦二世而亡"去帝号",也反映出西汉以降对秦始皇与秦政的评价存在一定偏差。有学者以为,《史记·秦始皇本纪》原篇名或应题为《史记·秦始皇帝本纪》,[①] 这与《赵正书》的命名指导思想似乎有异曲同工之处。《论衡·实知》写道:

---

① 王子今:《说〈史记〉篇名〈秦始皇帝本纪〉》,《唐都学刊》2019 年第 4 期。

孔子将死，遗谶书，曰："不知何一男子，自谓秦始皇，上我之堂，踞我之床，颠倒我衣裳，至沙丘而亡。"其后，秦王兼吞天下，号始皇，巡狩至鲁，观孔子宅，乃至沙丘，道病而崩。又曰："董仲舒乱我书。"其后，江都相董仲舒，论思《春秋》，造著传记。又书曰："亡秦者，胡也。"其后，二世胡亥，竟亡天下。用三者论之，圣人后知万世之效也。孔子生不知其父，若母匿之，吹律自知殷宋大夫子氏之世也。不案图书，不闻人言，吹律精思，自知其世，圣人前知千岁之验也。

其中有关秦始皇与"沙丘"的叙述，在东汉以来流行的纬书中或许已存在雏形："驱除名政，颠倒吾衣裳，坐吾曲床，滥长九州岛，灭六王，至于沙丘亡。"①《异苑》也说：

秦世有谣曰："秦始皇，何僵梁。开吾户，据吾床。饮吾酒，唾吾浆。殽吾饭，以为粮。张吾弓，射东墙。前至沙丘，当灭亡。"始皇既坑儒焚典，乃发孔子墓，欲取诸经传，圹既启，于是悉如谣者之言。又言谣文刊在冢壁，政甚恶之，乃远沙丘而循别路，见一群小儿辇沙为阜，问，云："沙丘。"从此得病。

姑且不论有无必要，秦始皇是否曾因"取诸经传"而"发孔子墓"已难以确知，但将其至沙丘而亡视为"坑儒焚典"的直接恶果，却比较明显地是出于后世儒生的义愤与建构。尤为可笑的是，作者竟然望文生义地将"沙丘"理解为"小儿辇沙为阜"。后世六朝小说则基本继承了

---

① （清）赵在翰辑：《七纬附论语谶·春秋纬·春秋演孔图》，钟肇鹏、萧文郁点校，中华书局 2012 年版，第 383 页。

这一叙事逻辑与基本框架:

> 秦世有谣云:"秦始皇,何强梁!开吾户,据吾床;饮吾浆,唾吾裳;餐吾饭,以为粮;张吾弓,射东墙;前至沙丘当灭亡。"始皇既焚书坑儒,乃发孔子墓,欲取经传。墓既启,遂见此谣文刊在冢壁,始皇甚恶之。及东游,乃远沙丘而循别路,忽见群小儿攒沙为阜,问之:"何为?"答云:"此为沙丘也。"从此得病而亡。或云:"孔子将死,遗书曰:'不知何男子,自谓秦始皇。上我之堂,据我之床,颠倒我衣裳,至沙丘而亡。'"

将秦始皇描绘为一个"焚书坑儒""发孔子墓"的文化专制暴君,却又恰巧合于孔子"遗书""得病而亡"于"沙丘",在一定程度上反映出东汉以降经学日益陷入神秘化和琐碎化的发展趋势。

总之,从"3+N"的历史视角而言,"沙丘之谋"中心人物的言辞和活动已经消逝,后人不复得见,只能从残存的史料中加以推测和复原。"第一历史"的真相可以不断逼近,但不可能完全达到。传世文献如《史记》的史源构成可能较为复杂,在没有更多资料以供参证的情况下,需要审慎地对待传世文献与出土简牍的相关记载。传世文献也包含"史料",未必都应将其视为"史书"。同时,经科学发掘和整理的出土简牍固然可能包含更多"史料",但也不宜一概而论。从历史书写和叙事风格来看,《赵正书》似乎很难称之为"史料",而是带有战国秦汉子学特点的子书或"语"书。其中关于"沙丘之变"的叙述,总体可信度不如《史记》,恐怕更多地反映了西汉时人对"沙丘之变"的历史认识。秦二世"奉遗诏"即位或有一定历史根据,有学者以为此事与《史记》记载存在抵牾的看法,或许还可以再斟酌讨论。《赵正书》有多处文字与《史记》存在抵牾,其用语也不合秦代习惯,出于西汉时人的追述可能性更大。虽有一定史实记载作为根据，但本质上仍属于文学上的加工再创造。《赵正书》某些记载可能与《史记》有大致相同的史源，但其确切成书年代应当不太可能早于《史记》。

秦始皇帝"到沙丘而亡"谶语蠡测

张欣（中国社会科学院古代史研究所）

在秦帝国晚期紧张的政治氛围中，产生了一些谶言，或预言秦始皇帝亡之时间，"今年祖龙死"[1]；或预言始皇帝将死及死后国家局势，"始皇帝死而地分"；或预言灭亡秦国者或其缘由，"亡秦者胡也"。[2]管见所及，预言始皇帝将死之地，沙丘是重要一个，"始皇还，到沙丘而亡"[3]。从《论衡》等相关记载可知，始皇帝将亡于沙丘的预言出现较早，似从属于秦汉之际诸多亡秦谶言中的一种。这些谶言有多种解读，也多少为后来秦国历史发展所证实。以今日的视角来看，秦始皇帝亡于沙丘，似不无偶然因素，此后出现的沙丘政变，产生了一系列连锁反应，其作用之巨大，甚至被称为改变了秦帝国历史的航道。

圣君贤相无论作出多大功绩，都将作古，这是客观规律。全国各地诞生了无数圣贤，也在各地自然消亡。古都名胜地理观念是一个方面，也常为人们所提及，而同时存在另一种作为禁忌之地的观念，沙丘就是一处重要代表。以今人自然地理学知识，可以对沙丘形成的自然地理作较好的解释。而且沙丘在中国早期历史时期，还是河流众多、风景旖旎之地。但为何沙丘成为谶言中的秦始皇帝闻之生畏，并避之唯恐不及之

---

① 对此谶言的解读，参见蒋非非：《在华阴平舒道玉璧的背后——重新认识秦朝政治史》，《文史知识》2004 年第 12 期。

② 上述三则谶言分见《史记》卷 6《秦始皇本纪》，中华书局 1959 年版，第 259、252 页。

③ 黄晖：《论衡校释》卷 4《书虚篇》，中华书局 1990 年版，第 201 页。

地？其原因何在？

秦始皇帝"到沙丘而亡"的谶语，表明东方六国旧贵族及民众对于秦始皇帝若干施政作为的态度，也可能反映出秦始皇帝近侍之臣提醒其早立嫡嗣所做一再努力的良苦用心，而预言始皇帝将亡于沙丘一地，也反映出秦汉之际民众似已具有将沙丘视作不祥之地的观念。

总之，秦帝国末年政局表面静若止水，实则暗流涌动，机缘巧合与沙丘一地独特的历史文化资源发酵，出现了秦始皇帝"到沙丘而亡"的谶语。

"到沙丘而亡"的谶语出现以后，历代学者对其有过不少著录与研究。《论衡》以降，纬书《春秋演孔图》，以及《异苑》《殷芸小说》《太平御览》《说郛》《太平广记》《阙里志》等文献都有近似的记载，或进一步的推演，马骕《绎史》①、崔述《洙泗考信录》② 等对其内容也都有所辨析，严可均《全上古三代秦汉六朝文》③、孙楷《秦会要》等也在相应篇章将其著录为秦事。这些记载和研究，为我们解读"到沙丘而亡"的谶语提供了重要的材料和有益的启示。本文则在梳理"到沙丘而亡"的谶语内容基础上，推测其产生的大体时代，并对其形成原因作出管窥蠡测，以期更好地理解这则蕴含丰富历史信息的谶言，对秦汉之际的历史研究有所助益。

一、"到沙丘而亡"谶语内容的解读

较早记述秦始皇帝"到沙丘而亡"的谶语是东汉初年人王充（27—

---

① 或对这条谶言嗤之以鼻，如马骕《绎史》在注文评析这些材料时云"始皇未尝至鲁，此妄谬何足辩"。（清）马骕撰，王利器整理：《绎史》卷149，中华书局2002年版，第3734—3735页。

② （清）崔述：《洙泗考信录》卷4《遗型》，见崔述编著，顾颉刚编订：《考信录》，上海古籍出版社1988年版，第320—321页。

③ （清）严可均：《全上古三代秦汉六朝文》卷14《阙名》，中华书局1958年版，第100页。

104)《论衡》的两则材料。《论衡·书虚篇》:"夫谶书言始皇还,到沙丘而亡;传书又言病筑疮三月而死于秦。一始皇之身,世或言死于沙丘,或言死于秦,其死,言恒病疮。传书之言,多失其实,世俗之人,不能定也。"① 另一则来自《论衡·实知篇》:

> 孔子将死,遗谶书,曰:"不知何一男子,自谓秦始皇,上我之堂,踞我之床,颠倒我衣裳,至沙丘而亡。"其后,秦王兼吞天下,号始皇,巡狩至鲁,观孔子宅,乃至沙丘,道病而崩。又曰:"董仲舒乱我书。"……
> 曰:此皆虚也。②

王充的观点很明确,"此皆虚也",认为谶书系虚妄不经之词,并作了具体分析:

> 既不至鲁,谶记何见,而云始皇至鲁?至鲁未可知,其言孔子曰"不知何一男子"之言,亦未可用。……谶书秘文,远见未然,空虚闇昧,豫睹未有,达闻暂见,卓谲怪神,若非庸口所能言。③

《论衡校释》一书作者刘盼遂已指出王充仅据《史记》三十七年之事为说"疏矣",其实秦始皇帝未尝不至鲁:"东行郡县,上邹峄山。立石,与鲁诸儒生议,刻石颂秦德,议封禅望祭山川之事。"④

记载始皇帝亡于沙丘一事,《论衡·实知篇》与《论衡·书虚篇》

---

① 黄晖:《论衡校释》卷4《书虚篇》,第201页。
② 黄晖:《论衡校释》卷26《实知篇》,第1069—1070页。
③ 黄晖:《论衡校释》卷26《实知篇》,第1072页。
④ 《史记》卷6《秦始皇本纪》,第242页。

一言始皇帝"到沙丘而亡",一言"至沙丘而亡",二者没有本质区别,因此本文统称为"到沙丘而亡"。《论衡·实知篇》与《论衡·书虚篇》也有所不同。后者较为简略,仅言其"还"的途中亡于沙丘。不知是原谶言如此简略,抑或仅为王充节略转引所致;前者将始皇帝亡于沙丘置于孔子临终遗留谶书中,置于所谓的始皇帝到访鲁国孔宅,并"踞我之床,颠倒我衣裳"之后。

托言孔子,是不少谶言的共性。孔子能精准预知200余年之后的历史,颇为荒诞,不合常理。① 不过如果将"踞我之床,颠倒我衣裳"理解为,秦始皇帝占据统治者中心地位,颠倒孔子所制礼制一事,回顾秦朝以吏为师、焚书坑儒之举,重用文法吏,忽视儒生地位诸多方面看,孔子所遗谶书所言,的确道出部分事实,并非完全为虚妄之辞。进而,如果将"至沙丘而亡"理解为秦始皇帝卒于沙丘,陈述这一客观事实,当然没有问题。但若将其理解为秦始皇帝因为此前毁坏礼制之举,预言始皇帝将死于沙丘,则与《论衡·书虚篇》所载谶言大体相同,只是写出了预言始皇帝死于沙丘的原因。

与《论衡》"到沙丘而亡"谶言相近的记载又见于《春秋演孔图》②:

　　　驱除名政,颠倒吾衣裳,坐吾曲床,滥长九州,灭六王,

---

① 崔述《洙泗考信录》卷4《遗型》:"余按:前知之术圣人能之,而非所以为圣人也。然所谓前知者,不过剥复倚伏之理,治乱循环之运,非若后世射覆乌〔鸟〕占之术然也。况为秘书以遗后世,欲何为乎?汉人好信谶纬,故其为言如此;其亵圣人殊甚,良可笑也。"崔述编著,顾颉刚编订:《考信录》,第320—321页。

② 《演孔图》得名缘由,见《公羊传》哀公十四年,何休解诂:"得麟之后,天下血书鲁端门曰:趋作法,孔圣没,周姬亡,彗东出,秦政起,胡破术,书记散,孔不绝。子夏明日往视之,血书飞为赤鸟,化为白书,署曰《演孔图》,中有作图制法之状。"阮元校刻:《十三经注疏》,中华书局2009年版,第5115页。《七纬(附论语谶)》引此条,所作考辨云:"《类聚·祥瑞部》(卷98)、《白帖·春秋》引此,下有'此鲁端门血书,十三年冬有星孛东方'十五字。"(清)赵在翰辑:《七纬(附论语谶)》,钟肇鹏、萧文郁点校,第373页。

至于沙丘亡。①

在《春秋演孔图》中多以孔子立言，此条文字亦复如此，其中包含了丰富的内容："驱除名政"，为汉驱除的名字称为政的人（似暗指秦始皇帝嬴政）；"颠倒吾衣裳"，似指将孔子本人的代表礼制的衣裳倒穿（或者颠倒放置），亦即违背礼制；"坐吾曲床"，似指占据孔子素王的位置；"滥长九州"，似指超越其应得名分（"僭越"）职掌九州（天下）；"灭六王"，指统一六国；"至于沙丘亡"，指灭亡六国后，到沙丘一地时将暴卒。总的看来，这一记载明显含有汉家立场的色彩，指责秦始皇帝灭亡六国，并将在此后途经沙丘一地时死去。

《春秋演孔图》与《论衡》所载谶言的内容互有详略：

相近之处：都是有关孔子作出的预言；对象皆是秦始皇帝嬴政；颠倒衣裳、坐孔子之床有关内容大体相同，而《论衡》所引"上我之堂"也可以归入此类，所指代的秦始皇帝所作违礼之事也大体一致；都指出秦始皇帝将亡于沙丘。

相异之处：前者未明确谶言的时代，据文意似在秦代，后者则将其假托在孔子亡时，即春秋晚期；后者出处未明，前者将其收于《春秋演孔图》。《春秋演孔图》将秦始皇帝死的时间节点更为明确地点破，即秦始皇帝"灭六王"之后将亡于沙丘。《论衡》所引谶言缺少更为明确的时间。

汉桓帝永寿二年（156）鲁相韩敕所立《礼器碑》，原石今藏于曲阜孔庙。碑文中也有秦始皇帝亡于沙丘的谶言。兹据《汉碑集释》摘录相关内容：

---

① 《春秋纬·春秋演孔图》，《七纬（附论语谶）》，第383页。其中"沙丘"作"沙邱"。（宋）李昉：《太平御览》卷696《服章部十三》引《春秋演孔图》，中华书局1960年版，第3106页。"颠倒"作"衣"。又可参见安居香山、中村璋八辑：《纬书集成》，河北人民出版社1994年版，第584页。

孔子近圣，为汉定道。自天王以下，至于初学，莫不思
（冀）……念圣历世，礼乐陵迟，秦项作乱，不尊图书，倍道
畔德，离败圣舆食粮，亡于沙丘。君于是造立礼器。乐之音
符，钟磬瑟（鼓），雷洗觞觚，爵鹿俎桓，迮柸禁（壶），修饰
宅庙，更作二舆，朝车威熹。①

按，碑文中"食粮"中的"食"可能即飧的省文，是故所谓食粮即
餐和粮食两事，这恰与南朝宋刘敬余文《异苑》所载"飧吾饭，以为粮"②
所含内容相近。这证明《异苑》所载，部分内容有着更早的历史资源背
景，并非起始于刘宋时人的观念。同时也反映了这一故事（谶言）流传
的久远。

这条碑文与其他材料的重要区别，是将项羽也牵涉进去，但事实上
仅有秦始皇帝亡于沙丘。"秦项"确实"不尊图书"③。但碑文所要表达
的重点，不是"项"，而是"秦"，点出了秦始皇帝破坏孔圣人车舆、餐、
粮食等，并指出了始皇帝亡于沙丘。碑文展现了两方面的事实，但似乎
并未指出前者与亡于沙丘之间有无密切关联。此条史料可以印证谶言的
某些方面，但却无法证明谶言出现的时代与立碑的时间有何关系。

这里有必要对相对晚出，内容却与《礼器碑》密切相关的材料作
一辨析。明代出现、清代续有补辑的记载孔子相关文献大成的《阙里
志》载：

秦始皇既焚书坑儒，乃发孔子墓，欲取经传。墓既启，见
冢壁上刻文云：秦始皇，何强梁，开吾户，据吾床，饮吾浆，
唾吾堂，飧吾饭，以为粮，张吾弓，射东墙，前至沙丘当灭

---

① 《礼器碑》，高文：《汉碑集释》，河南大学出版社1997年版，第181—182、190页。
② （宋）李昉：《太平御览》卷86《皇王部十一》引《异苑》，第410页。
③ "图书"代表礼乐文化。

亡。始皇甚恶之，愤欲发墓，闻墓内琴声，遂不敢动，乃东游，远沙丘而循别路，见郡（群）小儿攒沙为阜，问之何为。答曰，此为沙丘也，从此得病而亡。或云孔子将此遗书曰，后世有个小儿，即不知谁家子，自谓秦始皇，上我堂，据我床，颠倒我衣裳，行至沙丘而亡。①

《阙里志》与《异苑》两条内容几乎相同，当来自同样的史源，其少量文字差异当系版本流传中发生的变异。《阙里志》为明清时代所编②，抄撮前代史籍而成。引用文献多未标注出处。此条亦然。

皮锡瑞《汉碑引纬考》对《鲁相韩敕造孔庙礼器碑》（即《礼器碑》）作了分析，其中说道，"惟《阙里志》有'飡吾饭，以为粮'语，与此碑合，则《阙里志》当有所本。惟《志》不云本于何书，为可惜耳"。③皮锡瑞指出《阙里志》部分内容与《礼器碑》相契合，不为无见，但更准确的应该是《阙里志》与《异苑》内容相合。皮锡瑞还认为《阙里志》有关记载无出处为憾事，其实《阙里志》此条所本应该比较清楚，即承袭自《异苑》。有学者对此条材料之价值有所怀疑，认为"谶纬不经之语，词既平直不古，义复鄙琐不堪"④。其实明了《阙里志》中材料的因袭关

① （明）陈镐撰，孔胤植等增补：《阙里志》卷11《古迹志》，《四库全书存目丛书》史部第76册，齐鲁书社1996年版，第172页。

② 《四库全书总目》卷59《史部一五·传记类存目一》："《阙里志》二十四卷。浙江汪启淑家藏本明陈镐撰。孔允植重纂。镐，会稽人。成化丁未进士，官至右副都御史，巡抚湖广。允植，孔子六十五世孙，袭封衍圣公。阙里向无志乘，仅有《孔庭纂要》、《祖庭广记》诸书。宏治甲子，重修阙里孔庙成，李东阳承命致祭。时镐为学提副使，因属之编次成志。崇祯中，允植重加订补，是为今本。"（永瑢等：《四库全书总目》，中华书局1965年版，第532页）杨秀娟《〈阙里志〉——一部孔氏家族史》（《曲阜师范大学校报》2013年11月21日）："该志书共计十三卷，详细记述了孔子一生的活动、阙里庙制、历代皇帝的封赐、祭孔礼乐等内容，是一部较为完整的孔氏家族史。此书为曲阜历史上的第一部《阙里志》。"

③ （清）皮锡瑞：《汉碑引经考》卷6《汉碑引纬考》，吴仰湘编：《皮锡瑞全集》第7册，中华书局2015年版，第638页。

④ （清）王澍：《虚舟题跋原》卷2《汉鲁相韩敕孔庙碑》："愚谓此盖后人见碑有'食粮

系，以及与《礼器碑》的关联，即可消除王澍一类学者的误解。

南朝宋刘敬叔《异苑》① 卷四载：

> 秦世有谣曰："秦始皇，何僵梁，开吾户，据吾床，饮吾
> 酒，唾吾浆，殨吾餧，以为粮，张吾弓，射东墙，前至沙邱，
> 当灭亡。"始皇既坑儒焚典，乃发孔子墓，欲取诸经传。圹既
> 启，于是悉如谣者之言。又言谣文刊在塚壁，政甚恶之，乃
> 远沙邱而循别路，见一群小儿辇沙为阜，问云沙邱，从此
> 得病。②

《太平御览》引《异苑》：

> 秦世有谣云："秦始皇，奄僵。开吾户，据吾床。饮吾酒，
> 唾吾浆。飧吾饭，以为粮。张吾弓，射东墙，前至沙丘，当灭
> 亡。"始皇既坑儒焚典，乃发孔子墓，欲取诸经传。圹既启，于
> 是悉如谣者之言。又言谣文刊在冢壁，政甚恶之。及达沙丘，
> 而脩别路，见一群小儿辇沙为阜，问云沙丘，从此得病。③

两个版本的《异苑》整体意思基本相同，部分文字存在异文。乃、

亡于沙邱'之语，漫衍其旨，伪为此语以惑人，而昧者不察，遂据以为信耳。此亦当是谶纬
不经之语，词既平直不古，义复鄙琐不堪，岂有大圣人而为此小道者乎？"王澍：《虚舟题跋
虚舟题跋补原》，秦跃宇点校，凤凰出版社 2017 年版，第 137—138 页。

　① 鲁迅《中国小说史略》第五篇"六朝之鬼神志怪书（上）"："《异苑》今存者十卷，然
亦非原书。"《鲁迅全集》第 9 卷，人民文学出版社 2005 年版，第 49 页。

　② 《异苑》卷 4，《景印文渊阁四库全书》第 1042 册，台湾商务印书馆 1986 年版，第
514 页；（南朝宋）刘敬叔：《异苑》卷 4，黄益元校点，《汉魏六朝笔记小说大观》，上海古籍
出版社 1999 年版，第 623 页。

　③ 《太平御览》卷 86《皇王部十一·始皇帝》，第 410 页。

及，远、达，循、修，三组词组繁体字，特别是在毛笔书写的情况下，容易出现混淆的情况。具体来说，一是绕道他处，避开沙丘（未踏入沙丘），一是到达沙丘后，另修一路，绕开沙丘（主城）。两相比较，四库本《异苑》内容较《太平御览》所引《异苑》内容更为融通。不过，四库本也存在一定问题，如秦始皇帝"远沙丘"，即绕开而未至沙丘，其病逝缘由，仅是因为小儿堆沙子，名为沙丘而已（闻"沙丘"之名而病卒）。与其他材料所载至沙丘（地名）而卒不一致。《太平御览》所引表明秦始皇帝到达了沙丘，未走主路（修别路），又听到"沙丘"之名而生病。

秦始皇帝信谶，这与他求仙、求长生药等一系列举动相呼应，也与日书中人们趋吉避凶的信仰相一致。秦始皇无法完全超越他所处的时代。为趋吉避凶，采取绕路的措施，试图远离本为返回咸阳必经之地的沙丘，但最终未能摆脱谶言的魔力。

《异苑》所载谣言是秦始皇帝掘开孔子墓穴时的情况。[1] 而《论衡》所记是秦始皇帝巡行至鲁孔子宅发生之事。尽管有着这些不同，但结果却并无不同——至沙丘而亡。可以隐隐感知到，孔宅或孔子墓所代表的儒学，与秦始皇帝之间的冲突。秦始皇帝的激进举动（闯入孔宅及一系列活动）或措施（坑儒焚典），产生了严重后果——秦始皇之死。谶言背后显示了秦始皇帝对儒学的举措与其病死沙丘之间的关联。这则谶言所要表达的惩戒目的，似乎是告诫当权者不要对儒学实施过激的行为，否则后果将落得如秦始皇帝一样的下场。这则材料的时代，至少部分内容的时代，应远早于南朝宋。

南朝梁殷芸《殷芸小说》载：

[1] 《阙里志·林庙志》还记载有秦始皇试图掘开的为孔子虚墓（疑冢）的传闻："秦始皇伐林墓得虚墓五间，皆石为之。坚不可动。有白兔出于中，逐之而没，遂不敢发。"（明）陈镐撰，孔胤植等增补：《阙里志》卷11《林庙志》，《四库全书存目丛书》史部第76册，第166页。

秦世有谣云："秦始皇，何强梁；开吾户，据吾床；饮吾浆，唾吾裳；餐吾饭，以为粮；张吾弓，射东墙；前至沙丘当灭亡。"始皇既焚书坑儒，乃发孔子墓，欲取经传。墓既启，遂见此谣文刊在冢壁，始皇甚恶之。及东游，乃远沙丘而循别路，忽见群小儿攒沙为阜，问之："何为？"答云："此为沙丘也。"从此得病而亡。或云："孔子将死，遗书曰：'不知何男子，自谓秦始皇，上我之堂，据我之床，颠倒我衣裳，至沙丘而亡。'"①

"或云"句与《论衡·实知篇》所引谶言内容一致。谓孔子所遗谶书，省略为遗书。前一部分与《异苑》内容基本一致，仅字句小有异同。也是先写谣言再叙述谣言后续应验的故事。《异苑》"辇沙为阜，问，云沙邱"作"攒沙为阜，问之：'何为？'答云：'此为沙丘也。'"似更为合理。两者史源相近，或者可以看作是对《异苑》的修改与完善。

二、"到沙丘而亡"谶语出现的时代

为准确解读"到沙丘而亡"谶语的内涵，论述其学术意义，有必要对其出现的时代作出大体的判断。不过颇为遗憾的是，史书记载有秦始皇亡于沙丘的明确时间，而在秦汉编年体、纪传体性质的文献中并未有"到沙丘而亡"谶语这条材料时代的明确记载，我们只能从一些相关事例和当时的政治情景作出侧面的考察，以求其大体的时代断限。

通过上文记载"到沙丘而亡"谶语相关材料的分析，可知现存文献

---

① （南朝梁）殷芸撰，魏代富补证：《殷芸小说补证》卷 2，山东人民出版社 2018 年版，第 98—99 页；王根林校点：《殷芸小说》卷 2，《汉魏六朝笔记小说大观》，第 1024 页。

记载中以《论衡·书虚篇》《论衡·实知篇》时代为早。兹以《论衡·实知篇》为据，考察其编纂的大体时代。

孔子将死，遗谶书，曰："不知何一男子，自谓秦始皇，上我之堂，踞我之床，颠倒我衣裳，至沙丘而亡。"其后，秦王兼吞天下，号始皇，巡狩至鲁，观孔子宅，乃至沙丘，道病而崩。又曰："董仲舒乱我书。"其后，江都相董仲舒，论思《春秋》，造著传记。又书曰："亡秦者，胡也。"其后二世胡亥，竟亡天下。用三者论之，圣人后知万世之效也。孔子生不知其父，若母匿之，吹律自知殷宋大夫子氏之世也。不案《图》《书》，不闻人言，吹律精思，自知其世，圣人前知千岁之验也。

……案始皇本事，始皇不至鲁，安得上孔子之堂，踞孔子之床，颠倒孔子之衣裳乎？始皇三十七年十月癸丑出游，至云梦，望祀虞舜于九嶷。浮江下，观藉柯，度梅渚，过丹阳，至钱唐，临浙江，涛恶，乃西百二十里，从陕（狭）中度，上会稽，祭大禹，立石刊颂，望于南海。还过，从江乘，旁海上，北至琅邪。自琅邪北至劳、成山，因至之罘，遂并海，西至平原津而病，崩于沙丘平台。既不至鲁（刘盼遂案：《史记·秦始皇本纪》："二十八年，始皇东至邹县，上邹峄山。立石，与鲁诸儒生议，刻石颂秦德。乃遂上泰山。"是始皇未尝不至鲁也。仲任仅从《史记》三十七年之事为说，疏矣），谶记何见，而云始皇至鲁？至鲁未可知，其言孔子曰"不知何一男子"之言，亦未可用。"不知何一男子"之言不可用，则言"董仲舒乱我书"，亦复不可信也。①

---

① 黄晖：《论衡校释》卷26《实知篇》，第1069—1072页。

王充接连举出三例孔子谶言：秦始皇帝至沙丘而亡，董仲舒乱其书，亡秦者胡。值得注意的是王充驳斥谶言虚妄的论据。一是因为上述三个谶言皆与孔子有关，所以王充先驳斥孔子对自己的身世都理不清楚，"不案图、书，不闻人言"云云，表明王充并未完全置身于图、书（图谶、洛书）时代漩涡之外，这是他判断一事是否为事实的重要依据。

二是王充将秦始皇帝未曾到过鲁国作为判断谶言为虚的依据，并以此作为基点推演谶言接下来的论述为虚。刘盼遂业已指出王充的这条依据不确，《史记·秦始皇本纪》记载其二十八年曾"东行郡县，上邹峄山。立石，与鲁诸儒生议，刻石颂秦德，议封禅望祭山川之事"。① 这样一来王充立论依据的基石被抽出，则谶言所载内容并非悉为虚构。

我们可以看到三例孔子谶言中两例事关秦朝，一例事关汉武帝朝。三例排列顺序可能有误，不当在两例秦朝中间插入汉朝事例。可能是王充在引用时作了调整。三例事例都在西汉中期以前。陈直还据居延汉简中"不知何一男子"的表述，认为这是"西汉中晚期之习俗语"②。侧面印证此条材料时代应为西汉而非东汉。

谶言"亡秦者胡"，《史记》等有明确记载：

> 始皇巡北边，从上郡入。燕人卢生使入海还，以鬼神事，因奏录图书，曰"亡秦者胡也"。始皇乃使将军蒙恬发兵三十万人北击胡，略取河南地。③

该条出现于秦始皇帝三十二年（前213）。④ 转述此图谶者为燕人卢生，并非孔子。可见孔子作为圣人，有被好事者将洞察千古的智慧附会

---

① 《史记》卷6《秦始皇本纪》，第242页。
② 陈直：《汉书新证》，中华书局2008年版，第451—455页。
③ 《史记》卷6《秦始皇本纪》，第252—253页。
④ 《资治通鉴》卷7《秦纪二·始皇帝下》，第242页。

于孔子一身的倾向。不过从另一层面也表明，附会于孔子的谶言并非凭空产生，而是具有一定依据，所依据的材料可能为时甚早。而作为三例谶言中秦朝谶言之一，且排列在"亡秦者胡"谶言之前，时代也当与"亡秦者胡"谶言相当。

博学洽闻的王充，在反驳三例谶言时虚实参半，并未从三例谶言产生时代上立论，值得注意。似亦默认三例谶言产生时代较早。

我们还可以从一些典籍对"到沙丘而亡"谶语的著录中，侧面考察该条谶语的时代。

严衍《资治通鉴补》卷七《秦纪一》将《论衡·实知篇》所载"至沙丘而亡"谶言作为附录，引于始皇帝三十七年七月丙寅崩于沙丘条下。[①] 未作按语或评议，未对此条时代产生异议，似也认可这例谶言产生于秦汉之际。

严可均《全上古三代秦汉六朝文》卷十四，将此条谶言置于"亡秦者胡"条之下，且仅此两条。可大体考见此条时代，以及在诸多关于秦谶言中的地位。

《秦会要·历数·图谶》条将《论衡·实知篇》谶语收入其中，也将《太平御览》所引《春秋演孔图》谶语收入。[②]

我们再反过来思考，假设孔子谶言产生于汉代，而此时秦始皇帝卒于沙丘已成为一般知识，再编造此类谶言，预言秦始皇帝卒于沙丘，从汉廷及普通民众来看，预言的效果较差，宣传效应也较低。所以《异苑》《殷芸小说》等所说的"秦世有谣"，更为符合秦汉之际的历史语境。这一谶言可能出现的时间，是在秦始皇帝最后一次巡游之前或途中，是基于秦末政局表面静若止水，实则暗流涌动而抛出的舆论工具。

---

① 《资治通鉴补》卷7《秦纪一》，《续修四库全书》第336册，上海古籍出版社1996年版，第639页。

② （清）孙楷撰，徐复订补：《秦会要订补》卷12，中华书局1959年版，第175、176页；孙楷撰，杨善群校补：《秦会要》卷12，上海古籍出版社2004年版，第196—197页。

三、"到沙丘而亡"谶语形成原因的推测

"到沙丘而亡"谶言出现在沙丘，而非他处，即准确预言秦始皇帝即将殒命之地，其背后的原因何在，这是本节关注的主要问题。

1.殷纣王在沙丘广建离宫别馆、酒池肉林，成为导致煊赫一时的殷商帝国崩溃瓦解的前奏。这一印记深深留在殷周以降民众心中。沙丘即导致亡国之地。这可能是沙丘被预设为秦始皇殒命之地的远因。《史记·殷本纪》载：

> 帝纣……好酒淫乐，嬖于妇人。……于是使师涓作新淫声，北里之舞，靡靡之乐。厚赋税以实鹿台之钱，而盈巨桥之粟。益收狗马奇物，充仞宫室。益广沙丘苑台，多取野兽蜚鸟置其中。慢于鬼神。大最乐戏于沙丘，以酒为池，悬肉为林，使男女倮相逐其间，为长夜之饮。①

可知沙丘首次展现在历史舞台上，是作为一处奢侈挥霍之地的负面形象出现的。

在《史记·货殖列传》《汉书·地理志》中颇为独特的"仰机利而食"，男子"椎剽掘冢"，女子"游媚富贵"的风俗，也都将其远因归为"沙丘纣淫乱余民"。②《史记·货殖列传》："中山地薄人众，犹有沙丘纣淫地余民，民俗懁急，仰机利而食。丈夫相聚游戏，悲歌忼慨，起则相随椎剽，休则掘冢作巧奸冶，多美物，为倡优。女子则鼓鸣瑟，跕屣，游媚贵富，入后宫，遍诸侯。"③意图将赵国风俗归于纣王个人一时举动

---

① 《史记》卷3《殷本纪》，第105页。
② 《汉书》卷28《地理志下》，中华书局1962年版，第1655页。
③ 《史记》卷129《货殖列传》，第3263页。相近记载又见于《汉书》卷28《地理志下》：

的看法，不免失之肤浅。但也可以大体看到沙丘负面形象有着较早的根源。

2.沙丘再次出现在历史舞台上，是作为赵武灵王惨死之地。秦始皇帝去世于前210年，距离前295年赵武灵王饿死于沙丘宫过去了85年，是当时的"近代史"①，使得此地留下更为浓重的阴影。《史记·赵世家》载：

> 主父及王游沙丘，异宫，公子章即以其徒与田不礼作乱，诈以主父令召王。肥义先入，杀之。高信即与王战。公子成与李兑自国至，乃起四邑之兵入距难，杀公子章及田不礼，灭其党贼而定王室。公子成为相，号安平君，李兑为司寇。公子章之败，往走主父，主父开之。成、兑因围主父宫。公子章死，公子成、李兑谋曰："以章故围主父，即解兵，吾属夷矣。"乃遂围主父。令宫中人"后出者夷"，宫中人悉出。主父欲出不得，又不得食，探爵鷇而食之，三月余而饿死沙丘宫。主父定死，乃发丧赴诸侯。

> 是时王少，成、兑专政，畏诛，故围主父。主父初以长子章为太子，后得吴娃，爱之，为不出者数岁。生子何，乃废太子章而立何为王。吴娃死，爱弛，怜故太子，欲两王之，犹豫未决，故乱起，以至父子俱死，为天下笑，岂不痛乎！②

"赵、中山地薄人众，犹有沙丘纣淫乱余民。丈夫相聚游戏，悲歌慷慨，起则椎剽掘冢，作奸巧，多弄物，为倡优。女子弹弦跕躧，游媚富贵，遍诸侯之后宫。"（第1655页）

① 《战国策》卷17《客说春申君》：孙子为书谢曰："'疠人怜王'，此不恭之语也。……近代所见，李兑用赵，饿主父于沙丘，百日而杀之……下比近代，未至擢筋而饿死也。"诸祖耿编撰：《战国策集注汇考》增补本，凤凰出版社2008年版，第837—838页。

② 《史记》卷43《赵世家》，第1815—1816页；《列女传》卷7《孽嬖传·赵灵吴女》记载此事的另一版本，可以参看。王照圆：《列女传补注》，虞思徵点校，华东师范大学出版社2012年版，第319—320页。

赵武灵王废太子、立幼子，后又在孰为继承人的问题上犹豫不决，造成王室集团互相倾轧，不可一世的赵武灵王，被围困于沙丘宫内三个月，活活饿死的人间惨剧。今日不难从 2000 多年前残留的若干文字中窥见当时的悲壮。

"到沙丘而亡"谶言，预示秦始皇帝将病卒于沙丘，沙丘一地特殊的历史文化资源，似乎也在一定程度上暗示着秦始皇帝在立嫡问题上不应犹豫不决，为避免王朝再出现赵武灵王错误决断导致王朝倾覆的命运，应在临终前，及早妥善处理王国继承人的大事。

3. 沙丘地名也具有分布广泛，甚至具流动性的寓意，成为谶言中秦始皇帝的梦魇。自然界中的沙丘具有流动性，分布广泛。逃离再远的秦始皇帝，终究要被沙丘围困至死。《尔雅》曰："迤逦，沙丘也。"作为河流冲积扇的沙丘地区，遍布着漫漫黄沙，随着狂风劲吹，黄沙在遮天蔽日的同时，又可能发生沙链般的整体迁移，会造成将人、物埋于沙堆中的危险。《异苑》中的记载非常形象，先是有至沙丘台，继而有应验的迹象"悉如谣者之言"，又发现"谣文刊在（孔子）冢壁"，似乎早已命定，无可逃脱，因此秦始皇嬴政"甚恶之"，试图躲避这种不良局面的出现：

乃远沙邱而循别路，见一群小儿，辇沙为阜，问云沙邱，从此得病。①

秦始皇帝先是试图避开沙丘这一不祥之地，寻找其他回咸阳的道路。而《太平御览·皇王部十一》所载《异苑》云"及达沙丘，而修别路"，云秦始皇帝到达了沙丘后，又试图另修其他回咸阳的路。临时修路不知何时能通，势必要拖延时间，较长时期滞留在沙丘。因此《太平御览》所引《异苑》不及四库本更合情理。

---

① （南朝宋）刘敬叔：《异苑》卷 4，黄益元校点，《汉魏六朝笔记小说大观》，第 623 页。

秦始皇帝得病之由，也当来自心理暗示，早已饫闻沙丘为不祥之地，秦始皇本人也将在此地发生不祥之事。因为小儿所撵之沙阜，并非彼（作为地名的）沙丘。沙丘地区遍地的黄沙，似乎具有了流动性，在沙丘城之外，仍是大大小小的沙丘，甚至是人工堆积起来的沙阜，将试图逃避的秦始皇帝席卷进去。

我们在考察了沙丘地区所具有的独特历史文化资源后，也应注意到"到沙丘而亡"揭示出秦末诸多普遍问题，舆论的操盘手正是利用了这些因素，结合秦始皇帝即将行经的沙丘之地，抛出了这则谶言。

1. 方术浓厚氛围与秦始皇帝对术数思想的敬畏与痴迷

沙丘历史资源丰富，容易引起后人多方负面的联想。不过，如果秦始皇帝不信谶，对占卜、预言、求仙、压胜等诸多活动并不信从，"到沙丘而亡"谶言即使抛出，相信秦始皇帝也只会一笑置之。但历史事实并非如这一假设一般，秦始皇帝对方术信奉甚深，甚至是一个痴迷者，而他又生活在一个方术氛围浓厚的时代，在一个动辄需要占卜择日，对生死充满不安的时代下，秦始皇本人欲望十足，渴望长生，维持既有的独尊权力。这些都是谶言可能被提出的因素。

方术氛围浓厚。传世史料记载秦代方术活动相对有限，如《吕氏春秋·尽数》："今世上卜筮祷祠，故疾病愈来。譬之若射者，射而不中，反修于招，何益于中？夫以汤止沸，沸愈不止，去其火则止矣。故巫医毒药，逐除治之。"[1] 治疗疾病不是问医用药，而是进行占卜、祷祠，尽管吕不韦等作了辩驳，但给出的方案仍是用"巫医毒药"，"逐除治"难以摆脱巫术的阴影。《韩非子·外储说右下》载："秦昭王有病，百姓里买牛而家为王祷。"[2] 马非百据此论案云"以祷祠治疾病，古代实甚流

---

① 许维遹：《吕氏春秋集释》卷3《尽数》，中华书局2009年版，第68—69页。

② （清）王先慎：《韩非子集释》卷14《外储说右下》，钟哲点校，中华书局1998年版，第335页。同书另记述此事作"秦襄王病，百姓为之祷，病愈，杀牛塞祷"（第336页）。

行"①，所论当得历史情实。

我们可以通过秦简日书管窥整个社会对方术的盲从程度。据刘乐贤对睡虎地秦简日书的归纳，可见一般民众对日书的使用范围：动土、盖房、安置门户、出行、迁徙、入官见官、娶妻嫁女、生子、疾病死亡、祭祀、占盗、裁衣、农事、傅户、求人、相宅、梦。②位于秦朝故地的放马滩秦简日书内容与睡虎地秦简日书大体相同。③日书是当时广泛信仰的方术中的一类，足见人们在婚丧嫁娶、盖屋动土、生产生活的方方面面都有着各种各样的宜忌，这一浓厚的时代氛围，使得民众的行为深受方术的左右。秦始皇帝作为时代的一分子，不能不受到方术的影响。

秦始皇帝对方术信奉甚深，甚至是一个痴迷者。我们来看看《史记·秦始皇本纪》所记载的秦始皇帝对方术的痴迷情况。他对终将到来的死亡充满恐惧，数次求仙、寻求长生不老药，前 219 年派徐福（市）率领数千童男童女入海求仙；又派燕人卢生去寻求仙人羡门、高誓两位仙人；前 215 年，又使韩终、侯公、石生去求仙人的不死之药。对于未能取到仙药，"世主莫不甘心焉。及至秦始皇并天下，至海上，则方士言之不可胜数"。④

听信卢生"亡秦者胡"的谶言，以为胡即为匈奴胡人，因而实行压胜之术，"使将军蒙恬发兵三十万人北击胡，略取河南地"⑤；方士卢生又解释说长生仙药一直未能求得是由于皇帝未能做到行踪微密，让臣下知晓，"上所居宫毋令人知，然后不死之药殆可得也"，秦始皇帝真的就按照卢生所说的去做。前 211 年，听到"今年祖龙死"的谶言，"始皇默然良久"，先调查事情的源头，又行占卜，"卦得游徙吉"。又因"东

---

①　马非百：《秦集史·风俗志》，中华书局 1982 年版，第 726 页。

②　刘乐贤：《睡虎地秦简日书研究》，文津出版社 1994 年版，第 419—421 页。《日书》研读班：《日书·秦国社会的一面镜子》，《文博》1986 年第 5 期。

③　孙占宇：《天水放马滩秦简整理与研究现状述评》，《中国史研究动态》2009 年第 12 期。

④　《史记》卷 28《封禅书》，第 1370 页。

⑤　《史记》卷 6《秦始皇本纪》，第 252 页。

南有天子气",秦始皇帝就通过向东南巡视的方式进行压胜,① 等等。在焚书之余,保留的是"医药卜筮种树之书"②,充分表明卜筮一类方术活动在秦始皇帝心中的地位,也在一定程度上反映当时社会的信仰风俗。

诸多例证可以看出,秦始皇对方术异常信奉,这也正是谶言的操盘手编造出"到沙丘而亡"的重要原因。

2."到沙丘而亡"谶言背后诸多操盘手

一是始皇帝近侍之臣根据秦国政局、始皇帝身体状况作出的判断。前 211 年山鬼"今年祖龙死"的预言,为取信于始皇帝,居然将数年前(前 219)祭祀时投入江水中的玉璧,不避繁难潜入滚滚江水中找到,并交给秦始皇帝作为信物。这是一次蓄谋已久的始皇帝近侍之臣着意提醒始皇帝的举动。③"到沙丘而亡"的谶言,更明确地将始皇帝巡游返程中即将病逝的地点写出,显示出时间更为紧迫,提示始皇帝命不久矣,局势更为危机。这一谶言似为近侍之臣再度提醒秦始皇帝的政治举动,其中缘由可能包括及早确定皇位继承人,调整帝国统治政策,这些事情要尽可能快地安排并确定下来,以防皇帝百年之后,帝国群龙无首出现混乱局面。

二是东方六国旧贵族对统一天下战争,致使六国宗社倾覆的始皇帝的刻骨仇恨,他们中既有如张良等以在博浪沙直接谋杀的方式,伺机报仇,也有在秦始皇帝巡行路线上刻上"始皇死而地分"之类谶言 ④。还有散布"楚虽三户,亡秦必楚"谶言 ⑤。这些谶言有六国旧族的参与,也可能有焚书坑儒之后,儒生等对秦政不满者,诸多力量形成合力,散布的谶言,充满对秦始皇帝刻骨的仇恨,恶毒的咒骂与誓言。

---

① 《史记》卷 7《高祖本纪》,第 348 页。

② 《史记》卷 6《秦始皇本纪》,第 255 页。

③ 蒋非非:《在华阴平舒道玉璧的背后——重新认识秦朝政治史》,《文史知识》2004 年第 12 期。

④ 《汉书》卷 27 上《五行志中之上》,第 1400 页。

⑤ 《史记》卷 7《项羽本纪》,第 300 页。

秦始皇身边能够知详其身体状况、对秦政局忧心忡忡者，也可能利用了这些谶言，以达成其政治主张。

四、结　语

秦末政局表面静若止水，实则暗流涌动。秦始皇帝"到沙丘而亡"谶言，可能既含有时人对沙丘一地独特历史文化资源的认识，也含有秦王朝近侍之臣对秦国政局、始皇帝身体状况的判断，还含有六国旧族、儒生等群体对秦始皇帝入骨的仇恨①，等等。在秦帝国晚期紧张的政治氛围下，基于秦始皇帝对方术的痴迷、对死亡充满的恐惧心理，在诸多背后推手合力作用下，"到沙丘而亡"谶言产生了。

---

① 林剑鸣等《秦汉社会文明》认为"那些蒙着神秘外衣出现的谶言，正是各种反秦势力对秦统治者进行的一种反抗活动"。见林剑鸣等：《秦汉社会文明》，西北大学出版社1985年版，第293页。

《赵正书》所载史事考论

安子毓（中国社会科学院古代史研究所、
"古文字与中华文明传承发展工程"协同攻关创新平台）

2009 年初，一批西汉竹书入藏北京大学，经专家整理，以《北京大学藏西汉竹书》为题陆续出版，至今已出版五卷。其中一篇自题为《赵正书》的文字关涉秦末汉初重要史事，在 2011 年被初步披露。整理者认为其抄写时代在西汉中期，但撰写年代可能在西汉早期。① 至 2015 年《北京大学藏西汉竹书》〔叁〕出版 ②，《赵正书》被全文公布，乃在学界引起较大的影响。由于其内容与《史记》等传世经典文献差距较大，因而关于其所载史事的真实性一度引起学界的关注。尤其是其中记载秦始皇遗诏命秦二世即位，与《史记》所载"沙丘之谋"——亦即赵高、李斯诈立二世一事截然不同。无独有偶，2013 年，湖南益阳兔子山遗址出土了一枚简牍，其上书有秦二世元年文告：

> 天下失始皇帝，皆遽恐悲哀甚，朕奉遗诏，今宗庙吏及箸以明至治大功德者具矣，律令当除定者毕矣。元年与黔首更始，尽为解除流罪，今皆已下矣，朕将自抚天下吏、黔首，其具行事，已分县赋援黔首，毋以细物苛劾县吏，

---

① 赵化成：《北大藏西汉竹书〈赵正书〉简说》，《文物》2011 年第 6 期。
② 北京大学出土文献研究所编：《北京大学藏西汉竹书》〔叁〕，上海古籍出版社 2015年版。

巫布。

　　以元年十月甲午下，十一月戊午到守府。①

　　此文告中"朕奉遗诏"四字与《赵正书》所载恰相符合。这两处与传统观点相悖的文字引起了学界的关注，形成了一个热点。有意思的是，与以往学界几乎无条件信从出土文献的倾向不同，对《赵正书》与《史记》的分歧，学界往往对《赵正书》不敢轻信。支持《史记》的学者（姑且称之为"《史记》派"）占据主流，从《赵正书》体例、文笔、内容等角度，斥其为小说家言，认为缺乏像《史记》这样的可信度，乃至认为支持《赵正书》的学者（姑且称之为"《赵正书》派"）有"跟风"之嫌。在此背景下，许多明显倾向《赵正书》记载的作者，往往也不得不用"历史书写""历史记忆"等名词文饰了其观点。

　　之所以出现这样一边倒的局面，我想最重要的原因当是因为《史记》作为乙部之祖，地位非常崇高，在秦代政治史方面，由于史料缺乏，其记载尤其重要。对《史记》的信仰跃居于对出土文献的信仰之上，乃有此种局面。另一方面，正所谓地不爱宝，自居延汉简发现以来，秦汉史出土材料在百年来连绵不绝，整理研究出土材料成为学界头等大事，被认为早已"精耕深犁，题无剩义"的传统文献不被特别重视。此种忽视发展至今，"《史记》存在严重窜乱"这一文献学常识在历史领域竟几被视作奇谈怪论。此种忽视与前述《史记》信仰结合，竟造就对《史记》的进一步迷信，可谓相反相成。

　　从根本逻辑上讲，"《史记》派"否定《赵正书》的前提是《史记》所载相关史事是合理的，在此二选一的前提下，通过否定《赵正书》的史书性质，才能证明《史记》是可信的。但是，如果《史记》这部分内容本身

---

　　① 湖南省文物考古研究所：《二十年风云激荡两千年沉寂后显真容》，《中国文物报》2013 年 12 月 6 日。

就不合理的话，即使否定了《赵正书》，亦不能证明《史记》是可信的。

事实上，在《史记》中，秦二世即位后诸事主要散见于《秦始皇本纪》《李斯列传》《蒙恬列传》，而以《李斯列传》最为详细。然而，通过详细辨析这些记载，可以发现其中存在很大问题。正是由于这种严重不合理记载的存在，因而对包括胡亥即位在内的秦二世一朝史事之质疑实不始于《赵正书》之发现，自然也远谈不上"跟风"。

早在 1947 年，吕思勉先生在其名著《秦汉史》中就曾对包括"沙丘之谋"在内的秦二世一朝的史事进行了强烈质疑。不过，由于吕先生惜墨如金，并未对此进行详细论证，仅将此论断罗列夹杂于大量史料引文之中，以致未引起学界足够的关注。此后半个多世纪，盖因秦汉史事考证非学术热点，似无相关论文发表。2004 年，孙文礼《秦始皇"赐公子扶苏书"考》对秦始皇赐书扶苏欲向其传位一事进行了质疑。① 之后，雷依群《论扶苏不得立为太子》亦认为胡亥不是擅立。该文虽然在 2014 年发表，但并未涉及出土文献，当亦是在之前写就。② 此外，笔者在 2011 年 5 月写就的硕士论文中亦曾对包括"沙丘之谋"在内的秦廷史事进行了较为详细的辨析。当时笔者曾在文末对出土资料提出希冀，未几便有《赵正书》的初步发布，可谓心想事成。然在之前书写那段文字时，实不敢抱此希望，仅是作为良好愿望顺带一提罢了。论文相关部分经修改后，先后以《李斯"督责之书"系伪作辨》《李斯卒年考辨》《〈史记〉秦代史事辨疑三题》《〈史记〉所载秦二世史事辨疑》《秦二世"望夷之祸"时间考辨》《韩非"存韩"事迹考》为题进行了发表。③ 其中

① 孙文礼：《秦始皇"赐公子扶苏书"考》，《秦文化论丛》第 11 辑，三秦出版社 2004 年版。

② 雷依群：《论扶苏不得立为太子》，《咸阳师范学院学报》2014 年第 5 期。

③ 参见安子毓：《李斯"督责之书"系伪作辨》，《史学月刊》2013 年第 7 期；《李斯卒年考辨》，《中国史研究》2013 年第 3 期；《〈史记〉秦代史事辨疑三题》，《形象史学研究（2013）》，人民出版社 2014 年版；《〈史记〉所载秦二世史事辨疑》，《形象史学研究（2015/上半年）》，人民出版社 2015 年版；《秦二世"望夷之祸"时间考辨》，《中国史研究》2016 年第 1 期；《韩非"存韩"事迹考》，《中国社会科学院历史研究所学刊》第十集，商务印书馆 2017 年版。

2015 年发表的《〈史记〉所载秦二世史事辨疑》涉及"沙丘之谋",发表时补入了《赵正书》等新出土材料。上述株守传世文献的研究有无"跟风"之嫌,读者自明。

通过这些研究,可以发现,在今本《史记》中对秦廷史事的相关记载实不足信,尤其是《李斯列传》的后半部分,前后抵牾极其严重,其内容已被严重窜乱,几无足采信。既然今本《史记》本身存在问题,那么,通过否定《赵正书》史书性质来证明《史记》可信的方法显然是行不通的。

不过,学界对这些早期研究的关注度似乎尚有限,持传统观点的"《史记》派"不论,即使是"《赵正书》派"的论文,往往也漠视这些研究,以致雷同的论据、论证方法屡屡重复出现,对学术研究效率与出版资源无疑都是一种浪费。

结合这些研究回看《赵正书》,即可发现其史料价值是绝难轻易抹杀的,其中反映出的秦末汉初史迹颇堪玩味。下面结合学界研究,对《赵正书》各段之相关问题略作分析,以明此论。

一、秦始皇病笃

《赵正书》开篇,所叙为秦始皇出巡病笃之际的感叹及其和李斯的对话:

> 昔者,秦王赵正出游天下,还至柏人而病,病笃,喟然流涕长太息,谓左右曰:"天命不可变钦?吾未尝病如此,悲……"……而告之曰:"吾自视天命,年五十岁而死。吾行年十四而立,立卅七岁矣。吾当以今岁死,而不知其月日,故出游天下,欲以变气易命,不可于钦?今病笃,几死矣。其亟日夜输

趋，至白泉之置，毋须后者。其谨微密之，毋令群臣知病。"

病即大甚，而不能前，故复召丞相斯曰："吾霸王之寿足矣，不奈吾子之孤弱何。……其后不胜大臣之纷争，争侵主。吾闻之：牛马斗，而蚊虻死其下；大臣争，齐民苦。哀怜吾子之孤弱，及吾蒙容之民，死且不忘。其议所立。"

丞相臣斯昧死顿首言曰："陛下万岁之寿尚未央也。且斯非秦之产也，去故下秦，右主左亲，非有强臣者也。窃善陛下高议，陛下幸以为粪土之臣，使教万民，臣窃幸甚。臣谨奉法令，阴修甲兵，饬政教，官斗士，尊大臣，盈其爵禄。使秦并有天下，有其地，臣其王，名立于天下，势有周室之义，而王为天子。臣闻不仁者有所尽其财，毋勇者有所尽其死。臣窃幸甚，至死及身不足。然而见疑如此，臣等尽当戮死，以报于天下者也。"

《赵正书》的这段记载，部分与传统记载暗合，如"白泉之置"，有学者认为当作"甘泉之置"①。甘泉在咸阳之北。若如此，则其所采当为蒙恬所修直道，即由咸阳向北，沿阴山南麓向东的一条要道。此与《秦始皇本纪》所言"从井陉抵九原""从直道至咸阳"大致相合。再如有研究者指出，此处称秦始皇出巡动机为"变气易命"，正与《史记》所载前一年秦始皇所遇种种恶兆有关。②

不过，比起相似点，二者的相异之处无疑更多。《史记》载秦始皇发病地为平原津，去世地为沙丘，《赵正书》则载其在柏人发病，而未载其去世地。此外，传统上对秦始皇形象的描绘多偏负面，然如研究者

---

① 参见姚磊：《北大藏汉简〈赵正书〉释文补正》引陈剑说，《古籍整理研究学刊》2016年第 1 期。

② 参见《史记》卷 6《秦始皇本纪》；田旭东：《从〈赵正书〉看秦始皇最后一次出巡之目的》，《秦始皇帝陵博物院 2017》，西北大学出版社 2018 年版；董家宁："'变气易命'与秦始皇三十七年出巡动机考》，《河北学刊》2020 年第 5 期。

指出，《赵正书》中的秦始皇颇有温情的一面。① 事实上，结合后文李斯指责秦二世"变古乱常"的文字来看，《赵正书》虽然称秦始皇、秦二世为"秦王"而非"皇帝"，否定秦朝，但对秦始皇的定位还是偏正面的。从相关记载来看，西汉前期对秦始皇的评价是比较复杂的。如《史记》既有负面，亦有正面评价。《说苑·至公》甚至载有秦始皇以天下为公，欲行禅位之事，与人们心中贪恋权势的形象判若云泥。②《赵正书》对秦始皇形象的描绘正是当时观念的体现。

二、关于胡亥之立

此段叙秦始皇下诏立胡亥，与《史记》差异最大：

> 赵正流涕而谓斯曰："吾非疑子也。子，吾忠臣也，其议所立。"
> 丞相臣斯、御史臣去疾昧死顿首言曰："今道远而诏期群臣，恐大臣之有谋，请立子胡亥为代后。"王曰："可。"

如开篇所言，笔者的相关研究已指出③，《史记》所载"沙丘之谋"本已极可疑，《赵正书》及二世元年文告的出现更加印证了这一质疑，其不可信实已无足多言，下面对相关论点略叙如下。

第一，《李斯列传》本已明确说明秦始皇去世之际未立太子，所谓胡亥夺扶苏之位本无足谈起。

第二，传中最初对赐长子书的节录并未言及立嗣事，《秦始皇本纪》

---

① 参见姚磊：《北大藏汉简〈赵正书〉中的秦始皇形象》，《历史教学问题》2017 年第 1 期。
② 参见奚椿年：《秦始皇史事辨疑》，《江海学刊》1999 年第 1 期。
③ 参见安子毓：《〈史记〉所载秦二世史事辨疑》。

亦同。赵高却根据秦始皇赐长子书，而推测始皇欲立扶苏，这正是始皇胡亥夺位说的由来。然赵高作为此书的书写者，本无需发出此推测之语。事实上，秦廷本无必立长之传统，赵高之推测无从谈起。传中对赐长子书一事的文字不断改写，实有误导之意。

第三，有学者认为，扶苏既负守边之责、掌握军权，则其虽无名分，亦当为始皇属意之人。此说貌似合理，与现实却是相悖的。如吕思勉先生所指出①，根据先秦以来的规矩，嗣子一般是不出掌军权的。此种安排背后亦自有其政治博弈原理，储君作为继承君主的二号人物，令其出掌军权对政治稳定无疑是不利的。因而，不但是先秦，在历史上绝大多数时候，出征者若非君主，即为其他子嗣或将领，嗣子是不出征的。如隋文帝灭陈、击突厥，皆以其旁子领兵，嗣子杨勇只能守于京城。唐高祖在称帝后，出征事宜多委派次子李世民，甚至未成年之李元吉，而不令太子李建成亲临战阵。直至后来李世民立功太多，才打破常规，令李建成平刘黑闼之变。明成祖发起所谓"靖难之役"，亦是令太子朱高炽守北京，自己与次子朱高煦率大军出征。尽管后来杨广、李世民、朱高煦皆因有军功而危及太子地位，引起政治波澜，然历代统治者似并不"吸取教训"。毕竟与太子地位相较，君主对自己的地位更为关心，两害相权，便也只能如此了。

第四，所谓胡亥夺扶苏之位说的最早起源，实当出自《史记·陈涉世家》所载陈胜语："吾闻二世少子也，不当立，当立者乃公子扶苏。扶苏以数谏故，上使外将兵。今或闻无罪，二世杀之。"②

"吾闻"二字实已说明了此说来源之缥缈。事实上，起事者为了获取合法性，此类揣测性宣传所在多有。如所谓王莽鸩杀平帝一事，即出自东郡太守翟义起事时之宣传。然据《汉书》记载，翟义与外甥陈丰商

---

① 吕思勉：《秦汉史》第二章《秦代事迹》，上海古籍出版社 2005 年版，第 20 页。
② 《史记》卷 48《陈涉世家》，中华书局 1982 年版，第 1950 页。

议起事时仅云王莽"必代汉家，其渐可见"，起事后忽有"言莽鸩杀孝平皇帝"之说。①可见翟义实不知此事之原委，为起事而造此说而已，班固之意甚明。

陈胜此说出于揣测，当与翟义相类。然其细节又有不同，翟义此语虽未获实据，然其对王莽当确有怀疑。而细考陈胜此说，其对扶苏无继承权实无异议。试想，若扶苏已拥有法定继承人的地位，陈胜当直谓胡亥篡位，何需纠缠于"当立""不当立"的推测？这里所谓的"当立"，只是说扶苏"理应"即位而已。而后面"扶苏以数谏故，上使外将兵"一句分明是在解释"理应"即位的扶苏为何没有即位，否则这一句完全与主题无关。

第五，有学者指出，《史记》之《樊哙列传》《叔孙通列传》皆曾言及胡亥为诈立。笔者之前误言秦末汉初人皆未提及秦二世篡位事，显然是错误的。但与《陈涉世家》单论二世"不当立"不同，《樊哙列传》《叔孙通列传》言及此事时皆为举例，并非其所论述的核心内容，似不能排除是流传过程中的添油加醋。即令此二处记载确有可靠来源，结合前述《陈涉世家》的记载，似亦可认为此说是陈涉宣传之语在起义军中之演化。事实上，即使叔孙通语中，亦言"秦以不蚤定扶苏"，可见其依旧只是认为扶苏"当立"，而非认为扶苏是秦始皇法定继承人。

事实上，从汉初一手史料《过秦论》来看，这种宣传似并未起到足够作用。贾谊此文言秦之过失甚多，却亦不言二世篡位。不但如此，其言及秦二世即位时尚有云：

> 今秦二世立，天下莫不引领而观其政……

可见在贾谊的认知里，秦二世即位时是并不存在合法性问题的。

① 《汉书》卷84《翟方进传附翟义》，中华书局1962年版，第3426页。

　　除此之外，《赵正书》记载秦二世合法即位亦是一个极其重要的证据。反对者常通过强调《赵正书》的非史书性质来证明其不可信，视之为"小说家言"。事实上，若果如此，《赵正书》对胡亥篡位之说的否定力量反而更强。通读全文，不难发现，《赵正书》主要宗旨就是在指责秦二世，秦二世在这篇文章中是一个绝对的反面形象。然则一个"小说家言"的作者无论是从政治立场，还是从传奇性出发，都不该摒胡亥篡位之说不采。在此立场下仍认为秦二世为正常即位，恰恰印证了在西汉中期以前，胡亥篡位之说绝非主流。

　　第六，《李斯列传》所载沙丘之谋颇详，却对留守京城的右丞相冯去疾不及一字。《赵正书》中称冯去疾与李斯同受遗诏，情理上更为合理。不过，关于冯去疾之职位，《赵正书》载为御史大夫，与《史记》又有不同。有学者通过考察《秦始皇本纪》与刻石材料，指出《史记》除此处记载外，在其载二世元年刻石中冯去疾亦为丞相，二世二年获罪时，亦称其为右丞相，且二世元年刻石尚有传世实物印证，然则冯去疾之位似当确为右丞相。① 不过，这样解释依旧存在一个问题。秦汉官位是"尚右"的，冯去疾若为右丞相，排名当在李斯之前。然而，在秦始皇三十七年、秦二世元年的记载中，李斯皆排名在冯去疾之前。唯在秦二世二年重臣获罪的记载中，冯去疾排在李斯之前，然同载此事的《六国年表》记此事作"诛丞相斯、去疾、将军冯劫"，依旧将李斯排在前面，然则《秦始皇本纪》此处记载或为传写者之改易。既然李斯在绝大多数记载中排名都在冯去疾之前，且此排名在传世刻石中亦有印证："丞相斯、去疾"。然则称冯去疾为右丞相，位在李斯之上似亦难成立。若依《赵正书》记载，始皇临终时冯去疾为御史大夫，二世即位后擢拔其为左丞相以副李斯似更为合理。二者孰是，或尚待进一步讨论。

---

　　① ［韩］金庆浩：《同样的史实，不同的记录——以有关秦始皇之死与胡亥继位的记录为中心》，《简帛研究（2018 秋冬卷）》，广西师范大学出版社 2019 年版。

第七，治史者当知，赵高与胡亥、李斯之间阴谋的文辞断无把细节流布于外间的道理。即使我们相信二世为擅立，亦绝不能将这几段洋洋洒洒的言辞当信史看待。遗憾的是，或许是因为近代以来写史传统的断绝，许多研究者对史书这一点关键性质认识并不到位。在迷信文献记载的研究者眼里，史家几与作家相类，如开"天眼"一般对其笔下的人与事皆了若指掌。为了相信这一点，甚至会一厢情愿地认为这些阴谋文字也会被"记言""记事"的史官全部记录。此想法之荒唐自不待言。事实上，能被记下的史事少之又少，而史家也只能根据简短的档案与不知是否真实的传闻写史。后现代主义者称之为"构建"固然显得偏颇，但史家只能通过分析推理尽量还原史事确是事实。关于这一点，仍担负一定写史任务的近现代史家体会或许更深，近现代史上的诸多疑案并不能依靠今人的"天眼"来还原。古今之理相同，古代史研究者或许可受此启发，对此有一定认识。

第八，有学者指出，李斯与始皇为姻亲，在始皇皇子中当多有其婿，如果李斯真要擅立皇子，当立其女婿，而非胡亥。①

第九，胡亥并非始皇最小的儿子，且已成年，始皇带其出行当有深意。吕思勉先生指出，《蒙恬列传》载蒙毅语称胡亥的地位"去诸公子绝远"，更称秦始皇欲立胡亥是"数年之积"。②事实上，《新序》载胡亥为公子时，故意"践败"大臣的鞋履，而其兄弟见此"莫不太息"。③这一记载无疑亦印证了胡亥的地位。

综上，相较今本《史记》所谓篡位之说，《赵正书》及兔子山汉简载二世是奉诏即位当更近于史实。至于扶苏遇害，当是因为统重兵在外而遭胡亥猜忌，与夺位并无关系。

---

① 参见徐志斌：《秦二世胡亥夺位说质疑》，《司马迁与〈史记〉学术研讨会会议手册》，2007年8月。

② 《史记》卷88《蒙恬列传》，第2568页。

③ 《新序全译》卷5《杂事五》，李华年译注，贵州人民出版社1994年版，第178页。

三、胡亥杀扶苏、蒙恬

此段叙秦二世即位后所施行的措施：

> 王死而胡亥立，即杀其兄扶苏、中尉（蒙）恬。大赦罪人，而免隶臣高以为郎中令。因夷其宗族，坏其社稷，燔其律令及故世之藏。又欲起属车万乘以抚天下，曰："且与天下更始。"

此段文字内容与传世文献所载差异不大，但亦有若干不同。

如整理者所言，《史记》载蒙恬守边，其职位似不当为"中尉"。不过，虽然中尉职责为守卫京城，但在汉武帝时，亦曾使中尉王温舒南征东越。然则蒙恬是否以中尉守边，似尚难确定。

任赵高为郎中令的时间，《史记》记载在扶苏自杀之后，蒙恬被杀之前。而其在任郎中令之前的身份，《史记》记载为中车府令，对此，《赵正书》整理者认为赵高当时是以隶臣担任中车府令，似略嫌牵强。有学者认为，根据秦律，隶臣免罪当为庶人，不当为官，此处"隶臣"当是《赵正书》作者以其之前获罪的身份贬称之。① 个人以为，为庶人后，自可为官，并不与律法矛盾，然从情理而言，"贬称"之说或可成立。

所谓"大赦罪人"，或即秦二世元年文告"元年与黔首更始，尽为解除流罪"。此当为二世即位后所采安抚民心之策。随着秦亡及二世形象的丑化，这些记载也便逐渐消湮了。

"坏其社稷"四字似难以在字面上理解，以致有学者认为此是《赵正书》作者之舛误。然正如整理者所言，贾谊《过秦论》"坏宗庙"或

---

① ［韩］金庆浩：《同样的史实，不同的记录——以有关秦始皇之死与胡亥继位的记录为中心》，《简帛研究（2018 秋冬卷）》，广西师范大学出版社 2019 年版。

即与此相关。不过，"坏宗庙"何解，一度亦不清楚。中华书局版《新书校注》引王耕心说云"坏宗庙事，二世所无"。其注者亦云"似可解为譬况之辞（指仁义不施而七庙堕），不必坐实"。然《史记·秦始皇本纪》有云：

> 二世皇帝元年，年二十一。赵高为郎中令，任用事。二世下诏，增始皇寝庙牺牲及山川百祀之礼。令群臣议尊始皇庙。群臣皆顿首言曰："古者天子七庙，诸侯五，大夫三，虽万世世不轶毁。今始皇为极庙，四海之内皆献贡职，增牺牲，礼咸备，毋以加。先王庙或在西雍，或在咸阳。天子仪当独奉酌祠始皇庙。自襄公已下轶毁。所置凡七庙。群臣以礼进祠，以尊始皇庙为帝者祖庙。皇帝复自称'朕'。"

据此，韩兆琦先生认为，《过秦论》中所谓"坏宗庙"，当与秦二世行"七庙"之制有关。[1] 在此基础上，有学者进一步指出，二世毁庙之事或即《赵正书》"坏其社稷"所指。[2] 贾谊及《赵正书》作者以此为言，当是责秦二世不合孝悌之道。不过，结合西汉后期类似的毁庙之议，可见毁庙本身是有其正当原因的：

> 初，高祖时，令诸侯王都皆立太上皇庙。至惠帝尊高帝庙为太祖庙，景帝尊孝文庙为太宗庙，行所尝幸郡国各立太祖、太宗庙。至宣帝本始二年，复尊孝武庙为世宗庙，行所巡狩亦立焉。凡祖宗庙在郡国六十八，合百六十七所。而京师自高祖下至宣帝，与太上皇、悼皇考各自居陵旁立庙，并为百七十六。

---

① 韩兆琦：《史记笺证》，江西人民出版社 2004 年版，第 534 页。
② 邱文杰：《秦二世"坏宗庙"试解》，《唐都学刊》2019 年第 4 期。

又园中各有寝、便殿，日祭于寝，月祭于庙，时祭于便殿。寝，日四上食；庙，岁二十五祠；便殿，岁四祠。又有一游衣冠。而昭灵后、武哀王、昭哀后、孝文太后、孝昭太后、卫思后、戾太子、戾后各有寝园，与诸帝合，凡三十所。一岁祠，上食二万四千四百五十五，用卫士四万五千一百二十九人，祝宰乐人万二千一百四十七人，养牺牲卒不在数中。

至元帝时，贡禹奏言："古者天子七庙，今孝惠、孝景庙皆亲尽，宜毁。及郡国庙不应古礼，宜正定。"天子是其议，未及施行而禹卒。[①]

然则秦二世毁庙实当有节约财政之用意。此与二世元年文告"已分县赋援黔首，毋以细物苛劾县吏"用意颇有相合之处。综合这些记载，似可看到秦二世政策并非如史书所言一无可取，亦有其另一面向。

所谓"燔其律令及故世之藏"，在传世文献中似无记载。一些学者认为秦二世确曾烧毁法令与藏书，然基本出于推测，并无确据，更不合情理。今按，刘邦入关后废秦法而约法三章，萧何"收秦丞相御史律令图书藏之"，是后项羽入关"烧秦宫室"。彼时群雄争胜，互施奇谋，宣传敌方之过而推诿己责，然则所谓"燔其律令及故世之藏"或为楚汉之际的宣传之语，将刘、项之责委之二世。而人们之所以会相信秦二世行此事，或即与其前文"大赦罪人"有关。

当然，这一观点尚属推测，难以夯实。然由《赵正书》这一记载不难看出，在《赵正书》作者这一派看来，秦代律令对秦的意义是正面的，并非后来汉儒所认为的亡国之道。如果我们考虑到后来萧何九章律几乎完全继承了秦律，怨声极大的挟书律直至惠帝死后才被废除，再考虑到《汉书·刑法志》载陈平、周勃强烈反对文帝废除收帑之罪，则对秦法

---

① 《汉书》卷73《韦贤传》，第3115—3116页。

的认同似乎是当时统治阶级的共识。秦法严酷导致秦亡的观点大约在汉代中后期才在汉儒的宣传下成为主流观点。

四、子婴谏语

此段叙子婴谏二世莫杀扶苏、蒙恬，然未成功。

> 子婴进谏曰："不可。臣闻之：'芥苣未根而生涸时同，天地相去远而阴阳气合。'五国十二诸侯，民之嗜欲不同而意不异。夫赵王迁杀其良将李牧而用颜聚，燕王喜阴用荆轲之谋而背秦之约，齐王建逐杀其故世之忠臣而用后胜之议——此三君者，皆终以失其国而殃其身，是皆大臣之谋，而社稷之神零福也。今王欲一日而弃去之，臣窃以为不可。臣闻之：'轻虑不可以治国，独勇不可以存将，同力可以举重。'比心一智可以胜众，而弱胜强者，上下调而多力一也。今国危敌比，斗士在外，而内自夷宗族，诛群忠臣，而立无节行之人，是内使群臣不相信，而外使斗士之意离也。臣窃以为不可。"秦王胡亥弗听，遂行其意，杀其兄扶苏、中尉恬，立高为郎中令，出游天下。

这段文字与《史记·蒙恬列传》相关文字相类。二者相较，这段文字更长，但合理性不及《史记》。此处子婴是为扶苏、蒙恬求情，然其文中仅言用贤，并未言及兄弟伦理。《蒙恬列传》中子婴此语是为蒙恬、蒙毅求情，就比较合理了。再如"今王欲一日而弃去之"一句之前，子婴一直在举前人典故，至此之转折颇突兀，不知所谓"弃去"者为何人。而《蒙恬列传》此句作"今蒙氏，秦之大臣谋士也，而主欲一旦弃去之"，上下文便通顺多了。

这里还有一个问题，就是"杀其兄扶苏、中尉恬，立高为郎中令"一句内容和前文是重复的。不但如此，正如有研究者所指出的，在后文叙述杀李斯时，亦多次重复"秦王胡亥弗听，而遂杀斯""秦王胡亥弗听，遂杀斯""秦王胡亥弗听，遂行其意，杀丞相斯"。此种保持原始零散史料原貌的态度，与《史记》"厥协六经异传，整齐百家杂语"①的整理方式显然是大相径庭的。

不过，《赵正书》的这一处理方式对笔者之前的考证颇有启发意义。笔者在《〈史记〉秦代史事辨疑三题》一文中曾考证《李斯列传》后半段前后矛盾，存在严重窜乱。其中的两条论据是与《赵正书》类似的前后重复，并据此认为窜乱者并非一人。现在看来，这些没有进行整理的文字与力求整齐的《史记》不同，固当系窜乱，但窜乱者或许只是像《赵正书》一样对此重复不予修改而已，未必是出于众手。唯"狱中上书"为李斯鸣冤，与其他窜乱立场相反，或系出自另一窜乱者手笔，而其内容亦非凭空捏造，而是源于和《赵正书》同源的早期材料，参见下节。

五、李斯上书表功

此段叙李斯被秦二世下狱后，以"七罪"形式上书表功：

> 后三年，又欲杀丞相斯，斯曰："先王之所谓牛马斗而蚊虻死其下，大臣争而齐民苦，此之谓夫？"
> 斯且死，故上书曰："可道其罪足以死乎？臣为秦相卅余岁矣，逮秦之狭而王之约。始时，秦地方不过数百里，兵不过数万人。臣谨悉意一智，阴行谋臣，资之金玉，使游诸侯。而

---

① 《史记》卷130《太史公自序》，第3319—3320页。

阴修甲兵，饬斗士，尊大臣，盈其爵禄，故终以胁韩而弱魏，又破赵而夷燕代，平齐楚，破屠其民，尽灭其国而虏其王，立秦为天子者，吾罪一矣。地非不足也，北驰胡漠，南入定巴蜀，入南海，击大越，非欲有其王，以见秦之强者，吾罪二矣。尊大臣，盈其爵禄，以固其身者，吾罪三矣。更刻画、平斗桶、正度量、一文章，布之天下，以树秦之名者，吾罪四矣。立社稷，修宗庙，以明主之贤者，吾罪五矣。治驰道，兴游观，以见王之得志者，吾罪六矣。缓刑罚而薄赋敛，以见主之德众其惠，故万民戴主，至死不忘者，吾罪七矣。若斯之为人臣者，罪足以死久矣。上幸而尽其能力，以至于今。愿上察视之。"秦王胡亥弗听，而遂杀斯。

这段文字与《史记·李斯列传》所载李斯狱中上书略同，当出自同源材料。正如有学者所指出的，二者歧异之处多是《李斯列传》合理。如"罪一"之"秦地方不过数百里，兵不过数万人"一句，《李斯列传》作"数千里""数十万"。"罪二"之"南入定巴蜀"更是误将百年前秦惠文王事误置于此。然若就此认为《李斯列传》近于史料本源，恐怕就大错特错了。

事实上，正如研究者已注意到而未重视的一点，此与《李斯列传》皆称李斯为丞相三十余年。然如清儒梁玉绳所论，"始皇二十八年李斯尚为卿，本纪可据，疑三十四年始为丞相，则相秦仅六年"。① 按始皇帝二十六年统一天下时，李斯还只是廷尉，二十八年琅琊刻石中亦明言"卿李斯"②，三十四年议焚书时方称"丞相李斯"③，则李斯为相应在始皇

---

① （清）梁玉绳：《史记志疑》卷31《李斯列传》，贺次君点校，中华书局1981年版，第1321页。

② 《史记》卷6《秦始皇本纪》，第246页。

③ 《史记》卷6《秦始皇本纪》，第254页。

帝二十八年至三十四年之间，到二世二年少则六年，多则十二年而已，远不及三十余年之数。此书若为李斯亲笔所写，自不会记错，既是正式上书，亦不当模糊言之，其非出自李斯手笔已是显然。如果再考虑到这篇上书出自狱中，而若依《李斯列传》所言，上书还被赵高扣下，然则此书断无流传出来的可能。其附会性质本是昭然。

由此可见，《赵正书》与《李斯列传》此两段文字的共同原始来源本就是寓言类文字，并非史料，在此基础上评价其史料价值意义本就不大。况且，从文本流传角度来讲，本就是由粗疏到精细。此种附会历史的文字，其不合历史之处在流传过程中逐渐被修改，才是合理的，正如《三国演义》符合历史的程度超过《三国志平话》一样。以《赵正书》文本不符合历史背景而判定其对原始材料改窜更多，在逻辑上反而是说不通的。

事实上，由开篇这句"兵不过数万人"，亦可证明，《赵正书》的文字当更近于原始材料。此句《史记》改作"数十万人"。然直至秦灭六国完成，秦军兵力亦不过数十万人，并没有量级的变化，既然无前后反差，也就起不到论证李斯之功的作用。可见其原始材料文本实当作"数万人"，其作者对初始时秦军之数量并无概念，故以此为言突出李斯功绩。《赵正书》承之未变，《史记》改作"数十万人"，虽然更为符合历史，但却使这句话成为赘语，实当非原作者本意。

除上述歧异外，《赵正书》与《史记》还有差异，试说明如下。

其一，"饬斗士"一句，《史记》作"饰政教，官斗士"，与开篇李斯与秦始皇对话中的文字相类。有研究者认为，这是《赵正书》作者从李斯上书中拆解出了几句放置在李斯与始皇对话中，其余留在上书中。事实上，在前后几句话中，二者差异唯此数字，释作抄写错误似更合理。其余如"阴修甲兵"数句在李斯与秦始皇对话中是重复出现的。然则当是书写李斯与秦始皇对话者从此上书中抄了此句，并非拆解。

其二，"破赵而夷燕代"一句，《史记》略称作"破燕、赵"。战国时赵国向北扩张，据有代地，然因其地非三晋旧地，地理上自成一体，故往往被视作独立单元。赵武灵王时即曾考虑将代与赵国旧地分其二子。前228年，秦攻破赵都邯郸，俘虏赵王迁，赵公子嘉逃至代地，称代王。前223年，秦灭燕。前222年，秦灭代。然则《赵正书》是细分赵国为赵、代，故称秦灭国顺序为赵、燕、代。《史记》视赵、代为一，故略称"破燕、赵"。

其三，"破屠其民"一句，《李斯列传》删之。盖"破屠"之事，在战争时期为美谈，《赵正书》所用材料或近于秦末汉初战争时期，故用此修辞。《李斯列传》成文于西汉中后期，以和平年代观念视之，此句似显残忍，不宜为李斯表功文字，故删之。

其四，"入南海，击大越，非欲有其王"一句，《李斯列传》略作"南定百越"。二者相较，当以"百越"为长。"百越"是东周秦汉时对浙、闽、粤、桂一带少数民族的称呼，而所谓的"大越"，当是秦末汉初赵佗以两广地区为基础建立南越国的称号，以之指代秦始皇时之越地，颇为不伦。关于这一点，"非欲有其王"一句亦可证明，此句"王"所指，显然为统一地区之君主，而非一盘散沙的百越。《李斯列传》纠正了这一谬误。此外，"非欲有其王"一句，似有放纵秦廷黩武之意，故《李斯列传》亦不采此句。

其五，"以固其身"一句，颇晦涩。若就字面意思理解，似当为保持巩固其自身（爵禄）之意。如《汉书·韩增传》即称韩增"保身固宠"，其字面组合与此颇类。然若如此，此句所表当为李斯对大臣之功，对秦王而言，则几近邀买人心、结党营私，与其余几句以"罪"为名的表功颇为不合。此句本意或解作"使其安于职守"更为合理。《李斯列传》此句作"以固其亲"，上下文便要通顺得多。

其六，此处罪四与罪五在《李斯列传》中被对调了位置。"平斗桶、正度量、一文章"一句，《李斯列传》略作"平斗斛度量文章"。其中，"桶"，又作"甬"，合十斗，是秦及西汉时的官方标准容量单位。王莽时以"斛"作为合十斗的官方容量单位，东汉承之，"桶"这个单位便逐渐淡出了。① 然则《李斯列传》之文字当为西汉末年乃至新莽时改就，不但可印证其成文时代在《赵正书》之后，亦可印证笔者所考《李斯列传》在西汉后期发生恶意窜乱的判断。

六、李斯临终谏语

此段叙李斯被杀前对秦二世最后的进谏：

> 斯且死，故曰："斯则死矣，见王之今从斯矣，虽然，遂出善言。臣闻之曰：'变古乱常，不死必亡。'今自夷宗族，坏其社稷，燔其律令及故世之藏，所谓变古而乱常者也，王见病者乎？酒肉之恶，安能食乎？破国亡家，善言之恶，安能用乎？察登高知其危矣，而不知所以自安者；前据白刃自知且死，而不知所以自生者。夫逆天道而背其鬼神，社稷之神零福。灭其先人及自夷宗族，坏其社稷，燔其律令，及中人之功力而求更始者，王勉之矣。斯见其殃今至矣。"秦王胡亥弗听，遂杀斯。

《李斯列传》中亦有李斯的狱中叹词，与此类似，但叙述在李斯上书"七罪"之前。两处叹词主题相似，皆在指责秦二世，认为秦廷前途危险，然其具体文字全异。

其中，李斯"变古乱常，不死必亡"一句，近于《史记·袁盎晁错列传》"太史公曰"对晁错的评语："变古乱常，不死则亡"。值得注意

---

① 马彪、林力娜：《秦、西汉容量"石"诸问题研究》，《中国史研究》2018 年第 4 期。

的是，此语一般是儒家学者指责法家之用语，李斯用此语，与人们心中的法家形象不同。这其实涉及了李斯形象在后世的变化。与《赵正书》相比，今本《史记·李斯列传》中的李斯形象是矛盾的，既有与《赵正书》类似的正面文字，亦有擅立胡亥、上"督责之书"等反面的文字。如笔者所考，这当是西汉后期《李斯列传》被众手窜乱所致。而窜乱者观点差异之大，正折射出了李斯的历史形象在汉代的演变。

相较秦廷的其他人物，李斯的形象演变是较为复杂的。他在西汉前期的形象是非常正面的，邹阳上梁王书即谓："李斯竭忠，胡亥极刑。"[1]而从西汉后期开始，李斯的形象则愈趋愈下了。[2] 因而，关于李斯事迹的编造，亦分成了两类，一类如"督责之书"，是贬低李斯的；一类如"狱中上书"，是拔高李斯的。虽然这两类编造的目的同为攻击秦政，攻击二世、赵高，但由于在对李斯的态度上出现了分歧，因而也造成了一定的矛盾。梁玉绳谓狱中上书"可笑"[3]，即是此种矛盾之表现。

此外，"灭其先人及自夷宗族，坏其社稷，燔其律令，及中人之功力而求更始者，王勉之矣"一句与前文叙二世即位后之措施略同。其中"更始"二字颇值得注意。

所谓"更始"，本指一段时间结束，新的时间段开始，常用于天文历法，多指一年结束，辞旧迎新。如《吕氏春秋·十二月纪》即云"是月也，日穷于次，月穷于纪，星回于天，数将几终，岁将更始"。后来，此词多被用于指称新君登基后革旧布新的新气象，带有很强的褒义色彩。如《庄子·盗跖》即云"使为将军造大城数百里，立数十万户之邑，尊将军为诸侯，与天下更始，罢兵休卒，收养昆弟，共祭先祖"。

不过，这就涉及贾谊《新书·过秦下》中这句话的理解问题："二

---

① 《史记》卷 83《鲁仲连邹阳列传》，第 2471 页。

② 关于李斯形象在汉代的演变，现已有学者进行了梳理，参见曾磊：《试谈〈史记·李斯列传〉与〈赵正书〉对李斯形象的塑造》，《古代文明》2018 年第 1 期。

③ （清）梁玉绳：《史记志疑》卷 31《李斯列传》，第 1321 页。

世不行此术，而重以无道，坏宗庙与民更始作阿房之宫"。不考虑上下文意的话，"坏宗庙与民更始作阿房之宫"似当断作"坏宗庙，与民更始，作阿房之宫"。然"与民更始"既是褒义，如此断句，似与前后文不合。中华书局本《新书校注》将此句断作"坏宗庙与民，更始作阿房之宫"。大约还是觉得这样断句不妥，乃在注中引俞樾云"'与民更始'为句，当在'不行此术'句下"，注者认为"俞说可通"。

不过，结合《赵正书》的这段记载，我们对贾谊此句似可有新的理解。事实上，所谓"更始"，在前文叙秦二世即位之初欲巡行天下时即已出现："且与天下更始"。而兔子山汉简所载秦二世元年文告亦云："元年与黔首更始"。从这些记载来看，所谓"更始"当是秦二世执政后频繁出现的一句宣传口号，在当时影响颇大。关于这一口号的施行状态，《史记》《过秦论》认为是秦二世未能"更始"，反而对秦政变本加厉；《赵正书》则认为秦二世"更始"不当，所变皆为秦廷善政。然而无论如何，秦二世最终灭亡了，所谓"更始"便成为笑谈。李斯在此处是在对"更始"这一宣传口号进行讽刺，贾谊《过秦论》"与民更始"当亦相类，其断句当断作"坏宗庙，'与民更始'，作阿房之宫"，是直接引用秦廷宣传作为反语来讽刺。

将"更始"与李斯"变古乱常"的指责相结合，可以看到，虽然都是站在反秦立场上，但《赵正书》对秦廷的评价与《史记》等尚有不同。《赵正书》对秦始皇的评价明显是偏正面的。按，刘邦称帝后，还为秦始皇帝设守冢二十家，可见《赵正书》的这一定位与秦末汉初的观点基本相符。当时对秦二世的指责主要是他改变了秦始皇的既定政策。从前文考论可以看到，秦二世即位后，宣传"更始"，在措施上确有一定改变，如前文"大赦罪人"，再如前文所论以"七庙"为由毁庙减少财政支出、再如元年文告"分县赋援黔首，毋以细物苛劾县吏"。然而随着其政权的覆亡，这些改良反而成为《赵正书》所指责的罪责。

不过，随着对秦廷的进一步否定，对秦始皇的评价日趋降低，对秦二世的指责完全改变了角度。如贾谊《过秦论》责其不能"正先帝之过"，对之前的暴政"因而不改，暴虐以重祸"。《史记》载秦二世之过亦大略如此，所谓"一切因循始皇，而又加以杀戮大臣、诸公子而已"。① 其中《秦始皇本纪》明确记载其指责李斯、冯去疾等重臣"欲罢先帝之所为，是上毋以报先帝，次不为朕尽忠力"②。直至东汉明帝时，班固尚引此语以责二世。

综合分析，《赵正书》记载秦二世即位后改变了一定政策当是可信的，称其虐民甚于始皇恐难成立。但其改革的幅度应当有限，因而遭遇了对立两方面的指责，而作为失败者，他亦无从对此辩解。之后随着秦始皇地位的下降，秦二世改变政策的史料在后来也便逐渐消湮，只留下了一个一无是处的形象。

七、子婴谏语

此段叙子婴谏二世杀李斯、用赵高一事：

> 子婴进谏曰："不可！夫变俗而易法令，诛群忠臣，而立无节行之人，使以法纵其约，而行不义于天下臣，臣恐其有后咎。大臣外谋而百姓内怨。今将军章邯兵居外，卒士劳苦，委输不给，外无敌而内有争臣之志，故曰危。"

关于章邯与秦廷的矛盾，吕思勉先生曾指出，③《新书》的这段记载曾有提及。

---

① 吕思勉：《秦汉史》第二章《秦代事迹》。
② 《史记》卷6《秦始皇本纪》，第271页。
③ 吕思勉：《秦汉史》第三章《秦汉兴亡》。

秦使章邯将而东征。章邯因其三军之众，要市于外，以谋
其二。群臣之不相信，可见于此矣。

《赵正书》整理者认为，《赵正书》中"争臣之志"与《新书》章邯
"要市"的记载相关。然则当时章邯在李斯被杀前似已与秦廷产生矛盾，
在秦廷看来，章邯有拥兵自重和秦廷讲条件的嫌疑。

八、胡亥、赵高被杀及其形象

此段为全文结尾，叙胡亥及赵高最终皆被杀，并加以评论：

秦王胡亥弗听，遂行其意，杀丞相斯，立高，使行丞相、
御史之事。未能终其年，而果杀胡亥。将军章邯入夷其国，
杀高。
曰：胡亥，所谓不听谏者也，立四年而身死国亡。

此处叙章邯入秦杀赵高，与传统说法颇异。然若结合上节所引《过
秦论》"要市"之说，则此说在秦末汉初或确有一定影响。按，后世崇
祯吊死煤山，清军以受吴三桂之邀为明复仇为名入关，即一度迷惑过中
原官民。如在山东起事的明朝宗室即将吴三桂与史可法并称，共视作复
明之骨干。

史司马整旅江南，旌旆夹舳舻并进；吴总戎扬旂塞北，清
兵挟汉将齐驱，屡有捷音，多方响应。知匡复之不远，识中兴
之有期。

甚至包括史可法在内的弘光朝廷都一度想借清兵之力，"借虏平寇"，直至扬州十日，此梦乃告破碎。①

然则刘、项入关时是否亦有类似杀赵高、为二世复仇之宣传，以致秦末汉初产生章邯杀赵高之传说？恐亦未可知。当然，这一点目前还只能流于猜测。

文末评论责胡亥不纳谏，这一点亦堪玩味。与李斯不同，胡亥、赵高自秦末以来一直是作为反面形象存在的，但其间仍存在着一定变化。按《李斯列传》之描述，二世时期的诸多行为实为赵高所主导，李斯亦是被赵高所陷害，二世不过是傀儡而已。尤其是"指鹿为马"一事，将二世描绘得几近白痴。然如笔者所考②，这些记叙中存在窜伪，其可靠性存在很大问题。二世以青年即位，对长兄与老臣颇不信任，在杀扶苏之后，又将蒙毅、蒙恬、冯去疾、冯劫、李斯等重臣先后杀害。赵高在其中起的至多是辅助作用。至于赵高最后弑君，亦不过因为镇压起义不利，恐重蹈李斯覆辙而已。两相比较，在《赵正书》中，诸多荒唐事皆为胡亥亲为，更无所谓赵高陷李斯一事，文中最后责二世不听谏，更显见作者并不认为胡亥为傀儡。《赵正书》的这一叙述无疑进一步印证了笔者上述考证的正确性。

九、结语

通过上文逐段对《赵正书》的考论，当可对其史料意义得出如下结论。

第一，确如相关研究者所言，《赵正书》带有一些战国子书的特色，属于"事语"类文字，并非严谨的史学著作，更多的是对当时关于秦廷

① 顾诚：《南明史》第一章、第三章，光明日报出版社 2011 年版。

② 参见拙文《〈史记〉秦代史事辨疑三题》《〈史记〉所载秦二世史事辨疑》《秦二世"望夷之祸"时间考辨》。

的各种传说文字的汇总，其性质类似《说苑》《新序》。但需要注意的是，此类著作只是对史料考证、去取不谨严，而并非刻意编造史事。其内容虽多有不合历史之处，但实更近于其所采用史料的原始面貌。

第二，"史书"与"史料"是两个概念，在现代史学研究中，不要说不严谨的"子书"，就是纯粹编造的文学作品也包含着许多历史信息，是可以作为史料使用的。陈寅恪以诗证史、明清史学界利用小说研究明清经济社会皆为其例。尤其是对于缺乏史书的战国史，对其重新考证几乎全靠类似《赵正书》这样的各类子书来还原历史，其史料价值绝难小觑。

第三，对于《赵正书》这类包含一定传说的著作，首先可以通过考证尽量剥离其不可信的部分。其次可以关注其与主题关系较少的部分，如背景、细节等。这部分内容与主题关系不大，传说者不必刻意演绎，其中的历史信息往往得以被更好地保留。最后，文中所透露出的观点、立场、人物褒贬无疑也折射出了当时的历史观念与思想。如许多研究者业已注意到的，其中反映出的秦始皇、李斯、赵高、秦二世的形象与《史记》皆有着或多或少的区别。

第四，虽然《赵正书》多有不合历史之处，但由于在今本《史记》中关于秦二世时期的记载存在严重窜伪，二者相较，以传说入史的《赵正书》反而较《史记》中恶意编造的部分更为可信。在此情况下，正所谓"有""无"相生，不但《赵正书》所记载的内容有史料意义，其所不载的《史记》相关内容实亦有着重要信息。笔者在之前一系列论文中否定了"沙丘之谋""督责之书""二世引韩非语""赵高陷害李斯""指鹿为马"等一系列传奇故事，认为由这些故事组成的《李斯列传》已遭到严重窜伪。可以看到，这些传奇故事或不在《赵正书》中，或在其中有着相反的记录。作为一篇与《史记》同持反秦立场，且去取史料不谨严，注重文学性、传奇性的文字，却对上述传奇故事皆视而不见。① 相

---

① 笔者论述过《李斯列传》非史实的文字中，唯李斯狱中上书与《赵正书》相合。但

反，笔者所做的肯定性判断，如秦二世正常即位、秦二世自行杀扶苏、蒙恬及李斯，这些缺乏故事性的记载皆出现在了《赵正书》中。两相印证，足见秦末汉初人心中并没有这么多传奇故事。在进一步证实笔者论断的同时，《赵正书》自身的史料意义亦自显现无疑。

笔者已指出，狱中上书与前述传奇故事观点不同，窜伪者非一人。现在独此篇见于《赵正书》，与笔者"《李斯列传》后半部分为众手所窜"判断正约略相合。

秦及汉初国家政治中的外戚

——从沙丘之谋说起

张梦晗（中国社会科学院大学学报编辑部）

沙丘之谋对秦帝国的命运有至关重要的影响，它关系到秦始皇去世后由谁继承皇位，以及由此决定的帝国发展走向等问题。关于沙丘之谋究竟为何能够阴谋得逞，有许多值得参考的因素①，其中对外戚的关注则几近于无。实际上以沙丘之谋为切入点，我们不仅能追溯战国中后期外戚在平定叛乱、维系秦国政治稳定方面的贡献，而且可以发现，赵高和李斯之所以能促成沙丘之谋，与秦统一后外戚的式微也有一定关联。在此基础上，通过分析秦外戚势力式微及汉初吕氏外戚勃兴的原因，还能对秦及汉初的国家政治格局形成一些更加深入的认识。

一、秦国外戚平定叛乱的功绩

从秦昭襄王即位到秦始皇统一天下，秦国发生过三次性质严重的内

---

① 按，王绍东先生深入分析了"始皇出游""胡亥从游""李斯变节""扶苏自杀"等一系列构成沙丘政变的事件，并探讨了每一事件背后的文化背景和原因（参看氏著：《从"沙丘政变"看历史发展中的偶然与必然》，《西安财经学院学报》2010年第6期）。但就外戚的作用，尤其保持政治的稳定而言，目前仍有进一步论述的空间。

乱，即季君之乱、成蟜之乱和嫪毐之乱。其中在平定季君之乱和嫪毐之乱方面，我们可以看到外戚势力发挥的积极作用。

季君之乱因秦武王死后的王位继承权而起。由于秦武王没有子嗣，他死后出现了激烈的权力斗争，最终武王的异母弟公子稷继位，是为秦昭襄王。公子稷之所以得立，离不开外戚的助力。史载"昭襄母楚人，姓芈氏，号宣太后"①。"宣太后二弟：其异父长弟曰穰侯，姓魏氏，名冉；同父弟曰芈戎，为华阳君。而昭王同母弟曰高陵君、泾阳君。"② 在宣太后的亲族中，最具才干的是魏冉。他"自惠王、武王时任职用事"，在"武王卒，诸弟争立"的情况下将本不占优势的公子稷扶上王位。③昭襄王二年，"庶长壮与大臣、诸侯、公子为逆"④，发动反对昭襄王的政变，又遭魏冉强力镇压："诛季君之乱，而逐武王后出之魏，昭王诸兄弟不善者皆灭之，威振秦国。"⑤

至于嫪毐之乱，则因嫪毐与帝太后私乱生子一事暴露而起。《史记·秦始皇本纪》记录了叛乱经过："九年，……四月，上宿雍。己酉，王冠，带剑。长信侯毐作乱而觉，矫王御玺及太后玺以发县卒及卫卒、官骑、戎翟君公、舍人，将欲攻蕲年宫为乱。王知之，令相国昌平君、昌文君发卒攻毐。"⑥嫪毐反叛前受命先发制人的昌平君和昌文君，不像魏冉那样声名显赫，《史记索隐》着重就昌平君做了解说："昌平君，楚之公子，立以为相，后徙于郢，项燕立为荆王，史失其名。昌文君名亦不知也。"⑦另外，在《索隐》对《春申君列传》的注释中，亦可见有关昌平君身世的记载："楚捍有母弟犹，犹有庶兄负刍

① 《史记》卷 5《秦本纪》，中华书局 2013 年修订本，第 262 页。
② 《史记》卷 72《穰侯列传》，第 2807 页。
③ 《史记》卷 72《穰侯列传》，第 2807 页。
④ 《史记》卷 5《秦本纪》，第 263 页。
⑤ 《史记》卷 72《穰侯列传》，第 2807—2808 页。
⑥ 《史记》卷 6《秦始皇本纪》，第 291—292 页。
⑦ 《史记》卷 6《秦始皇本纪》，第 292 页。

及昌平君。"① 针对《索隐》提出的昌平君乃楚考烈王熊完之子的说法，清人梁玉绳在《史记志疑》中曾予以批驳，认为"昌平君之称，考烈王子，未见确据"②，但他并未否认昌平君作为楚公子的身份。考虑到安国君嬴柱系宣太后之孙，其正夫人华阳夫人是楚人③，根据楚、秦两国间长期的联姻关系判断④，出嫁秦王子的华阳夫人理应来自楚国王室。因此，无论昌平君是不是楚考烈之子，他与华阳夫人都应有血缘关系，他的外戚身份当无疑问⑤。再加上昌平君平定嫪毐之乱时，华阳夫人早已升格为华阳太后，⑥地位尊隆自不待言，此时昌平君（及昌文君）用事，甚至担任秦相⑦，正是其以外戚身份掌权的证明。否则怎么会平白无故，让出自楚国王族的昌平君在危急关头担负平定叛乱的重任呢？

由上可见，在两次动乱中，起到平息事态、保持秦国政治稳定作

① 《史记》卷 78《春申君列传》，第 2897 页。

② （清）梁玉绳：《史记志疑》，贺次君点校，中华书局 1981 年版，第 1284 页。

③ 参看（西汉）刘向集录，范祥雍笺证，范邦瑾协校：《战国策笺证》卷 7《秦策五》，上海古籍出版社 2006 年版，第 450—451 页。

④ 《诅楚文》曰："昔我先君穆公及楚成王，是僇力同心，两邦若一，绊以婚姻，衿以斋盟。曰枼万子孙，毋相为不利。"郭沫若著作编辑出版委员会编：《郭沫若全集·考古编》（第 9 卷），科学出版社 1982 年版，第 296 页。

⑤ 按，李开元先生根据楚考烈王熊完的身世，推测他滞秦为质期间可能在宣太后主持下娶秦昭襄王女为妻，昌平君即熊完与秦王女在秦国所生之子，并在熊完亡归楚国后与其母久居秦国。如果按照这种推测，那么昌平君的身份就更加特殊了：兼具两国王室血统，堪称横跨楚、秦两国王室的关键人物。参看氏著：《末代楚王史迹钩沉——补〈史记〉昌平君列传》，《史学集刊》2010 年第 1 期。

⑥ 参看《史记》卷 85《吕不韦列传》，第 3029 页。

⑦ 按，《史记》对秦丞相和相国的记载有时名异实同，如"庄襄王元年，……东周君与诸侯谋秦，秦使相国吕不韦诛之"（《史记》卷 5《秦本纪》，第 273 页），"庄襄王元年，以吕不韦为丞相"（《史记》卷 85《吕不韦列传》，第 3029 页）。故而可能昌平君担任的是丞相，但误书为相国，此时实际担任比丞相职位更高的相国的人仍是吕不韦；也有可能昌平君是吕不韦的继任者，因为也曾担任过相国，所以《史记》没有按照其领兵平叛时的官职书写，与"秦使相国吕不韦诛之"的情况相仿。

用的是外戚魏冉和昌平君。就叛乱的发动者而言，公子壮和嫪毐都有很强的个人实力。公子壮能够任庶长之职，"僭立而号曰季君"①，说明他有领兵作战才能，并且在秦国朝野中具有一定威望；②嫪毐在作乱前也处于权势的巅峰——"封为长信侯。予之山阳地，令毐居之。宫室车马衣服苑囿驰猎恣毐。事无小大皆决于毐。又以河西太原郡更为毐国。"③"嫪毐家僮数千人，诸客求宦为嫪毐舍人千余人。"④正因为如此，二者起兵反叛时得以联合其他多股势力，造成更大威胁。公子壮发动政变得到大臣、诸侯、公子支持，甚至武王生母惠文后也参与其中；嫪毐的同党亦多有在秦行政中枢任职者，如卫尉竭、内史肆、佐弋竭、中大夫齐等。可见魏冉和昌平君的对手绝非泛泛之辈，这更凸显了他们迅速平息动乱的重要功绩：既保证了当政者不被颠覆，能够持续稳定地推行其统治，并且令秦国免于陷入内部纷争的动荡局面。

二、秦国外戚维系政治稳定的作用

事实上，即便没有发生动乱，外戚在战国后期秦国最高权力的交接中也起到了关键作用。这当中最具代表性的人物莫过于华阳夫人——正是她说服安国君将子楚立为太子，并加以大力扶持，从而奠定了从秦孝文王到庄襄王，再从庄襄王至秦王政的权力交接次序。《史记·吕不韦列传》：

① 《史记》卷 72《穰侯列传》，第 2807 页。
② 参看胡大贵：《庶长考》，《四川师范大学学报》1990 年第 4 期；刘芮方：《秦庶长考》，《古代文明》2010 年第 3 期。
③ 《史记》卷 6《秦始皇本纪》，第 289 页。
④ 《史记》卷 85《吕不韦列传》，第 3031—3032 页。

华阳夫人以为然，承太子闲，从容言子楚于赵者绝贤，来
往者皆称誉之。乃因涕泣曰："妾幸得充后宫，不幸无子，愿
得子楚立以为适嗣，以托妾身。"安国君许之，乃与夫人刻玉
符，约以为适嗣。安国君及夫人因厚馈遗子楚，而请吕不韦傅
之，子楚以此名誉益盛于诸侯。①

兼及孝文王即位仅三天便撒手人寰，庄襄王在位也不过三年有余，
故而可以想见的是，在华阳夫人由王后升级为太后的过程中，她还会凭
借其权势地位为秦国王位交接的顺利进行提供保证。这从"孝文王元年，
赦罪人，修先王功臣，褒厚亲戚"，"庄襄王元年，大赦罪人，修先王功
臣，施德厚骨肉而布惠于民"②的记载中便可看出一丝端倪。不管是孝
文王"褒厚亲戚"，还是庄襄王"施德厚骨肉"，以华阳夫人为代表的外
戚势力都能从中享受到好处。可以说这是外戚与王权的一种相互确认：
即外戚为王位交接提供保证，新王掌握权力以后又第一时间对外戚的地
位给予肯定。同时在这里也不难发现，"先王功臣"与"亲戚"的重
要程度相当。一方面，秦国的发展并不单纯依赖功臣或外戚（将"亲
戚"径直理解为外戚，是因为秦国公室的力量过于孱弱），二者皆有
其贡献；另一方面，功臣与外戚也存在相互制约的关系。比如当宣太
后和魏冉为首的外戚势力过分膨胀时，范雎这样的"功臣"就向秦昭
襄王进言：

臣居山东时，闻齐之有田单，不闻其有王也；闻秦之有太
后、穰侯、华阳、高陵、泾阳，不闻其有王也。夫擅国之谓
王，能利害之谓王，制杀生之威之谓王。今太后擅行不顾，穰

① 《史记》卷85《吕不韦列传》，第3028页。
② 《史记》卷5《秦本纪》，第273页。

侯出使不报，华阳、泾阳等击断无讳，高陵进退不请。四贵备
而国不危者，未之有也。①

　　昭襄王于是"废太后，逐穰侯、高陵、华阳、泾阳君于关外"。②
而当嫪毐势力登峰造极、威胁王权时，受命对其加兵镇压的又是外戚昌
平君。这也证明秦王政当权以后，功臣和外戚并为引重的传统依然延
续，③ 统治者通过掌握功臣与外戚间的平衡关系，确保政权在自己的控
制下稳健运转。

　　总的来说，虽然秦国的外戚也难免有其弊端，但不论是平定叛乱、
保证最高权力顺利交接，抑或是与功臣之间既共同为秦国效力又彼此制
约的关系，都充分显示出外戚在维持秦国政权稳定方面的作用，也令
秦国在内部出现问题时得以涉险过关。因此随着秦统一后外戚势力式
微，其影响便直接体现在赵高和李斯篡改秦始皇遗诏，杀害扶苏、拥立
胡亥时 ④，朝野中缺少了重要的制约力量。这使赵高和李斯在发动政变
前少了许多顾虑，赵高说："今上崩，未有知者也。所赐长子书及符玺
皆在胡亥所，定太子在君侯与高之口耳。"⑤ 事实也确实如此。谋逆者在
政变过程中没有遇到多少阻力，仅凭一封玺书就将扶苏置于死地，这不
禁令人想起同样"矫王御玺及太后玺"为乱，却被昌平君、昌文君挫败
的嫪毐。只可惜当赵高和李斯谋逆时，已经没有新的外戚出来拨乱反正

---

　　① 《史记》卷79《范雎蔡泽列传》，第2911—2912页。

　　② 《史记》卷79《范雎蔡泽列传》，第2911页。

　　③ 按，马非百先生谓秦王政"初即位，委国事太后及大臣"。参看氏著：《秦集史》（上），
中华书局1982年版，第85页。

　　④ 按，北京大学藏西汉竹书《赵正书》载秦始皇临终前与大臣议立胡亥，参与者包括
李斯和冯去疾，而没有赵高。不排除《赵正书》记录的版本，是为证明胡亥继位合法性而经
过特意加工的。参看北京大学出土文献研究所编：《北京大学藏西汉竹书》〔叁〕，上海古籍出
版社2015年版，第190页。

　　⑤ 《史记》卷87《李斯列传》，第3078页。

了。实际上，纵然沙丘之谋是场政治阴谋而非明目张胆的起兵造反，但也不代表没有可疑之处，比如蒙恬就曾提醒扶苏："陛下居外，未立太子，使臣将三十万众守边，公子为监，此天下重任也。今一使者来，即自杀，安知其非诈？"① 甚至赵高自己也承认："夫沙丘之谋，诸公子及大臣皆疑焉。"② 故而假如扶苏身后有支持他的外戚力量存在，赵高、李斯矫诏前就要好好掂量一下轻重，他们逼迫扶苏就范也不可能只是一封玺书这么简单了。以赵、李的实力而言，即便成功一时，也很难保证胡亥可以顺利登上皇位。

三、秦统一后外戚式微的原因

外戚作为战国后期秦国政坛的重要力量，在统一后却销声匿迹，在史书中竟找不到秦始皇时代关于外戚的记录。《史记·外戚世家》："秦以前尚略矣，其详靡得而记焉。"③ 这不得不说是令人惊讶的。为什么会出现这种状况？我们认为或与以下三点有关。

第一，这应与秦在消灭六国、建立大一统帝国的新格局下，对外戚势力进行强力打压有关。秦统一后外戚的母国已不复存在，如果说战国时代外戚的母国多少还能为其活动提供支撑作用，那么等到六国覆灭以后，这方面的作用也丧失殆尽了。外戚势力的继续存在反而会变成一股潜在的颠覆秦帝国的力量。昌平君反秦就是例证。尽管如前所述，昌平君曾平息嫪毐之乱并担任秦相，但他却在秦灭楚的关键时刻背秦向楚，"反秦于淮南"④，选择为了楚国对抗秦国。这必然会极大影响秦始皇对

---

① 《史记》卷87《李斯列传》，第3080页。
② 《史记》卷87《李斯列传》，第3081页。
③ 《史记》卷49《外戚世家》，第2375页。
④ 《史记》卷6《秦始皇本纪》，第298页。

外戚的态度，他很有可能将外戚一并视作六国残余势力。众所周知，在灭六国的过程中，秦人"堕名城，杀豪俊"①，多有摧抑六国残余势力之举。如灭赵后将赵王迁驱至房陵，②坑杀与秦王母家有仇怨者，③迁赵国豪强贵族于葭萌；④灭魏后处死投降的魏王假；灭齐后迁齐王建于共；⑤等等。此外，里耶秦简、岳麓书院藏秦简中均有"从人"简。所谓"从人"，即主张合纵抗秦之人。⑥杨振红先生指出："秦自灭赵以后便兴起从人狱……从人狱波及全国、历时长久。"⑦因此，我们有理由相信：秦始皇对与山东六国联系紧密的外戚也曾严厉打击，以杜绝六国势力复辟的可能性。其中战国后期屡屡成为秦国政治中优势力量、表现强势的楚国系外戚，应当是秦始皇重点打击的对象。昌平君反秦前被放逐便显露出了此种迹象。

第二，秦始皇的独断专行远远超过他的父辈和祖辈。一方面，秦始皇事无巨细皆要亲自裁决，正如侯生和卢生所说：

> 始皇为人，天性刚戾自用，起诸侯，并天下，意得欲从，以为自古莫及己。……天下之事无小大皆决于上，上至以衡石量书，日夜有呈，不中呈不得休息。⑧

另一方面，他对帝国的行政体制也颇为信任，故而除了扶苏和胡亥

---

① 《史记》卷48《陈涉世家》，第2367页。
② 《淮南子·泰族训》："赵王迁流于房陵，思故乡，作为《山水》之讴，闻者莫不殒涕。"刘文典：《淮南鸿烈集解》（下册）卷20《泰族训》，冯逸、乔华点校，中华书局1989年版，第693页。
③ 《史记》卷6《秦始皇本纪》，第296页。
④ 《史记》卷129《货殖列传》，第3948页。
⑤ 《史记》卷46《田敬仲完世家》，第2293页。
⑥ 李洪财：《秦简牍"从人"考》，《文物》2016年第12期。
⑦ 杨振红：《秦"从人"简与战国秦汉时期的"合从"》，《文史哲》2020年第3期。
⑧ 《史记》卷6《秦始皇本纪》，第325页。

以外，秦始皇几乎没有给其他子女以任何参与政治的机会。尽管丞相王绾曾建议立诸子为诸侯王，镇抚东方；淳于越也进言："今陛下有海内，而子弟为匹夫，卒有田常、六卿之臣，无辅拂何以相救哉？"① 但秦始皇仍不为所动。秦二世继位后，骨肉相残，公子高被迫上书请求陪葬骊山时说："先帝无恙时，臣入则赐食，出则乘舆。御府之衣，臣得赐之；中厩之宝马，臣得赐之。"② 便从一个侧面表明，秦始皇时对儿女们的宠爱主要体现为富贵荣华，而不是政治上的参与。这不仅使秦"内亡骨肉根之辅，外亡尺土藩翼之卫"③，更令本就受到打压的外戚势力毫无抬头机会。

第三，史书中关于秦始皇后宫的记载可能被有意删除了。④ 这一推测同样基于从秦国到秦帝国的转变，以及秦对故六国的警惕防备。秦始皇统一天下后，毫不掩饰对山东六国的鄙薄。在他巡游所立刻石的文辞中，六国君主的残忍无道和皇帝的辉煌功业总是形成鲜明对照："六国回辟，贪戾无厌，虐杀不已。皇帝哀众，遂发讨师，……烹灭强暴，振救黔首，周定四极。普施明法，经纬天下，永为仪则。"⑤ 此外，还有不少在故秦地犯过错、绩效差或者身体欠佳的官吏，也被秦始皇派往新占领地区担任官吏。⑥ 可见秦始皇不仅心怀强烈的优越感，还难掩其征服者的傲慢。在此种情况下，秦帝国皇室在血缘上与六国的联系就变得敏感起来。要让不屑与"六王"为伍的秦始皇承认，他的子女身上其实也

---

① 《史记》卷 6《秦始皇本纪》，第 321 页。

② 《史记》卷 87《李斯列传》，第 3082 页。

③ 《汉书》卷 14《诸侯王表》，中华书局 1962 年版，第 393 页。

④ 按，关于秦始皇后宫的研究，可参看毛佩琦：《中国后妃制度述论》，《中国人民大学学报》1990 年第 6 期；朱子彦：《秦汉后宫制度述论》，《学术月刊》2000 年第 6 期；叶秋菊：《论秦汉时期皇后制度之确立》，《郑州大学学报》2019 年第 3 期。

⑤ 《史记》卷 6《秦始皇本纪》，第 315 页。

⑥ 参看于振波：《秦律令中的"新黔首"与"新地吏"》，《中国史研究》2009 年第 3 期；张梦晗：《"新地吏"与"为吏之道"——以出土秦简为中心的考察》，《中国史研究》2017 年第 3 期。

流淌着六国的血脉，大概是很不情愿的，这也与刻辞中描述的秦与六国势不两立、高下分明的情况有较大出入。又兼藤田胜久和李开元先生提出，秦始皇长子扶苏的生母或出自楚国王室。[①] 考虑到秦灭六国，楚国的反抗最为顽强持久，楚亡后楚地流传的谶言"楚虽三户，亡秦必楚"及"东南有天子气"[②]，亦集中反映了楚人对秦的仇视。再加上故楚国幅员辽阔，东南的江淮地区距离秦统治中心极其遥远，是秦统治相对薄弱之处[③]，是以类似扶苏为楚王女所生的信息，更需加以隐瞒，不便明确写在史书中。也许正是综合考虑过后，为避免对统治产生消极影响，秦始皇下令删除了史书中有关其后宫的内容。

四、汉初吕氏外戚的勃兴

伴随着秦汉交接，还有一个值得关注的问题：秦为巩固新兴大一统帝国采取了严厉打击外戚势力的举措，可同样是在大一统的格局下，为什么继起的汉帝国却很快出现吕氏外戚干政的情况？就其根本而言，我们认为这应与汉吸取秦亡的历史经验和教训，重新回归战国后期秦国所奉行的功臣与亲戚并为引重的路线有关。《汉书·诸侯王表》：

> 汉兴之初，海内新定，同姓寡少，惩戒亡秦孤立之败，于是剖裂疆土，立二等之爵。功臣侯者百有余邑，尊王子弟，大启九国。[④]

---

① 参看李开元：《秦谜：重新发现秦始皇》，中信出版集团2017年版，第204—206页。
② 分见《史记》卷7《项羽本纪》，第381页；《史记》卷8《高祖本纪》，第440页。
③ 参看张梦晗：《"东南有天子气"与秦始皇东游》，《江苏师范大学学报》2015年第5期。
④ 《汉书》卷14《诸侯王表》，第393页。

在汉初形成的内倚功臣、外封同姓诸侯王的政治局面中，吕氏外戚因为具有开国功臣和宗室外亲的双重身份而居于十分特殊的地位①，这也为其势力的滋长提供了便利。

一方面，吕氏家族在汉夺取天下的过程中贡献颇多。

首先，吕后本人就是汉的功臣。刘邦起初亡匿"芒、砀山泽岩石之间"，正是吕后投合"东南有天子气"，称"季所居上常有云气，故从往常得季"②，为刘邦在政治上的兴起制造舆论；"佐高祖定天下"后，吕后又亲自参与对异姓诸侯王的诛杀，"所诛大臣多吕后力"③。

其次，吕后的亲族亦不乏因功封侯者。吕后的兄长周吕侯吕泽，便是汉高祖麾下的得力战将。《史记·高祖功臣侯者年表》载，吕泽"以吕后兄初起，以客从，入汉为侯。还定三秦，将兵先入砀。汉王之解彭城，往从之，复发兵佐高祖定天下，功侯"④。可见吕泽不但战功显赫，为汉定鼎天下发挥过关键作用，而且手握重兵，甚至其行动还享有相当独立性。⑤ 吕后的另一位兄长吕释之，也因"击三秦""奉卫吕宣王、太上皇"⑥ 得封建成侯。至于吕后的妹夫舞阳侯樊哙，更是刘邦集团无可置疑的核心成员之一。

由于同属功臣集团的缘故，吕氏外戚与许多朝廷重臣的关系密切。譬如在太子刘盈的废立之争中，吕氏外戚就得到张良、周昌等人的支持。功臣集团之所以力主立刘盈为太子，其中一个原因便是吕氏外戚并

---

① 参看秦学颀：《汉初政治格局与诸吕之乱》，《重庆师院学报》1992 年第 4 期；孙家洲：《西汉前期三大政治集团的"平衡"及其破局》，《理论学刊》2019 年第 6 期。

② 以上皆见《史记》卷 8《高祖本纪》，第 440 页。

③ 以上皆见《史记》卷 9《吕太后本纪》，第 498 页。

④ 《史记》卷 18《高祖功臣侯者年表》，第 1054—1055 页。

⑤ 按，所谓吕泽"复发兵佐高祖定天下"，同英布"遂举九江兵与汉击楚，破之垓下"（《史记》卷 91《黥布列传》，第 3139 页）的情况极为相近，吕泽部属有可能不受汉高祖直接调令，而只听命于吕泽。

⑥ 《史记》卷 18《高祖功臣侯者年表》，第 1055—1056 页。

非攀龙附凤之徒，而是有实打实的功劳的。他们深知日后吕后在超拔自己亲族地位的同时，多少也会照顾到其他功臣的利益。当吕氏迈开扩张势力的脚步时，功臣集团的反对力度是很微弱的，更甚者，还有人抱以逢迎的态度。故此，也才会出现"大臣请立郦侯吕台为吕王，太后许之"①，吕后随即下诏"差次列侯功以定朝位，臧于高庙，世世勿绝，嗣子各袭其位"②的情况，这既是吕氏外戚与功臣集团的利益置换，也是一种心照不宣的默契。

另一方面，考虑到宗室力量的分布并不集中，单纯依靠东方的同姓诸侯王可能导致中央出现内部空虚的漏洞。沙丘之谋已经证明，对权臣不加制约是极其危险的，因此吕氏外戚对平衡守内的功臣和居外的同姓诸侯王也有重要价值。

汉高祖离世前，吕后曾问及其身后的安排：

> "陛下百岁后，萧相国即死，令谁代之？"上曰："曹参可。"问其次，上曰："王陵可。然陵少戆，陈平可以助之。陈平智有余，然难独任。周勃重厚少文，然安刘氏者必勃也，可令为太尉。"③

由此可知，在确定未来主政大臣人选及执政次序的问题上，吕后是得到汉高祖授意的。高祖一来期望吕后与功臣和衷共济，二来将用人的最高权力交予吕后，表明他亦欲通过吕后约束功臣，起到"安刘氏"的作用。赵翼云："孝惠既立，政由母氏，其所用曹参、王陵、陈平、周勃等，无一非高帝注意安刘之人。"④吕后顺利践行高祖意旨的背后，实

---

① 《史记》卷9《吕太后本纪》，第504页。

② 《汉书》卷3《高后纪》，第96页。

③ 《史记》卷8《高祖本纪》，第487—488页。

④ （清）赵翼著，王树民校证：《廿二史札记校证》卷3《吕武不当并称》，中华书局

际体现了她对功臣精确有效的控制。①

次及汉惠帝驾崩，由于其太子的来历不明，吕后自觉地位受到威胁。为了维持朝中力量的均势，尤其是制衡功臣集团，遂广立诸吕为王侯。②自高后元年四月封吕台为吕王，至高后八年封吕通为燕王，吕后共封立吕氏七人为王、九人为侯包括"追尊父吕公为吕宣王，见周吕侯为悼武王"③。张家山汉简《二年律令具律》更是明确记录了伏待吕氏子弟的法律条文："吕宣王内孙、外孙、内耳孙、玄孙、诸侯王子、内孙耳孙，彻侯子、内孙有罪，如上造、上造妻以上。"④《史记·外戚世家》这样总结当时的局面："及孝惠帝崩，天下初定未久，继嗣不明，于是贵外家、王诸吕以为辅，而以吕禄女为少帝后，欲连固根本牢甚。"⑤吕思勉先生也说："内任外戚，外封建宗室，此汉初之治法也。"⑥有鉴于此，我们不能简单地认为"王诸吕"仅仅就是为了吕氏一家之私，郦寄所云"吕氏所立三王，皆大臣之议，事已布告诸侯，诸侯皆以为宜"⑦，其实也不尽为虚言。在当时特定的背景下，因为吕后的存在，吕氏与汉

2013 年版，第 61 页。

① 按，虽然高祖逝世后，吕后曾与审食其密谋"诸将与帝为编户民，今北面为臣，此常快快，今乃事少主，非尽族是，天下不安"(《史记》卷 8《高祖本纪》，第 488 页)，但我们认为这只是吕后因为即将独当大局，前途叵测，一时恐惧的情绪流露。

② 按，侍中张辟强曾向丞相陈平建言："帝毋壮子，太后畏君等。君今请拜吕台、吕产、吕禄为将，将兵居南北军，及诸吕皆入宫，居中用事，如此则太后心安，君等幸得脱祸矣。"(《史记》卷 9《吕太后本纪》，第 501 页)是知吕后最大的心腹之患正是功臣集团。前揭高祖去世后吕后曾动念尽族诸将，实则对功臣集团的恐惧在其心中一直挥之不去。而赋予诸吕权力，令其"居中用事"，能够在相当程度上缓解吕后的这种忧虑，吕氏诸王无一之国也正是因应于此。

③ 《汉书》卷 97 上《外戚传上》，第 3939 页。

④ 张家山二四七号汉墓竹简整理小组：《张家山汉墓竹简〔二四七号墓〕》(释文修订本)，文物出版社 2006 年版，第 21 页。

⑤ 《史记》卷 49《外戚世家》，第 2376 页。

⑥ 吕思勉：《秦汉史》，上海古籍出版社 1983 年版，第 65 页。

⑦ 《史记》卷 9《吕太后本纪》，第 511 页。

家的利益在某种程度上是具有一致性的，"王诸吕"确实为巩固汉的统治发挥了一定功用，这一点不能轻易否定。

总之，吕氏外戚既凭借其功劳跻身汉的开国功臣行列，与一众汉的股肱之臣关系密切，又因宗室外亲的身份，而有机会在制约功臣集团的过程中进一步提升其地位。再加上"为人刚毅"①的吕后长期执掌大局，这些因素共同促成了汉初吕氏外戚的勃兴。

不过，应该看到的是，吕氏外戚的权势与西汉中后期及东汉的外戚不可同日而语，即便他们侵夺了部分功臣和宗室的利益，也难以彻底垄断汉的政治。胡一华先生指出，吕氏外戚始终摆脱不了刘姓皇权的附庸地位，其权力仅局限于中央统治的上层，在地方毫无根基可言，因此无法形成驾驭整个局势的力量。②吕后虽然在"擅废帝更立，又比杀三赵王"③等事上恣意而为，但治国理政却不敢稍离高祖时期的既定路线。在吕后统治期间，汉的两大支柱力量，功臣和宗室的地位未曾受到根本性的动摇。④固然吕后称制后，吕氏外戚势力膨胀，令其双重身份属性逐渐褪色，自外于功臣和宗室集团，俨然成为左右帝国的第三股势力，但吕氏实际上并不具备同功臣和宗室集团抗衡的实力。⑤吕后一死，破坏平衡的吕氏外戚立即被后者联手消灭，便是明证。

---

① 《史记》卷9《吕太后本纪》，第498页。

② 参看胡一华：《刘邦逝世后斗争评述》，《丽水师专学报》1984年第3期。

③ 《史记》卷9《吕太后本纪》，第510页。

④ 参看吴仰湘：《汉初"诛吕安刘"之真相辨》，《湖南师范大学社会科学学报》1998年第1期。

⑤ 按，《史记》卷51《荆燕世家》载齐人田生语："今吕氏雅故本推毂高帝就天下，功至大，又亲戚太后之重。太后春秋长，诸吕弱，太后欲立吕产为吕王，王代。太后又重发之，恐大臣不听。"（第2408页）此处所言"诸吕弱"并非绝对意义上的弱，而是相对于功臣和宗室集团来说的。尤其是同吕氏外戚在中央形成竞争关系的功臣集团，力量十分壮盛。据《史记》卷18《高祖功臣侯者年表》，除去宗室和外戚，高祖时因功封侯者多达137人，比之吕氏，可谓数量优势明显。

五、结语

综上所陈，自秦昭襄王即位到秦始皇统治前期，外戚在平定叛乱、保证权力顺利交接以及制约权臣方面发挥着持续性作用。但秦统一后，这样一种历史传统被人为地打断。虽然经过认真剖析，可以发现当中有其迫不得已的原因，但外戚的式微依然给秦帝国造成不利影响，即导致了政治上的失衡和危机来临时应变能力的欠缺。从宏观的图景来看，尽管历史在秦统一之后进入了崭新阶段，但新兴的大一统帝国与战国间依然有太多联系。可谓打断骨头连着筋，不是说割裂就能割裂的，强行割裂便难免有得必有失。秦时外戚势力得到抑制虽然体现了帝国为走出战国时代所做的努力，但也成为赵高和李斯在沙丘阴谋得逞的原因之一。

迄于汉初，统治者吸取秦短祚而亡的历史教训，重新回归战国后期秦国奉行的功臣与亲戚并重的路线。由于兼具开国功臣和宗室外戚的双重身份，吕氏外戚在吕后称制期间盛极一时。然而，外戚势力的过度膨胀同样威胁统治稳定。当吕氏外戚从平衡功臣和宗室集团的力量转变为均势局面的破坏者时，也就不可避免地给国家带来祸患。尽管诸吕之乱最终得到平息，但吕氏开启的先声，为有汉一代层出不穷的外戚专政埋下了伏笔。

纵观秦及汉初外戚势力的消长，不论顿衰，还是骤兴，背后皆存在种种人为因素的推动。最初的设计总是好的，但道路走到尽头却往往事与愿违，不是自断双臂，便是节外生枝。在政治格局的不断演生中，外戚势力的起起伏伏，都是早期帝制时代的统治者不得不进行实验的结果——这也有助于解释两汉以后外戚活跃程度下降的原因。

沙丘平台的"谋与乱"与历史走势之改变[*]

于天宇（中国社会科学院古代史研究所、
"古文字与中华文明传承发展工程"协同攻关创新平台）

从先秦至秦时期，沙丘平台留下了许多帝王的痕迹，这其中不乏有名的帝王。从商纣王在沙丘兴建苑台起，一幕幕历史大戏在沙丘平台接连上演。特别是与赵武灵王和秦始皇有关的"沙丘之乱"和"沙丘之谋"事件的发生，改变了历史的走势。深入研究沙丘"谋与乱"发生的深层次原因及其对历史走势的影响，是很有意义的。

一、沙丘平台的自然状况与历史沿革

关于沙丘平台的具体地理位置，最早记载于《汉书》。《汉书·地理志》记载："钜鹿郡，秦置。属冀州。户十五万五千九百五十一，口八十二万七千一百七十七。县二十：巨鹿，禹贡大陆泽在北。纣所作沙丘台在东北七十里。"[②] 司马彪《后汉书志（原〈续汉书〉志）·郡国二》刘昭在巨鹿词条下注："有广阿泽。吕氏春秋九薮赵之钜鹿，高诱注云广阿泽也，山海经曰大陆之水。史记纣盈钜桥之粟。许慎云：'钜鹿之大桥也。'钜鹿

---

　　*　本文为"古文字与中华文明传承发展工程"规划项目"战国秦汉三国蜀道及其枢纽地区军事地理研究"（项目号 G3959）的阶段性研究成果。

　　②　《汉书》卷28上《地理志上》，中华书局1962年版，第1575页。

南有棘原，章邯所军处。前书曰沙丘台在县东北七十里。"① 裴骃《史记集解》注《史记·殷本纪》："尔雅曰：'迆逦，沙丘也。'地理志曰在钜鹿东北七十里。"② 张守节《史记正义》注《史记·货殖列传》："沙丘在邢州也。"③ 郦道元《水经注》卷十《浊漳水》记载："衡漳又经沙丘台东，纣所成也，在钜鹿故城东北七十里，赵武灵王与秦始皇并死于此矣。"④ 从以上记载可知沙丘平台的具体区位已基本明确，即今河北省邢台市广宗县大平台乡。

沙丘平台在史书出现的最早时期是商朝。商纣王在此修建沙丘苑台，这是最早见于文字记载的园林形式。具体地点在今广宗县北郊大平台村、前平台村、后平台村一带。通过《史记集解》的注可得知，"沙丘"应以当地地貌而取名，即在商朝时，当地就是一片连绵不断的沙丘。竺可桢先生在《中国近五千年来气候变迁的初步研究》中认为："殷墟时代是中国的温和气候时代，当时西安和安阳地区有十分丰富的亚热带植物种类和动物种类。"⑤ 优越的地理环境和自然条件，使商纣王在此修建了离宫别馆。

据《史记·殷本纪》记载："（纣王）益广沙丘苑台，多取野兽蜚鸟置其中。慢于鬼神。大聚乐戏于沙丘，以酒为池，悬肉为林，使男女裸相逐其间，为长夜之饮。"⑥ 这就是著名的"酒池肉林"。沙丘苑台是史书记载的中国第一座皇家园林，它的修建，开辟了皇家园林这一建筑形式，被之后的统治者所借鉴。沙丘苑台具有祭祀、观赏、游猎、休憩、嬉戏等功能。由于纣王在此饮酒享乐，荒淫无度，致使朝政荒废，社会矛盾激化，因而加速了商朝的灭亡。周武王借势起兵，经过牧野之战，商朝灭亡。而沙丘苑台也随着纣王的自焚而走向寂静，沙丘平台在历史

---

① 《后汉书·郡国二》，中华书局 1965 年版，第 3433 页。

② 《史记》卷 3《殷本纪》，中华书局 1982 年版，第 106 页。

③ 《史记》卷 129《货殖列传》，第 3264 页。

④ （北魏）郦道元：《水经注》卷 10《浊漳水》，岳麓书社 1995 年版，第 197 页。

⑤ 竺可桢：《中国近五千年来气候变迁的初步研究》，《考古学报》1972 年第 1 期。

⑥ 《史记》卷 3《殷本纪》，第 105 页。

上的首次出场竟以此方式黯然落幕。

商纣王之后，下一个与沙丘平台相关联的君王是卫灵公。据《论语·宪问》："子言卫灵公之无道也，康子曰：'夫如是，奚而不丧？'孔子曰：'仲叔圉治宾客，祝鮀治宗庙，王孙贾治军旅，夫如是，奚其丧？'"① 在《庄子·则阳篇》中，希韦说："夫灵公也死，卜葬于故墓，不吉；卜葬于沙丘而吉。掘之数仞，得石椁焉，洗而视之，有铭焉，曰：'不冯其子，灵公夺而里之。'夫灵公之为灵也久矣！之二人何足以识之。"② 根据此记载可推断卫灵公有很大可能性葬于沙丘。

战国、秦时期，与沙丘平台相关联的君王则是著名的赵武灵王和秦始皇。与其他君王相比，他们与沙丘平台的关联更为紧密。这不仅因为他们最终身死沙丘平台，而且发生在沙丘平台的"沙丘之乱"和"沙丘之谋"，更是与他们直接相关。

二、赵武灵王与"沙丘之乱"

赵武灵王是赵国第六代国君，他即位时，赵国周边环境非常险恶，东有齐国，西有秦国和林胡、楼烦等北方游牧民族，南有魏国和韩国，北有燕国和东胡，中间又有位于赵国腹地却屡次侵扰赵国的中山国。赵国位于四战之地，形势严峻。在赵武灵王即位后的前十八年，赵国屡战屡败："九年，与韩、魏共击秦，秦败我，斩首八万级。齐败我观泽。"③"十年，秦取我中都及西阳。"④"十三年，秦拔我蔺，虏将军赵庄。"⑤《战国

① 杨伯峻译注：《论语译注》，中华书局 2009 年版，第 278 页。
② 杨柳桥译诂：《庄子译诂》，上海古籍出版社 1991 年版，第 544 页。
③ 《史记》卷 43《赵世家》，第 1804 页。
④ 《史记》卷 43《赵世家》，第 1804 页。
⑤ 《史记》卷 43《赵世家》，第 1804 页。

策·齐策五》记载："昔者，中山悉起而迎燕、赵，南战于长子，败赵氏；北战于中山，克燕军，杀其将。"① 由此可见赵国一直处于被动挨打的局面，连小小的中山国都能侵袭赵国，让赵国无能为力。

面对这种艰难的局面，赵武灵王决定改变。在他即位的第十九年（公元前307），对大臣楼缓说："我先王因世之变，以长南藩之地，属阻漳、滏之险，立长城，又取蔺、郭狼，败林人于荏，而功未遂。今中山在我腹心，北有燕，东有胡，西有林胡、楼烦、秦、韩之边，而无强兵之救，是亡社稷，奈何？夫有高世之名，必有遗俗之累。吾欲胡服。"② 这就是历史上著名的"胡服骑射"。最初群臣们都不同意，武灵王就对老臣肥义说："简、襄主之烈，计胡、翟之利。为人臣者，宠有孝弟长幼顺明之节，通有补民益主之业，此两者臣之分也。今吾欲继襄主之迹，开于胡、翟之乡，而卒世不见也。为敌弱，用力少而功多，可以毋尽百姓之劳，而序往古之勋。夫有高世之功者，负遗俗之累；有独智之虑者，任骜民之怨。今吾将胡服骑射以教百姓，而世必议寡人，奈何？"③ 肥义说："臣闻疑事无功，疑行无名。王既定负遗俗之虑，殆无顾天下之议矣。夫论至德者不和于俗，成大功者不谋于众。昔者舜舞有苗，禹袒裸国，非以养欲而乐志也，务以论德而约功也。愚者闇成事，智者睹未形，则王何疑焉。"④ 武灵王又说："吾不疑胡服也，吾恐天下笑我也。狂夫之乐，智者哀焉；愚者所笑，贤者察焉。世有顺我者，胡服之功未可知也。虽驱世以笑我，胡地中山吾必有之。"⑤ 武灵王最终决定在赵国全国推行"胡服骑射"，与此同时，他又说服了公子成及其他公子、大臣，正式推行"胡服骑射"制度。"遂胡服招骑射"⑥，"王破原阳，

① （西汉）刘向：《战国策》卷12《齐策五》，上海古籍出版社1985年版，第386页。
② 《史记》卷43《赵世家》，第1806页。
③ 《史记》卷43《赵世家》，第1806—1807页。
④ 《史记》卷43《赵世家》，第1807页。
⑤ 《史记》卷43《赵世家》，第1807页。
⑥ 《史记》卷43《赵世家》，第1811页。

以为骑邑"①。

对赵国来说，"胡服骑射"是一次非常有成效的自上而下的军事改革。在军事上，开始大规模使用正规化骑兵兵种；在文化上，开创汉族学习少数民族文化的先例，加强了与少数民族之间的文化交流，促进了民族融合。赵国培养了一支能征善战的骑兵，它能够独立作战，使赵国军队的战斗力大大增强，军事实力在战国七雄中数一数二，巩固了赵国边境，对周边国家和北方游牧民族形成很大的威慑。

在"胡服骑射"制度的推动下，赵国已成为军事强国。赵武灵王立即将目标对准了位于赵国腹地，长时间挑衅赵国的中山国和林胡、楼烦等北方游牧民族。据史书记载，"二十年，王略中山地，至宁葭；西略胡地，至榆中。林胡王献马"。②"二十一年，攻中山。赵袑为右军，许钧为左军，公子章为中军，王并将之。牛翦将车骑，赵希并将胡、代。赵与之陉，合军曲阳，攻取丹丘、华阳、鸱之塞。王军取鄗、石邑、封龙、东垣。中山献四邑和，王许之，罢兵。"③"二十三年，攻中山。"④"二十六年，复攻中山，攘地北至燕、代，西至云中、九原。"⑤"赵武灵王亦变俗胡服，习骑射，北破林胡、楼烦。筑长城，自代并阴山下，至高阙为塞。而置云中、雁门、代郡。"⑥并最终"灭中山，迁其王于肤施。"⑦彻底解决掉中山国这个困扰赵国多年的心腹之患。灭掉中山国，使赵国南北领土彻底连成一体，"中山之地方五百里，赵独擅之"⑧。赵国又大败林胡、楼烦等北方游牧民族，巩固了边境，加强了

---

① （西汉）刘向：《战国策》卷19《赵策二》，第672页。

② 《史记》卷43《赵世家》，第1811页。

③ 《史记》卷43《赵世家》，第1811页。

④ 《史记》卷43《赵世家》，第1811页。

⑤ 《史记》卷43《赵世家》，第1811页。

⑥ 《史记》卷110《匈奴列传》，第2885页。

⑦ 《史记》卷43《赵世家》，第1813页。

⑧ （西汉）刘向：《战国策》卷5《秦策三》，第184页。

国防，对周边诸国和游牧民族形成了很大的威慑。此时赵国的军事实力已达鼎盛期，正如苏秦所说："当今之时，山东之建国，莫如赵强。赵地方二千里，带甲数十万，车千乘，骑万匹，粟支十年；西有常山，南有河、漳，东有清河，北有燕国。燕固弱国，不足畏也。且秦之所畏害于天下者，莫如赵。"① 这一切都起于"胡服骑射"制度的推行。

此时赵国在军事上和国力上已有和战国七雄最强大国家秦国争雄的实力。他曾"身胡服将士大夫西北略胡地，而欲从云中、九原直南袭秦，于是诈自为使者入秦。秦昭王不知，已而怪其状甚伟，非人臣之度，使人逐之，而主父驰已脱关矣。审问之，乃主父也。秦人大惊。主父所以入秦者，欲自略地形，因观秦王之为人也。"② 从此可以看出赵武灵王的政治抱负。如果赵国保持这种上升的势头，很有可能改变当时的政治格局。可赵武灵王却在关键时刻犯下了严重错误，致使晚节不保，最终身死沙丘宫，落下了悲惨的结局。

据《史记·赵世家》记载："主父初以长子章为太子，后得吴娃，爱之，为不出者数岁，生子何，乃废太子章而立何为王。"③ 在立储中，废长立幼是大忌，这就埋下了祸根。之后武灵王把王位传给了太子，自号为主父。在需慎重处理的事上竟然如此轻率，没考虑到后果的严重性。同时，赵武灵王还"见其长子章傫然也，反北面为臣，诎于其弟，心怜之，于是乃欲分赵而王章于代，计未决而辍"④。赵武灵王居然出如此昏招，差点让赵国陷入分裂状态。对此，司马迁认为："吴娃死，爱弛，怜故太子，欲两王之。"⑤ 如此，公子章"素侈，心不服其弟所立"⑥。政出多门、朝令夕改，本是治国之大忌，偏偏赵武灵王又让田不礼这个

---

① （西汉）刘向：《战国策》卷19《赵策二》，第638页。
② 《史记》卷43《赵世家》，第1812—1813页。
③ 《史记》卷43《赵世家》，第1815—1816页。
④ 《史记》卷43《赵世家》，第1815页。
⑤ 《史记》卷43《赵世家》，第1816页。
⑥ 《史记》卷43《赵世家》，第1813页。

为人"忍杀而骄"①的大臣辅佐公子章。错上加错的决定,埋下了内乱的种子。

对此,大臣李兑对肥义说:"公子章强壮而志骄,党众而欲大,殆有私乎?田不礼之为人也,忍杀而骄。二人相得,必有谋阴贼起,一出身徼幸。夫小人有欲,轻虑浅谋,徒见其利而不顾其害,同类相推,俱入祸门。以吾观之,必不久矣。子任重而势大,乱之所始,祸之所集也,子必先患。仁者爱万物而智者备祸于未形,不仁不智,何以为国?子奚不称疾毋出,传政于公子成?毋为怨府,毋为祸梯。"②肥义却说:"不可,昔者主父以王属义也,曰:'毋变而度,毋异而虑,坚守一心,以殁而世。'义再拜受命而籍之。今畏不礼之难而忘吾籍,变孰大焉。进受严命,退而不全,负孰甚焉。变负之臣,不容于刑。谚曰'死者复生,生者不愧'。吾言已在前矣,吾欲全吾言,安得全吾身!且夫贞臣也难至而节见,忠臣也累至而行明。子则有赐而忠我矣,虽然,吾有语在前者也,终不敢失。"③肥义态度如此坚决,李兑也只能说:"诺,子勉之矣!吾见子已今年耳。"④肥义如此尽忠尽责,这也为他的悲剧埋下了伏笔。

赵惠文王四年(前295),随着武灵王和惠文王公子何入住沙丘宫,一场政变即将到来。《史记·赵世家》对此有详细记载:"主父及王游沙丘,异宫,公子章即以其徒与田不礼作乱,诈以主父令召王。肥义先入,杀之。高信即与王战。公子成与李兑自国至,乃起四邑之兵入距难,杀公子章及田不礼,灭其党贼而定王室。公子成为相,号安平君,李兑为司寇。公子章之败,往走主父,主主开之,成、兑因围主父宫。公子章死,公子成、李兑谋曰:'以章故围主父,即解兵,吾属夷矣。'

---

① 《史记》卷43《赵世家》,第1813页。
② 《史记》卷43《赵世家》,第1813页。
③ 《史记》卷43《赵世家》,第1813—1814页。
④ 《史记》卷43《赵世家》,第1814页。

乃遂围主父。令宫中人"后出者夷",宫中人悉出。主父欲出不得,又不得食,探爵鷇而食之,三月馀而饿死沙丘宫。主父定死,乃发丧赴诸侯。"① 这就是历史上著名的"沙丘之乱"。

"沙丘之乱"使赵国元气大伤。不仅赵武灵王在沙丘宫结束了自己的生命,老臣肥义也命丧沙丘。赵国发展的脚步开始停滞,国力由盛转衰,在列强的争夺中,处于劣势,不久就被秦国所灭。对此,司马迁评价道:"犹豫未决,故乱起,以至父子俱死,为天下笑,岂不痛乎!"②

三、秦始皇与"沙丘之谋"

秦始皇三十七年(前210)七月,秦始皇驾崩于沙丘平台。秦始皇是在第五次东巡途中驾崩的。这次东巡是在十月癸丑开始的,"左丞相斯从,右丞相去疾守"③。此时,"少子胡亥爱慕请从,上许之"④。这是秦始皇首次允许皇子跟随自己出巡,而这是后来沙丘之谋发生的关键因素。他先到云梦,向九嶷山方向祭拜虞舜;之后登上会稽山,祭拜大禹,并"立石刻颂秦德"⑤;后来到达琅琊,再次见到方士徐市,徐市骗秦始皇"蓬莱药可得,然常为大鲛鱼所苦,故不得至,愿请善射与俱,见则以连弩射之"⑥。与此同时,始皇"梦与海神战,如人状"⑦,便问占梦的博士,占梦的博士说:"水神不可见,以大鱼蛟龙为候。今上祷祠

① 《史记》卷43《赵世家》,第1815页。
② 《史记》卷43《赵世家》,第1816页。
③ 《史记》卷6《秦始皇本纪》,第260页。
④ 《史记》卷6《秦始皇本纪》,第260页。
⑤ 《史记》卷6《秦始皇本纪》,第260页。
⑥ 《史记》卷6《秦始皇本纪》,第263页。
⑦ 《史记》卷6《秦始皇本纪》,第263页。

备谨，而有此恶神，当除去，而善神可致。"① 始皇便"令入海者赍捕巨
鱼具，而自以连弩候大鱼出射之"②。到了之罘才见到大鱼，始皇射杀了
一条，便继续沿海西行。由此可以看出，秦始皇为求长生不老，对方术
痴迷极深。西行至平原津，始皇病情加重，自知命不久矣，便写了一封
加盖玺印的诏书给公子扶苏，让他回咸阳参加丧事，实际上就是决定立
他为太子。这个诏书虽已封好，但却放在中车府令赵高手里，"未授使
者"③。不久，秦始皇驾崩于沙丘平台。

　　秦始皇的死讯，只有陪同始皇出巡的左丞相李斯、中车府令赵高和
小儿子胡亥及几个宦官知道。赵高曾教胡亥书法及法律条例，深得胡亥
宠信。对于赵高而言，若胡亥即位，便可进入朝廷权力中枢，实现自己
的政治野心。因此，赵高决定篡改诏书，立胡亥为太子，"沙丘之谋"
形成。

　　《史记·李斯列传》对"沙丘之谋"的整个策划过程和实施进行了
完整的记载。

　　　赵高因留所赐扶苏玺书，而谓公子胡亥曰："上崩，无诏
　　封王诸子而独赐长子书。长子至，即立为皇帝，而子无尺寸之
　　地，为之奈何？"胡亥曰："固也。吾闻之，明君知臣，明父知
　　子。父捐命，不封诸子，何可言者！"赵高曰："不然。方令天
　　下之权，存亡在子与高及丞相耳，愿子图之。且夫臣人与见臣
　　于人，制人与见制于人，岂可同日道哉！"胡亥曰："废兄而立
　　弟，是不义也；不奉父诏而畏死，是不孝也；能薄而材谫，强
　　因人之功，是不能也；三者逆德，天下不服，身殆倾危，社稷
　　不血食。"高曰："臣闻汤、武杀其主，天下称义焉，不为不

---

① 《史记》卷6《秦始皇本纪》，第263页。
② 《史记》卷6《秦始皇本纪》，第263页。
③ 《史记》卷6《秦始皇本纪》，第264页。

忠。卫君杀其父，而卫国载其德，孔子著之，不为不孝。夫大行不小谨，盛德不辞让，乡曲各有宜而百官不同功。故顾小而忘大，后必有害；狐疑犹豫，后必有悔。断而敢行，鬼神避之，后有成功。愿子遂之！"胡亥喟然叹曰："今大行未发，丧礼未终，岂宜以此事干丞相哉！"赵高曰："时乎时乎，间不及谋！赢粮跃马，唯恐后时！"胡亥既然高之言，高曰："不与丞相谋，恐事不能成，臣请为子与丞相谋之。"高乃谓丞相斯曰："上崩，赐长子书，与丧会咸阳而立为嗣。书未行，今上崩，未有知者也。所赐长子书及符玺皆在胡亥所，定太子在君侯与高之口耳。事将何如？"斯曰："安得亡国之言！此非人臣所当议也！"高曰："君侯自料能孰与蒙恬？功高孰与蒙恬？谋远不失孰与蒙恬？无怨于天下孰与蒙恬？长子旧而信之孰与蒙恬？"斯曰："此五者皆不及蒙恬，而君责之何深也？"高曰："高固内官之厮役也，幸得以刀笔之文进入秦宫，管事二十余年，未尝见秦免罢丞相功臣有封及二世者也，卒皆以诛亡。皇帝二十余子，皆君之所知。长子刚毅而武勇，信人而奋士，即位必用蒙恬为丞相，君侯终不怀通侯之印归于乡里，明矣。高受诏教习胡亥，使学以法事数年矣，未尝见过失。慈仁笃厚，轻财重士，辩于心而讷于口，尽礼敬士，秦之诸子未有及此者，可以为嗣。君计而定之。"斯曰："君其反位！斯奉主之诏，听天之命，何虑之可定也？"高曰："危可安也，安可危也，安危不定，何以贵圣？"斯曰："斯，上蔡闾巷布衣也，上幸擢为丞相，封为通侯，子孙皆至尊位重禄者，故将以存亡安危属臣也。岂可负哉！夫忠臣不避死而庶几，孝子不勤劳而见危，人臣各守其职而已矣。君其勿复言，将令斯得罪。"高曰："盖闻圣人迁徙无常，就变而从时，见末而知本，观指而睹归，物固有之，安得常法哉！方今天下之权命悬于胡亥，高能得志焉。且夫从外制中谓之惑，从下制上谓之贼。故秋霜降者草花落，水摇动者万物作，此必然之效也。君何见之晚？"斯曰："吾闻晋易太子，三世不安；齐桓兄弟争位，身死为戮；纣杀亲戚，不听谏者，国为丘墟，遂危社稷，三者逆天，宗庙不血食。斯其犹人哉，安足为谋！"高曰："上下合同，可以长久；中外若一，事无表里。君听臣之计，即长有封侯，世世称孤，必有乔、松之寿，孔、墨之智。今释此而不从，祸及子孙，足以为寒心。善者因祸为福，君何处焉？"斯乃仰天而叹，垂泪太息曰："嗟乎！独遭乱世，既以不能死，安托命哉！"于是斯乃听高。①

通过史书的记载，可看出"沙丘之谋"是由赵高策划，胡亥、李斯共同参与的政治事件。为了各自的利益，他们篡改了始皇的诏书，立胡亥为太子，并伪造始皇诏书，逼公子扶苏和大将蒙恬自杀。同时李斯决定秘不发丧，等到扶苏自杀的消息传来，车队返回咸阳才正式发丧。不久，胡亥继位，蒙恬、蒙毅兄弟被逼自杀，"沙丘之谋"成功。

如果扶苏继位，蒙氏兄弟不死，历史将是另一种走势。但历史是不能假设的。这一历史事件，直接加速了秦王朝的灭亡。

四、沙丘平台的"谋与乱"对历史走势的重大影响

"沙丘之乱"让赵武灵王被活活饿死在沙丘宫，内乱使赵国由盛转衰。"沙丘之谋"更是间接推动了秦王朝的灭亡。这两次事件不仅使两位君王身死沙丘平台，还对当时的历史走势产生了重大影响。"沙丘之

---

① 《史记》卷 87《李斯列传》，第 2548—2550 页。

乱"和"沙丘之谋"本质上反映了赵武灵王和秦始皇在执政上的一些重大失误。而两次政变都发生在沙丘平台，也反映了沙丘平台在当时有一定的重要地位。

"沙丘之乱"的发生，其根本原因在于赵武灵王在立储和处理内政上犯了严重的错误。立储是稳固一国之本的重要因素，成功立储不仅能维持国家的稳定，还能给国家未来的发展指明方向。因此，立储是一国最重要的内政之一，是万万不可草率行事的。赵武灵王在增强赵国的军事实力和国力上有很强的政治才能，但他在内政上，特别是在立储问题上，政治表现非常幼稚，毫无一个政治家的基本素养。立幼不立长本就有很大的政治风险，赵武灵王在立幼的基础上，又因为对长子赵章产生怜悯，就给他一部分权力，甚至不惜冒着分裂国家的风险，有了封他做代王这个荒诞的想法。在如此严肃的问题上如此感性，从而带来灾难性的后果，"沙丘之乱"的悲剧也就成为必然。实际上，赵武灵王被活活饿死的直接原因，《史记》记载非常明确："公子章死，公子成、李兑谋曰：'以章故围主父，即解兵，吾属夷矣。'乃遂围主父。"① 赵武灵王在权力传承问题上的错误，直接导致他的死亡，进而使赵国由盛转衰。这也让司马迁为之兴叹。

秦始皇的一系列失误导致"沙丘之谋"的发生更让后人为之叹息。"沙丘之谋"的发生反映了秦始皇在执政上的一些重大失误及留下了许多政治漏洞。最重要的失误就是没有立太子。秦始皇没有及时立太子的根本原因在于对自己的过度自信，甚至自负。他认为自己无所不能，认为自己还可以还能做皇帝很多年，他觉得自己能够克服自然规律，并为此追求长生不老，他始终相信自己终能找到长生不老的仙药。他亲自批许多奏折，进行大规模的巡游，以向外界表明他精力旺盛，身体非常健康，不会轻易死亡。即使在他病重的时候，他也是"恶言死，群臣莫敢

---

① 《史记》卷 43《赵世家》，第 1815 页。

言死事"①。在认为自己会干很长时间的情况下，立太子自然不是他优先考虑的事情。等到他病重时再想到这个重要的问题，一切晚矣。他没立太子的同时，也未为太子设立顾命大臣。汉武帝晚年立幼子刘弗陵为太子时，"以光为大司马大将军，日磾为车骑将军，及太仆上官桀为左将军，搜粟都尉桑弘羊为御史大夫，皆拜卧内床下，受遗诏辅少主"。②给太子设立了霍光、金日磾、上官桀、桑弘羊四个顾命大臣，保证了政权的平稳过渡，稳定了西汉王朝的统治。而秦始皇则因为过于自负，没有安排好这些事情，给李斯、赵高、胡亥三人钻空子的机会。写好的诏书，却"未授使者"③，既有被赵高扣住的可能性，又有秦始皇未把诏书立即交给使者的可能性，这反映了秦始皇的过度自负和对自己将不久于人世准备不足。他可能没有明确意识到这个诏书将成为遗诏，因此未将诏书交给使者并及时发出去，这个失误是致命的。因此，未立太子、未设立顾命大臣、未及时发出诏书这三大漏洞，导致"沙丘之谋"的发生，以至于接下来秦帝国的灭亡。"千古一帝"临终前形势如此匆忙、混乱，并导致灾难性结局，让人为之惊叹。"沙丘之乱"和"沙丘之谋"的发生，本质上是赵武灵王和秦始皇在立储问题上犯下的严重错误而引起的连锁反应，致使两国由盛转衰，改变了历史走势。

赵武灵王和秦始皇先后身死沙丘虽属偶然，但也说明在战国、秦时期，沙丘是一个有一定知名度的地方。虽没有在商纣王时期地位那么重要，但从"主父及王游沙丘，异宫"④这条记载可看出，沙丘宫在战国时期是一个大的宫殿群，有很大可能是赵国国君的重要活动场所和疗养胜地，赵国国君有很长时间居住在沙丘宫的可能性，可见沙丘宫在赵国有很高地位。而秦始皇驾崩于沙丘平台则反映了虽然沙丘在秦朝时已经

---

① 《史记》卷 6《秦始皇本纪》，第 264 页。
② 《汉书》卷 68《霍光传》，第 2932 页。
③ 《史记》卷 6《秦始皇本纪》，第 264 页。
④ 《史记》卷 43《赵世家》，第 1815 页。

辉煌不再，但仍是一个重要的地点，足以让秦始皇在此停下来。秦亡后，由于先后两位君王身死沙丘，并导致国运走向衰落甚至灭亡，之后的帝王基本回避沙丘平台，沙丘平台也就渐渐湮灭于历史长河中，被人们所遗忘。

"沙丘之乱"与"沙丘之谋"的历史事件，为以后的执政者提供了重要的警示，科学的政治传承制度，对国家的持续发展和长治久安具有重要意义。

沙丘遗址考论

沙丘平台遗址考辨

张英聘（中国地方志指导小组办公室）

沙丘平台遗址位于河北省广宗县大平台、前平台、后平台村等一带，历史上和商纣王、赵武灵王、秦始皇有关，因发生过几起有重大影响的事件而闻名于世。在各类历史文献中，有关沙丘、沙丘苑台、沙丘宫、沙丘平台、沙丘台的记载很多，但对其所在地，唐代以前的史书并未注明。唐代以来，对沙丘、沙丘平台、沙丘台所在地的注解，曾出现了巨鹿、平乡和广宗不同说法，其后被一些史书、方志甚至高等教育历史教科书、工具书等沿用。唐代以后迄至明清文献，多注明在今广宗，民国时期关于地理沿革考证的书籍也注明在广宗。最新出版的《中国通史》和《辞海》等书，也采用了在广宗的说法。然而，近年随着地方文化热潮的兴起，关于遗址所在地的探讨又引起学术界的关注，研究者从各自角度进行了论证。但从总体上来讲，有些问题尚需要进一步探讨，并结合当时的历史状况和地理环境进行整体考察，以期弄清历史的原貌。本文在以往研究的基础上，对沙丘平台遗址作进一步辨析。

一、通史类教材讲义等的记述

教材讲义由于传播范围广、受众者多，对知识普及的影响也比较大。受教材讲义关注的历史事件，也往往是历史上影响比较大的事件。其中关于沙丘、沙丘宫、沙丘平台的记载，同样受到教材讲义的关注，然而考察其进入教材讲义的过程，也发现了其关注的角度和变化。

史书中关于沙丘、沙丘宫和沙丘平台的记述，最早源于《史记》。据《史记·殷本纪》记载：商王纣帝辛"好酒淫乐，嬖于妇人。爱妲己，妲己之言是从。于是使师涓作新淫声，北里之舞，靡靡之乐。厚赋税以实鹿台之钱，而盈钜桥之粟。益收狗马奇物，充仞宫室。益广沙丘苑台，多取野兽蜚鸟置其中。慢于鬼神。大聚乐戏于沙丘，以酒为池，县肉为林，使男女倮相逐其间，为长夜之饮。"① 商朝后期内外交困，社会矛盾日益尖锐复杂，商纣王即位后骄奢淫逸，大修离宫别馆，由于其残暴统治，加速了商朝的灭亡。

另据《史记·赵世家》记载，赵惠文王四年（前295）沙丘宫发生兵变，赵武灵王饿死沙丘宫中。时"主父及王游沙丘，异宫，公子章即以其徒与田不礼作乱，诈以主父令召王。肥义先入，杀之。高信即与王战。公子成与李兑自国至，乃起四邑之兵入距难，杀公子章及田不礼，灭其党贼而定王室。公子成为相，号安平君，李兑围司寇。公子章之败，往走主父，主父开之，成、兑因围主父宫。公子章死，公子成、李兑谋曰：'以章故围主父，即解兵，吾属夷矣。'乃遂围主父。令宫中人'后出者夷'，宫中人悉出。主父欲出不得，又不得食，探爵觳而食之，三月余而饿死沙丘宫。"② 史称"沙丘宫变"。

又据《史记·秦始皇本纪》，秦始皇三十七年（前210），秦始皇第五次出巡返回咸阳途中病死沙丘平台："至平原津而病。始皇恶言死，群臣莫敢言死事。上病益甚，乃为玺书赐公子扶苏曰：'与丧会咸阳而葬。'书已封，在中车府令赵高行符玺事所，未授使者。七月丙寅，始

---

① 《史记》卷3《殷本纪》，中华书局2014年修订本，第135页。
② 《史记》卷43《赵世家》，第2186页。

皇崩于沙丘平台。丞相斯为上崩在外，恐诸公子及天下有变，乃秘之，不发丧。棺载辒凉车中，故幸宦者参乘，所至上食。百官奏事如故，宦者辄从辒凉车中可其奏事。独子胡亥、赵高及所幸宦者五六人知上死。赵高故尝教胡亥书及狱律令法事，胡亥私幸之。高乃与公子胡亥、丞相斯阴谋破去始皇所封书赐公子扶苏者，而更诈为丞相斯受始皇遗诏沙丘，立子胡亥为太子，更为书赐公子扶苏、蒙恬，数以罪，赐死。"① 史称"沙丘政变"。因为这一事件影响更为深远，所以着墨相对较多。

然而梳理民国以来通史类教材讲义等著述，如 1932 年北平文化学社出版的黄现璠和刘镛的《中国通史纲要》、1932 年南京钟山书局出版的缪凤林《中国通史纲要》、1939 年上海开明书店出版的周谷城《中国通史》、1940 年重庆青年书店出版的张荫麟《中国史纲》、1946 年南京正中书局出版的金毓黻的《中国史》、1944 年上海开明书店出版的吕思勉《中国通史》下册、1946 年上海商务印书馆出版的缪凤林《中国通史要略》、1946 年商务印书馆出版的李澄源《秦汉史》、1949 年沈阳东北书店出版的陈怀自《中国通史讲话》等，却并未涉及或记述。新中国成立后出版的通史类和殷商、秦汉史研究著作，如郭沫若《中国通史》、翦伯赞《中国史纲要》、范文澜等《中国通史简编》及《中国通史》、胡厚宣和胡振宇《殷商史》等亦未涉及。这种现象可能与通史类著述的目的与作用相关，这类著述的目的主要是贯通历史，对历史事件、历史人物、典章制度、经济文化等，用简洁的语言描述过程，并按照一定的史学体例编排次序，最终达到揭示社会发展规律的作用。因此，一些历史过程的描述往往极为简略。

在沙丘、沙丘宫和沙丘平台发生的历史，毕竟是对历史有重要影响的大事，尤其是与商纣王和秦始皇有关的事件，不可能不受到教材讲义等著述的关注。这类著述中记述较早的，是被誉为"20 世纪新式中

① 《史记》卷 6《秦始皇本纪》，第 335—336 页。

国通史的第一部成名作"① 夏曾佑的《中国古代史》，该书 1933 年初版，其中引用《史记·殷本纪》记载："纣以酒为池，悬肉为林，使男女倮，相逐其间，为长夜之饮。""酒池"为何物，关于"酒池"的概念源于夏桀，史称"桀为酒池，可以运舟，一鼓而牛饮者三千人"②。夏桀可以说是"酒池"的创立者，历史上桀纣常常联系在一起，并被视为奢靡暴君的典型，其中"酒池"之设就反映了两人的共同之处。但桀纣为酒池之地书中并未注明。1945 年吕振羽《简明中国通史》，仍引据《史记》记载："受辛于沙丘建立行营台苑，'收狗马奇物''野兽蜚鸟置其中'，并作'奢靡之乐'，使美女和奴隶日夜歌舞作戏；为酒池、肉林、糟丘，令男女奴隶裸身相逐其间，'为长夜之饮'，又'以绳羁人头牵诣池，醉而溺死'，以为戏乐。"③ 对酒池作了描述，既反映了商纣王之残暴，也让人了解了酒池的样貌，但对沙丘行营台苑所在同样未指出今天的位置。

查 1965 年台湾商务印书馆出版的余又荪《中国通史纲要》，该书引据《史记·秦始皇本纪》，记秦始皇最后一次出巡，崩于沙丘平台。④1980 年台湾长桥出版社出版的邹纪万《中国通史》第二卷《秦汉史》，亦记载始皇三十七年秦始皇东巡病死沙丘。⑤ 二书未提到商纣之事，但对秦始皇病死沙丘和沙丘平台之事有所记述，可惜的是对于沙丘平台、沙丘的位置仍未注明。

上述事实反映了通史类著述的特性，但由于在沙丘、沙丘平台发生的历史事件的影响，对于今天所处位置仍然引起关注。而在教材中出现较早的是 1937 年出版的金兆丰《中国通史》，该书记载秦始皇"晚岁东

---

① 王家范：《中国通史编纂百年回顾》，《史林》2003 年第 6 期。

② 夏曾佑：《中国古代史》第一篇《上古史》，商务印书馆 1935 年版，第 28 页。桀为酒池，见（汉）刘向：《新序·刺奢》记载："桀作瑶台，罢民力，殚民财，为酒池糟堤，纵靡靡之乐，一鼓而牛饮者三千人。"《丛书集成初编》，商务印书馆 1936 年版。

③ 吕振羽：《简明中国通史》，生活书店 1945 年版，第 73—74 页。

④ 余又荪：《中国通史纲要》，台湾商务印书馆 1989 年版。

⑤ 傅乐成主编，邹纪万著：《中国通史》，长桥出版社 1980 年版，第 25 页。

巡，崩于沙丘"，括注沙丘为今河北平乡县。① 之后一直到 1979 年教育部组织编写高等院校文科教材，福建人民出版社出版朱绍侯等主编的《中国古代史》试行，记载秦始皇出巡途中病死沙丘，括注沙丘为今河北平乡东北。② 之后该书多次修订再版，均沿用了这一说法。2004 年，白寿彝总主编《中国通史》出版，但该书所采用的观点仍沿用前书的说法，记述秦始皇最后一次出巡途中死于沙丘平台，括注沙丘平台为今河北平乡东北。③《中国古代史》长期作为高校历史学系本科生的教材，白寿彝《中国通史》也是一部影响很大的通史，所以关于沙丘、沙丘平台所在地的说法传播极为广泛。

关于沙丘、沙丘平台所处位置不同的认识，有 1981 年林剑鸣的《秦史稿》，该书记述秦始皇东巡行至沙丘平台病死，括注沙丘平台为"河北巨鹿县东南"④ 至 2003 年其所著《秦汉史》，关于秦始皇巡游病死沙丘平台之事，其文字记述和地名注释均沿用了前书⑤ 至 2018 年，曹大为总主编、岳庆平主编的《中国大通史·秦汉》，记述秦始皇第五次巡游返程，病死于沙丘平台，括注沙丘平台为"河北广宗西北"⑥，成为沙丘平台今地名最新的注解。

综上所述，关于沙丘、沙丘宫、沙丘平台在教材中出现，尤其是对今地名的解释，从平乡说、巨鹿说到广宗说，也反映了通史类教材研究成果的变化。2020 年《辞海》（第七版）出版，其解释"沙丘"一词，有一个释义为："古地名。在今河北广宗大平台、前后平台一带。相传殷纣于此筑台，畜养禽兽。公元前 295 年，战国赵武灵王为公子成和李兑

① 金兆丰:《中国通史》，上海中华书局 1937 年版，第 23 页。

② 朱绍侯等主编:《中国古代史》，福建人民出版社 2000 年版，第 238 页。

③ 白寿彝总主编，白寿彝、高敏、安作璋主编:《中国通史》第四卷，上海人民出版社 2004 年版，第 236 页。

④ 林剑鸣:《秦史稿》，上海人民出版社 1981 年版，第 400 页。

⑤ 参见林剑鸣:《秦汉史》，上海人民出版社 2003 年版，第 161 页。

⑥ 曹大为总主编:《中国大通史》，学苑出版社 2018 年版，第 46 页。

所围，饿死沙丘宫；前210年，秦始皇巡视途中病死于沙丘平台，均在此。"①此说比《中国大通史》的解释，明显更为精确，也说明学界对沙丘、沙丘宫、沙丘平台地理位置的认识更进了一步。

二、沙丘、沙丘苑台、沙丘平台、沙丘台及沙丘宫辨析

根据《史记》记载，冠以"沙丘"名称的有"沙丘苑台""沙丘宫""沙丘平台"，其中"沙丘平台"在之后的史书和方志中常被写成"沙丘台"。对于"沙丘"的概念，《辞海》（第七版）除解释为古地名，还有一个释义为"风力作用下沙粒堆积成的地貌。呈丘状或垄岗状。高数米至数十米，个别超过百米"②，描述了沙丘的地貌特点"呈丘状"或"龙岗状"。

对于沙丘及沙丘平台、沙丘宫得名，有学者认为沙丘即"因地形和地貌得名，而后此处建有宫殿建筑群，称为'沙丘宫'，沙丘宫内有一宫室名为'平台'或是有一高台称为'平台'，而非城邑存在"③。还认为"沙丘平台"的"平台""应该是宫室名或者是高台性质的建筑名，不应该为专属性质的行政区划名"，并由"沙丘之宫，平台之中"，认为"沙丘平台是指沙丘宫中的一处平台或者一处叫'平台'的宫室"④。

对于"沙丘苑台"，有学者认为是"我国古典园林的最初形式，是

① 《辞海》（第七版）第一卷，上海辞书出版社2020年版。又《辞海》（第七版）网络版 https://www.cihai.com.cn/index。
② 《辞海》（第七版）第一卷，上海辞书出版社2020年版。又《辞海》（第七版）网络版 https://www.cihai.com.cn/index。
③ 王自兴、张润泽：《沙丘宫遗址地望考》，载《秦始皇帝陵博物院.2012》，三秦出版社2012年版，第206页。
④ 张润泽、王自兴：《"平台"地望考辨》，《邯郸学院学报》2014年第3期。

有文字记载的中国历史上第一座帝王园林","沙丘苑台"作为苑囿的称谓，有时简称"沙丘"，有时也称"沙丘平台"。并指出《史记》记载的始皇崩于沙丘平台，这个沙丘平台"一方面是具体指沙丘苑囿，另一方面约定俗成地成为县域的名称"，并且延及"沙丘"属地的村庄名称，今广宗县的大平台、前平台、后平台村均由"沙丘平台"而得名①。还有学者认为"沙丘苑台"是建于商朝的苑囿，"沙丘宫"构建在"苑囿"之中②。

那么沙丘、沙丘苑台、沙丘平台、沙丘台、沙丘宫，是否如上所述，是地名、建筑名、苑囿？这几个名称到底指代什么，彼此之间有什么关系？由于事关沙丘平台遗址的性质，因此需要将这几个名称进行梳理并加以辨析。

（一）丘与沙丘

"丘"在《说文解字》中说："土之高也，非人所为也。"③三国魏张揖的《广雅》的《释丘》云："小陵曰丘"。清代王念孙《广雅疏证》进一步解释："《周官·大司徒》注云：土高曰丘，大阜曰陵，是丘小于陵也。"④说明古代的丘，是一种自然形成的小土阜。故沙丘因其地形地貌得名，郝懿行《尔雅义疏》云"沙丘所在多有其形，皆逦迤连延"⑤，有

---

① 李云豪：《中国第一座帝王园林——沙丘苑台遗址考》，载中国人民政治协商会议广宗县委员会编《广宗文史概览》（文史资料专集⑦），冀出内准〔2014〕第 AX014 号，2014 年，第 28—29 页。

② 黄鹏：《沙丘苑台营建环境初探》，河北农业大学 2015 年硕士学位论文，第 2、40 页。

③ （东汉）许慎记、（北宋）徐铉等校定：《说文解字》第八上"丘"说文，日本静嘉堂文库藏北宋徐铉校刊、汲古阁藏板。

④ （清）王念孙：《广雅疏证》卷 9 下《释丘》，中华书局 1983 年版，第 299 页。

⑤ （清）郝懿行：《尔雅义疏》中之六《释北第十·逦迤沙丘》，载《清人注疏十三经》第 5 册，中华书局影印《四库备要》本，第 138 页。

曲折绵延状者即为沙丘①。然而徐中舒《甲骨文字典》"丘"之解字:"《说文》以丘非人所为?非是,说形亦不确。丘为居穴,由人为而成。又因丘多选择高亢干燥处凿建,其出入之孔较高,引申之,土之高者亦称丘。"又释义之一云:"人所聚居之丘穴,区划之地理区域。"② 由此可知,丘尚有人聚居处之义。

古人多山居或居丘,其居址选择高地。商代以前黄河下游平原多有名丘之地名,皆由其地势稍高而得名。如轩辕丘、寿丘、帝丘、商丘、老丘、沙丘、营丘、青丘、邢丘、陶丘、玄丘等。③ 古史传说中,黄帝生寿丘,居轩辕之丘;尧生于丹陵,居于陶丘;舜生于姚墟,耕于历山。胡厚宣在《卜辞地名与古人居丘说》一文中说:"夫古代地理,多以州名,古籍地名,多用丘阜,古代帝王,必据丘虚,乃得称氏,其生、兴、都、葬以及有所举作,又无不于丘陵为之,则古代人民之营丘居生活明矣。"该文以甲骨文文字为视角,结合黄河下游地区丘的历史变迁,对古人居丘进行了阐述,对商人居丘也有更为深入的认识,认为"殷代常有大水及洹河泛滥之患,其人民不能不营为岗阜,或择丘陵而居,故卜辞乃多有山、泉、麓、鹿、京、自、阜、丘、土、单等类之地名"④。钱穆在《中国古代山居考》一文中也提到:"古人自畏平地低湿,故居丘。"⑤ 又引《家语注》"九丘,国聚也","是谓故国皆居丘也。"又云:"古地以丘为名者如营丘、商丘、楚丘……阿丘之类,即就见于《左传》一书者,殆已不胜数。盖古人其先皆居丘,故所居地亦以丘为名。"该文还提到:"丘、墟皆指故为人所居,故称帝丘、商丘、夏墟、殷墟……是

---

① 王瀛三:《"天下"名丘初探》,《中原文物》1989年第3期。

② 徐中舒:《甲骨文字典》,四川辞书出版社1989年版,第924—925页。

③ 张兴照:《卜辞中的"丘"与商人"居丘"》,《殷都学刊》2021年第2期。

④ 胡厚宣:《卜辞地名与古人居丘说》,《甲骨文商史论丛初集》,河北教育出版社2002年版,第497—504页。

⑤ 钱穆:《中国古代山居考》,载《钱宾四先生全集·中国学术思想史论丛(一)》,联经出版社1998年版,第55页。

故古史传说诸帝皆山居，其民亦皆山居也。"①

丘是商代黄河下游地区极为常见的地貌形态，古代黄河流域气候温暖潮湿，川流湖泽众多，洪水泛滥与河流泥沙堆积，造成丘的变迁。商代"自祖乙五世至盘庚元兄阳甲，宫室奢侈，下民邑居垫隘，水泉泻卤"②。由于黄河在平原上的泛滥，低下之地不适合人类居住，丘自然成为人们建立聚落的所在。《禹贡》就有"降丘宅土"③的记载，甲骨文中多有高地貌用字，如丘、石、山、岳、嵒、自、阜、陆、陵、泉、麓、鹿、京、高等。据不完全统计，甲骨文中山阜类地名有山属24、阜属70、丘属30、麓属34、京属20等泛称或具体地名近200个。然而这些地名并非表示山居，而是广义地表示商人居高之所。甲骨文地名多言丘某或某丘，且出现了为数不少的丘名，并有不少在丘之所进行活动的记载，卜辞中就有主管丘居的"小丘臣"即"丘小臣"的记载，说明商人不仅丘居以防外侵和水患，而且丘还是商代基层组织之一种，丘某或某丘指某地冈丘上的聚落。④

传统聚落与"居丘"相关，这是一种有强烈的倾向性和选择性居住习俗。《淮南子·本经训》记载远古时期就有"积壤而丘处，粪田而种谷，掘地而井饮，疏川而为利，筑城而为固，拘兽以为畜"。⑤《庄子·则阳篇》："丘里者，合十姓百名而以为风俗也。"⑥说明不同姓氏的人以丘为聚。甲骨文卜辞中亦有"宅丘"者，这片卜辞系牛胛骨，武丁时所卜，

① 钱穆：《中国古代山居考》，载《钱宾四先生全集·中国学术思想史论丛（一）》，联经出版社1998年版，第56、57、56页。

② （汉）孔安国传、（唐）孔颖达正义、黄怀信整理：《尚书正义》卷第九《盘庚上》引三国魏王肃言，上海古籍出版社2007年版，第336页。

③ 尹世积：《禹贡集解》，商务印书馆1957年版，第7页。

④ 张兴照：《卜辞中的"丘"与商人"居丘"》，《殷都学刊》2021年第2期。

⑤ （汉）刘安：《淮南子》卷13《本经训》，中国国家图书馆藏明刻本。

⑥ （晋）郭象：《庄子郭注》卷8《杂篇·则阳》，中国国家图书馆藏明万历三十三年（1605）刻本。

存两辞，一辞残缺，只剩下一个王字，一辞存完整的辞句即"宅丘"，由此可证明殷人确有居丘的习俗。①

丘地不仅是古人定居之地，而且丘墟聚落的演变与古代城市起源有着密切关系，许多早期城市多是由丘虚发展而成。五帝与三代时期的帝王都城多由丘虚演变而来，后来的都邑郡县治所所在地亦多由丘虚发展而成。因其具有重要的历史地位，故成为先秦时期许多重要历史事件的发生地。②据《竹书纪年》记载，祖乙二年"圮于耿，自耿迁于庇"，认为祖乙迁都自耿即邢迁于庇，庇所在地即是沙丘。③据此分析，虽然沙丘和地貌有一定的关系，但沙丘能出现帝王的行宫，也说明沙丘是古人较早的聚居地或者是早期城市乃至都市所在地。

（二）沙丘苑台

"苑台"又称为"台苑"，"台"有两层意义，一是指个体建筑物"台"，二是指台及其周围所形成的空间环境即"苑台"。④《史记·殷本纪》曾记述商纣王"广益沙丘苑台"的情形，这是有文字记载最早的古代帝王园林。1989 年 10 月，在湖北云梦出土了一批秦简，上面有"沙丘苑中

---

① 郑东军：《释"丘"——中国传统聚落文化解读》，《南方建筑》2006 年第 4 期。

② 王明德：《从丘虚地名看早期城市起源》，《商丘师范学院学报》2014 年第 7 期。

③ （梁）沈约附注，（明）范钦订：《竹书纪年》卷上，上海商务印书馆 1936 年缩印天一阁刊本。又据（梁）沈约附注，（清）徐文靖补笺：《竹书纪年统笺》卷 5《祖乙》："（祖乙）二年圮于耿，自耿迁于庇"；"孔疏曰：'祖乙居耿，今为水所毁，更迁他处，故言毁于耿耳！'又《尚书·盘庚》云：'不常厥邑，于今五迁。及其数之，惟有亳、嚣、相、耿四处而已。'《史记》：'祖乙迁于邢。'《皇极经世》：'祖乙圮于耿，徙居邢。'今据《竹书》：'祖乙又自耿迁庇，则是盘庚前五迁，祖乙两迁也。邢与庇当是一地。'《帝王世纪》：'纣自朝歌北筑沙丘台，沙丘在巨鹿东北七十里。'《括地志》：'在邢州平乡东北二十里。'则《史记》谓'祖乙迁邢者'，当即为《竹书》所云'迁庇者也'，盖是时宋有邢国，自周公子靖渊始封，商时谓之庇也。"天津图书馆藏清光绪三年（1877）浙江书局据丹徒徐氏本校刻本。关于商代祖乙迁都于庇的研究，谷华池《殷商五代帝王建都沙丘考》（《邢台学院学报》2006 年第 1 期）一文有所考证。

④ 周维权：《中国古典园林史》（第三版），清华大学出版社 2008 年版，第 43 页。

风茶者"①，提到"沙丘苑"一词。"苑台"和"苑"同义，但"苑"一字出现较晚。汉代以前见于文献的有桑林②、囿、苑或称为苑囿、囿苑、台苑等，在甲骨文中"囿"已出现，但并无"苑"字，先秦文献也极少出现。对于"囿"和"苑"，《说文解字》解释"囿"为"苑有垣也，从口有声。一曰禽兽曰囿。"③"苑"为"所以养禽兽也。"④二者本义基本相同，都表示养禽兽植草木以供古代帝王田猎游乐的场所。《太平御览·居处部·苑囿》引《风俗通》曰："苑，蕴也，薪蒸蕴积也。言畜鱼鳖处也。囿，犹有也。《说文》曰：'苑有园曰囿，一曰养禽兽曰囿。'"⑤先秦时期"苑""囿"并用，但汉以后改用"苑"为多⑥。

"台苑"的产生与殷商时期土木、营造的发展有关，这一时期有了建造重檐楼阁的技术，如《周礼·考工记》中提道："殷人重屋。"⑦《说文解字》解释"楼，重屋也"⑧。在此基础上"苑囿"和"台苑"

① 中国文物研究所、湖北省文物考古研究所编：《龙岗秦简》注释："沙丘，古地名，在今河北广宗西北大平台。《史记·殷本纪》记，纣王在此筑台，建造苑囿，畜养鸟兽。战国时，赵武灵王被公子成等围困，饿死沙丘宫。秦始皇三十七年（前221），于巡视途中死于沙丘。"第87页。

② （清）顾祖禹撰，贺次君、施和金点校：《读史方舆纪要》卷15《北直六·顺德府·广宗县》："桑林在县南。唐兴元初，朱滔攻田绪贝州，久之未拔，成德帅王武俊、昭义帅李抱真，合兵进救。距贝州三十里，武俊先伏兵于桑林。合战，伏发，滔大败，走德州。胡氏曰：桑林在经城县西南。"中华书局2005年版，第673页。此说也说明广宗是古典园林发源地之一。

③ （东汉）许慎记，（北宋）徐铉等校定：《说文解字》第六下"口"说文，日本静嘉堂文库藏北宋徐铉校刊、汲古阁藏板。

④ （东汉）许慎记，（北宋）徐铉等校定：《说文解字》第一下"艸"说文，日本静嘉堂文库藏北宋徐铉校刊、汲古阁藏板。

⑤ （宋）李昉：《太平御览》卷196《居处部二十四·苑囿》，《影印文渊阁四库全书》第894册，北京出版社2012年版，第833页。

⑥ 陈卫强：《"囿""苑"历时更替考》，《吉林师范大学学报（人文社会科学版）》2008年第1期。

⑦ 张道一注译：《考工记注译》第三章《匠人营国》，陕西人民美术出版社2004年版，第128页。

⑧ （东汉）许慎记、（北宋）徐铉等校定：《说文解字》第六上"木"说文，日本静嘉堂文库藏北宋徐铉校刊、汲古阁藏板。

产生。对于商人作"囿"的初衷，《淮南子》说："汤之初作囿也，以奉宗庙鲜犒之具。简士卒，习射御，以戒不虞。及至后衰也，驰骋射猎，以夺民食，罢民之力。"①汤在立国初期作"囿"，一是给宗庙祭祀准备新鲜和干的肉，二是为了检阅作战士兵，三是练习射箭御马之术。商人尚猎、善战、信鬼神，迁都、田猎、祭祀是商人的三大事，商人信鬼神，占卜多，且崇拜自然，"囿"中作台，作为祭祀天地的场所。这一时期苑囿出现，其中的台与水池、林木构成园林空间，比原始荒野中的台苑空间多了一份人工雕琢。到春秋战国时期，高台上的建筑甚至成组布置，其环境或山或水，林木葱茏，后期园林中的要素如山、水、林木和建筑都出现了，从园林史上讲进入了"台苑园林时代"。

沙丘苑台作为王室的游乐园林，从商纣王至秦始皇统治时期，历时 800 多年，也经历了古代园林的发展变化。商代晚期宫室享乐之风盛行，纣王好酒淫乐，筑沙丘苑台，畜养鸟兽于其中，大聚乐戏于沙丘，此时的"沙丘苑台"的"苑"相当于于"囿"②，而且林木繁茂，与台、乐、舞相匹配 ③。之后见于史籍记载战国时期赵武灵王饿死沙丘宫，秦始皇崩于沙丘平台，这一时期的沙丘苑台已成为具有高台、建筑、水面、花木繁茂的宫园，说明沙丘苑台从囿到台苑园林的变化。

春秋战国时期，修造苑囿之风渐起，各诸侯王均将"高宫室、大苑囿"作为他们追求的目标，开启了秦汉及其以后大规模造园之风。毛苌《诗》传："囿，所以域养禽兽也。天子百里，诸侯四十里。"清人马瑞

---

① （汉）刘安等撰，高诱注：《淮南子》卷 20《泰族训》，哈佛大学燕京图书馆藏清乾隆五十三年（1788）咸宁官署校刊本。

② 周维权：《中国古典园林史》（第三版），清华大学出版社 2008 年版，第 54 页。认为"沙丘苑台"的"苑"和"台"并提，即意味着两者相结合而成为整体的空间环境。其中"置野兽蓄鸟"，则已不仅是圈养、栽培、通神、望天的地方，也是略具园林雏形格局的游观、娱乐的场所。

③ 王铎：《中国古代苑园与文化》，湖北教育出版社 2003 年版，第 52 页。

辰又作了进一步考证："古者囿盖有二，一是田猎之处，一是宴游之所。虽同是养禽兽，而地之大小不同。田猎之处即薮泽，《周官·职方氏》：'豫州，其泽薮曰圃田。'《白虎通》：'苑囿在东方。'引《诗》：'东有圃草'是也。《春秋（左传）》成（公）十八年'筑鹿囿'，《公羊（传）》：'天子囿方百里，公侯四十里，伯七里，子、男五里。皆取一也。'又《（周礼）天官·阍人》疏引《白虎通》曰：'天子百里，大国四十里，次国三十里，小国二十里。'《孟子》：'文王囿方七十里，齐囿方四十里。'所谓囿，皆薮泽，以供田猎也。《周官·囿人》：'掌囿游之兽禁'，郑注：'囿游，囿之离宫小苑观处也。'赵岐《孟子注》：'雪宫，离宫之别名。宫有苑囿、台、池之饰，禽兽之饶。'所谓囿，皆养禽兽，以供玩游也。此时灵囿与台、沼并言，其为游玩之囿无疑。《毛传》乃以百里、四十里之囿当之，失其乙矣。"①

清顾问《夏小正集解》："《传》曰'囿也者，园之燕者也。'有藩篱曰园，有墙曰囿，见露也，见韭者。韭之初见也，韭初发芽，其味尤美。《埤雅》：'韭之美，在黄是也。'黄氏曰：'种蔬者谓之圃，有台、沼者谓之囿。'得有其乐，故谓之囿也。"②《诗经》："经始灵台，经之营之……王在灵囿，麀鹿攸伏……王在灵沼，于牣鱼跃。"③"灵台""灵沼""灵囿"都是指苑囿，囿中有游览的池沼。因此，《吕氏春秋·重己》说："昔先圣王之为苑囿园池也，足以观望劳形而已矣。"高诱注曰："畜禽兽所，大曰苑，小曰囿。《诗》云：'王在灵囿，树果曰园。'《诗》曰：'园有树桃，有水曰池，可以游观娱志。'故曰足以劳形而已。"④ 这些记

---

① （清）马瑞辰：《毛诗传笺通释》卷 24《大雅·文王之什·王在灵囿》，中华书局 1989 年版，第 858—859 页。

② （清）顾问：《夏小正集解》卷 1，《四库未收辑刊》影印清乾隆五十七年（1792）敬业堂刻本。

③ 《诗经·大雅·文王之什》"灵台"，日本早稻田大学图书馆藏嘉靖三十一年（1552）魁本大字校刊本。

④ （秦）吕不韦撰，（汉）高诱注：《吕氏春秋》卷 1《孟春纪·重己》，《四部丛刊》影

载为灵囿、灵台、灵沼的功能又提供了佐证。

据此说明最初的苑囿都是天子与诸侯豢养奇禽异兽之地，那么苑囿或台苑的规模有多大呢？由上所述，可知其规模是按照等级确定的，既有天子与公侯伯子男爵位的高低，也有诸侯国地位与大小之别。所以天子苑囿百里、诸侯四十里的说法，并不十分准确，也是取其大概。《孟子》所说："文王之囿方七十里，刍荛者往焉，雉兔者往焉，与民同之。"① 既说明了周文王的囿的规模，又说明了其功能，尤其此时的囿还是与民共享的。将其规模大小按照今天的尺度折算，有学者认为上古天子之苑方有 10 余公里，诸侯之苑方有 4 余公里，周文王囿方约 7 公里，汉代及其以前每尺折合 0.23 米。② 此换算仅注明当时尺的折算，里怎么折合尺，折合多少并未说明，而笼统说其方圆似乎并不准确。中国里的长度及其演变，古籍和有关度量衡的著作记载较少，历史上有三次大的变化，即周和秦汉时期、清光绪年间以及民国时期。周朝的长度计量是根据井田制规定，《汉书·食货志上》说："理民之道，地著为本。故必建步立亩，正其经界。六尺为步，步百为亩。亩百为夫，夫三为屋，屋三为井，井方一里，是为九夫。"③ 从这一记载，可知一里三百步，一步六尺，一里有一千八百尺，但是《汉书》是以秦朝的步尺制度代替了周朝的步尺制度。而据《续文献通考》记载，以"夏尺六尺为步"，"商尺五尺为步"，"周尺八尺为步"，"秦复古制，六尺为步"④，周、秦、汉代一尺合今天的米都是 0.231，折合

印涵芬楼藏明宋邦义等刊本。

　　① （汉）赵岐注：《孟子》卷 1《梁惠王章句下》，《四部丛刊》据上海涵芬楼借清内府藏宋刻本影印本。

　　② 王贵祥：《关于中国古代苑囿园池基址规模的探讨》，载中国圆明园学会《圆明园》学刊第八期——纪念圆明园建园 300 周年特刊，2008 年。

　　③ 《汉书》卷 24 上《食货志上》，中华书局 1962 年版，第 1119 页。

　　④ （清）嵇璜、曹仁虎纂修：《续文献通考》卷 108《乐考·度量衡》，国家图书馆藏清内府抄本。

一里是 415.8 米。①

　　商纣王时期，周文王姬昌继承其父封号为西伯昌，周是商朝的一个侯国。周文王的囿有方 70 里，那么沙丘苑台的规模当在此之上，按天子之苑百里计算约方 41.58 公里，少者也约方 29.1 公里。到赵武灵王和秦始皇时期，沙丘苑台也不会少于这个尺度等级标准。秦始皇统一六国后效仿周文王，将都城丰、镐间大片山林陂池纳入皇家苑囿中，营造上林苑、宜春苑等，甚至将数百里关中大地变成一个大苑囿。汉初承秦之旧苑，如上林苑周袤达 300 余里，若设想其形为方，则其苑围的长宽也在 75 里左右，面积也大约在数千平方里以上，其规模是相当宏巨的。②沙丘苑台作为最早的帝王苑囿，其规模应是很辽阔的。有学者认为沙丘苑台是沙丘台、沙丘宫，并将沙丘苑台与沙丘、沙丘平台、沙丘台、沙丘宫等概念相混淆③，显然有失偏颇。从目前对沙丘苑台的研究来看，黄鹏《沙丘苑台营建环境初探》一文对沙丘苑台营造环境最为系统深入，认为沙丘苑台是史料记载最早的苑囿性质的"离宫别苑"，且非纣王所始建，其兴筑与祖乙迁邢存在一定联系，至商纣王而使其规模更加扩大④，后世商王迁都离开邢之后，沙丘苑台仍长期作为皇家的离宫别

---

　　①　杨生民：《中国里的长度演变考》，《中国经济史研究》2005 年第 1 期。

　　②　王贵祥：《关于中国古代苑囿园池基址规模的探讨》，载中国圆明园学会《圆明园》学刊第八期——纪念圆明园建园 300 周年特刊，2008 年。

　　③　王自兴、张润泽：《沙丘宫遗址地望考》，载《秦始皇帝陵博物院 .2012）》，三秦出版社 2012 年版。该文认为"不同的史籍对沙丘宫的称呼并不相同，基本有'沙丘''沙丘苑台''沙丘台''沙丘宫''平台'和'沙丘平台'等几种说法"，将沙丘、沙丘平台、沙丘宫和沙丘苑台等概念相混淆。杨凤奎：《对沙丘、沙丘宫、沙丘平（苑）台的梳理考证》，《邯郸职业技术学院学报》2014 年第 3 期。该文认为"沙丘苑台，又名沙丘台、沙丘宫，自殷商迄秦汉皆为离宫别馆"，显然将沙丘苑台和沙丘台、沙丘宫的属性混淆。张润泽、王自兴：《"平台"地望考辨》，《邯郸学院学报》2014 年第 3 期。该文认为在沙丘建有宫殿建筑群成为"沙丘苑台"，宫殿建筑群和苑围、台苑并非等同。

　　④　关于"沙丘苑台"起源何时的问题，李云豪在《中国第一座帝王园林——沙丘苑台遗址考》（载政协广宗县委员会编《广宗文史概览·文史资料专集⑦》）一文认为，"沙丘苑台"起源于有文字记载的中国园林史之前的"桑林"，是在商代五代帝王建都沙丘时苑围和台的基

苑存在，并为赵武灵王和秦始皇多朝帝王所中意①。这些观点对于了解沙丘苑台的生态环境和社会环境及其相关研究有很大的推动作用。但该文在研究地望时仍依据前述学者的结论，对沙丘苑台与沙丘宫和沙丘平台遗址还需要进一步论证。因此，要研究沙丘平台和沙丘宫遗址所在，尚需要厘清沙丘苑台与沙丘平台、沙丘宫之间的关系。

（三）沙丘平台、沙丘台与沙丘宫

"沙丘平台"简称"沙丘台"，二者在史籍中经常混用。台是最原古的园林建筑，台是中国古代建筑中一个重要类型，凡帝王宫殿、园苑、天象观测所、城池、烽燧以至庙、观、寺、陵等皆有台。历史上的台多用土构筑，高出地面，是四面比较陡削的高耸平台，或者说是自然土台，或者是其形如台的小山。《说文解字》中"台"意为"观四方而高者，从至从之从高省，与室屋同意"②。《尔雅》云："'阇'谓之台，积土四方。有木者谓之榭，台上起屋。"又解释曰："别台榭之制也，积土四方而高者名台。"③《释名》云："台，持也，筑土坚高能自胜持也。"④也就是说台是崛地而起，顶上平坦而四面若削者，台上建有房屋，所以多称之为"台榭"⑤。

我国高台建筑滥觞于夏、商，尚于春秋，衍盛于战国⑥。在先民聚

础上扩建的。

① 黄鹏：《沙丘苑台营建环境初探》，河北农业大学 2015 年硕士学位论文。

② （东汉）许慎记、（北宋）徐铉等校定：《说文解字》第十二上"至"说文，日本静嘉堂文库藏北宋徐铉校刊、汲古阁藏板。

③ （晋）郭璞注：《尔雅注疏》卷 5《释宫》，（清）阮元校刻：《十三经注疏》，中华书局 1980 年版，第 2597 页。

④ （汉）刘熙：《释名》卷 5《释宫室》，《文渊阁四库全书》本。

⑤ 吴宇江：《大为苑囿高为台榭——论秦汉时代的园林》，《中外建筑》1996 年第 6 期。

⑥ 高介华：《先秦台型建筑》，《华中建筑》2008 年第 6 期。

居的中原、燕赵、荆楚、吴越之地，其时登高而远望，人与自然联系的空间感、神灵感油然而生，于是开始在平地筑台。最古之台，是传说中"桑林"的祭天之台。春秋战国以前，见于文献记载的台最早的是夏台，夏桀囚商汤于此。之后有夏后启陵墓的献殿台璇台、夏桀游乐之台瑶台以及商纣之瑶台、商纣之鹿台、沙丘苑台、周文王的灵台和时台及囿台、周穆王修建的中天之台。按照原始思维，高台本是通神通天的场所，是天命的象征，是人的价值的体现，因此只能是天子的禁脔。春秋战国时期，礼崩乐坏，诸侯列国竞相广筑台榭，规模宏大，建筑华美，声名显赫的如楚之章华台、吴之姑苏台、越之越王台、赵之丛台等①，在中国古代建筑史上进入了高台建筑时期。此时的高台又由娱人向理性化发展，即娱神转向娱人，开始注重人情味和尺度感②。春秋以后，园林以娱人为目的更成了基本的原则，高台建筑选址于风景秀丽之处，皆为游乐、眺望的离宫别馆，使人赏心悦目，于是形成台苑园林。由祭祀台到游乐台的转变，其社会文化根据就是台苑园林不再像囿显示着强烈的经济、军事和政治的功能，人的地位突出于神的地位，在上层统治阶层中出现了一种新的以游乐为目的的生活空间，台苑园林成为一个时代的园林形式。

　　春秋战国时期群雄争霸，南北列国皆筑苑台，各列国的台地建筑，大都是上筑宫榭。台苑建设不仅限于周天子，而是普及诸侯王国，其功能有观象、察风云、祭天地、演武、宴宾客、讲经学，尤以游观娱愉为主要目的。高台苑林分布较广，据《左传》记载其时华夏之地有国120余个，还不包括边地"蛮夷"。各诸侯国王要祭天、观天象，台苑必在其事之中，由此可见当时台苑数量之多，也说明台苑园林发展是一个时代的普遍追求。台苑园林以高台为主体，台的选址因山就水，将台苑和

---

① 王铎：《中国古代苑园与文化》，湖北教育出版社2003年版，第65—66页。

② 吴利萍：《中国古典园林的滥觞——先秦园林探析》，天津大学2003年硕士学位论文，第7页。

风景融为一体。

台苑园林不是一个孤立的台，多是一个台苑宫园。在形式上有独立之台，也有数台并立的丛台，台上多有建筑，其下周围又多有宫室建筑，形成以台为空间主体的高台宫苑。台苑规划以庞大而复杂的宫室使用功能为依据，组群布置，以炫耀霸主的军政财富实力，台以求高，数以求多，体形以求壮观巍峨，如楚之章华台高达40多米，远超周文王4米多高的灵台。宫室建筑求华，极尽当时权力、财富和建筑工艺技术之表现。春秋战国时期，之所以出现台苑园林辉煌发展的时期，和其时思想文化的繁荣昌盛分不开的①。至秦汉时期，又迎来中国封建社会早期造园与建筑发展的一个高潮时代，秦始皇因信方士之术而好营宫室。此时高台建筑仍然盛行，不仅用途广，而且建造的数量也多，不论是在苑台、都城、宫殿、县邑以至郊野，都见有筑台的记载，而且台的型式也是多种多样的。据《淮南子》记载："秦之时，高为台榭，大为苑囿，远为驰道，铸金人。"②由此也可见台苑建筑的盛况。

"沙丘宫"最早见于《史记·赵世家》的记载，战国赵惠文王四年（前295），赵武灵王、赵惠文王、公子章游居沙丘宫，公子章趁机发动叛乱，欲杀赵惠文王，赵相公子成急调兵围沙丘宫三月有余，导致公子章被杀，赵武灵王饿死"沙丘宫"。"沙丘平台"最早是《史记·秦始皇本纪》提到"始皇崩于沙丘平台"，唐张守节《史记正义》按："始皇崩在沙丘之宫，平台之中。"③又《元和郡县图志》记载："沙丘台……殷纣所筑。赵李兑围武灵王于沙丘宫，王探雀鷇食之而死。又秦始皇东巡回，死于沙丘。"④对于所提到的"主父宫""沙丘宫""沙丘平

---

① 王铎：《中国古代苑园与文化》，湖北教育出版社2003年版，第74页。

② （汉）刘安：《淮南子》卷13《泛论训》，中国国家图书馆藏明刻本。

③ （唐）张守节：《史记正义》卷6《秦始皇本纪》，《文渊阁四库全书》本。

④ （唐）李吉甫撰，贺次君点校：《元和郡县图志》卷15《河东道四·邢州·平乡》，中华书局1983年版，第429页。

台""沙丘台"不同的名称，如果从中国园林史和建筑史的视角就较为容易理解。

中国古代建筑的一个特点，重要的建筑都是组群布局，《括地志》记载"纣时稍大其邑，南距朝歌，北据邯郸及沙丘，皆为离宫别馆"①。而在《周礼正义》中，又对离宫别馆作了解释。《周礼·地官·囿人》记载"囿游"，东汉的郑玄解释说："囿游，囿之离宫小苑观处也。养兽以宴乐视之。"清人孙诒让正义："盖郑意囿本为大苑，于大苑之中，别筑藩界为小苑，又于小苑之中为宫室，是为离宫。以其是囿中游观之处，故曰囿游。"唐贾公彦疏云："言离宫者，谓于王宫之外，于苑中离别为宫，故名离宫。以宫外为客馆，亦名离宫。"②所谓离宫别馆，就是古代帝王在都城主体宫殿之外建立的临时性宫室，离和别皆为分离、分开之意，称之为离宫即是指与都城内主体宫殿分离。因此有学者认为，"与都城或辅都的宫室不同的是，离宫别馆一般在都城附近或稍远的河旁台地、湖畔或山坡上，自然风光优美，基础设施单纯，其功用主要是供帝王及家人游乐"，"离宫别馆制度至少在夏代已处于滥觞阶段，在商代前期已正式形成，商代后期进入繁盛期"，夏商时代后期出现较多的离宫别馆，"已成为这个时代都城的重要组成部分"③。

由上可知，沙丘苑台的选址首先和环境有关，沙丘风景优美，商代末期加以扩展，并广取各种禽兽饲于其中，将沙丘作为戏乐之所，成为"开下一时代苑囿的前驱"④。其次和商代迁都邢和庇有关，此地已具备建造离宫别馆的条件。从苑台和离宫别馆的关系来看，沙丘苑台是大的苑囿，里面是有藩篱或墙的小苑，小苑中分布着平台和宫室，也就是离

---

① （唐）李泰等著，贺次君辑校：《括地志辑校》卷2《邢州·平乡县》，中华书局1980年版，第92页。

② （清）孙诒让：《周礼正义》卷31《地官司徒·囿人》，中华书局1987年版，第1220页。

③ 吴利萍：《中国古典园林的滥觞——先秦园林探析》，天津大学2003年硕士学位论文，第12页。

④ ［日］冈大路著，常瀛生译：《中国宫苑园林史考》，农业出版社1988年版，第17页。

宫别馆。其中的平台多以高大的夯土台为基础，台周围分布着宫殿，宫殿也建在高台上。沙丘距离赵国都城邯郸不远，不排除沙丘苑台内也有类似丛台的高台和宫殿并立的建筑群。另据研究，春秋战国时期，"台与苑结合、以台为中心而构成贵族园林的情况已经比较普遍，台、宫、苑、囿等的称谓也互相混用，均为贵族园林"①。又如章华台又名章华宫，经考古发掘的遗址范围东西长约 2000 米，南北宽约 1000 米，总面积达 220 万平方米，位于古云梦泽内。云梦泽是武汉以西、沙市以东、长江以北的一大片水网、湖沼密布的丘陵地带，遗址范围内共有大小、形状不同的台若干座，还有大量的宫、室、门、阙的基址，由此也可以设想章华台当时的规模和盛况②。高介华在《楚国第一台——章华台》一文中，认为楚国随着迁都就建造一座章华台，目前楚境内台迹就不下六座，分布于今湖北、湖南、河南、安徽等省，还认为"章华"是一个地名，"比章华台略早的晋铜鞮宫（平公筑），比章华台略迟的虎祁宫亦皆以地名宫，可见当时以地名宫名台实属普遍"③。

由此可以充分说明"沙丘"在当时也是一个地名，《史记》记载赵武灵王游沙丘和秦始皇死于沙丘也为此提供了依据。在"沙丘"建造的高台和宫殿建筑群称为"沙丘台"或"沙丘平台"，"沙丘平台"也称为"沙丘宫"，二者的称谓是一致的，而且属于"沙丘苑台"的核心区域④。据《帝王世纪》记载："纣自朝歌北筑沙丘台，多取飞禽野兽置其中。"⑤ 按

---

① 周维权：《中国古典园林史》（第三版），清华大学出版社 2008 年版，第 58 页。
② 周维权：《中国古典园林史》（第三版），清华大学出版社 2008 年版，第 59 页。
③ 高介华：《楚国第一台——章华台》，《华中建筑》1989 年第 2 期。又见高介华：《先秦台型建筑》，《华中建筑》2008 年第 6 期；《先秦台型建筑（二）》，《华中建筑》2008 年第 7 期；《先秦台型建筑（三）》，《华中建筑》2008 年第 8 期；《先秦台型建筑（四）》，《华中建筑》2008 年第 9 期。
④ 王南：《沙丘宫平台地望再考》，《石家庄学院学报》2020 年第 4 期。
⑤ （晋）皇甫谧撰，（清）宋翔凤集校：《帝王世纪》第四《世纪四》，上海图书馆藏清光绪贵筑杨氏训纂堂丛书重刊嘉庆浮溪精舍刊本，《续修四库全书》第 301 册。

这个解释，沙丘台等同沙丘苑台。这也就更好地诠释了历史文献记载中
"沙丘苑台""沙丘平台""沙丘台""沙丘宫"混用的现象，沙丘平台遗
址与沙丘宫所在地是统一的。

三、关于沙丘台、沙丘平台、沙丘宫地理位置的文献记载

沙丘台、沙丘平台、沙丘宫地处何处，史书与地理著作、方志等文
献均有记载，但也反映了一些变化。

（一）史书与地理著作

关于沙丘台、沙丘宫，《史记》记载最早，但是对于所在地理位置并
未说明。至《汉书·地理志》记载"巨鹿郡"："秦置……县二十。巨鹿，《禹
贡》：'大陆泽在北。'纣所作沙丘台在东北七十里。"① 这也是沙丘台地理
位置最早的记载。

南朝宋裴骃《史记集解》在《殷本纪》注"沙丘苑台"："《尔雅》：
'迤逦，沙丘也。'《地理志》曰：'在巨鹿东北七十里。'"在《秦始
皇本纪》注"沙丘平台"，又引东晋徐广《史记音义》："沙丘去长
安二千余里，赵有沙丘宫，在巨鹿，武灵王之死处。"又该书在《乐
毅列传》注"武灵王有沙丘之乱"，引用徐广《史记音义》："赵有
沙丘宫，近巨鹿。"②

---

① 《汉书》卷28《地理志第八上》，中华书局1962年版，第1575页。

② （南朝宋）裴骃：《史记集解》卷3《殷本纪》，《景印文渊阁四库全书》第245册，第
26页；卷6《秦始皇本纪，第70页；卷80《乐毅列传》，第110页。又见《史记》，中华书局
2014年修订本，第136、336、1946页。

南朝梁刘昭注补、唐李贤等注《后汉书》"巨鹿"条："前书曰沙丘台在县东北七十里。"① 也是采用了《汉书·地理志》的记载，沙丘台在巨鹿县东北七十里。这一说法也被郦道元作《水经注》沿用，其注"浊漳水"条记载："衡漳又经沙丘台东，纣所成也，在巨鹿故城东北七十里，赵武灵王与秦始皇并死于此矣。"②《史记集解》《后汉书》注补以及《水经注》均采用《汉书·地理志》的说法。前述《竹书纪年》引用皇甫谧《帝王世纪》记载"沙丘台在巨鹿东北七十里"。查文献记载，隋唐以前对于沙丘台的地理位置的描述，有"在巨鹿东北七十里""在巨鹿""近巨鹿"几种说法，所指均为巨鹿境内，方位在巨鹿故城东北七十里，几乎没有什么疑义。但是在隋唐以后，却出现了不同的说法，这一变化始于唐代。

成书于唐贞观十六年（642）的《括地志》，在"平乡县"条记载："邢州平乡县城，本巨鹿，〔王〕离围赵王歇即此城……沙丘台在邢州平乡东北二十里。《竹书纪年》自盘庚徙殷至纣之灭，二百五十三年，更不徙都。纣时稍大其邑，南距朝歌，北据邯郸及沙丘，皆为离宫别馆。"③该书影响较大，唐张守节作《史记正义》三十卷，主要依据《括地志》以解释古代地名，其他唐宋人的著作也多征引该书作地理方面的疏证诠解。可惜该书在南宋时已经亡佚，散佚后被各家转相抄引，当然也有错讹相承。

如《史记正义》在卷二《殷本纪》"沙丘苑台"下，引用《括地志》记载："沙丘台在邢州平乡东北二十里"。而卷六《秦始皇本纪》注"沙丘平台"："《括地志》云：'沙丘台在邢州平乡县东北二十里。'

---

① 《后汉书》志第二十《郡国二·巨鹿郡》，中华书局1965年版，第3433页。

② （北魏）郦道元著，陈桥驿校证：《水经注校证》卷10《浊漳水》，中华书局2013年版，第251页。

③ （唐）李泰等著，贺次君辑校：《括地志辑校》卷2《邢州·平乡县》，中华书局1980年版，第92页。

又云：'平乡县东北四十里。'按始皇崩在沙丘之宫平台之中。邢州去京一千六百五十里。"卷四十三《赵世家》注"游沙丘，异宫"："在邢州平乡县东北二十里矣。"又卷二十八《封禅书》注始皇帝"至沙丘崩"："《括地志》云：'沙丘台在邢州平乡东北三十里。'"卷七十九《范雎列传》注李兑"囚主父于沙丘"，也说："沙丘台在邢州平乡县东北三十里。"① 卷八十七《李斯列传》注"始皇帝至沙丘"："沙丘台在邢州。"在该书记载中出现了沙丘台在平乡东北二十里、三十里、四十里三种说法，然查今辑校《括地志》，并未见三十里、四十里之说。唐《元和郡县图志》记"平乡县"，也作"沙丘台，在县东北二十里。殷纣所筑。赵李兑围武灵王于沙丘宫，王探雀鷇食之而死。又秦始皇东巡回，死于沙丘。"② 可见也是采用《括地志》"二十里"的说法。

宋代基本沿袭唐代的说法。成书于北宋初年的《太平御览》记载："纣自朝歌北筑沙丘台。沙丘，《地理志》'在巨鹿东北七十里'。邯郸国属赵，于《禹贡》在冀州大陆之野。"③ 而《太平寰宇记》则记了沙丘台和平台，该书卷五十九"平乡县"下记"沙丘台，在县东北二十里。皇甫谧《帝王世纪》：'纣自朝歌北筑沙丘台，多飞禽野兽置其中。'"又记"平台，在县东北三十里。《地理志》云平乡有台，即此也。"④ 这里出现了"沙丘台""平台"两个概念，而从所引文献来看，"沙丘台"和"平

① （唐）张守节：《史记正义》卷3《殷本纪》，卷6《秦始皇本纪》，《影印文渊阁四库全书》第247册，第54、108、562、413页。又见《史记》，中华书局2014年修订本，第136、336、2186、1648页。

② （唐）李吉甫撰，贺次君点校：《元和郡县图志》卷15《河东道四·平乡县》，中华书局1983年版，第429页。

③ （宋）李昉：《太平御览》卷155《州郡部一·叙京都上》，《影印文渊阁四库全书》第894册，第529页

④ （宋）乐史撰，王文楚点校：《太平寰宇记》卷59《河北道八·邢州·平乡县》，中华书局2007年版，第1219页。

台"所指显然是相同的。

明清时期文献记载较多，明末清初人顾祖禹《读史方舆纪要》"远追《禹贡》《职方》之纪，近考春秋历代之文，旁及稗官野乘之说，参订百家之志，续成昭代之书"①，其采用之书"自二十一史地志而下，凡百十种"②，可以说是清人辑录史志诸书集大成者。该书在《平乡县》下记载："沙丘台，县东北二十里。古史：'纣筑沙丘台，多取禽兽置其中。'《庄子》：'卫灵公卒，葬沙丘宫。'《战国策》：'赵李兑等围主父于沙丘宫，百日而饿死。'《竹书纪年》：'自盘庚徙殷，更不徙都。赵时稍大其邑，南距朝歌，北据邯郸及沙丘，皆为离宫别馆。赵主父及子惠文王游沙丘，异宫。是也。'《秦纪》：'始皇三十七年，崩于沙丘平台。或曰：平台，沙丘宫中之台也。'《邑志》：'县南五里有平台。'刘昭曰：'沙丘台在巨鹿东北七十里。'"此条记载引用了《史记》《庄子》《战国策》《竹书纪年》《平乡县志》以及刘昭《续汉书志》等书，但对沙丘台所在位置却出现了三种说法：在平乡县东北二十里，在平乡县南五里，在巨鹿东北七十里，说明作者摘引诸书也缺乏考证。

而从历史文献记载考察，关于在沙丘平台巨鹿、平乡东北七十里、二十里、三十里的不同说法，分析和历史上反映方位里程的记载方式有关。历史上记一州或一县至周围各州县或某地的里程，多称为"八到"或"四至八到"，或称"地里"，或称"道里"。唐宋地志或明清方志中留下很多记载，对于其里程的记载，多是指一州县与周围各地实际交通线的里程。当然在方志中相邻州县里程不相吻合者也为数不少，甚至多有误差，两地之间交通线或方向不一致，或里程有悬殊，而有关史书或方志的"四至八到"或"道里"数据，又是根据各地上报情况汇总而成的，

---

① （清）顾祖禹撰，贺次君、施和金点校：《读史方舆纪要》"总叙一"，中华书局 2005 年版，第 13 页。

② （清）顾祖禹撰，贺次君、施和金点校：《读史方舆纪要》"彭士望叙"，中华书局 2005 年版，第 4 页。

各地在草拟本地情况时也多各自为之，不能与相邻州县互相协调一致，造成记载路线、方向互有不同，对道里之推算也大有出入①。《汉书·地理志》《括地志》《元和郡县志》作为全国地理性总志，其所载道路里程也是汇总各地情况而成，造成沙丘平台地处位置里程不一致的情况，与当时缺乏有效的测量统计无不关系。这几种不同的说法，所重点强调的更多是指在巨鹿、平乡的方位。

（二）方志

明清时期留下来的方志很多，都有关于沙丘台及其所处位置的记载，但是明初的方志仍受到《括地志》的影响。如成书于明景泰七年（1456）的《寰宇通志》记载："沙丘台，在平乡县东北二十里。纣所筑沙丘台，多取鸟兽置其中……秦始皇东巡回，崩于沙丘，皆此处。"②成书于天顺五年（1461）的《大明一统志》，则完全沿袭了《寰宇通志》的记载，但是又记"平台，在平乡县东北三十里太平乡"③。《大明一统志》在"沙丘台"之外又列"平台"，且都在平乡东北方向，只是里程数为二十里和三十里之别，显然是将"沙丘台"和"平台"混淆。顾祖禹《读史方舆纪要》亦将"沙丘台"和"平台"并列，显然受到该志的影响。

《顺德府志》创修于明成化年间，刻于弘治二年（1489），全志十卷，仅存六卷。万历《顺德府志》四卷，成书于万历十一年（1583），刻于万历十二年，万历十八年又有续修，后部分刻板毁于战火，至清顺治、

---

① 参见曹家齐：《唐宋地志所记"四至八到"为道路里程考证》，《中国典籍与文化》2001 年第 4 期。

② （明）陈循等：《寰宇通志》卷 5《顺德府·台榭》，《玄览堂丛书续集》，正中书局 1985 年版。

③ （明）李贤等撰，方志远等点校：《大明一统志》卷 4《北直隶·顺德府·宫室》，巴蜀书社 2018 年版，第 179 页。

康熙年间重加增补重订，但也仅存两卷，均未见沙丘台有关的记载。嘉靖《顺德府志》修于嘉靖十五年（1536），全书三十五卷，天一阁仅存残本，全帙藏于日本国会图书馆，因此未见有人引用。据该志卷八《地理下·广宗》记载："沙丘台，一名平台，县西北五里。《通考》云：'大陆之野有沙丘之台，纣所筑，多取鸟兽置其中……始皇东巡回，崩于沙丘。'今按旧志，平乡、广宗皆有沙丘。考之《(帝王)世纪》，纣自朝歌北筑沙丘台，大可知矣。今姑属之广宗，以邑旧名'沙丘'云。"①从该志记载，可以得出三个有价值的信息：一是沙丘台又名平台，这就解释了"沙丘台"和"沙丘平台"是一致的，同时也纠正了《大明一统志》在"沙丘台"外又记"平台"，将二者概念的混淆；二是指出沙丘台在广宗县西北五里；三是平乡、广宗虽然皆有沙丘，但是广宗旧称"沙丘"，由此认为属于广宗。

广宗县志创修于明隆庆年间，其后万历以及清代康熙、嘉庆、同治、民国皆有编修。据万历《广宗县志》卷一《封域志》记载村庄名，即有"台曰：大平、小平"，说明明代就有大小平台村。又该志卷一《古迹》记载："沙丘台，在县西北八里。《通考》云：'大鹿之野，有沙丘之台，纣所筑，多取鸟兽置其中，赵于此筑沙丘宫。'《史记》：'赵惠文王四年，主父及王游沙丘宫，公子章作乱，公子成杀章。围主父，三月余，饥死宫中。秦始皇东巡回，崩于沙丘平台，亦在此。今皆废，遗址有大平台、小平台。'"②说明沙丘平台遗址在大小平台村。

历代方志编修皆有一个规律，一个地方的方志创修之后，其后的方志无论采用重修还是续修、增修体例，皆在前志基础上续补因创，因此创修方志往往颇受关注。明代方志对于沙丘平台遗址的记载，对清人修

---

① （明）孙锦修，高迁纂：(嘉靖)《顺德府志》卷8《地理下·广宗》，日本国会图书馆藏明嘉靖刻本。

② （明）马协纂修：(万历)《广宗县志》卷1《封域志》《古迹》，国家图书馆藏明万历二十六年（1598）刻本。

志也是重要的参考。清代《大清一统志》《畿辅通志》《顺德府志》《广宗县志》《平乡县志》，都涉及沙丘平台遗址的记载。清康熙《广宗县志》，修于康熙十九年（1680），但基本内容依据万历志，仅增补了三篇人物传。康熙《畿辅通志》创修于康熙十九年（1680）、刻于康熙二十二年，卷十《古迹》记载："沙丘宫，在平乡县东北二十里。纣所筑沙丘宫，多取鸟兽置其中……始皇东回，崩于沙丘。今按旧志，平乡、广宗皆有沙丘。考之《（帝王）世纪》，纣自朝歌北筑沙丘台，大可知矣。今姑属之广宗，以邑旧名'沙丘'云。《史记》：'惠文王四年，主父及王游沙丘别宫，公子章作乱，公子成杀章，围主父三月余，饿死宫中。秦始皇东巡，还崩于沙丘，平台俱在此。'"① 这条记载关于沙丘宫的方位采用《括地志》的记载，同时又引用了嘉靖《顺德府志》的记载，认为沙丘宫和沙丘台、平台俱在沙丘，沙丘是广宗旧名，所以属于广宗，由此也说明沙丘台和沙丘宫是一致的。

康熙三十二年（1693）《广宗县志》也提到"平台，即沙丘台。秦始皇东巡回崩，遗址尚存，村有大平台、小平台，在城西北八里。《通考》云：'大陆之野有沙丘平台，纣所筑，多取鸟兽置其中，赵于此筑沙丘宫。'"又记"沙丘宫，《史记》：'赵惠文王四年，主父及王游沙丘别宫，公子章作乱，公子成杀章。围主父，三月余，饥死宫中。'"② 该志引用了万历志的记载，也指出沙丘台即沙丘平台，康熙时还有遗址尚存，在城西北八里大小平台村，沙丘宫也是沙丘平台所在地，这一说明就更为具体。

关于大小平台村，雍正《畿辅通志》也有记载"沙丘台，在平乡县东北二十里。《水经注》：'衡漳迳沙丘东。'平台，在平乡县东北三十里。

---

① （清）于成龙修，郭棻纂：《畿辅通志》卷 10《古迹》，日本阳明文库藏康熙二十二年（1683）刻本。

② （清）吴存礼、乔承宠纂修：《广宗县志》卷 1《封域志·古迹》，《故宫珍本丛刊》第 75 册，海南出版社 2001 年版，第 27 页。

又有大平台村在广宗县西北八里，其东有小平台村。"① 这条记载自身矛盾，沙丘台在平乡东北二十里，而平台在平乡东北三十里，但平台位置在大小平台村，由此也反映了该志在引用资料方面也缺乏核实考证。

康熙《大清一统志》从康熙二十五年（1686）开馆局编修，却历经康熙、雍正、乾隆三代皇帝，至乾隆八年（1743）成书。该志记述"沙丘台，在平乡县东北。《史记》：'赵公子成李兑围主父，三月余，饿死沙丘宫。'又秦始皇三十七年，崩于沙丘台。《汉书·地理志》：'纣所作沙丘台，在巨鹿县东北七十里。'《水经注》：'衡漳迳沙丘台东。'《括地志》：'台在平乡县东北二十里。'旧志：'今平乡东北有王固冈，冈东北十余里有大平台村，东去广宗县八里，其东又有小平台村，即沙丘台遗址。'"② 这一记述完全被乾隆《大清一统志》③ 和嘉庆《大清一统志》④ 所抄录。这里记沙丘台在平乡县方位，征引《括地志》和旧志，认为沙丘台遗址在大小平台村。

《大清一统志》援引旧志记王固冈，显然受到《平乡县志》的影响。平乡县志创修于明万历年间，已佚。康熙十一年（1672）重修，采用编年体，康熙十九年续修基本保存了前志内容，个别有所增补。乾隆十六年（1751）重修，编年体改为纪传体。光绪十二年（1886）续修，保留了同治志的原貌，增补了新的内容。至民国时期，又重新刊印了光绪志。由于平乡县志编修的特点，所能见到关于沙丘台的记载最早的是康熙志，该志卷一"商"之下记"纣八祀甲寅，筑沙丘苑台。《赵世家》注：'沙丘在平乡东北二十五里。'（查为二十里）。旧志：'沙丘在县南五里。'

---

① （清）唐执玉、刘于义、李卫等修，田易、陈仪等纂：雍正《畿辅通志》卷 54《古迹》，国家图书馆藏清雍正十三年（1735）刻本。

② （清）徐乾学、蒋廷锡等修：《大清一统志》卷 26《顺德府·古迹》，哈佛大学哈佛燕京图书馆藏清乾隆九年（1744）武英殿刻本。

③ 参见（清）和珅等修：《大清一统志》卷 20《顺德府·古迹》，《影印文渊阁四库全书》第 474 册，第 402 页。

④ 参见（清）穆彰阿等修：《大清一统志》卷 30《顺德府·古迹》，《四部丛刊》本。

按：'沙丘之名始此。盖南北连延数十里，总谓之沙丘。'上二说皆是也。"该志卷一"秦"之下记秦始皇"三十七年辛卯，始皇东巡还，至平原津而病，秋七月崩于沙丘平台。《一统志》：'平台在平乡东北三十里太平乡。'《广宗志》谓：'在广宗西北八里大平台村。'按：'今县东北三十里有王固冈，相传即始皇崩处也。盖皇故讹王固耳。其里数又与《一统志》相合，冈形尚存，定是平台无疑。而大平台村，尚在冈东北十余里。《广宗志》即指为始皇崩处，非也。'"又言平乡得名，系因"太平乡""省去'太'字"①。这两处记载涉及沙丘、平台以及在平乡东北二十里、三十里的说法，其资料来源于《括地志》、《大明一统志》及万历《广宗县志》，除了方位、里程数，又提到沙丘在县南五里，里面记载彼此矛盾，所提出的王固冈根据传说推测是平台，缺乏资料依据。

而康熙《平乡县志》关于沙丘和沙丘平台、沙丘宫的说法，在乾隆《平乡县志》中所沿用，其《地理下·古迹》"沙丘平台"条记载："纣八祀，筑沙丘苑台。周赧王二十二岁，赵主父筑宫，公子成弑之于此。《赵世家》注：'在县东北二十五里。'《一统志》：'在县东北三十里太平乡，始皇崩于沙丘平台，即此。'按：今县东北有王固冈，冈形尚存，或'皇故'讹'王固'耳。又旧志云：'在县南五里，盖南北连延数十里，总谓沙丘。'"②之后光绪志又全文抄录③。查平乡几部县志，关于王固冈的记载源于康熙《平乡县志》，但这一说法并未被其他志书采纳。如《大清一统志》虽然提到王固冈，却又云大小平台又在王固冈东北十余里，其东有小平台村，是沙丘台遗址所在地，并没有认为沙丘台遗址就在王固冈。除此之外，其他如前述《畿辅通志》和乾隆《顺德府志》均未见

---

① （清）赵弼修，赵培基纂，下三畏增修：（康熙）《平乡县志》卷1"商""秦"，载《平乡县旧志校注》，中国文史出版社2012年版，第47、53—54页。

② （清）杨乔纂修，郑广绪校订：（乾隆）《平乡县志》卷3《地理下·古迹》，载《平乡县旧志校注》，中国文史出版社2012年版，第551—552页。

③ 参见（清）苏性纂修，吴沂增辑：（光绪）《平乡县志》卷3《地理下·古迹》，载《平乡县旧志校注》，中国文史出版社2012年版，第886—887页。

记载，认为沙丘平台在王固冈的说法可以说属于孤证。

查乾隆《顺德府志》卷二《疆域·山川》"广宗县"下记载："沙丘在城东二里外，南北起伏，绵亘数十里。每春桃杏李华开如锦，邑人踏春游赏为娱。"该志卷六《古迹》"广宗县"条下记载："平台，即沙丘台。《水经注》：'衡漳迳沙丘。'台东遗址尚存。村有大小平台，在城西北八里。《通考》云：'大鹿之野，有沙丘之台，纣所筑，多取鸟兽置其中，赵于此筑沙丘宫。'"又记沙丘宫，引《史记》："赵惠文王四年，主父及王游沙丘，别宫，公子章作乱，公子成杀章。围主父，三月余，饿死宫中。"[①] 从该志记载，显然是采用了康熙《广宗县志》的观点，之后嘉庆《广宗县志》、同治《广宗县志》也沿袭引用[②]。至民国时期，《河北省各县沿革志略》也认为"沙丘台，商纣所筑，秦始皇东巡归，崩于沙丘，即此"；"沙丘宫，赵武灵王所筑，后为公子成所围，饿死此宫"[③]。由此可见，民国时期对于沙丘台、沙丘宫在广宗已成为共识。

四、结语

历史上围绕沙丘台、沙丘宫，由于发生对中国历史进程有重要影响的事件备受关注，不仅史志文献多有记载考证，而且从民国以来各类通史性质的教材讲义及普通历史读物也有记载，然由于时间久远，在流传过程中对其所在位置形成了巨鹿、平乡、广宗几种说法。对于沙丘地

---

① （清）徐景曾纂修：(乾隆)《顺德府志》卷2《疆域志·山川》、卷6《古迹》，国家图书馆藏清乾隆十五年（1750）刻本。

② 参见（清）李师舒纂修：(嘉庆)《广宗县志》卷1《封域志》，国家图书馆藏清嘉庆七年（1802）增刻康熙刻本；（清）罗观骏修、李汝绍纂：(同治)《广宗县志》卷1《封域志》，国家图书馆藏清同治十三年（1874）刻本。

③ （民国）佚名：《河北省各县沿革志略》"广宗县"，国家图书馆藏民国年间油印本。

貌，也有不少学者进行研究并论证，认为沙丘地貌在广宗无疑①。实际上从民国广宗县志县境全图地图来考察，也可看出端倪。广宗县呈条状，从民国时期全县境域图来看，沙地分布很广，面积最集中的是在县城周围区域，前后平台村东包括在内，这与文献记载是吻合的。

前述文献记载称广宗旧名沙丘，沙丘作为广宗别称，既与沙丘地貌有关，也与古人居丘的习惯有关。从沙丘苑台、沙丘台、沙丘平台、沙丘宫之间的关系来看，沙丘苑台可称为中国古典园林最早的帝王园林，由于历时数百年，也经历了从囿到苑的演变。沙丘台即沙丘平台，台、宫是一致的。明清时期沙丘平台遗址尚存，然对于遗址所在地之所以出现不同说法，笔者认为这与巨鹿、广宗、平乡的地理沿革有关。广宗历史上曾是宗城县、经城县地，又曾经是巨鹿、平乡县地，从历代方志文献记载也可清晰地反映行政区域的沿革变化。

宗城县和经城县宋代均属于魏州（今河北大名），《太平寰宇记》记载宗城县在魏州"西北一百七十里。旧十五乡，今五乡。本后汉章帝分巨鹿地立广宗县，属巨鹿郡。后魏于县理置广宗县，属清河郡。隋开皇三年（583）罢郡，仁寿元年（601）改广宗县为宗城县。唐武德四年（621）于此置宗州，领宗城县；九年废宗州，以县属贝州，今属魏州"。经城县在魏州"西北二百三十里，旧二十乡，今四乡。本后汉之经县地，分前汉堂阳县于今县西北置经县。后魏初省并南宫县，太和十年（486）又于今理置经县，续于县理置广宗郡。高齐天保七年（556）省郡及县，仍移武强县于此。后周武帝建德七年（578）复于此置广宗郡。隋开皇三年（583）罢郡；六年移武强县于武强城南置，复于此置经城县。今属魏州。"②

至明初《大明清类天文分野之书》记载，将广宗历史沿革及与平乡县分置的情况有进一步记述。该书记载广宗县："汉本巨鹿郡堂阳县地，

① 王南《沙丘宫平台地望再考》，《石家庄学院学报》2020年第4期。
② （宋）乐史撰，王文楚等点校：《太平寰宇记》卷54《河北道三·魏州》，中华书局2007年版，第1113页。

章帝分置广宗县，属巨鹿郡。晋属安平国，元魏属清河郡。隋仁寿元年
（601）改曰宗城，唐武德四年（621）于此置宗州，九年州废，以县属
贝州。天祐三年（906）复曰广宗县，属魏州。宋属大名府，熙宁六年
（1073）省，经城县入焉。金属洺州。元乙卯年（宋宝祐三年，元宪宗
五年，1255），改武道镇为广宗县治，中统三年（南宋景定三年，1262）
属顺德路，至元二年（1265）省入平乡县，寻复置。本朝因之。"①

明景泰《寰宇通志》记载广宗县："汉巨鹿郡地，后汉分其地置广
宗县，属巨鹿郡，晋属安平国。后魏属清河郡，隋改为宗城县。唐属宗
州，州废，属贝州，后复改为广宗县，属魏州。宋属大名府，金属洺
州，元属顺德路，本朝因之。"②简要勾勒了广宗县历史沿革和归属。《大
明一统志》基本沿袭该志记载，在卷四"广宗县"条记载："本汉巨鹿
郡堂阳县地，后汉分置广宗县。晋属安平国，后魏属清河郡。隋改为宗
城县。唐于此置宗州，州废，以县属贝州，后复改为广宗县，属魏州。
宋属大名府。金复改宗城县，属洺州。元复为广宗县，后省入平乡县，
寻复置，属顺德路。本朝因之。"③

清代几次编修的一统志，将广宗县与巨鹿县、平乡县的关系说得更
为清楚。康熙《大清一统志》记载，广宗县在汉代属于"巨鹿、堂阳二
县地。后汉分堂阳置经县，属安平国，晋因之。后魏太平真君二年（441）
并入南宫。永安二年(529)复置西经县④，属巨鹿郡，北齐省。隋以后为
平乡县地。元宪宗五年（南宋宝祐三年，1255），始分平乡置广宗县。至

---

① （明）刘基等：《大明清类天文分野之书》卷44《顺德府》，《续修四库全书》据南京
图书馆藏明刻本影印。

② （明）陈循等：《寰宇通志》卷5《顺德府·建置沿革·广宗县》，《玄览堂丛书续集》，
正中书局1985年版。

③ （明）李贤等撰，方志远等点校：《大明一统志》卷4《顺德府·建置沿革·广宗县》，
巴蜀书社2018年版，第175页。

④ 原文为"西经郡"，据清乾隆五十年（1785）和珅等修《大清一统志》卷20《顺德府·广
宗县》，《影印文渊阁四库全书》第474册，第392页。

元二年（南宋咸淳元年，1265）省入平乡，后复置，属顺德路。明洪武十年（1377）省入平乡、巨鹿二县，十三年复置，属顺德府。本朝因之。"①

嘉庆《大清一统志》记载广宗县："汉巨鹿、堂阳二县地。前汉分堂阳置经县，寻省，后汉初复置，属安平国，晋因之。后魏太平真君二年（441）并入南宫。永安二年（529）复置西经县，属巨鹿郡，北齐省。隋以后为平乡县地。元宪宗五年（南宋宝祐三年，1255），始分平乡置广宗县。至元二年（南宋咸淳元年，1265）省入平乡，后复置，属顺德路。明洪武十年（1377）省入平乡、巨鹿二县，十三年复置，属顺德府。本朝因之。"②该志与前两志不同的是，广宗是从前汉分置经县开始。

民国《威县志》又详述威县与广宗、平乡的关系，威县"春秋属晋之东阳，战国属赵，秦属邯郸郡，汉为巨鹿郡之堂阳县地。元始二年（2）封代孝王孙如意于此，始有广宗之称，意谓'推广宗子'之意也。然数年国除，故《汉书·地理志》不列其名，至后汉《郡国志》始载之。汉章帝分置广宗县，仍属巨鹿郡。永元五年（93），曾置广宗国于此，寻废。晋属安平国，石赵于县置建兴郡，又置建始、兴德五县隶焉，寻罢。后魏属清河郡，孝文帝太和二十一年（497）置广宗郡，寻罢，孝明帝孝昌中复置。高齐时郡废，县属贝州。隋炀帝名广，仁寿元年（601）因避讳，改曰宗城，属清河郡。唐高祖武德四年（621），又于县置宗州，九年州废，属贝州。至昭宣帝天祐二年（905），以朱温父名诚，复改广宗县，属魏州。五代后唐复曰宗城。宋属大名府，其后女真南侵，大河以北多为金有，而宗城又改属洺州，增置洺水一县。元灭金，太宗六年（南宋端平元年，1234）省宗城入洺水，属威州。威州旧治井陉，隶邢洺路。宪宗莽赉扣二年（南宋淳祐十二年，1252），乃自

---

① （清）徐乾学、蒋廷锡等:（康熙）《大清一统志》卷16《顺德府·广宗县》，哈佛大学哈佛燕京图书馆藏清乾隆九年（1744）武英殿刻本。

② （清）穆彰阿等修:（嘉庆）《大清一统志》卷30《顺德府·建置沿革·广宗县》，《四部丛刊》本。

井陉移威州来治，领洺水、井陉二县。宪宗五年，析县之西鄙及平乡县之武道镇置广宗县。"① 此记载将广宗、宗城、洺水、威州、威县的沿革及其变化的原因、背景说得更为清晰，广宗曾为广宗国、宗城、广宗郡、洺水，元宪宗时析洺水县西部及平乡县武道镇置广宗县。

至民国时期《河北省各县沿革志略》，也记述了广宗与威县平乡的关系："广宗，《禹贡》为冀州之域。春秋属晋，战国属赵，秦属巨鹿郡。汉始于巨鹿郡置广宗，其地为之今威县，今县为汉之经县，系就安平国之堂阳分置。魏属安平郡，后属安平国。北魏太平真君时并入南宫县，永定时复置，加西字曰西经，属巨鹿郡。北齐复废。从隋唐迄宋均为平乡县地。元宪宗时始分洺水民之半，于武道镇置广宗县，寻又省入平乡县，后复置，属顺德路，是为今县名与县治相符之始。明清因之，均属顺德府。"②

前文所称武道镇实为道武镇，乾隆《大清一统志》也有记载："道武镇，今广宗县治。汉广宗县在今广平府威县界，今县本汉巨鹿县地，魏、隋以后为平乡县地。《金史·地理志》：'平乡县有道武镇。'《元史·地理志》：'宪宗五年，以武道镇置广宗县。'武道即道武之讹耳！"③该条记载也被嘉庆《大清一统志》完全抄录④。进一步说明了广宗与巨鹿、平乡的关系。

从上述文献记载可以看出，巨鹿故城在今平乡县，广宗历史上曾有经县、西经、经城县、宗城县等不同名称，汉广宗县在今威县界，今县

---

① 崔正春修，尚希宾纂：《威县志》卷1《总志·沿革》，国家图书馆藏民国十八年（1929）铅印本。文中仁寿元年广宗改曰宗城有误，（明）胡容修、王组纂：（嘉靖）《威县志》卷首《古今郡县表》记载大业三年丁卯（607），避炀帝讳，广宗改曰宗城，《天一阁藏明代方志选刊续编》本。

② （民国）佚名：《河北省各县沿革志略》"广宗县"，又见民国《河北省行政区划沿革新考》"广宗县"，国家图书馆藏民国年间油印本。

③ （清）和珅等修：乾隆《大清一统志》卷20《顺德府·古迹》，《影印文渊阁四库全书》第474册，第401页。

④ （清）穆彰阿等修：（嘉庆）《大清一统志》卷30《顺德府·古迹》，《四部丛刊》本。

为汉巨鹿县地，魏、隋以后为平乡县地。广宗县治是元代时由平乡县道武镇置，而沙丘平台在广宗县西北八里，《汉书·地理志》以及唐代《括地志》《元和郡县志》和《史记正义》等书编纂时，沙丘平台所在地尚属于巨鹿、平乡县地，这也是造成沙丘平台遗址在巨鹿、平乡说法的主要原因。从元代广宗县复置后，行政区域归属已发生变化，至明代行政区域范围基本稳定下来，因此关于沙丘平台遗址所在地的归属，应该以行政区域变化后的范围来认定。

唐杜佑《通典》记载平乡县“有沙丘之台，纣所筑，即始皇死处”①。对此，成书于雍正三年（1725）的《行水金鉴》曾有考证，认为沙丘台“今在广宗界。广宗，唐平乡地。”② 清末民初杨守敬及其门人熊会贞作《水经注疏》，对《水经注》所载沙丘台“在巨鹿故城东北七十里”也进行了考证，认为“《史记·殷本纪》，纣益广沙丘苑台。《汉志》巨鹿，纣所作沙丘台在东北七十里。《括地志》《元和志》《寰宇记》则云，沙丘台在平乡县东北二十里。唐、宋平乡县即汉巨鹿城，诸书所称，当是后人改筑。今平乡县东北有大平台村，其东又有小平台村，即故沙丘台遗址也”③。《水经注疏》初稿完成于清光绪三十年（1904），汇集了明清以来研究《水经注》的成果，为《水经注》研究总结性著作，深受舆地学者推崇，该书关于沙丘台在大小平台村的考证也是较为权威的解释。而大小平台村今属于广宗县，民国时期小平台村分为前平台、后平台村④。综上所述，沙丘平台遗址隶属广宗县，在大平台、前平台、后平台等村一带。

---

① （唐）杜佑：《通典》卷 178《巨鹿郡·平乡》，《影印文渊阁四库全书》第 605 册，第 456 页。

② （清）傅泽洪主持、郑元庆编辑：《行水金鉴》卷四《河水》，《影印文渊阁四库全书》第 580 册，第 149 页。

③ 无名氏撰，（后魏）郦道元注，（清）杨守敬、熊会贞疏，段熙仲点校，陈桥驿复校：《水经注疏》卷 10《浊漳水》，江苏古籍出版社 1989 年版，第 962 页。

④ 见姜榓荣修，韩敏修纂：（民国）《广宗县志》卷 2《地舆略·村镇》，国家图书馆藏民国二十二年（1933）铅印本。

沙丘苑台考述

李云豪（广宗县地方文化研究会）

　　广宗县域历史上因古黄河泛滥淤积，"土壤概系沙质，到处堆积成丘，自古以沙丘著名"。① 这一独特的地貌"沙丘"，约定俗成地演变成为地名"沙丘"。旧志记载："按沙丘，在城东二里外，南北起伏绵亘数十里。每春桃、杏、梨、李花开如锦，邑人踏春游赏为娱。志曰：地名沙丘，志实也。"②"按广宗一邑，列在顺德之东偏，即周秦之代，所谓沙丘也"③。在"沙丘"之后缀"苑台"，合提并称，作为中国古典园林的名称，最早见于《史记》："（殷纣王）益广沙丘苑台"④，沙丘苑台，在司马迁的笔下还简称"沙丘"。多数辞书列条目"沙丘"，注释历史上三个帝王在这里发生的历史事件，如《辞海》注："沙丘 古地名。在今河北广宗大平台、前后平台一带。相传殷纣于此筑台，畜养禽兽。公元前295年，战国赵武灵王为公子成和李兑所围，饿死沙丘宫；前210年，秦始皇巡视途中病死于沙丘平台，均在此。"⑤ 由于《史记》记述赵武灵王"三月余而饿死沙丘宫。"⑥"七月丙寅，始皇崩于沙丘平台。"⑦ 因而"沙

---

① 民国二十二年《广宗县志》卷2《地舆略》，第12页。

② 清康熙三十二年《广宗县志·封域志》。

③ 清康熙十九年《广宗县续志序》，第1页。

④ 《史记·殷本纪》，中华书局1982年版，第105页。

⑤ 《辞海》第七版，上海辞书出版社2020年版，第3756页。

⑥ 《史记·赵世家》，第1815页。

⑦ 《史记·秦始皇本纪》，第264页。

丘"就有了"沙丘苑台""沙丘宫""沙丘平台"的不同称谓。该地遗址，广宗县及河北省人民政府先后于 1982 年、2001 年公布其为文物保护单位，取名"沙丘平台遗址"。因此，现实社会讲述赵武灵王、秦始皇在这里发生的历史事件时，惯用"沙丘平台"；追述中国园林史的时候，一般用"沙丘苑台"，本文考述的内容为后者。

沙丘苑台的产生是社会发展与进步的产物。原始社会时期，原始人生活在大自然里，靠狩猎、采集野果维持生存，还要躲避和抵御雷电、风雨、猛兽、疾病等的袭击和困扰，那时不需要供游览的园林。即使到了逐水草而居的游牧生活时代，人们疲于奔波，一心为了糊口，无心游乐，也不需要园林。进入奴隶社会，阶级分化了，城市出现了，奴隶主贵族住进城镇里，脱离了原野。但他们也和世界上其他古老民族和古典宗教一样，憧憬和幻想"天堂"和"极乐世界"的存在。于是，便在城市中或郊区创设现实的人造自然——园林。这个时期的园林处于我国园林的生成期，按中国园林史的分类，属于中国古典园林。古典园林按隶属关系再分类，主要有三种类型：皇家园林、私家园林、寺观园林。[①] 它们分别隶属于皇帝及皇室、官僚贵族和寺观所有。沙丘苑台为商纣王建造，属皇家园林。这座恢宏的宫苑，继商纣王七八百年以后的战国赵武灵王、秦始皇仍在延续使用，长期显示了最高统治者的皇家园林气派。

沙丘苑台的"苑"和"台"是其构架的骨干。"苑"在古籍里和"囿"通用，皇家园林通常被并称为"苑囿"，如汉董仲舒《春秋繁露·王道》载："桀纣皆圣王之后，骄溢妄行，侈宫室，广苑囿"。"苑囿"是为皇家狩猎蓄养禽兽的地方。《辞源》注："苑囿畜养禽兽的圈地。《吕氏春秋重己》：'昔先圣王之为苑囿园池也，足以观望劳形而已矣。'注：'畜禽兽所，大曰苑，小曰囿。'"从字源上也可窥见"苑囿"的形制，"囿"

---

① 周维权：《中国古典园林史》，清华大学出版社 1999 年版，第 8 页。

的甲骨文写作"▦""▦""▣",字形外围的方框,表示一定范围的藩篱界限,其功用是防止禽兽的逃逸;方框内是成行树木稼蔬的象形。商纣王建苑囿的原因,渊源于原始人类的基本生活方式。狩猎是原始人获取生活资料的基本活动,商纣王承袭了其祖先薪火相传的生活方式。为此,"多取野兽蜚鸟置其中"①,以供畋猎。不过,商纣王及贵族在苑囿内狩猎已不再是为了获取生存的猎物,而是承袭和再现传统的射猎游乐,是回归大自然的精神补偿,同时兼有征战演习、训练的意义。"台",用土堆筑而成,是高山的模拟,原初的功能是登高以观天象、通神明。祭天,是古代最高统治者的传统仪典,传说尧帝、舜帝就修筑高台,登高祭天。先民基于万物有灵的原始自然观,认为天是宇宙万物的主宰神,令人敬畏。又看到,山,拔地通天,离天最近,认为只有在山上祭祀,天神才能享受。然而,殷都距圣山路途遥远,不便登临,纣王便想出了一个变通的办法,就近在沙丘苑囿内堆筑高台祭天。"水"也是园林的重要组成因素。漳水(今老漳河)在遗址内流过,浸润这片沃土水草丰美,林木茂盛。纣王在此圈建了苑囿,堆筑了高台,栽种了树木,放养了禽兽,还建造了宫馆。据此,后世的园林专家总结中国古典园林的构成要素,即山(台)、水、物(植物、动物、建筑物)。沙丘苑台具备的"游猎、观赏、祭祀、憩、戏"等功能,被商纣王当作人间的"天堂"、理想的"乐园"。于是他和妲己、贵族在此极尽奢华,"大聚乐戏于沙丘,以酒为池,悬肉为林,使男女倮相逐其间,为长夜之饮。"②成语"酒池肉林"即渊源于此。

沙丘苑台为中国有文字记载的第一座皇家园林,也是世界"园林之源",以中国为代表的东方园林与欧洲园林、伊斯兰园林并称为世界园林三大体系,其中,中国园林被西方学者誉为"世界园林之母"。③而

---

① 《史记·殷本纪》,第 105 页。

② 《史记·殷本纪》,第 105 页。

③ 何勇:《中国"世界园林之母"称号的来历》,《园林》1999 年第 1 期。

沙丘苑台是中国古典皇家园林的源头。

沙丘苑台遗址的一些"迷"，广宗地方文化学者通过多年的田野调查和国家历史研究的推进，逐渐明晰起来。

——沙丘台：作为园林的主体，其遗存具有重要的文物价值。广宗南北百里，由古黄河泛滥淤积自然形成的沙岗子连绵不断，司空见惯。沙岗子都没有名称，唯遗址内有一处叫"夯岗子"，顾名思义，它是人工累土砸夯筑成的高大土台，附近大平台、前平台、后平台，由此得村名。在近代人的记忆里，它是"官地"，高大、荒凉、神秘。

——"酒池"遗迹："酒池肉林"是商纣王奢侈腐化的代表性事例。遗址内有几处较低洼的地方，大雨过后，所存积水不久就渗下去了。唯有一处不渗水，蛤蟆逐水集中于此鸣叫，村民世代相传叫"蛤蟆坑"。现已探明，坑底实砸了一层50厘米细密的防渗胶泥，约有7亩大，和"夯岗子"毗连。

——宫殿群遗址：多年来，村民在耕作和取土过程中，发现了多处建筑遗物。其中有传说秦始皇病危时所住宫殿的"断饭庄遗址"，有穿装椁敛衣的宫殿"装椁地遗址"等。

——建造时间：沙丘苑台为商纣王营建，纣王在位的时间，国家夏商周断代工程断为公元前1075年至前1046年，即纣王在这29年间建造，距今已3000多年。

沙丘苑台的历史还可往前追溯，《史记》记述纣王"益广沙丘苑台"，"益广"是进一步扩大的意思。那么，沙丘苑台扩建的基础是什么呢？广宗地方文化学者潜心探本溯源后，认为是"桑林"。依据有三：一、《读史方舆纪要》记载："胡氏曰：桑林在经城县西南。"① 经城县故址在今威县城北的经镇，"西南"即和沙丘平台遗址方位吻合，相距约15公里。

---

① （清）顾祖禹：《读史方舆纪要》卷15《北直六·顺德府》，贺次君、施金和点校，中华书局2005年版，第673页。

民国二十二年《广宗县志》将"桑林"列入《古迹志》，并引证此说。二、"《史记》载，商汤王祷祝于桑林之野的故事。这是一处远离都城的风景胜地，是以桑树为主的一片广大风景林地。其内建有离宫别馆，汤王常去祷祝和游猎。"① 三、《辞源》注释："桑林地名。古代传说，汤之时，七年旱，身祷于桑林之际，时立得雨。"北塘疃村民世代笃信并传讲，商汤王于公元前 1587 年巡边时晏驾在本村。该村先民感念汤王"桑林祈雨"的恩德，于翌年建了"天下第一庙"汤王庙，从此，每年于庙内沿袭商汤王的"桑林祷"仪式，古老的民俗传统传延至今。

追溯和考证沙丘苑台的渊源，了解中国古典园林的建造历史和要素，会使人们深刻认识到今天建立国家公园和现代城市园林，发挥其生态、环境、游憩等功能的深远意义。

---

① 游泳主编：《园林史》，中国农业科学技术出版社 2006 年版，第 17 页。

从汉唐间历史叙事看沙丘的政治文化象征意义*

吕宗力（香港科技大学、南京大学）

　　沙丘，殷商末代君主纣王曾于此经营苑台，赵筑有沙丘宫，秦始皇三十七年最后一次出巡途中，崩于沙丘平台，曾引发"秦帝国最高执政者继承人选择"的重大变局。[①] 沙丘今属何地？史为乐《中国历史地名大辞典》、戴均良《中国古今地名大辞典》均作河北广宗县西北大平台，或说在平乡县东北。但平乡、广宗县名、治所屡经变易，不宜过于拘泥。《史记·殷本纪》张守节《正义》引唐李泰《括地志》："纣时稍大其邑，南距朝歌，北据邯郸及沙丘，皆为离宫别馆。"杨凤奎认为沙丘宫基点在广宗大平台村，大平台遗址只是一个幸存下来的点。沙丘苑台，或沙丘台、沙丘宫，自殷商迄秦汉为止皆为离宫别馆，南北东西连延数十里，其说可从。杨凤奎又引述邢台地区考古发掘的成果：2007 年 9 月第三次全国文物普查中，在平乡县张家屯、王固等村，均发现商代陶鬲、陶鼎、陶纺轮等文化层，被列入河北省第五批重点文物保护单位——沙丘宫遗址。邢台市文物局报告称："遗址面积约 60 平方公里，大体位处平乡县王固以东至广宗大平台一带。"[②] 这应该是对沙丘历史地域比较准

　　* 本论文属国家社会科学基金重大项目"纬书文献的综合整理与研究"（20&ZD226）阶段性成果。

　　① 王子今：《论〈赵正书〉言"秦王""出斿天下"》，《鲁东大学学报》2016 年第 2 期。
　　② 邢台市文物局：《对沙丘、沙丘宫、沙丘平（苑）台的梳理考证》，《邯郸职业技术学

确的描述。

一、沙丘在中国古代政治文化史上拥有
独特的象征意义

《史记·殷本纪》："益收狗马奇物，充仞宫室。益广沙丘苑台，多取野兽蜚鸟置其中。慢于鬼神。大冣乐戏于沙丘，以酒为池，县肉为林，使男女倮相逐其间，为长夜之饮。"太史公的这一则描述，不仅将殷纣王定型为荒淫无度的昏君，也令沙丘这一地名，与"酒池肉林"和纵欲的想象密不可分。至西晋皇甫谧撰《帝王世纪》，称"纣自朝歌北筑沙丘台"，"至今民俗歌谣，男女淫纵，犹有纣之余风，世称赵女之美是也。"①

战国雄主赵武灵王饿死沙丘宫的故事，又予人以沙丘为君王折戟沉沙之地的联想。《史记·赵世家》：

> 主父及王游沙丘，异宫，公子章即以其徒与田不礼作乱，诈以主父令召王。肥义先入，杀之。高信即与王战。公子成与李兑自国至，乃起四邑之兵入距难，杀公子章及田不礼，灭其党贼而定王室。公子成为相，号安平君，李兑为司寇。公子章之败，往走主父，主父开之，成、兑因围主父宫。公子章死，公子成、李兑谋曰："以章故围主父，即解兵，吾属夷矣。"乃遂围主父。令宫中人"后出者夷"，宫中人悉出。主父欲出不得，又不得食，探爵觳而食之，三月余而饿死沙丘宫。

院学报》2014 年第 3 期。

① 徐宗元辑：《帝王世纪辑存·殷商第三》，中华书局 1964 年版，第 62 页。

东汉涿郡文士崔琦作《外戚箴》讽谏河南尹梁冀："不相率以礼，而竞奖以权。先笑后号，卒以辱残。家国泯绝，宗庙烧燔。末嬉丧夏，褒姒毙周，妲己亡殷，赵灵沙丘。戚姬人豕，吕宗以败。陈后作巫，卒死于外。霍欲鸩子，身乃罹废。"① 赵武灵王因宫廷内乱，横死沙丘的史事，在崔琦笔下，与历代后宫乱政并举为训。

于是，在中国古代政治文化史的书写中，沙丘既是昏君纵欲的代表性意象，也象征着君王折戟沉沙的伤心之地。

二、秦始皇叙事与沙丘的不解之缘

《史记·秦始皇本纪》：

> 至平原津而病。始皇恶言死，群臣莫敢言死事。上病益甚，乃为玺书赐公子扶苏曰："与丧会咸阳而葬。"书已封，在中车府令赵高行符玺事所，未授使者。七月丙寅，始皇崩于沙丘平台。

《李斯列传》：

> 其年七月，始皇帝至沙丘，病甚，令赵高为书赐公子扶苏曰："以兵属蒙恬，与丧会咸阳而葬。"书已封，未授使者，始皇崩。书及玺皆在赵高所，独子胡亥、丞相李斯、赵高及幸宦者五六人知始皇崩，余群臣皆莫知也。李斯以为上在外崩，无真太子，故祕之。置始皇居辒辌车中。百官奏事上食如故，宦

---

① 《后汉书》卷80上《文苑·崔琦传》，中华书局1965年版，第2621页。

者辄从辒辌车中可诸奏事……于是乃相与谋，诈为受始皇诏丞相，立子胡亥为太子。

秦始皇出巡途中暴崩引起的秦帝国最高执政者继承人选择的重大变局，以及随之而来的秦帝国崩溃、大汉崛起，令沙丘成为举世瞩目的地名。从汉至唐，历史叙事和文学描述叙及秦始皇的下场和秦帝国的速亡时，往往顺带提及沙丘。如东汉冲帝驾崩，把持朝政的梁太后与外戚梁冀欲封锁消息，推迟发丧，以便操作帝位传承。太尉李固反对，引秦沙丘之谋为鉴：

帝虽幼少，犹天下之父。今日崩亡，人神感动，岂有臣子反共掩匿乎？昔秦皇亡于沙丘，胡亥、赵高隐而不发，卒害扶苏，以至亡国。近北乡侯薨，阎后兄弟及江京等亦共掩秘，遂有孙程手刃之事。此天下大忌，不可之甚者也。①

曹植《辨道论》讥刺一些"位殊万国，富有天下"，却"为匹夫所罔，纳虚妄之辞，信眩惑之说"，"经年累稔，终无一验"，"足为天下一笑"的帝王，其终局无非"殁于沙丘"（秦始皇），或"崩于五柞"（汉武帝）。②

西晋段灼，敦煌人，"世为西土著姓，果直有才辩。少仕州郡，稍迁邓艾镇西司马，从艾破蜀有功，封关内侯，累迁议郎。"邓艾居功被杀后，段灼曾为故主鸣冤。"前后陈事，辄见省览。然身微宦孤，不见进序，乃取长假还乡里。"段灼离职回乡前，向晋武帝上表陈五事。其第一事"言前任贤所由兴。任不肖所以亡者"，批评秦始皇"道化未淳，

① 《后汉书》卷63《李固传》，第2083页。
② （三国魏）曹植撰，赵幼文校注：《曹植集校注》卷1，人民文学出版社1998年版，第189页。

崩于沙丘",之后"邪臣擅命,指鹿为马,所以速秦之祸也"。①

他如西晋皇甫谧《帝王世纪》,东晋孔衍《春秋后语》,王嘉《拾遗记》,述及秦帝国史事,皆强调秦始皇"崩于沙丘平台","身殒沙丘"。唐代诗人罗隐《芳树》诗:

> 吾所以见造化之权,变通之理。春夏作头,秋冬为尾,循环反复无穷已。今生长短同一轨。若使威可以制,力可以止,秦皇不肯敛手下沙丘,孟贲不合低头入蒿里。伊人强猛犹如此,顾我劳生何足恃。②

唐代诗人韦楚老《祖龙行》诗:

> 黑云兵气射天裂,壮士朝眠梦冤结。祖龙一夜死沙丘,胡亥空随鲍鱼辙。腐肉偷生二千里,伪书先赐扶苏死。墓接骊山土未干,瑞光已向芒砀起。陈胜城中鼓三下,秦家天地如崩瓦。龙蛇撩乱入咸阳,少帝空随汉家马。③

千古一帝秦始皇,履至尊而制六合,鞭笞天下,威振四海,"自以为关中之固,金城千里,子孙帝王万世之业也"(贾谊《过秦论》),未曾预料骤然星坠沙丘,秦家天地迅速土崩瓦解。沙丘这一地名自此与秦始皇和秦帝国速亡叙事密不可分。

---

① 《晋书》卷48《段灼传》,中华书局1974年版,第1344—1345页。
② (宋)郭茂倩:《乐府诗集》卷17《鼓吹曲辞二·汉铙歌中·芳树十六首》,中华书局1979年版,第249页。
③ (宋)郭茂倩:《乐府诗集》卷91《新乐府辞二·乐府杂题二》,第1276页。

三、谶书、谶谣中的秦始皇与沙丘

东汉谶纬思潮盛行。在谶纬论述中，皇朝更迭、帝王兴衰，都以符瑞、灾异、图谶为依据。例如东汉前期思想家王充《论衡·书虚篇》：

> （秦始皇）当三十七年，游天下，到会稽，至琅邪，北至劳、盛山，并海，西至平原津而病，到沙丘平台，始皇崩。夫谶书言始皇还，到沙丘而亡；传书又言病筑疮三月而死于秦。一始皇之身，世或言死于沙丘，或言死于秦，其死言恒病疮。传书之言，多失其实，世俗之人，不能定也。①

谶书即当时流行的图谶文本，其中包含各种政治谶言。"始皇还，到沙丘而亡"，应该就是汉代人认为预言秦始皇暴崩的谶言。传书指经典的传注之作，其中不少是辑录历史典籍中的故事。② 从王充的批评可知汉代关于秦始皇之死有多种传说。《论衡》卷二十二《纪妖篇》：

> 秦始皇帝三十六年，荧惑守心，有星坠下，至地为石，民刻其石曰："始皇死而地分。"始皇闻之，令御史逐问莫服，尽取石旁家人诛之，因燔其石。秋，使者从关东夜过华阴平舒，或有人持璧遮使者，曰："为我遗镐池君。"因言曰："今年祖龙死。"使者问之，因忽不见，置其璧去。使者奉璧，具以言闻，始皇帝默然良久，曰："山鬼不过知一岁事，乃言曰'祖龙'者，人之先也。"使御府视璧，乃二十八年行渡江所沉璧也。

① 黄晖：《论衡校释》卷 4《书虚篇》，中华书局 1990 年版，第 200—201 页。
② 赵辉：《从汉代"传书"看正史向历史演义的衍化》，《文学遗产》2016 年第 5 期。

明三十七年，梦与海神战，如人状。

是何谓也？曰：皆始皇且死之妖也。始皇梦与海神战，悉怒入海，候神射大鱼，自琅邪至劳、成山不见。至之罘山，还见巨鱼，射杀一鱼，遂旁海西至平原津而病，至沙丘而崩。当星坠之时，荧惑为妖，故石旁家人刻书其石，若或为之，文曰"始皇死"，或教之也。犹世间童谣，非童所为，气导之也。凡妖之发，或象人为鬼，或为人象鬼而使，其实一也。①

所记种种"妖"状，皆见诸《史记》，都属于谶纬论述中的灾异现象。在秦汉人的心目中，秦始皇之死于沙丘，上天早有预警。

更有趣的一则谶言，见《论衡·实知篇》：

孔子将死，遗谶书，曰："不知何一男子，自谓秦始皇，上我之堂，踞我之床，颠倒我衣裳，至沙丘而亡。"其后，秦王兼吞天下，号始皇，巡狩至鲁，观孔子宅，乃至沙丘，道病而崩。又曰："董仲舒乱我书。"其后，江都相董仲舒，论思《春秋》，造著传记。又书曰："亡秦者，胡也。"其后，二世胡亥，竟亡天下。用三者论之，圣人后知万世之效也。孔子生不知其父，若母匿之，吹律自知殷宋大夫子氏之世也。不案图书，不闻人言，吹律精思，自知其世，圣人前知千岁之验也。

曰：此皆虚也。案神怪之言，皆在谶记，所表皆效图书。"亡秦者胡"，《河图》之文也。孔子条畅增益以表神怪，或后人诈记，以明效验。②

---

① 黄晖：《论衡校释》卷22《纪妖篇》，第921—923页。
② 黄晖：《论衡校释》卷26《实知篇》，第1069—1070页。

"不知何一男子，自谓秦始皇，上我之堂，踞我之床，颠倒我衣裳，至沙丘而亡"，这则谶言，源出《春秋·演孔图》："驱除名政，衣吾衣裳，坐吾曲床，滥长九州岛，灭六王。至于沙丘亡。"流传甚广。南朝宋刘敬叔《异苑》：

> 秦世有谣曰："秦始皇，何僵梁。开吾户，据吾床。饮吾酒，唾吾浆。飱吾饭，以为粮。张吾弓，射东墙。前至沙丘，当灭亡。"始皇既坑儒焚典，乃发孔子墓，欲取诸经传，圹既启，于是悉如谣者之言。又言谣文刊在冢壁，政甚恶之，乃远沙丘而循别路，见一群小儿辇沙为阜，问，云："沙丘。"从此得病。①

南朝梁《殷芸小说》所记略同：

> 秦世有谣云："秦始皇，何强梁！开吾户，据吾床；饮吾浆，唾吾裳；餐吾饭，以为粮；张吾弓，射东墙；前至沙丘当灭亡。"始皇既焚书坑儒，乃发孔子墓，欲取经传。墓既启，遂见此谣文刊在冢壁，始皇甚恶之。及东游，乃远沙丘而循别路，忽见群小儿攒沙为阜，问之："何为？"答云："此为沙丘也。"从此得病而亡。或云："孔子将死，遗书曰：'不知何男子，自谓秦始皇。上我之堂，据我之床，颠倒我衣裳，至沙丘而亡。'"（《说郛》二十五）②

《异苑》和《殷芸小说》所记秦世歌谣显然是从汉代"孔子"谶书衍生而来。歌谣而具谶语性质，也称谶谣。谶谣往往看上去是娱乐性强

---

① （南朝宋）刘敬叔：《异苑》卷4，范宁校点，中华书局1996年版，第29页。
② （南朝宋）殷芸编纂，周楞伽辑注：《殷芸小说》卷2，上海古籍出版社1984年版，第51页。

的儿歌，却被当时人解读为言语异常、暗藏天机、预言未来的隐语式谶言。但这首谶谣，歌词直白，批判意识强烈，属诅咒型谶谣。诅咒是一种心理宣泄行为，流传广泛的诅咒，表达的是群体的愤怒。今存史籍的记载，无法证明它是否在秦代已开始流传，但汉魏六朝人显然熟知这首歌谣。有趣的是，谶谣中的"沙丘"，似乎并不只是一个地理概念。六朝人传说，秦始皇因为知道这首谶谣，特别避讳"沙丘"，出巡时"远沙丘而循别路"，却遇见一群小孩玩堆沙，并告诉秦始皇，这就是"沙丘"。秦始皇因而"得病而亡"，终未能逃脱天罚。这是典型的谶纬思维方式，与"亡秦者胡也"异曲同工。"沙丘"在这里成为预示天意的符号。

又，东晋道士王嘉《拾遗记》，叙秦始皇之灵托梦故事：

> 秦王子婴立，凡百日，郎中赵高谋杀之。子婴寝于望夷之宫，夜梦有人身长十丈，须鬓绝青，纳玉舄而乘丹车，驾朱马而至宫门，云欲见秦王子婴，阍者许进焉。子婴乃与言。谓子婴曰："余是天使也，从沙丘来。天下将乱，当有同姓者欲相诛暴。"翌日乃起，子婴则疑赵高，囚高于咸阳狱，悬于井中，七日不死；更以镬汤煮，七日不沸，乃戮之。子婴问狱吏曰："高其神乎？"狱吏曰："初囚高之时，见高怀有一青丸，大如雀卵。"时方士说云："赵高先世受韩终丹法，冬月坐于坚冰，夏日卧于炉上，不觉寒热。"及高死，子婴弃高尸于九达之路。泣送者千家，或见一青雀从高尸中出，直入云。九转之验，信于是乎！子婴所梦，即始皇之灵；所著玉舄，则安期先生所遗也。鬼昧之理，万世一时。①

---

① （晋）王嘉：《拾遗记》卷4，齐治平校注，中华书局1981年版，第105页。

秦始皇之灵以天帝使者身份托梦于子婴，并自云来自沙丘。这是否意味着，虽然秦始皇死后葬于骊山陵墓，但他的魂灵却留在了沙丘？

明末清初思想家顾炎武评论谶书《孔子闭房记》时说："自汉以后，凡世人所传帝王易姓受命之说，一切附之孔子。如沙丘之亡，卯金之兴，皆谓夫子前知而预为之谶。其书盖不一矣。"①《论衡》所记沙丘之谶当然是伪托孔子遗书，六朝所传沙丘谶谣也未必是秦代的作品。但在汉魏六朝人们关于秦始皇暴毙、秦帝国速亡的想象中，沙丘无疑是不可或缺的符号之一。

---

① （清）顾炎武撰，黄汝成集释，栾保群、吕宗力校点：《日知录集释》（全校本）卷30，上海古籍出版社 2006 年版，第 1698 页。

沙丘平台与离宫别馆探微

陆坦（东北师范大学历史文化学院）

袁延胜（郑州大学历史学院）

沙丘平台是中国历史上的重要建筑。据《史记》记载，横扫六合的秦始皇驾崩于此。一般认为，沙丘平台遗址就在河北省广宗县的大平台村，但与广宗县同属邢台市的平乡县却对此说提出质疑①。除此之外，两地还就卫灵公墓是否在本县境内这一问题，争论了数百年。为破解这些谜团，本文在前人研究的基础上，做一探讨。不当之处，请方家指正！

一、对"沙丘平台"及相似名称的概念考辨

在众多涉及"沙丘平台"的典籍文献中，记载"始皇崩于沙丘平台"②的《史记》，是最重要最原始的文本。朱右曾所辑《汲冢纪年存真》虽称帝纣"南据朝歌，北据邯郸及沙丘，皆为离宫别馆"，但王国维先生认为，该记载并非《竹书纪年》原文，而是出自唐代张守节的《史记正义》③。而在《史记》一书中，又有"沙丘""沙丘苑台""沙丘宫"等

---

① 王自兴、张润泽：《沙丘宫遗址地望考》，《秦始皇帝陵博物院 2012》，三秦出版社 2012 年版。

② 《史记》卷 6《秦始皇本纪》，中华书局 1982 年版，第 264 页。

③ 王国维：《古本竹书纪年辑校·今本竹书纪年疏正》，辽宁教育出版社 1997 年版，第 9 页。

多个同"沙丘平台"相似的名称。如《殷本纪》载帝纣"益广沙丘苑台""大聚乐戏于沙丘"①。《赵世家》记载赵武灵王"饿死沙丘宫"②,《范雎蔡泽列传》则把该事写作"囚主父于沙丘,百日而饿死"③。秦始皇之死,在《封禅书》中记作"还至沙丘崩"④。及至东汉,班固《汉书·地理志》中又出现了"沙丘台"一词,并称它是帝纣所作⑤。这些貌似雷同的概念,实存有细微而重要的差别。

《尔雅·释丘》明言,"如覆敦者,敦丘。迤逦,沙丘。"⑥故"沙丘"本指土山连绵的地貌。夏商时期,亚热带北界至少在今安阳一线,黄淮海平原的河流径流量与湖泊面积大于后世⑦。在邢台曹演庄商代遗址中,考古人员发现了喜欢湿热环境的鹿、龟、田螺、蚌类遗骸⑧。且邢台的葛家庄先商遗址,也出土有鹿骨⑨。故当时的邢台地区,是一派河湖交错、温暖湿润、鸟兽密布的景象,并在河流的冲刷与沉积作用下,出现了大面积的沙丘。该地域遂因地貌而得名,即《史记》所谓"沙丘"。

沙丘地区优美的自然风光,吸引殷商统治者大兴土木,修筑了被《殷本纪》称为"沙丘苑台"的离宫别馆。但"苑台"并非殷商时代的词汇。商代有"囿"字,而"苑"字却最早见于春秋战国。及至汉代,当时人认为"苑""囿"二字互通⑩,遂以"沙丘苑台"之名指称商代建筑。

---

① 《史记》卷3《殷本纪》,第105页。

② 《史记》卷43《赵世家》,第1815页。

③ 《史记》卷79《范雎蔡泽列传》,第2411页。

④ 《史记》卷28《封禅书》,第1370页。

⑤ 《汉书》卷28《地理志》,中华书局1962年版,第1575页。

⑥ 胡奇光、方环海:《尔雅译注》,上海古籍出版社1999年版,第263页。

⑦ 邹逸麟主编:《黄淮海平原历史地理》,安徽教育出版社1997年版,第9页。

⑧ 河北省文物管理委员会:《邢台曹演庄遗址发掘报告》,《考古学报》1958年第4期。

⑨ 朱永刚等:《河北邢台市葛家庄遗址1999年发掘简报》,《考古》2005年第2期。

⑩ 袁守愚:《中国园林概念史研究:先秦至魏晋南北朝》,博士学位论文,天津大学2014年,第23、25页。

故"沙丘苑台"实为"沙丘囿台",这为探讨其结构与规模提供了新的观察角度。

从《诗·大雅·灵台》来看,周人建有"灵台",而这是由"灵台""灵沼""灵囿"与"辟雍"构成的宫苑组合。孔颖达《毛诗正义》引卢植《礼记注》指出,灵台与辟雍为一物①。故这一宫苑实由台、囿、沼组成。就规模而言,据《括地志》记载,灵台遗迹至唐代仍"高二丈,周回百二十步"②。《毛诗正义》认为天子之囿百里,诸侯四十里③。孟子认为灵台、灵囿由周文王修建,灵囿面积七十里见方④。作为与周文王同时代的殷商天子,帝纣所经营的"沙丘囿台",内部构造当与灵台相似,总占地面积为方圆七十里至一百里左右。且帝纣只是"益广"了"沙丘苑台",该宫苑早已存在,只是在商朝末年又扩大了规模。

《中国都城辞典》认为赵国在迁都邯郸后,将沙丘苑台扩建为"沙丘宫"⑤。这一说法略显牵强。《史记·宋微子世家》记载,"箕子朝周,过故殷虚,感宫室毁坏,生禾黍,箕子伤之,欲哭则不可,欲泣为其近妇人,乃作麦秀之诗以歌咏之。"⑥殷人故都的命运,在商亡后尚且如此凄惨,"沙丘苑台"的下场也可想而知。故赵国所修沙丘宫,同沙丘苑台是否有直接继承关系,尚不能确定,可能只是在原址遗迹上兴修了新建筑,并重新利用了荒废已久的帝纣沙丘台。

沙丘宫的内部布局,应与沙丘苑台不同。据《史记·赵世家》所载,沙丘宫变前,赵武灵王同赵惠文王"异宫"。政变发生后,赵武灵王又

---

① 李学勤主编:《十三经注疏·毛诗正义》,北京大学出版社1999年版,第1040页。

② (唐)李泰等著,贺次君辑校:《括地志辑校》卷1《雍州·长安县》,中华书局1980年版,第10页。

③ 李学勤主编:《十三经注疏·毛诗正义》,第1043页。

④ 杨伯峻:《孟子译注》,中华书局1960年版,第3、29页。

⑤ 陈桥驿主编:《中国都城辞典》,江西教育出版社1999年版,第808页。

⑥ 《史记》卷38《宋微子世家》,第1620、1621页。

靠"探爵鷇而食之"苦撑三个多月 ①。可知沙丘宫不仅有可供两位君主居住的多座宫殿，还有能吸引鸟类筑巢育儿的绿化林木。

沙丘苑台与沙丘宫的最大差别在于，沙丘苑台只有帝纣沙丘台一座高台，而沙丘宫除宫室外，还当有多座高台。颜师古在注《汉书·高后纪》"赵王宫丛台灾"时指出，"连聚非一，故名丛台，盖本六国时赵王故台也，在邯郸城中"②。既然邯郸赵王宫中有多座高台，沙丘宫当也不例外。而作为秦始皇驾崩地点的"沙丘平台"，只是沙丘宫的高台建筑之一。《史记正义》即认为，"沙丘平台"意为"沙丘之宫，平台之中"③。可这座"平台"是否就是帝纣沙丘台，已无法考证。

随着时间推移，"沙丘""沙丘苑台""沙丘宫""沙丘平台"等多个概念的面貌日趋模糊，"沙丘台"的涵义倒不断丰满起来，并成为前者的集合体。《汉书·地理志》提及沙丘台时，只说它是帝纣所做，在钜鹿县东北七十里④。及至北魏，郦道元在《水经注》里不仅称沙丘台是"纣所成也"，还说"赵武灵王与秦始皇并死于此"⑤。到了宋代，《太平寰宇记》又将《庄子·则阳》中关于卫灵公死后"卜葬于故墓，不吉，卜葬于沙丘而吉"⑥的记载，连同帝纣淫乐、赵武灵王之死及秦始皇驾崩等内容，一并写到书中河北道的"沙丘台"条目下。⑦

至此，"沙丘台"终于成为串联帝纣、卫灵公、赵武灵王与秦始皇四位君主的传奇地标。其历史形象形成的过程，正是顾颉刚先生所说的"层累地造成的中国古史"⑧。

---

① 《史记》卷43《赵世家》，第1815页。
② 《汉书》卷3《高后纪》，第96页。
③ 《史记》卷6《秦始皇本纪》，第265页。
④ 《汉书》卷28《地理志》，第1575页。
⑤ 陈桥驿：《水经注校证》，中华书局2007年版，第263页。
⑥ 刘文典：《庄子补正》，云南人民出版社1980年版，第817页。
⑦ （宋）乐史：《太平寰宇记》卷59《河北道八》，中华书局2007年版，第1219页。
⑧ 顾颉刚：《与钱玄同书》，《古史辨》第一册，上海古籍出版社1982年版，第60页。

二、卫灵公墓与沙丘台地望考辨

区分清"沙丘""沙丘苑台""沙丘宫""沙丘平台"与"沙丘台"等概念，可以帮助我们理清卫灵公墓与沙丘台的地望之谜。

就前者而言，卫灵公葬于河北沙丘地区的传闻，至晚出现于宋代的《太平寰宇记》中。清初的顾祖禹在编写《读史方舆纪要》北直隶"沙丘台"条目时，直接写为"卫灵公卒，葬沙丘宫"①。

及至清中后期，隶属顺德府的平乡、广宗二县均声称，卫灵公墓就在拥有沙丘遗迹的本县。乾隆《顺德府志》认为，卫灵公墓"在平乡无疑"②。同治《平乡县志》则相信，该县在卫灵公时代属于卫国，县境东南一带皆是沙丘故地，灵公墓当在县南柴口村③。民国《广宗县志》却对这一传闻持怀疑态度，认为广宗在春秋后期属于晋国，不应葬有卫君，但"旧志载之，以疑传疑，不敢阙也"，只好"姑存之以俟识者"④。

前面已指出，这一传闻的根本凭证，只是《庄子·则阳》中的寥寥数语，缺乏其他史料作依据。且"沙丘"本义，是指土山连绵的地貌。只要自然环境接近，邢台以外的地域，也完全有条件形成沙丘地貌。故《庄子·则阳》中的"沙丘"，未必特指邢台沙丘。另据清人顾栋高考证，卫灵公即位前，邢台已属晋，并成为齐、晋两国的摩擦地带。卫国已迁都至黄河以南，丧失了河北的土地，后因大夫孙林父叛逃晋国，又失去了同国都帝丘近在咫尺的戚邑⑤。故卫灵公墓究竟在何方，虽很难探求，但它不位于邢台地区，却是可以确定的。

---

① （清）顾祖禹：《读史方舆纪要》卷15《北直六》，贺次君、施和金点校，中华书局2005年版，第669页。

② （清）徐景曾纂修：乾隆《顺德府志》，上海书店出版社2006年版，第363页。

③ （清）苏性纂修：同治《平乡县志》，上海书店出版社2006年版，第347页。

④ 韩敏修等纂：民国《广宗县志》，成文出版社1969年版，第97页。

⑤ （清）顾栋高：《春秋大事表》，中华书局1993年版，第638、532页。

　　而不同典籍文献对"沙丘台"方位的记载，亦相当混乱。《汉书·地理志》云，沙丘台在钜鹿县东北七十里。后因行政区划变迁，平乡县成为确定沙丘台坐标的新基点。唐张守节《史记正义》在注《秦始皇本纪》时，引《括地志》称沙丘台在平乡县"东北二十里，又云平乡县东北四十里"①。可在注《封禅书》时，仍引《括地志》的《史记正义》又称"沙丘台在邢州平乡县东北三十里"②。宋代《太平寰宇记》记载沙丘台位于平乡县东北二十里之外，又称县东北三十里有"平台"③。到了清代，"平台"的位置在《读史方舆纪要》里变成了平乡县南五里④。而由于平乡、广宗二县都在争夺沙丘遗址，当代又有材料声称，赵国沙丘宫在广宗县大平台村，秦沙丘平台则在平乡县王固村。⑤

　　之所以产生这么多互相矛盾的记载，一是由于平乡、广宗两县的县治地，在古代不断改变⑥。二是由于"沙丘""沙丘苑台""沙丘宫"，均是覆盖面积广大的区域，肯定会留下丰富的历史遗存。但这些片状概念，在历史进程中却被"沙丘台"这一点状概念所集中代表。"以点概面"，无疑会导致严重的信息错乱。且上文已指出，"沙丘宫"内当有多座宫台。它们的遗迹，恐怕不会被岁月全部夷平。这又反过来加大了确定"沙丘台"这一"点"位置的难度。

　　从眼下掌握的考古资料看，平乡县王固村与广宗县大平台村，皆出土有大量商代、战国、秦汉时期的文物⑦。故两地都在"沙丘""沙丘苑台"及"沙丘宫"的范围之内。但"沙丘平台""沙丘台"究竟在何方，

---

　　① 《史记》卷6《秦始皇本纪》，第265页。

　　② 《史记》卷28《封禅书》，第1370页。

　　③ （宋）乐史：《太平寰宇记》卷59《河北道八》，第1219页。

　　④ （清）顾祖禹：《读史方舆纪要》卷15《北直六》，第669页。

　　⑤ 苗庭宽、郑占峰：《沙丘苑台——中国最早的园林》，《邢台日报》2019年4月27日。

　　⑥ 杨凤奎：《对沙丘、沙丘宫、沙丘平（苑）台的梳理考证》，《邯郸职业技术学院学报》2014年第3期。

　　⑦ 石玉春主编：《邢台历史文化辞典》，中国文史出版社2012年版，第329—346页。

则已很难考证。考虑到两县中以"平台"命名的村落，几乎都在广宗，则昔日沙丘宫内的高台建筑，更可能位于今广宗县①。

三、沙丘苑台与沙丘宫的功用差异

尽管沙丘苑台与沙丘宫位于同一地域，且皆属离宫别馆，但二者的性质与功用，却存在一定差异。

供统治者消遣、游乐，是所有离宫别馆的共有属性，这点无需赘言。而田猎，亦当是沙丘苑台的功用之一。商代人口稀少，森林覆盖率极大，农田多与森林犬牙交错，故林中鸟兽常破坏田中作物。为保护农业生产，殷人经常在农耕区域举行田猎活动②。邢台地区在商代被称为"井方"，农业生产较为发达，且出土有大量用于狩猎的商代文物。甲骨卜辞中亦有"辛未卜：鸣获井鸟？"等关于商王在"井方"狩猎捕鸟的材料③。《史记·殷本纪》载帝纣在沙丘苑台"多取野兽蜚鸟置其中"④，这也说明该离宫是商王进行田猎的重要基地。田猎还是整军演武的手段。上文已指出，沙丘苑台实为"沙丘圈台"，而《淮南子·泰族训》明言，"汤之初作圈也，以奉宗庙鲜牺之具，简士卒，习射御，以戒不虞"⑤。故沙丘苑台在商代的地位，类似清代的木兰围场。

除此之外，沙丘苑台还应具有浓厚的宗教色彩。在上古先民眼中，巍峨高耸的"台"，象征着天神居住的神山，是凡人与上天交流的纽带，

---

① 雷铭：《秦汉禁苑研究》，博士学位论文，东北师范大学 2019 年，第 103 页。

② 杨升南、马季凡：《商代经济与科技》，中国社会科学出版社 2010 年版，第 284 页。

③ 庞小霞：《商周时期邢都邢国邢地综合研究》，郑州大学 2007 年博士学位论文，第 34、45、50 页。

④ 《史记》卷 3《殷本纪》，第 105 页。

⑤ 刘文典：《淮南鸿烈集解》，中华书局 1980 年版，第 673 页。

统治者在"登台受命"后，才算完成了君临天下的仪式①。故沙丘台担负着同天帝沟通的重任。且在商人眼中，池沼与林木也具有一定神性。《史记·殷本纪》记载，简狄是在沐浴时，吞下了玄鸟之卵，进而产下了殷人始祖契②。《吕氏春秋》又载，成汤因"天大旱，五年不收，乃以身祷于桑林"③。武王伐纣后，又"立成汤之后于宋以奉桑林"④。商代巫风大盛、人民迷信，张光直先生甚至认为，商朝政权是一个萨满式官员的集合体，商王本身就是个"大萨满"⑤。所以，帝纣在"益广沙丘苑台"后"以酒为池，县肉为林"⑥的行为，不仅是穷奢极欲的象征，更是对殷人传统信仰的极大亵渎。也正是在帝纣统治时期，殷人的"巫教文明"步入穷途末路，全社会深陷信仰危机，最终王朝覆灭⑦。

与沙丘苑台相比，沙丘宫具有较纯粹的世俗与享乐色彩。春秋以后，中国园林就以"娱人"为基本原则⑧。及至战国，离宫别馆中的园囿已成为王室禁脔，"杀其麋鹿者如杀人之罪"⑨，同农业生产的联系已然不多。而"台榭甚高，园囿甚广"又和"饮食甚厚，声乐甚大"一道，成了"王者"奢华生活的象征⑩，基本褪去了神秘的宗教色彩。沙丘宫自然也不例外。而两大离宫别馆功用变迁的过程，正是华夏民族走出宗教意识较浓厚的殷商，步入人本主义的周秦时代新阶段的历史缩影。

---

① 王毅：《中国园林文化史》，上海人民出版社 2004 年版，第 6—9 页。

② 《史记》卷 3《殷本纪》，第 91 页。

③ 陈奇猷：《吕氏春秋新校释》，上海古籍出版社 2002 年版，第 485 页。

④ 陈奇猷：《吕氏春秋新校释》，第 851 页。

⑤ 李峰：《西周的政体：中国早期的官僚制度和国家》，生活·读书·新知三联书店 2010 年版，第 28 页。

⑥ 《史记》卷 3《殷本纪》，第 105 页。

⑦ 杨儒宾：《殷周之际的纣王与文王：新天命观的解读》，《深圳社会科学》2018 年第 2 期。

⑧ 王毅：《中国园林文化史》，第 32 页。

⑨ 杨伯峻：《孟子译注》，中华书局 1960 年版，第 29 页。

⑩ （清）王先谦：《荀子集解》，中华书局 1988 年版，第 216 页。

沙丘苑的建置及其历史影响

雷铭（汕头大学医学院社科部）

王彦辉（东北师范大学历史文化学院）

《史记·秦始皇本纪》载，"三十七年十月癸丑，始皇出游"，"至平原津而病。……七月丙寅，始皇崩于沙丘平台"。① 此沙丘平台，即沙丘苑，又称沙丘苑台，或沙丘台，内建有沙丘宫，是一处宫、苑结合的帝王禁苑。秦始皇数次出巡关东地区，史载所临幸的禁苑除云梦苑外，就是沙丘苑。沙丘苑与云梦苑都是秦统一后位于关东地区的著名苑囿。

秦始皇崩逝之前，"乃为玺书赐公子扶苏曰：'与丧会咸阳而葬。'书已封，在中车府令赵高行符玺事所，未授使者"，② 以致有"沙丘之谋"，或称"沙丘之变"。③ 沙丘政变的成功，"阴险毒辣的赵高与昏庸

---

① 《史记》卷6《秦始皇本纪》，中华书局1959年版，第260—264页。

② 《史记》卷6《秦始皇本纪》，第264页。

③ 2013年全国十大考古发现之一"湖南益阳兔子山遗址"出土一枚简牍名为"秦二世元年公告"，该公告有"朕奉遗诏"语，意在强调秦二世登基继位的合法性，如果这样，那就不存在所谓的"沙丘之谋"。北大西汉竹简《赵正书》亦有"丞相臣斯、御史臣去疾昧死顿首言曰：'今道远而诏期（亟），群臣恐大臣之有谋，请立子胡亥为代后。'王曰：'可。'"的记载。二者在内容上有一定的关联性，都强调胡亥继位的合法性，与《史记》所载"沙丘之谋"有所抵牾。但有学者通过对传世文献的分析，认为"胡亥诈立一事，民间多有耳闻"，并说"胡亥是通过赵高、李斯矫诏得以继位一事以及继承皇位的不合法性是毋庸置疑的"。参见吴方基、吴昊：《释秦二世胡亥"奉召登基"的官府文告》，2014年5月27日，见http://www.bsm.org.cn/show_article.php?id=2025。孙家洲先生也认为，"对这种抵牾，做出合理的解释，是历

暴虐的秦二世"主政，是将秦王朝引向灭亡之路的主要因素。① 但目前学界对沙丘苑的建置与历史变迁等问题的专门研究还较少，② 相关见解也言人人殊。因此，对沙丘苑及相关问题的探讨，不仅能厘清其地理位置、历史变迁等问题，还有利于进一步解读与其相关的政治历史事件。

一、沙丘苑的始建时期与位置范围

（一）始建时期

沙丘苑或建于商纣王时期。《汉书·地理志上》载钜鹿郡有二十县，其中钜鹿县，班固曰："纣所作沙丘台在东北七十里"。③ 言沙丘台乃商纣所作。《水经注》卷十《浊漳水》："衡漳又迳沙丘台东，纣所成也"。④《资治通鉴·周纪四》记周赧王二十年，"主父及王游沙丘"，胡三省注："余按沙丘台，纣所作也"。⑤《元和郡县图志》卷十五《河东道四·邢州平乡县》"沙丘台"条："在县东北二十里。殷纣所筑。"⑥《太平寰宇记》卷五十九《河北道八·邢州平乡县》"沙丘台"条引皇甫谧《帝王世纪》

史学要正面研究的问题"，但"至少在目前，《史记》中所记载的秦始皇——秦二世之际的基本历史叙事框架，还不能轻言改写"。参见孙家洲：《兔子山遗址出土〈秦二世元年文书〉与〈史记〉纪事抵牾释解》，《湖南大学学报（社会科学版）》2015 年第 3 期。

① 王绍东：《从"沙丘政变"看历史发展中的偶然和必然》，《西安财经学院学报》2010 年第 6 期。

② 如，王自兴、张润泽：《沙丘宫遗址地望考》，秦始皇陵博物院编：《秦始皇陵博物院 2012》，三秦出版社 2012 年版，第 202—212 页；王南：《沙丘宫平台地望再考》，《石家庄学院学报》2020 年第 4 期；等等。

③ 《汉书》卷 28 上《地理志》上，中华书局 1962 年版，第 1575 页。

④ （北魏）郦道元著，陈桥驿校证：《水经注校证》卷 10《浊漳水》，中华书局 2007 年版，第 263 页。

⑤ 《资治通鉴》卷 4《周纪四》，中华书局 1956 年版，第 119 页。

⑥ （唐）李吉甫：《元和郡县图志》卷 15《河东道四·邢州平乡县》，贺次君点校，中华书局 1983 年版，第 429 页。

云："纣自朝歌北筑沙丘台，多取飞禽野兽置其中。"①《读史方舆纪要》
卷十五《北直六·顺德府平乡县》"沙丘台"条引《古史》曰："纣筑沙
丘台，多取禽兽置其中。"② 可知，《汉书·地理志》及其以后文献皆以
为沙丘台乃殷纣所作。

然《史记·殷本纪》载殷纣荒淫无道曰："益广沙丘苑台，多取
野兽蜚鸟置其中。"③ 似只说殷纣"益广沙丘苑台"，未说始作沙丘苑
台。张守节《史记正义》引《竹书纪年》曰："自盘庚徙殷至纣之灭
二百五十三年，更不徙都，纣时稍大其邑，南据朝歌，北据邯郸及沙
丘，皆为离宫别馆。"④ 商纣时对殷都有所扩建，北到邯郸及沙丘，南到
朝歌，皆建离宫别馆。按此载，沙丘之离宫别馆也是殷纣所建，司马迁
所言"益广沙丘苑台"或谓纣由殷都扩建离宫别馆至沙丘苑台，⑤ 虽没
直说但也没否认沙丘苑台乃殷纣所作。大概是基于此，《汉书·地理志》
及后世文献皆说纣作沙丘台。

（二）位置范围

秦汉史籍及有关唐人注疏，所说沙丘苑或在邢州平乡县，或位于巨

---

① （宋）乐史：《太平寰宇记》卷 59《河北道八·邢州平乡县》，王文楚等点校，中华书
局 2007 年版，第 1219 页。

② （清）顾祖禹：《读史方舆纪要》卷 15《北直六·顺德府平乡县》，贺次君、施和金点
校，中华书局 2005 年版，第 669 页。

③ 《史记》卷 3《殷本纪》，第 105 页。

④ 《史记》卷 3《殷本纪》，第 106 页。

⑤ 已有学者注意到"益广沙丘苑台"之"益广"是进一步扩充之意，以此认为"商纣
不是'沙丘苑台'的始作俑者"。见谷华池：《殷商五代帝王建都沙丘考》，《邢台学院学报》
2006 年第 1 期。但以笔者之见，结合《正义》引《竹书纪年》的这段引文，所谓"益广"不
是就沙丘苑台而言，应是针对殷都而言，即益广殷都之离宫别馆至沙丘苑台。而张国硕说商
代后期离宫别馆制度盛极一时，从一个侧面也证实了我们的看法。见张国硕：《夏商时代都城
制度研究》，河南人民出版社 2001 年版，第 96—99 页。

鹿一带。相关文献与注疏见下表。

《史记》《汉书》有关沙丘苑的文献与注疏列表

序号	文献及注疏	位置	文献来源及时代
1	《史记·殷本纪》:《集解》引《地理志》云:"在钜鹿东北七十里。"	在钜鹿东北七十里。	南朝宋裴骃《史记集解》引《汉书·地理志》。
2	《史记·殷本纪》:《正义》引《括地志》云:"沙丘台在邢州平乡东北二十里。"	在邢州平乡东北二十里。	唐张守节骃《史记正义》引《括地志》。
3	《史记·秦始皇本纪》:《集解》引徐广曰:"赵有沙丘宫,在钜鹿,武灵王之死处。"	在钜鹿。	南朝宋裴 《史记集解》引南朝宋"徐广曰"。
4	《史记·秦始皇本纪》:《正义》引《括地志》云:"沙丘台在邢州平乡县东北二十里。又云平乡县东北四十里。"	在邢州平乡县东北二十里,或平乡县东北四十里。	唐张守节《史记正义》引《括地志》。
5	《史记·封禅书》:《正义》引《括地志》云:"沙丘台在邢州平乡东北三十里。"	在邢州平乡东北三十里。	唐张守节《史记正义》引《括地志》。
6	《史记·赵世家》:《正义》曰:"在邢州平乡县东北二十里(矣)也。"	在邢州平乡县东北二十里。	唐张守节《史记正义》。
7	《史记·赵世家》:《正义》曰:"沙丘,邢州也。"	在邢州。	唐张守节《史记正义》。
8	《史记·范睢蔡泽列传》:《正义》曰:"沙丘台在邢州平乡县东北三十里。"	在邢州平乡县东北三十里。	唐张守节《史记正义》。
9	《史记·乐毅列传》:《集解》引徐广曰:"赵有沙丘宫,近钜鹿。"	近钜鹿。	南朝宋裴骃《史记集解》引南朝宋"徐广曰"。
10	《史记·李斯列传》:《正义》曰:"沙丘台在邢州。"	在邢州。	唐张守节《史记正义》。
11	《史记·货殖列传》:《正义》曰:"沙丘在邢州也。"	在邢州。	唐张守节《史记正义》。
12	《汉书·郊祀志上》:颜师古注引臣瓒曰:"沙丘在钜鹿县东北也。"	在钜鹿县东北。	唐颜师古注引西晋"臣瓒曰"。

续表

序号	文献及注疏	位置	文献来源及时代
13	《汉书·地理志上》载钜鹿郡下辖二十县，其中钜鹿县，班固曰："《禹贡》大陆泽在北。纣所作沙丘台在东北七十里"。	在钜鹿县东北七十里。	东汉"班固曰"。
14	《后汉书·郎顗襄楷传下》：李贤等注曰："沙丘在今邢州平乡县东北。"	在今邢州平乡县东北。	唐李贤等注。
15	《后汉书·李杜传》：李贤等注引徐广曰："赵有沙丘宫，在钜鹿也。"	在钜鹿。	唐李贤等注引"徐广曰"。
16	《续汉书·郡国志二》："钜鹿故大鹿，有大陆泽。"李贤等注引《前书》曰："沙丘台在县东北七十里。"	在钜鹿县东北七十里。	唐李贤等注。

就所占文献数量而论，言沙丘苑台位于邢州或邢州平乡县的占绝对多数，但文献来源较为单一，主要来自唐张守节《史记正义》引《括地志》，只有一条来自唐李贤等作的注，该注虽未说明依据来源，但极有可能也引自《括地志》。亦即，言沙丘苑台位于邢州或邢州平乡县的，虽在文献数量上占绝对优势，但依据来源较为单一，都依据唐初李泰主编的《括地志》。而言沙丘苑台在钜鹿或近钜鹿的文献，虽在数量上不占优势，但文献来源较为多样化，且所据文献的时代较为靠前，不仅有《汉书·地理志》的记载，还有西晋"臣瓒曰"及晋、宋之际"徐广曰"。因此，在没有确凿证据的前提下，仅就两种说法所占的文献数量及来源、时代而言，想弄清沙丘苑台的地理位置，较为困难。

就文献所征引的《括地志》，似有断章取义之嫌。仅就征引的内容，看不出历史条件下行政区划的变迁。《括地志》虽云沙丘苑台的地望为邢州或邢州平乡县，但其卷二《邢州·平乡县》却云："邢州平乡县城，本钜鹿，[王]离围赵王歇即此城。"①《通鉴地理通释》卷八《七国形势考》

---

① （唐）李泰等著，贺次君辑校：《括地志辑校》卷2《邢州·平乡县》，中华书局1980年版，第91页。

"沙邱、钜鹿"条就引《括地志》曰："钜鹿，邢州平乡县城。"①《元和郡县图志》卷十五《河东道四·邢州》"平乡县"条云："平乡县，本春秋时邢国，后为赵地，始皇灭赵，以为钜鹿郡，亦大称也。张耳与赵王歇走入钜鹿城，王离围之，即此地也。后魏自平乡故城移平乡县于此理之，属广平郡。隋开皇三年属洺州，十六年改属邢州。"② 由此可见平乡县的历史演变，先是春秋时为邢国，秦时为钜鹿郡，后魏时为广平郡平乡县，隋时先为洺州平乡县，再为邢州平乡县，至有唐一代仍为邢州平乡县。可见，因为行政区划变迁的缘故，上述文献所言沙丘苑台或位于邢州，或位于邢州平乡县，或位于钜鹿，就文献所产生的时代而言，应属无误。也就是说，沙丘苑台的地理位置，不论是邢州、邢州平乡县，还是钜鹿、钜鹿县，因历史上行政区划的调整，虽地名不一，但实际上是同一个地方，即邢州，或具体言为邢州平乡县。

史籍文献及注疏中，在提到沙丘苑台的具体位置时，或言在钜鹿县东北七十里，或曰在邢州平乡县东北三十里、在邢州平乡县东北二十里、平乡县东北四十里等，大概因为其范围难以确定所致。有学者认为，"沙丘"之名的由来，可能与当时该地的地貌有关，"在当时沙丘一带气候较现在温暖湿润，河流分布较广，冲击成了连绵的沙丘，风景优美，所以商王才有可能在此建立离宫别馆"。③《尔雅·释丘》曰："迤逦，沙丘。"郭璞注曰："旁行连延。"邢昺疏曰："《说文》云：'逦，行也。''迤，斜行也。'故注云'旁行连延'也。连延谓连接延长，丘形邪行连接而长者名沙丘。《地理志》云：巨鹿有'纣所作沙丘台在东北七十里'。"④ 可证"沙丘"之名的由来，确与其地貌有关，所谓"沙丘"并非一个孤

① 张保见校注：《通鉴地理通释校注》卷8《七国形势考》上，四川大学出版社2009年版，第281页。

② （唐）李吉甫：《元和郡县图志》卷15《河东道四·邢州平乡县》，贺次君点校，第428页。

③ 张润泽、王自兴：《"平台"地望考辨》，《邯郸学院学报》2014年第3期。

④ 李学勤主编：《尔雅注疏》卷7《释丘》，北京大学出版社1999年版，第204—205页。

立的地名，沙丘苑台就建在这一"旁行连延"的沙丘之中。正是由于这种"旁行连延"的地貌特征，使得沙丘的范围难以确定，且随着风沙的移动扩展，其具体范围就更难以确指，所以才有史籍文献及注疏中钜鹿县东北七十里、邢州平乡县东北二十里等多种记载偏差。而在实地文物普查中，文物工作者确也在平乡县王固村一带发现了大量的商、秦时期的文物遗存及秦汉时期的陶片等。① 当然，文物工作者也在与平乡县相连的广宗县北侧以"平台"命名的几个村子一带发现了大批商代及战国秦汉时期的文物遗存。② 因此，以笔者之见，基于沙丘"旁行连延"的地貌特征，平乡县与广宗县应都在这一地貌之中。也就是说，沙丘苑台的地理范围，横跨平乡与广宗两县。

二、沙丘苑的布局

（一）苑、台结合

如上所论，沙丘苑台始建于商纣时期。《史记·殷本纪》载商纣王"益广沙丘苑台"。《史记·秦始皇本纪》："七月丙寅，始皇崩于沙丘平台。"可知沙丘苑内有台型建筑。

台型建筑在我国有着悠久的历史。祭祀所用圜丘、天坛、地坛、社稷坛等，就属于台形建筑。早在殷纣之前，黄帝有"青灵台"，③ 喾有"帝喾台"，尧有"帝尧台"，舜有"帝舜台"，④ 夏启有"钧台"。⑤ 就苑囿的

---

① 政协河北省邢台市委员会编：《邢台历史文化辞典》，中国文史出版社 2012 年版，第346 页。

② 政协河北省邢台市委员会编：《邢台历史文化辞典》，第 329 页。

③ 《史记》卷 28《封禅书》，第 1402 页。

④ 袁珂校注：《山海经校注》卷 7《海内北经》，上海古籍出版社 1980 年版，第 313 页。

⑤ （宋）李昉：《太平御览》卷 177《居处部五》，中华书局 1960 年版，第 681 页。

发展史论，台型建筑的出现应不比它晚。随着苑囿与台型建筑的结合，就形成了苑台、囿台之类具有早期皇家园林性质的苑囿。殷纣时期的鹿台、沙丘台等，即是此类。之后，周文王"经始灵台"，"不日成之"，"王在灵囿，麀鹿攸伏"。① 诗前《小序》说："民始附也。文王受命，而民乐其有灵德，以及鸟兽昆虫焉。"② 有人认为，文王此举意在"借助'天命'，使自己的王权神圣化"。③ 江晓原也说："观天、通天之灵台，实为古时最大、最重要的神器。因为通天之事，是上古时代政治上的头等急务，直接关系到统治权之能否确立。"④"世界上许多民族都有筑台观天和祭天的传统"，我国古人也以此"祭祀天地鬼神，观察日月星辰及云物妖祥，举行阅兵、校射等典礼仪式"。⑤《史记·封禅书》记汉武帝"又作甘泉宫，中为台室，画天、地、太一诸鬼神，而置祭具以致天神"。⑥于苑囿中筑台，发挥其政治功能，周文王之后的汉武帝如此，周文王之前的商纣王或也有此意。

周文王"经始灵台"，在《诗经·大雅·灵台》中有灵台、灵囿、灵沼、辟雍，有人认为"灵台、灵沼、辟雍当俱在灵囿中"。⑦ 而殷纣沙丘苑台，就《史记·殷本纪》所载，也是苑、台结合的皇家园林。上文在论述周文王之灵台时，主要探讨了台型建筑的祭祀等政治功能。虽说殷纣的沙丘苑台或也有此意，但其功能应不止于此。"台，持也，筑

---

① 李学勤主编：《毛诗正义》卷 16《大雅·灵台》，北京大学出版社 1999 年版，第 1042—1043 页。

② 李学勤主编：《毛诗正义》卷 16《大雅·灵台》，第 1038 页。

③ 张怀通：《文王"经始灵台"考》，《中国历史博物馆馆刊》2000 年第 1 期。此外，张怀通此文还论证，诸如上古时期的高台、均台、灵台等，"名虽异，持实同，都是祭天、通天、观天的宗教场所"。

④ 江晓原：《天文·巫咸·灵台——天文星占与古代中国的政治观念》，《自然辩证法通讯》1991 年第 3 期。

⑤ 李宪堂：《天保灵台考》，《史学月刊》2003 年第 4 期。

⑥《史记》卷 28《封禅书》，第 1388 页。

⑦ 李宪堂：《天保灵台考》，《史学月刊》2003 年第 4 期。

土坚高，能自胜持也"，①"积土四方而高者名台"，②台型建筑因其高度较高，还有其审美功能。《说文》："台，观四方而高者。"③段注曰："《释名》曰：'观，观也，于上观望也。'观不必四方。其四方独出而高者，则谓之台。"④所谓"观四方"，无疑有观四方之景的目的。而《史记·殷本纪》商纣于沙丘苑台"多取野兽蜚鸟置其中"，既是对其游乐审美功能的刻意营造，又是对苑、台结合的帝王园林的审美功能的直接利用。

总之，苑、台结合的沙丘苑，既有发挥其政治功能的考虑，也不乏其审美功能的运用，尤其是殷纣的沙丘苑台，其苑、台结合的特点，主要是为了满足帝王的愉悦和审美需求。

（二）宫、苑结合

沙丘苑台除其苑、台结合的布局之外，它还是一座宫、苑结合体。《史记正义》引《竹书纪年》曰："自盘庚徙殷至纣之灭二百五十三年，更不徙都，纣时稍大其邑，南据朝歌，北据邯郸及沙丘，皆为离宫别馆。"⑤"纣时稍大其邑"，扩建离宫别馆，直至沙丘。虽说史书多言殷纣"益广沙丘苑台"，突出沙丘苑台之苑、台结合的布局，但大规模的离宫别馆建设直至沙丘苑台所在沙丘一带，则是不争之论。只是这些离宫别馆与都城的宫室连为一体，虽说已旁及沙丘一带，但更像是都城宫室的延伸，因而时人或将其作为都城宫室的一部分看待，而没有认为这些离宫别馆是沙丘苑的组成部分。所以，殷纣时，沙丘苑主要还是苑、台结合的布局。

---

① （汉）刘熙：《释名》卷5《释宫室》，中华书局1985年版，第89页。

② 李学勤主编：《尔雅注疏》卷5《释宫》，第127页。

③ （汉）许慎：《说文解字》（附检字），中华书局1963年版，第247页。

④ （清）段玉裁注：《说文解字注》，上海古籍出版社1981年版，第585页。

⑤ 《史记》卷3《殷本纪》，第106页。

《史记·赵世家》："主父及王游沙丘，异宫，公子章即以其徒与田不礼作乱，……乃遂围主父。令宫中人'后出者夷'，宫中人悉出。主父欲出不得，又不得食，探爵鷇而食之，三月馀而饿死沙丘宫。"①《史记·秦始皇本纪》中《集解》引徐广曰："赵有沙丘宫，在钜鹿，武灵王之死处。"②《史记·乐毅列传》载乐毅"及武灵王有沙丘之乱，乃去赵适魏"。《集解》引徐广曰："赵有沙丘宫，近钜鹿。"③不论是"在钜鹿"，还是"近钜鹿"，说的都是沙丘宫的大体位置，如前所论，其实都是同一个地方。与上述沙丘苑台的大概位置无异，且《史记·秦始皇本纪》载"始皇崩逝于沙丘平台"，《正义》按曰："始皇崩在沙丘之宫，平台之中"，④这说明沙丘宫就在沙丘苑台的范围内。清杨乔纂修《平乡县志》曰："赵主父筑宫"，⑤意即沙丘宫为赵武灵王所筑。但前已论及，早在殷纣时期，沙丘苑台就已有离宫别馆，因此，《平乡县志》所言"赵主父筑宫"，应是在前朝的基础上，扩建行宫。故而，陈桥驿主编的《中国都城辞典》中就说，赵国迁都邯郸后，将沙丘苑台扩建为行宫。⑥至此，殷纣所筑苑、台结合的沙丘苑台，一变而为宫苑结合的沙丘宫苑。

如前所论，沙丘乃一地貌特征，并非孤立的地点，处于这一地貌特征的沙丘苑台地跨平乡与广宗两县。据现在地名可知，以"平台"命名的村几乎都在广宗县境内，而在平乡县的文物普查中，发现了王固村一带有深6米、厚达2.5米的商秦文化遗址层，且有大量的"京"字陶片及破砖碎石等。⑦该遗址及文物的发现，证明平乡县王固村一带历史上应建有宫室建筑。而征之历史，可能就是赵武灵王的沙丘宫。由此可

---

① 《史记》卷43《赵世家》，第1815页。
② 《史记》卷6《秦始皇本纪》，第264页。
③ 《史记》卷80《乐毅列传》，第2427—2428页。
④ 《史记》卷6《秦始皇本纪》，第264—265页。
⑤ （清）杨乔纂修：《平乡县志》，清乾隆十六年（1751）刻本，中国国家图书馆藏。
⑥ 陈桥驿主编：《中国都城辞典》，江西教育出版社1999年版，第808页。
⑦ 政协河北省邢台市委员会编：《邢台历史文化辞典》，第346页。

见，跨有平乡与广宗两县的沙丘苑，其台型建筑主要在今广宗县境内，宫室建筑主要在今平乡县境内。这就是沙丘苑的苑、台、宫布局形式，及其地理分布。

三、沙丘苑的历史影响

殷纣"酒池肉林"的发生地是沙丘苑台，经《史记·殷本纪》的夸张渲染，[①] 其荒淫无道之形象流传千古，为后人所镜鉴。顾颉刚对有关殷纣之恶七十事详加考证，认为在《尚书》中，殷纣之罪仅有六条，其中"最大罪名是酗酒"，由此罪名逐渐延伸扩展，至西汉"他的罪恶的条款因年代的更久远"而"层累"到二十二条，至晋皇甫谧作《帝王世纪》再新增十条，殷纣之罪行简直"已经充类至尽"，由前至后，计达七十条之多。[②] 可见，以沙丘苑台"酒池肉林"而闻名的殷纣，酗酒罪名对其形象的影响可谓惨烈之至，致使几乎所有罪名都由此延展而出。

殷纣于沙丘苑台"酒池肉林"之荒淫，除对其个人形象多有损伤之外，还累及所在地区的民俗民风。至西汉，司马迁尚在《史记·货殖列传》中说："中山地薄人众，犹有沙丘纣淫地馀民，民俗懁急，仰机利而食。丈夫相聚游戏，悲歌忼慨，起则相随椎剽，休则掘冢作巧奸冶，多美物，为倡优。女子则鼓鸣瑟，跕屣，游媚富贵，入后宫，徧诸侯"。[③] 在司马迁看来，中山之地民风如此，当与殷纣沙丘荒淫直接相关。

---

① 《史记》卷 3《殷本纪》，第 105 页。

② 顾颉刚：《纣恶七十事的发生次第》，《顾颉刚古史论文集》（第 2 册），中华书局 1988 年版，第 211—221 页。

③ 《史记》卷 129《货殖列传》，第 3263 页。

赵国沙丘宫之变是一场血腥的宫廷政变。① 政变中，一代枭雄，锐意改革的赵武灵王被饿死于沙丘宫，"父子俱死，为天下笑"②。三朝元老、辅佐赵武灵王改革的重要人物肥义被公子章杀害③。赵国改革派的关键人物，皆殒命于政变之中，与管仲并称的乐毅因此乱而"去赵适魏"，④赵国元气大伤。其后，少主执政，权臣专权，自赵武灵王时代开始的赵国良好的发展势头被迫终结。

秦末有赵高的"沙丘之谋"。有人认为，赵高、秦二世等人"沙丘之谋"后对宗室、大臣的清洗，是继秦始皇"焚书坑儒"后的又一次大规模对秦王朝精英人才的逆淘汰，经过这一波逆淘汰，"秦朝体制内的几乎所有精英人物，从睿智贤明的皇位继承人、最忠心皇室的嬴氏兄弟姊妹，到眼界高远、谋略出众的政治干才，再到智勇兼备、战胜攻取的军事将领，无不被淘汰出局"，"秦朝的灭亡之势已经不可逆转了"。⑤因此，"沙丘之变"常为后世者鉴。《后汉书·光武十王传》载，光武崩逝，广陵思王荆即作飞书"令苍头诈称东海王强舅大鸿胪郭况书与强"曰："愿君王为高祖、陛下所志，无为扶苏、将闾叫呼天也。"唐李贤等即以秦末"沙丘之谋"注解之。⑥广陵思王荆虽有异谋，但就其所言，确是要借他人口吻奉劝东海王以"沙丘之谋"为鉴。《后汉书·李固传》载，冲帝崩逝，"梁太后以杨、徐盗贼盛强，恐惊扰致乱，使中常侍诏固等，欲须所征诸王侯到乃发丧"，李固即以"沙丘之谋"提醒梁太后："昔秦皇亡于沙丘，胡亥、赵高隐而不发，卒害扶苏，以至亡国"。"太后从

① 《史记》卷43《赵世家》，第1815页。

② 《史记》卷43《赵世家》，第1816页。

③ 《史记·赵世家》载赵武灵王听政之后，凡事"先问先王贵臣肥义"，可见肥义的辅佐之才。《史记》卷43《赵世家》，第1803页。

④ 《史记》卷80《乐毅列传》，第2427页。

⑤ 孟祥才：《精英人才的逆淘汰是秦朝"二世而亡"的重要原因》，《西安财经学院学报》2014年第2期。

⑥ 《后汉书》卷42《光武十王传》，第1446—1448页。

之，即暮发丧"，避免了东汉王朝的"沙丘之变"。①《晋书·段灼传》载，段灼"取长假还乡里"前，"遣息上表"说秦始皇"道化未淳，崩于沙丘。胡亥乘虐，用诈自娱，不能弘济统绪，克成堂构，而乃残贼仁义，毒流黔首"，终使嬴秦速亡。② 以秦始皇病亡沙丘，赵高、胡亥等人"沙丘之谋"致秦速亡"为后世之戒"，劝谏晋武帝任用贤人，远离乱臣贼子。

总之，殷纣沙丘"酒池肉林"，不仅使其本人形象尽毁，累及沙丘所在地区的民风民俗，还使"酒池肉林"几成奢侈荒淫的专用词③。沙丘宫之变使赵国由盛而衰。赵高、胡亥等人策划的"沙丘之谋"，是导致秦王朝二世而亡的重要因素。这些都成为后世君臣的镜鉴而警钟长鸣。

沙丘苑自殷纣建立之初，就是一座帝王禁苑。《史记正义》引《竹书纪年》曰："自盘庚徙殷至纣之灭二百五十三年，更不徙都，纣时稍大其邑，南据朝歌，北据邯郸及沙丘，皆为离宫别馆。"④ 这些离宫别馆不仅是商王田猎的重要组成部分，也是纣王"大聚乐戏"之处，还可能是统治阶级从事政治活动的场所。⑤ 赵武灵王筑沙丘宫，沙丘苑成为一座宫苑结合的行宫禁苑，至秦始皇崩逝于沙丘平台，沙丘苑作为帝王禁苑一直存在。但殷纣沙丘酒池肉林，赵武灵王饿死于沙丘，始皇崩逝于沙丘，一系列的负面事件，使沙丘苑蒙上了一层阴影，这是它与上林苑、宜春苑、云梦苑等宫苑的不同之处。

---

① 《后汉书》卷63《李固传》，第2082—2083页。

② 《晋书》卷48《段灼传》，中华书局1974年版，第1344—1345页。

③ 殷纣沙丘"酒池肉林"之荒淫传至后世，人们还常用其形容生活奢侈荒淫。《晋书·江统传》："及到末世，以奢失之者，帝王则有瑶台琼室，玉杯象箸，肴膳之珍则熊蹯豹胎，酒池肉林。"见《晋书》卷56《江统传》，第1536页。

④ 《史记》卷3《殷本纪》，中华书局1959年版，第106页。

⑤ 张国硕：《夏商时代都城制度研究》，河南人民出版社2001年版，第99—102页。

秦汉时期沙丘区域文化综论

薛瑞泽（河南科技大学人文学院）

秦汉时期中国社会的巨大进步，加速了区域文化的融合与发展。在中国历史上影响久远的燕赵文化在秦汉时期依然发挥着重要作用。作为燕赵文化的重要组成部分，以沙丘为核心的区域文化以其鲜明的特色，成为燕赵文化中最具典型意义的内容。

一、殷纣王建沙丘苑台的文化反思

沙丘区域文化中最为引人关注的是殷纣王"益广沙丘苑台，多取野兽蜚鸟置其中"的历史场景。特别是殷纣王在沙丘活动期间，放纵自己，"大冣乐戏于沙丘，以酒为池，县肉为林，使男女倮相逐其间，为长夜之饮"①，颇为时人和后人诟病。然而，如果将殷纣王扩大沙丘苑台之事放在更广的层面加以考察，即可看出其所反映的该地区经济发展、社会进步等深层次历史文化内涵。

关于沙丘的较早记载，应推《竹书纪年》所云："自盘庚徙殷至纣之灭二百五十三年，更不徙都，纣时稍大其邑，南距朝歌，北据邯郸及沙丘，皆为离宫别馆。"② 如果《竹书纪年》记载不误，那么我

---

① 《史记》卷3《殷本纪》，中华书局1982年版，第105页。
② 《史记》卷3《殷本纪》张守节《正义》引，第106页。

们可看出，到了商朝末年，从朝歌到邯郸、沙丘形成了颇具规模的皇家园林。这是以朝歌为核心区域经济社会发展的真实反映，而沙丘正处在这一区域之内，应当说正是商朝末年社会经济发展的重要节点标志。

商王朝灭亡后，虽然沙丘被逐步毁坏了，但作为商代重要的文化地区，仍然留下其历史遗存。关于沙丘台地理方位问题，史书中有不少记载。《汉书》卷二十八上《地理志上》记载，巨鹿郡下辖的巨鹿县，"纣所作沙丘台在东北七十里"。唐代平乡县沙丘台遗址仍然存在，《括地志》云："沙丘台在邢州平乡东北二十里。"①李吉甫云："沙丘台，在县东北二十里。殷纣所筑。"②《通典》卷一百七十八《州郡八·巨鹿郡》云："平乡：亦汉旧县地。或云秦置巨鹿郡于此，即古大鹿之野。有沙丘之台，纣所筑，即始皇死处。"③按理说这一地理方位史书记载得非常准确。但随着时间的推移，时至今日反而出现了多种不同的看法，既有广宗县说，也有平乡县说，各种说法均有一定道理，甚至有人根据考古发掘的情况论证平乡县说得准确。④我认为，作为殷纣王的苑囿，其规模应当不是一个点，而是一个占据面积广大的区域范围，正如《竹书纪年》所云"邯郸及沙丘，皆为离宫别馆"，其东西跨度也绝非今天两县的面积，所以沙丘苑台应当作为一个地区来看待。在这方面已有学者认为"沙丘苑台遗址在今邢台平乡县与广宗县一带"⑤。这应当是符合历史实际的看法。也正如杨凤奎所指出的："沙丘宫基点在广宗大平台村，大平台遗址只能是一个点，一个幸存下来的点。沙

---

① 《史记》卷3《殷本纪》张守节《正义》引，第106页。同书卷28《封禅书》张守节《正义》引《括地志》云："沙丘台在邢州平乡东北三十里。"第1370页。

② （唐）李吉甫：《元和郡县图志》卷15《河东道四·邢州》"平乡县"条，贺次君点校，中华书局1983年版，第429页。

③ （唐）杜佑：《通典》，王文锦等点校，中华书局1988年版，第4699页。

④ 王智主编：《燕赵传奇：根脉文化》，河北教育出版社2015年版，第238页。

⑤ 黄鹏：《沙丘苑台营建环境初探》，硕士学位论文，河北农业大学2015年，第1页。

丘苑台，又名沙丘台、沙丘宫，自殷商迄秦汉皆为离宫别馆。盖沙丘苑台南北东西连延数十里。"① 所以，将沙丘苑台作为一个范围更为广大的地区来看待，应当更加符合历史实际。

沙丘苑台作为历史标识物，在后世史书中被反复提及。这些历史记载除了标明地点外，更多的是给人以历史的反思。《晋书》卷二十六《食货志》云：

> 辛纣暴虐，玩其经费，金镂倾宫，广延百里，玉饰鹿台，崇高千仞，宫中九市，各有女司。厚赋以实鹿台之钱，大敛以增巨桥之粟，多发妖冶以充倾宫之丽，广收珍玩以备沙丘之游。悬肉成林，积醪为沼，使男女裸体相逐于其间，伏诣酒池中牛饮者三千余人，宫中以锦绮为席，绫纨为荐。

"沙丘之游"其实是殷纣王奢侈生活的一部分，这一段话其实是《史记·殷本纪》所记载"益广沙丘苑台，多取野兽蜚鸟置其中"内容的进一步申述，说明沙丘苑台此前已经存在，殷纣王不过是将其面积进一步拓展，并在其中蓄养了大量飞禽走兽，证实了沙丘苑台是具有狩猎功能的。沙丘苑台还布置有"乐戏"，说明沙丘苑台是殷纣王愉悦享乐的场所。虽然关于殷纣王"酒池"的地点还有不同的说法，但作为其奢侈腐化活动的一部分，史书反复提及这一点，无疑反映了汉晋以来智识群体反思殷纣王的奢侈生活方式，记录者的目的很明显，就是要通过殷纣王在沙丘苑台的系列奢侈行为的揭露，警示后来者不可重蹈覆辙。

---

① 杨凤奎：《对沙丘、沙丘宫、沙丘平（苑）台的梳理考证》，《邯郸职业技术学院学报》2014年第3期。

二、沙丘悲剧——赵武灵王的命运折戟

赵武灵王所实行的"胡服骑射"改革，使赵国迅速走上强国的道路。但是，赵武灵王在处理王位继承问题上的不当行为，造成了统治阶层内部矛盾尖锐，最终酿成了被饿死沙丘的悲剧。

赵武灵王二十七年（前299），将王位传给次子赵何，是为赵惠文王，赵武灵王自称主父。其长子赵章本为太子，因此没有继承王位，失去继承王位的赵章心中颇为不满。赵惠文王三年，赵武灵王灭中山国，实现了"北地方从，代道大通"。为了安抚长子章，赵武灵王"封长子章为代安阳君"，但长子章并不甘心，"章素侈，心不服其弟所立"。为了笼络长子章，赵武灵王"又使田不礼相章"。对于长子章与田不礼，李兑对相国肥义描述两人的为人："公子章强壮而志骄，党众而欲大，殆有私乎？田不礼之为人也，忍杀而骄。二人相得，必有谋阴贼起，一出身徼幸。"并且提醒肥义警惕公子章等人发动叛乱。到了赵惠文王四年，在安阳君公子章朝见赵惠文王时，赵武灵王"见其长子章傫然也，反北面为臣，诎于其弟，心怜之"，就打算将赵国一分为二，但没有实施。这种分裂倾向很快被公子章付诸行动。当赵武灵王与赵惠文王"游沙丘"时，"公子章即以其徒与田不礼作乱"，并且谎称赵武灵王召见赵惠文王，先杀肥义。公子成与李兑迅速起来平叛，"乃起四邑之兵入距难，杀公子章及田不礼，灭其党贼而定王室"。当叛乱被镇压下去后，公子成为相，号安平君，李兑为司寇，掌握国家大权。因为害怕赵武灵王解困之后报复，公子成与李兑共谋，将赵武灵王围困在沙丘宫，使其"欲出不得，又不得食，探爵鷇而食之，三月余而饿死沙丘宫"[①]，酿成

---

① 《史记》卷43《赵世家》，第1815页。《史记》卷79《范雎蔡泽列传》亦云："李兑管赵，囚主父于沙丘，百日而饿死。"第2411页。

了赵国历史上最为悲惨的场景。

赵武灵王作为赵国历史上"胡服骑射"的改革者，在赵国强盛道路上发挥了重要的作用。他即位之初，面对魏、楚、秦、燕、齐等强国围困的局面，年轻的赵武灵王采取各个击破的策略，挽救了危局。与此同时，赵武灵王与相关诸侯国建立联系，赵武灵王四年，"与韩会于区鼠"，五年，"娶韩女为夫人"，这就是此后的公子赵章之母。十六年，赵武灵王又娶吴广之女孟姚，此即赵惠文王赵何之母。十九年开始直至禅位赵惠文王三年，赵武灵王采取多种措施削弱中山国并最终灭了中山国，其中既有联合楼烦骚扰中山国，又有实行胡服骑射的军事改革，使赵国迅速强盛起来。但正因为赵武灵王立后废后，导致朝中分裂为多种势力。赵武灵王"初以长子章为太子，后得吴娃，爱之，为不出者数岁，生子何，乃废太子章而立何为王。吴娃死，爱弛，怜故太子，欲两王之，犹豫未决，故乱起，以至父子俱死，为天下笑，岂不痛乎"！在赵国王宫内部形成了以赵武灵王、赵惠文王、公子章为代表的三种势力。以赵武灵王因宠溺吴娃而废掉太子章，立何为太子，无疑人为造成两人之间的矛盾。当赵惠文王即位后，赵武灵王又哀怜故太子章，打算将赵国一分为二。这种倒行逆施的做法无疑助长了故太子章的篡权欲望，最终造成了故太子章"作乱"。虽然故太子章最后被杀，但因为公子成、李兑掌控政权，担心赵武灵王报复，"成、兑专政，畏诛，故围主父"，最终使其被围困饿死。这也看出赵武灵王用人不善。李兑提醒肥义警惕故公子章，到后来"数见公子成，以备田不礼之事"，故太子章"作乱"后，他又与公子成联手，最后成功镇压故太子章与田不礼叛乱。但是李兑在处死二人做了司寇之后，反而与公子成合谋害死赵武灵王，这种做法在后世引起了颇多诟病。荀卿《为书谢春申君》云："近代所见：李兑用赵，饿主父于沙丘，百日而杀之。"① 秦昭王四十一年（前266），范雎

① 《战国策》卷17《楚策四·客说春申君曰章》，缪文远：《战国策新校注》，巴蜀书社

向秦昭王指出其国内所存在的问题，借"李兑管赵，囚主父于沙丘，百日而饿死"之先例，指出秦国存在着"今臣闻秦太后、穰侯用事，高陵、华阳、泾阳佐之，卒无秦王"的权臣把控政权的现象，并且认为"此亦淖齿、李兑之类也"①。汉代对李兑饿死赵武灵王评价颇多，但大多属于贬义。贾谊《新书·胎教》云："武灵王五十而弑于沙丘，任李兑也。"②韩婴云："李兑用赵，饿主父于沙丘，百日而杀之。"③《大戴礼记·保傅》亦云："武灵王五十而弑沙丘，任李兑也。"西汉末年，这一看法仍然非常流行，《说苑》卷八《尊贤》云："赵武灵王年五十而饿死于沙丘，任李兑故也。"④东汉王符也继承这一看法，他认为："是故陈恒执简公于徐州，李兑害主父于沙丘，皆以其毒素，夺君之辔策也。"⑤东汉中后期，崔琦目睹了外戚宦官争权夺利的残酷斗争后，采取以古说今的方式在《外戚箴》中留下了先秦以来外戚专政所造成的灾祸，其中有"赵灵沙丘"⑥之语，正反映了沙丘之祸的影响。及至唐代赵蕤在其著作中反复提及"赵武灵王年五十而饿死于沙丘，任李兑也"⑦。"近代李兑用赵，饿主父于沙丘，百日而杀之。"⑧元代至正二十四年（1364），张桢云："赵

1998 年版，第 492 页。

  ① 《史记》卷 79《范雎蔡泽列传》，第 2411 页。《战国策》卷 5《秦策三·范雎曰臣居山东》范雎曰："李兑用赵，减食主父，百日而饿死。今秦太后、穰侯用事，高陵、泾阳佐之，卒无秦王。此亦淖齿、李兑之类已。"外戚、权臣把持朝政，势必威胁到秦昭王的地位，"秦王惧，于是乃废太后，逐穰侯，出高陵，走泾阳于关外"。缪文远：《战国策新校注》，巴蜀书社 1998 年版，第 162 页。

  ② 王洲明、徐超校注：《贾谊集校注》，人民文学出版社 1996 年版，第 395 页。

  ③ 许维遹校释：《韩诗外传集释》卷 4，中华书局 1980 年版，第 156 页。

  ④ （汉）刘向撰，向宗鲁校正：《说苑校正》，中华书局 1987 年版，第 179 页。

  ⑤ （汉）王符撰，（清）汪继培笺：《潜夫论》卷 5《衰制》，上海古籍出版社 1978 年版，第 282 页。

  ⑥ 《后汉书》卷 80 上《文苑传上·崔琦传》，中华书局 1965 年版，第 2621 页。

  ⑦ （唐）赵蕤著，刘国建注译：《长短经》卷 2《文中·臣行》，长春出版社 2001 年版，第 114 页。

  ⑧ （唐）赵蕤著，刘国建注译：《长短经》卷 3《文下·是非》，第 176 页。

有沙丘之变，其臣成、兑平之，不可谓无功，而后至于不君其君。"①究其实，对于赵武灵王任用李兑，导致自己被饿死沙丘宫的做法，刘向《列女传》的评价最为中肯。《列女传》卷七《赵灵吴女》云：

> 主父游沙丘宫，章以其徒作乱。李兑乃起四邑之兵击章，章走主父，主父闭之，兑因围主父宫。既杀章，乃相与谋曰："以章围主父，即解兵，吾属夷矣。"乃遂围主父。主父欲出不得，又不得食，乃探雀鷇而食之，三月余，遂饿死沙丘宫。诗曰："流言以对，寇攘式内。"言不善之从内出也。

这可以说王室内部的内讧，用人不善，影响到了赵国社会的稳定，人们也认识到了"不善之从内出"的严酷现实。

赵武灵王沙丘之死，对赵国而言的损失是多方面的。其中最为典型的是跟随赵武灵王的贤臣良将为了躲避被牵连，被迫外逃他国，如乐毅逃离赵国即是如此。乐毅本为魏将乐羊的后人，在赵国缺乏裙带关系，由于"乐毅贤，好兵，赵人举之"。这说明在赵武灵王时乐毅受到的重视，"及武灵王有沙丘之乱，乃去赵适魏"②。虽然史书没有列举乐毅逃离赵国的原因，但据之推测应当是担心受到牵连。

三、秦始皇客死沙丘与秦朝的政治风波

秦始皇三十七年，在东巡途中，"至平原津而病"，因为"始皇恶言

---

① 《元史》卷186《张桢传》，中华书局1976年版，第4268页。《新元史》卷216《张桢传》载，张桢云："赵有沙丘之变，其臣成兑平之，不可谓无功，而后至于不君其君。"（清）柯劭忞：《新元史》，张京华、黄曙辉总校，上海古籍出版社2018年版，第4210页。

② 《史记》卷80《乐毅列传》，第2427页。

死，群臣莫敢言死事"，结果使"上病益甚"。秦始皇内心十分清楚，知道自己将不久于人世，乃玺书召公子扶苏"与丧会咸阳而葬"，但赵高并未将玺书发出。到了七月，"始皇崩于沙丘平台"。此沙丘平台即赵武灵王被饿死之处。《集解》徐广曰："年五十。沙丘去长安二千余里。赵有沙丘宫，在巨鹿，武灵王之死处。"《正义》："《括地志》云：沙丘台在邢州平乡县东北二十里。又云平乡县东北四十里。按：始皇崩在沙丘之宫，平台之中。邢州去京一千六百五十里。"历史惊人地相似，赵武灵王之死引起朝中内乱，而秦始皇死于沙丘平台使秦统治集团内部矛盾瞬间显露。跟随秦始皇巡视的丞相李斯，"为上崩在外，恐诸公子及天下有变，乃祕之，不发丧"。随后赵高、胡亥、李斯等合谋，"破去始皇所封书赐公子扶苏者，而更诈为丞相斯受始皇遗诏沙丘，立子胡亥为太子"。不仅如此，"更为书赐公子扶苏、蒙恬，数以罪，赐死"①。可以说通过这一系列操作，赵高等人彻底完成了篡权。

秦始皇死后之所以出现赵高篡权的现象，与秦始皇早期所种下的恶果有关。以赵高为首的政治群体，从进入权力核心到最终掌握权力，与秦始皇的提携有着密切的关系。《史记》卷八十八《蒙恬列传》云：

> 赵高者，诸赵疏远属也。赵高昆弟数人，皆生隐宫，其母被刑僇，世世卑贱。秦王闻高强力，通于狱法，举以为中车府令。高既私事公子胡亥，喻之决狱。高有大罪，秦王令蒙毅法治之。毅不敢阿法，当高罪死，除其宦籍。帝以高之敦于事也，赦之，复其官爵。

---

① 《史记》卷6《秦始皇本纪》，第264页。《史记》卷87《李斯列传》亦云："其年七月，始皇帝至沙丘，病甚，令赵高为书赐公子扶苏曰：'以兵属蒙恬，与丧会咸阳而葬。'"第2548页。《水经注》卷十《浊漳水》云："衡漳又迳沙丘台东，纣所成也，在巨鹿故城东北七十里，赵武灵王与秦始皇并死于此矣。"郦道元原注，陈桥驿注释：《水经注》，浙江古籍出版社2001年版，第172页。

　　从《史记》所述可知，赵高是秦国宗室"诸赵"的一支，其兄弟数人都受宫刑，"世世卑贱"。因被秦王重视，加之熟悉法律，被举荐为"中车府令"，并由此接近秦始皇的少子胡亥，"赵高故尝教胡亥书及狱律令法事，胡亥私幸之"。秦始皇在赵高犯法后令蒙毅以"法治"其罪，处在强权之下的蒙毅"不敢阿法，当高罪死，除其宦籍"。秦始皇则"以高之敦于事也，赦之，复其官爵"。秦始皇的这种做法无疑将蒙毅家族与以赵高为首的"诸赵"家族对立了起来，埋下了赵高专门对付蒙毅家族的伏笔。再者，与李斯的矛盾也在沙丘政变之后得以显现。沙丘政变过程，赵高对李斯采取的是拉和压的策略，迫使其顺从自己的篡权阴谋。从李斯早年的表现来看，其能与赵高沆瀣一气与其为人紧密联系在一起。在对待韩非问题上，李斯自从"用事"之后，当"韩非使秦，秦用李斯谋，留非，非死云阳"①，扫除了灭韩的障碍。在沙丘之变中，李斯之所以伙同赵高将秦始皇死亡之事隐匿了下来，是由于"李斯以为上在外崩，无真太子，故祕之"。秦二世掌权之后，赵高与李斯的矛盾愈加尖锐，赵高采取多种措施陷害李斯，首先以"关东群盗多"诬陷李斯与关东群盗勾结，"乃使人案验三川守与盗通状"。在"赵高案治李斯"过程中，"二世乃使高案丞相狱，治罪，责斯与子由谋反状，皆收捕宗族宾客"，迫使李斯认罪，最终将李斯腰斩于咸阳市。汉代甚至有人认为李斯被杀是尽忠的表现，扬雄批评说："斯以留客。至作相，用狂人之言，从浮大海，立赵高之邪说，废沙丘之正，阿意督责，焉用忠？"②沙丘之变后，秦始皇任用赵高所种下的恶果在政治层面得到多方面的体现，通过指鹿为马铲除异己，对王公大臣采取杀戮与连坐之法进一步巩固自己的地位，故有"二世然高之言，乃更为法律。于是群臣诸公子有罪，辄下高，令鞫治之。杀大臣蒙毅等，公子十二人僇死咸阳市，十公

　　① 《史记》卷6《秦始皇本纪》，第232页。

　　② （汉）扬雄：《法言》卷10《重黎》，黄寿成校点，辽宁教育出版社1998年版，第25页。

主砥死于杜,财物入于县官,相连坐者不可胜数"①。可以说,沙丘政变导致了秦统治集团的分崩离析,而这一切都是秦始皇种下的恶果,也正因为秦统治集团内部的分裂,才使赵高最终得以把持政权,导致秦王朝最终灭亡。

秦始皇客死沙丘平台在后世留下了颇多历史反思。首先,对秦始皇不惜民力修建阿房宫、巡游求仙进行反思。明代邱濬《大学衍义补》卷四十六《王朝之礼(中)》臣按:"今年巡陇西、北地至回中,明年上邹峄,继是渡淮浮江至南郡,登之罘刻碣石门,至云梦,上会稽,直至沙丘崩而后已。"同书卷八十八《宫阙之居》臣按:"秦始皇于三十五年作阿房宫,至三十七年东巡而崩于沙丘,劳七十余万人之力,费百千万亿之财,营建始成,仅仅二期而身已下世。"邱濬对秦始皇浪费民力之举进行批评,目的是引起人们的惊醒,否则会留下"仅仅二期而身已下世"的报应。对秦始皇求仙之举,后人也颇多诟病,贞观元年(627)十二月壬午,唐太宗谓侍臣曰:"神仙事本虚妄,空有其名。秦始皇非分爱好,遂为方士所诈,乃遣童男女数千人随徐福入海求仙药,方士避秦苛虐,因留不归。始皇犹海侧踟蹰以待之,还至沙丘而死。汉武帝为求仙,乃将女嫁道术人,事既无验,便行诛戮。据此二事,神仙不烦妄求也。"② 对于虚妄的神仙,不惜耗费民力反而在沙丘而死,这是"妄求"神仙的报应。《通典》云:"秦始皇三年,东巡郡县,祠邹峄山,颂功业。"本注云:"其年复游海上。二年,游碣石,从上郡归。五年,始南至湘山,遂登会稽,并海,到沙丘崩。此求神仙奇药之术,无复观人风问百年也。"③ 求神仙神药在古人看来不可信,正是在此借口之下,民间疾苦自然不会放在秦始皇的心目中。其次,秦始皇在沙丘客死是顺应民意对他的痛恨

---

① 《史记》卷 87《李斯列传》,第 2548—2560 页。

② 《旧唐书》卷 2《太宗纪》,中华书局 1975 年版,第 33 页。

③ (唐)杜佑:《通典》卷 54《礼十四·沿革十四·巡狩》,王文锦等点校,中华书局 1988 年版,第 1503 页。

的。这从秦汉以来流传的民谣中多次提及秦始皇当在沙丘亡即可体现出来。《论衡》卷二十六《实知篇》云：

> 孔子将死，遗谶书曰："不知何一男子，自谓秦始皇，上我之堂，踞我之床，颠倒我衣裳，至沙丘而亡。"其后秦王兼吞天下，号始皇，巡狩至鲁，观孔子宅，乃至沙丘，道病而崩。①

这里提及秦始皇观孔子宅，在路上得病而亡。汉代谶纬类图书《春秋演孔图》亦云："驱除名政，衣吾衣裳，坐吾曲床，滥长九州灭六王，至于沙丘亡。"②《论衡》卷四《书虚篇》又云："夫谶书言始皇还，到沙丘而亡；传书又言病筑疮三月而死于秦。一始皇之身，世或言死于沙丘，或言死于秦，其死言恒病疮。传书之言多失其实，世俗之人，不能定也。"③东汉时期，谶纬流行，秦始皇死于沙丘是人们对暴君的情感表达。六朝时期，又流行秦始皇发掘孔子墓而沙丘亡的谣言，《异苑》卷四云：

> 秦世有谣曰："秦始皇，何僵梁。开吾户，据吾床。饮吾酒，唾吾浆。飡吾饭，以为粮。张吾弓，射东墙。前至沙丘，当灭亡。"始皇既坑儒焚典，乃发孔子墓，欲取诸经传，圹既启，于是悉如谣者之言。又言谣文刊在冢壁，政甚恶之，乃远沙丘而循别路，见一群小儿辇沙为阜，问，云："沙丘。"从此得病。④

---

① （东汉）王充：《论衡》，上海人民出版社 1974 年版，第 397 页。

② （宋）李昉等：《太平御览》卷 696《服章部十三·裳》引《春秋演孔图》，中华书局 1960 年版，第 3106 页。

③ （东汉）王充：《论衡》，上海人民出版社 1974 年版，第 64 页。

④ （南朝宋）刘敬叔撰，范宁校点：《异苑》，中华书局 1996 年版，第 29 页。（南朝梁）殷芸编纂，周楞伽辑注：《殷芸小说》卷 2《周六国前汉人》亦云："秦世有谣云：'秦始皇，何

这种民谣的流传，正反映了民心的向背。不仅如此，还出现了秦始皇将死于沙丘的政治预测。《史记》卷六《秦始皇本纪》云：

> （三十六年）秋，使者从关东夜过华阴平舒道，有人持璧遮使者曰："为吾遗滈池君。"因言曰："今年祖龙死。"使者问其故，因忽不见，置其璧去。使者奉璧具以闻。始皇默然良久，曰："山鬼固不过知一岁事也。"退言曰："祖龙者，人之先也。"使御府视璧，乃二十八年行渡江所沈璧也。于是始皇卜之，卦得游徙吉。

司马迁并未明言秦始皇即将在沙丘死亡，只是说明可以"游徙"而趋吉避难。到东汉时期则流传着秦始皇死于沙丘的传说，襄楷诣阙上疏："昔秦之将衰，华山神操璧以授郑客，曰今年祖龙死，始皇逃之，死于沙丘。"① 可见秦始皇并未能逃脱死于沙丘的命运。唐代长庆年间，常楚老《祖龙行》云："祖龙一夜死沙丘，胡亥空随鲍鱼辙。"这些后人所留下的附会、谶纬等历史记载，正反映了民心向背，惜乎民力，关心百姓疾苦，历史将留下民众的怀念，否则，只能是像秦始皇那样，留给后人的只能是人民的唾弃。

秦汉时期，沙丘作为展示燕赵文化的又一历史平台，除了上述三个层面展示辉煌的政治文化外，特殊的地理环境也形成了该地区的民情风俗。《史记》卷一百二十九《货殖列传》云：

强梁；开吾户，据吾床；饮吾浆，唾吾裳；餐吾饭，以为粮；张吾弓，射东墙；前至沙丘当灭亡。'始皇既焚书坑儒，乃发孔子墓，欲取经传。墓既启，遂见此谣刊在冢壁，始皇甚恶之。及东游，乃远沙丘而循别路，忽见群小儿攒沙为阜，问之：'何为？'答云：'此为沙丘也。'从此得病而亡。或云：'孔子将死，遗书曰："不知何男子，自谓秦始皇，上我之堂，据我之床，颠倒我衣裳，至沙丘而亡。"'"上海古籍出版社1984年版，第51页。

① 《后汉书》卷30下《襄楷传》，中华书局1965年版，第1079页。

中山地薄人众，犹有沙丘纣淫地馀民，民俗懁急，仰机利而食。丈夫相聚游戏，悲歌慷慨，起则相随椎剽，休则掘冢作巧奸冶，多美物，为倡优。女子则鼓鸣瑟，跕屣，游媚贵富，入后宫，遍诸侯。①

这里专门提到了沙丘所遗存的殷遗民，使该地区形成了如此多样化的民情风俗。《集解》晋灼曰："言地薄人众，犹复有沙丘纣淫地余民，通系之于淫风而言也。"其实在司马迁时代所感知的"淫风"只能理解为社会风气的开放，而这正与此地社会经济的发展水平较高联系在一起。这种风俗不仅在两汉时期颇为流行，即使到晋代依然如此。②

---

① 《汉书》卷 28 下《地理志下》云："赵、中山地薄人众，犹有沙丘纣淫乱余民。丈夫相聚游戏，悲歌忼慨，起则椎剽掘冢，作奸巧，多弄物，为倡优。女子弹弦跕躧，游媚富贵，遍诸侯之后宫。"中华书局 1962 年版，第 1655 页。这里虽然多出来"赵"，但更突出包含了沙丘所在的赵地。

② 《太平御览》卷 155《州郡部一·叙京都上》引皇甫谧《帝王世纪》曰："纣自朝歌北筑沙丘台。沙丘，《地理志》在巨鹿东北七十里。邯郸国属赵，于《禹贡》在冀州大陆之野，昴毕之分，大梁之次。至今民俗歌谣，男女淫纵，犹有纣之余风，世称赵女之美是也。"第 754 页。

战国秦汉历史、思想与文化

赵武灵王与战国形势的格局

苏辉（中国社会科学院古代史研究所）

赵武灵王是战国时期一代贤良君主，以雄才大略、勇于改革闻名于世，虽说由于在选择嗣君的问题上首鼠两端，最终身受其咎，落得个饿死沙丘的悲剧结局，但其一生可谓跌宕起伏，富于传奇，对赵国在扩充疆域版图，拓展战略纵深，改制移风易俗，提升国力等方面居功厥伟，甚至影响到战国中后期的形势格局。如果从个人抱负与国家的政策选择来分析，赵武灵王仍有不少方面值得注意，尤其是在变革旧法与遵循襄子故事之间的关联颇有意思。下面试作论述。

一

武灵王具有非常明显的遵循先君遗烈，光大简襄功业的心结，从其对肥义的表露心声可以看出最直接的意图："简、襄主之烈，计胡、翟之利。为人臣者，宠有孝弟长幼顺明之节，通有补民益主之业，此两者臣之分也。今吾欲继襄主之迹，开于胡、翟之乡，而卒世不见也。为敌弱，用力少而功多，可以毋尽百姓之劳，而序往古之勋。"这里阐述的意思可以归结为两点：继业开疆、顺臣抚民。武灵王之志也应该从这两方面来综合看待，而非仅仅取其一端。故为了继业开疆，不光要提倡胡服骑射，更要在国策方针的制定上大造声势，作为行动指导，最突出的就是从宣传简子和襄子的史事功业入手，利用神秘的传说来渲染上天的意旨，从而获得一种大势所趋的目标指向。

《史记·赵世家》记简子梦游上天，获上帝之赐，先述遗留其子之物，接着就是"晋国且世衰，七世而亡，嬴姓将大败周人于范魁之西，而亦不能有也。今余思虞舜之勋，适余将以其胄女孟姚配而七世之孙"，并借当道野人之语揭示：

> 当道者曰："儿，主君之子也。翟犬者，代之先也。主君之子且必有代。及主君之后嗣，且有革政而胡服，并二国于翟。"简子问其姓而延之以官。当道者曰："臣野人，致帝命耳。"遂不见。简子书藏之府。①

晋阳之战时原过遇霍太山天使，也是直接以襄子之事与武灵王功业相提并论。

> 原过从，后，至于王泽，见三人，自带以上可见，自带以下不可见。与原过竹二节，莫通。曰："为我以是遗赵毋恤。"原过既至，以告襄子。襄子齐三日，亲自剖竹，有朱书曰："赵毋恤，余霍泰山山阳侯天使也。三月丙戌，余将使女反灭知氏。女亦立我百邑，余将赐女林胡之地。至于后世，且有伉王，赤黑，龙面而鸟噣，鬓麋髭髯，大膺大胸，修下而冯，左衽界乘，奄有河宗，至于休溷诸貉，南伐晋别，北灭黑姑。"襄子再拜，受三神之令。②

---

① 《史记》卷43《赵世家》，中华书局1982年版，第1788页。

② 《史记》卷43《赵世家》，第1795页。

每次均有墨书于简而珍藏内府，更加增强了革政胡服的说服力，表明这是早已有之的方略，但仅有这一点还是不够的，采用类似占梦神谕的形式来宣传拓疆开土、侵略北方的意图，赵氏贵族当心知肚明，是以赵国君臣在辩论胡服也无人举出为据，正方不用以力证，反方也不做批驳，正是由于心照不宣的缘故。以梦为事件导引见诸《赵世家》者多达四处，李景星《史记评议》卷二对此有如下总结：

> 《赵世家》是一篇极奇肆文字，在诸世家中，特为出色。通篇如长江大河，一波未平，一波复起，令览之者应接不暇，故不觉其长，用笔节节变化，有移步换形之妙。如叙程婴公孙杵臼存赵孤事，以淋漓激昂胜；叙武灵王议胡服事，以纵横跌宕胜；叙公子章等作乱，公子成、李兑等兴兵围主父事，以历落缠绵胜。尤其妙者，在以四梦为点缀，使前后骨节通灵。赵盾为梦，为赵氏中衰赵武复兴伏案也；赵简子之梦，为灭中行氏灭智伯等事伏案也；赵武灵王之梦，为废嫡立幼以致祸乱伏案也；赵孝成王之梦，为贪地受降丧卒长平伏案也。以天造地设之事，为埋针伏线之笔，而演成神出鬼没之文，那不令人拍案叫绝。①

不过，他只是点出了太史公的记录文法，实际梦境神谕都是赵国内府史志所记，并非史迁生造，不能仅仅看做是书写事件的技巧，伏笔当中暗含赵氏贵族善于利用梦影之虚以显露隐藏之志，屡次运用而成效不爽，都是常用的造势套路。

另一方面，顺臣抚民的思路上，武灵王则是分开处理，对于大臣采用逐个说服，赐予胡服的方式，如肥义、公子成等，对话的内容其实仍

---

① 李景星：《四史评议》，韩兆琦、俞樟华点校，岳麓书社 1986 年版，第 46 页。

是立足于传统的思想模式，如《赵世家》记：

> 使王绁告公子成曰："寡人胡服，将以朝也，亦欲叔服之。家听于亲而国听于君，古今之公行也。子不反亲，臣不逆君，兄弟之通义也。今寡人作教易服而叔不服，吾恐天下议之也。制国有常，利民为本；从政有经，令行为上。明德先论于贱，而行政先信于贵。今胡服之意，非以养欲而乐志也；事有所止而功有所出，事成功立，然后善也。今寡人恐叔之逆从政之经，以辅叔之议。且寡人闻之，事利国者行无邪，因贵戚者名不累，故愿慕公叔之义，以成胡服之功。使绁谒之叔，请服焉。"公子成再拜稽首曰："臣固闻王之胡服也。臣不佞，寝疾，未能趋走以滋进也。王命之，臣敢对，因竭其愚忠。曰：臣闻中国者，盖聪明徇智之所居也，万物财用之所聚也，贤圣之所教也，仁义之所施也，《诗》《书》礼乐之所用也，异敏技能之所试也，远方之所观赴也，蛮夷之所义行也。今王舍此而袭远方之服，变古之教，易古之道，逆人之心，而怫学者，离中国，故臣愿王图之也。"使者以报。王曰："吾固闻叔之疾也，我将自往请之。"
>
> 王遂往之公子成家，因自请之，曰："夫服者，所以便用也；礼者，所以便事也。圣人观乡而顺宜，因事而制礼，所以利其民而厚其国也。夫翦发文身，错臂左衽，瓯越之民也。黑齿雕题，却冠秫绌，大吴之国也。故礼服莫同，其便一也。乡异而用变，事异而礼易。是以圣人果可以利其国，不一其用；果可以便其事，不同其礼。儒者一师而俗异，中国同礼而教离，况于山谷之便乎？故去就之变，智者不能一；远近之服，贤圣不能同。穷乡多异，曲学多辩。不知而不疑，异于己而不非者，公焉而众求尽善也。今叔之所言者俗也，吾所言者所以

制俗也。吾国东有河、薄洛之水，与齐、中山同之，无舟楫之用。自常山以至代、上党，东有燕、东胡之境，而西有楼烦、秦、韩之边，今无骑射之备。故寡人无舟楫之用，夹水居之民，将何以守河、薄洛之水；变服骑射，以备燕、三胡、秦、韩之边。且昔者简主不塞晋阳以及上党，而襄主并戎取代以攘诸胡，此愚智所明也。先时中山负齐之强兵，侵暴吾地，系累吾民，引水围鄗，微社稷之神灵，则鄗几于不守也。先王丑之，而怨未能报也。今骑射之备，近可以便上党之形，而远可以报中山之怨。而叔顺中国之俗以逆简、襄之意，恶变服之名以忘鄗事之丑，非寡人之所望也。"公子成再拜稽首曰："臣愚，不达于王之义，敢道世俗之闻，臣之罪也。今王将继简、襄之意以顺先王之志，臣敢不听命乎！"再拜稽首。乃赐胡服。明日，服而朝。于是始出胡服令也。

赵文、赵造、周袑、赵俊皆谏止王毋胡服，如故法便。王曰："先王不同俗，何古之法？帝王不相袭，何礼之循？虙戏、神农教而不诛，黄帝、尧、舜诛而不怒。及至三王，随时制法，因事制礼。法度制令各顺其宜，衣服器械各便其用。故礼也不必一道，而便国不必古。圣人之兴也不相袭而王，夏、殷之衰也不易礼而灭。然则反古未可非，而循礼未足多也。且服奇者志淫，则是邹、鲁无奇行也；俗辟者民易，则是吴、越无秀士也。且圣人利身谓之服，便事谓之礼。夫进退之节，衣服之制者，所以齐常民也，非所以论贤者也。故齐民与俗流，贤者与变俱。故谚曰'以书御者不尽马之情，以古制今者不达事之变'。循法之功，不足以高世；法古之学，不足以制今。子不及也。"遂胡服招骑射。①

① 《史记》卷43《赵世家》，第1807—1811页。

从上述记载可以看出，由于臣下身份地位有差异，性格也各不相同，赵武灵王在说服中采用了不同的话术。公子成位高望重，又是宗室至亲，武灵王表现出极大的耐心，并给予足够的礼遇，先派王緤传达了王的想法，并以君令臣行、臣不逆君作为大义来提要求，并阐述了胡服乃是为了利民，"非以养欲而乐志也"，表明出于公心而非满足私欲，在这一点上王问心无愧，自认为"事利国者行无邪"，并且采用温和的劝解方式来推行也是考虑到"因贵戚者名不累"，如果能得到宗亲和官僚系统的支持及顺应，可以用最小的代价达到目的，武灵王在此宣扬了一以贯之的初衷，首先劝说公子成也是希望"慕公叔之义，以成胡服之功"。公子成不取实用而要虚荣，回复的主要观点就是中原文化礼制先进，不能屈就去学所谓落后野蛮的习俗。武灵王锲而不舍，亲自到公子成府上去探望劝说，以非常的礼数再次传达诚恳的态度，并就公子成的理由逐一进行纠正。首先对于礼与用的关系作了辨析，"服者，所以便用也；礼者，所以便事也。圣人观乡而顺宜，因事而制礼，所以利其民而厚其国也"，从时空的角度阐述因时变化的共识常理，并一针见血地指出两人之间的根本区别是"今叔之所言者俗也，吾所言者所以制俗也"，随后直接指出"变服骑射，以备燕、三胡、秦、韩之边"，这既是社稷安全的需要，更是拓展国土的赵国长期战略，也是核心目的。最后，武灵王批评公子成图虚名而忘国策，"叔顺中国之俗以逆简、襄之意，恶变服之名以忘鄙事之丑，非寡人之所望也"，只见其小而不虑其大，义正词严，理由充分，使公子成心悦诚服，"服而朝"。最大的阻力消除之后，赵国开始推行胡服令。

国中官员对于胡服令进行劝谏，内容均没有超出公子成的理由，故武灵王不再从形式上来迂回理论，而是直接表明态度"循法之功，不足以高世；法古之学，不足以制今。子不及也"，一方面是决心和意志的体现，另一方面是得到公子成支持后，武灵王已经没有后顾之忧，论辩双方的权重已经发生了质变，可以杀伐决断，一锤定音，强力全面普及胡服。

在整个辩论过程中，君臣所用的话语仍是用圣人、儒者、智贤、礼俗的一套体系，因为这是通行术语。君主以"变"为立论基础，臣下则坚持守旧，最后公子成选择服从，只是因为"今王将继简、襄之意以顺先王之志，臣敢不听命乎！"其他大臣也都是在圣贤故法和先王之志的选择中顺从了胡服。赵国因循三代、守旧尊儒之风兴盛，在贵族中的影响力由此可见一斑。如果再回看武灵王纳孟姚之事，就可以推测出深层的言外之意：

> 十六年，秦惠王卒。王游大陵。他日，王梦见处女鼓琴而歌诗曰："美人荧荧兮，颜若苕之荣。命乎命乎，曾无我嬴！"异日，王饮酒乐，数言所梦，想见其状。吴广闻之，因夫人而内其女娃嬴，孟姚也。孟姚甚有宠于王，是为惠后。①

赵国地处华夏传统和草原民族风俗交错地带，各方因素在此融合汇集，形成了一个独特且有两重特征的赵文化。②或许武灵王也是从所谓赵简子梦游神谕中得到灵感，于是仿效祖先常用的政治造势套路采取了一个巩固权位的手段：即选取华夏古帝的苗裔来联姻，以安抚聚拢坚守中国圣贤礼俗的宗室臣下，但又不能提前点破个中关键，于是借寻梦境处女而意外与虞舜传绪直接关联，正好上应赵简子梦境预言。《史记·秦本纪》云："帝舜曰：'咨尔费，赞禹功，其赐尔皂游。尔后嗣将大出。'乃妻之姚姓之玉女。大费拜受，佐舜调驯鸟兽，鸟兽多驯服，是为柏翳。舜赐姓嬴氏。"秦、赵同源，如果再追溯赵氏远祖伯翳之所以赐姓为嬴，就是因为替虞舜调驯鸟兽，而且娶了姚姓女子，对于武灵王与惠后之事就有了新的视角和解读，故在外人看来纳孟姚是吴广投其所好，

① 《史记》卷43《赵世家》，第1804页。
② 孙继民、郝良真：《试论战国赵文化构成的二重性》，《河北学刊》1988年第2期。

再加上前述预言为铺垫，达到了所有事情都是早已注定的心理暗示结果。至于宠爱孟姚并立为惠后，是否武灵王入戏太深，就不得而知了。总之，武灵王通过借与虞舜后裔联姻而安抚国内的传统守旧诸势力，增强认同感，使臣下、民众更加归心服从，展露出高超的政治手腕和顺臣抚民的技巧，这一点早有明示，并不自推广胡服才显现。

通观武灵王的国策制定和贯彻，以及他所遇到的层层阻力，可知变法革新、移风易俗之难，但赵国并未如秦、楚那样以流血的方式强行推进，应该是与武灵王高超的政治手段，并正确地采取以柔克刚、徐徐图之的策略方式分不开的。① 在此之前，赵国因为君位继承失衡，已经历了长时间的政治动荡时期，对发展和强大造成了明显的迟滞效应，武灵王善于运用恰当的谋略，冷静稳妥的施政方式消除了改革过程中的阻力，不至于产生无谓的内耗，赵国因此保存了相当的实力，借助胡服政策的成功推广，为骑射等军事实力的提升打下了坚实的基础，成为在战国中后期少有能够与秦抗衡的国家，实有赖于武灵王移风易俗而奠定的良好局面。

二

一个国家的发展取决于执政者的治理思路，其中内政和外交占据重要的地位。武灵王不仅致力于内政的变革，也关注国际形势的局面，并有自己的判断。在"五国相王"的大环境下武灵王却不称王，非无野心，只是想要名副其实，《赵世家》所载他对于此事的回应表露了鲜明的态度：

八年，韩击秦，不胜而去。五国相王，赵独否，曰："无

---

① 李家发：《试论赵武灵王的胡服改革》，《浙江师范大学学报》2008 年第 2 期。

其实，敢处其名乎！"令国人谓己曰"君"。①

当时内外关系还处于有待理顺的关键时期，实力、国情均不足以相
称，故要通过提倡"胡服骑射"等一系列变革来增强国力，从而保证四
境安宁，并在此基础上拓展疆域，于战略纵深方面有所突破，如说服公
子成时提到的"自常山以至代、上党，东有燕、东胡之境，而西有楼烦、
秦、韩之边，今无骑射之备。故寡人无舟楫之用，夹水居之民，将何以
守河、薄洛之水；变服骑射，以备燕、三胡、秦、韩之边"，以及与楼
缓所谋，不含套话虚言，直指核心目的，均有具体所指：

> 十九年春正月，大朝信宫。召肥义与议天下，五日而毕。
> 王北略中山之地，至于房子，遂之代，北至无穷，西至河，登
> 黄华之上。召楼缓谋曰："我先王因世之变，以长南藩之地，
> 属阻漳、滏之险，立长城，又取蔺、郭狼，败林人于荏，而功
> 未遂。今中山在我腹心，北有燕，东有胡，西有林胡、楼烦、
> 秦、韩之边，而无强兵之救，是亡社稷，奈何？夫有高世之
> 名，必有遗俗之累。吾欲胡服。"②

完成先王未竟的心愿，也正是武灵王梦寐以求的实在功业。对于赵
国而言，当时整体的形势有利有弊，魏国迁都大梁，试图称霸中原，经
历桂陵之战、马陵之战，西河上郡被秦割据，实力大减。齐国借机侵削
燕国，并一心图谋吞并宋国，与赵国偶有交锋，但不是肘腋之患。楚国
经常被韩魏齐各国合攻，怀王又客死于秦，致使国运走低，且与赵的国
境不接壤，不用考虑其危险性。燕国在子之之乱后，国土被齐、中山蚕

---

① 《史记》卷43《赵世家》，第1804页。
② 《史记》卷43《赵世家》，第1806页。

食，百废待兴。赵武灵王继位，期间只参加过五国合纵攻秦，在中原没有其他重大的军事动向，只为内修军事实力，静待时机完成已有的战略目标。故赵国的具体目标也非常明确：诸国之间重点瞄准中山、秦、燕、韩，游牧部族里锁定林胡、楼烦。但在关系处理上也并非一概而论，不仅有差别，还有先后侧重，就各国情况分别制定不同的攻防方式：同盟交好（韩）、伺机而动（针对在争夺北方胡地中有竞争关系的秦、燕两国）、坚决吞并（中山、三胡）。

武灵王将吞并中山国作为迫在眉睫的任务，因为赵国的国土南北只有狭长的"代道"连接，且必须经过中山境内，实际上是有穿越他国治理飞地的困局，必须首先解决中山国扼守瓶颈位置的问题。① 在灭中山国时与谋士的一番分析更坚定了武灵王取实效而弃虚名的作风。

> 赵主父使李疵视中山可攻不也？还报曰："中山可伐也，君不亟伐，将后齐、燕。"主父曰："何故可攻？"李疵对曰："其君见好岩穴之士，所倾盖与车以见穷闾隘巷之士以十数，伉礼下布衣之士以百数矣。"君曰："以子言论，是贤君也，安可攻？"疵曰："不然。夫好显岩穴之士而朝之，则战士怠于行阵；上尊学者，下士居朝，则农夫惰于田。战士怠于行陈者则兵弱也，农夫惰于田者则国贫也。兵弱于敌，国贫于内，而不亡者，未之有也，伐之不亦可乎？"主父曰："善。"举兵而伐中山，遂灭也。②

赵国灭中山过程中派出使者与各国交好，独吞中山五百里，未引起其他国家干涉，这在战国史上是十分罕见的，正体现了赵武灵王邦交策

---

① 何清谷、崔向东：《论赵武灵王的邦交策略》，《河北学刊》1988 年第 4 期。

② （清）王先慎：《韩非子集解》卷 11《外储说左上》，钟哲点校，中华书局 1998 年版，第 281 页。

略的高明之处。① 中山国覆亡，既有军事不如赵国的客观因素，也有疏于备战的主观原因，君主虽礼贤下士却不辨良莠，尤其是将伪名虚言的好高骛远之徒放到了不合适的尊崇地位②，没有选出真正对提升国家实力有价值的人才，造成了农夫战士的离心离德，"兵弱于敌，国贫于内"，正符合《孙子兵法》"忘战必危"的教训。

武灵王对兵法的求解见于古书，如《鹖冠子·武灵王》所载：

武灵王问庞焕曰："寡人闻飞语流传曰：百战而胜，非善之善者也，不战而胜，善之善者也。愿闻其解。"

庞焕曰："工者贵无与争，故大上用计谋，其次因人事，其下战克。用计谋者，荧惑敌国之主，使变更淫俗，哆暴憍恣，而无圣人之数，爱人而与，无功而爵，未劳而赏，喜则释罪，怒则妄杀，法民而自慎，少人而自至，繁无用，嗜龟占，□□高义，下合意内之人。所谓因人事者，结币帛，用货财，闭近人之复其口，使其所谓是者尽非也，所谓非者尽是也，离君之际用忠臣之路。所谓战克者，其国已素破，兵从而攻之，因句践用此而吴国亡，楚用此而陈蔡举，三家用此而智氏亡，韩用此而东分。今世之言兵也，皆强大者必胜，小弱者必灭，是则小国之君无霸王者，而万乘之主无破亡也。昔夏广而汤狭，殷大而周小，越弱而吴强，此所谓不战而胜，善之善者也，此《阴经》之法，夜行之道，天武之类也。今或僵尸百万，流血千里，而胜未决也，以为功计之，每已不若。是故圣人昭然独思，忻然独喜。若夫耳闻金鼓之声而希功，目见旌旗之色而希陈，手握兵刃之柄而希战，出进合斗而希胜，是襄主之所破亡也。"

---

① 何清谷、崔向东：《论赵武灵王的邦交策略》，《河北学刊》1988 年第 4 期。

② 李学勤：《平山墓葬群与中山国的文化》，《文物》1979 年第 1 期。

武灵慨然叹曰："存亡在身。微乎哉，福之所生！寡人闻此，日月有以自观。昔克德者不诡命，得要者其言不众。"[1]

庞焕的对策中阐述了用兵分出高下的三个形式：计谋、人事和战克，抨击交兵对阵未能决出胜负是计谋不到位，力主善用方略以求大获全胜，虽与《孙子兵法》提法近似，论述的思路、内容却与兵家大相径庭，或许这是用偏奇的方式来阐释《孙子兵法》。[2]《鹖冠子》多主道家黄老之说，武灵王问策显然也是有所倾向，庞焕话里的中心思想也符合黄老一派宣扬的"阴经之法，夜行之道，天武之类"，[3] 在最后的总结陈词仍是以襄主的经验事功为指导，这其实正说中武灵王看重权谋的特点和效法襄主的心结。武灵王一直都是在用积极的手段备战，与《鹖冠子·近迭》"兵者，百岁不一用，然不可一日忘也"的思想一致。他既有革新改制气魄，冒险侥幸的心理，也有示弱守雌的一面，服膺以弱胜强，不称王也有这方面的考虑。这些看似矛盾的特点都集于一身，与黄老学说的影响有相当的关系，但过分地强调权谋，在军事人才的培养上就导致缺乏乐毅这样的进攻型将帅，多是擅长防守反击型的赵奢、廉颇和李牧，其实与胡服骑射的战术优势不太协调，他自己也不得不以身犯险去窥秦，其实是谋士和将领不足的表现，这些都在后续与其他国家对抗中显露出弊端。

总体而言，武灵王一直以重振"襄主之业"作为奋斗目标，在治理国家内外事务时采用合适的策略，"以坚不可摧的信念和毅力，力排众议"，"对抵制者始终坚持说服教育、以理服人，从而把一个个阻力变为动力，把消极因素转化为积极因素"，[4] 开明的做法可圈可点，从最后实

---

① 黄怀信:《鹖冠子校注》，中华书局2014年版，第371—380页。

② 林冬子:《〈鹖冠子〉研究》，宁夏人民出版社2016年版，第207页。

③ 李学勤:《马王堆帛书与〈鹖冠子〉》，《江汉考古》1983年第2期。李先生后来在《〈鹖冠子〉与两种帛书》(《道家文化研究》第1辑，上海古籍出版社1992年版)认为"此篇的'武灵王'疑原亦为'悼襄王'，系后人窜改"。此说无法确证，笔者不从。

④ 靳生禾:《赵武灵王历史地位刍议》，《赵国历史文化论丛》，河北人民出版社1989年版。

施的效果来看，即便在沙丘之变后武灵王被饿死，胡服骑射却仍然在持续发挥作用，为惠文王时期的强劲国势夯实了基础，正如魏牟所言："驾犀首而骖马服，以与秦角逐，秦当时适（敌）其锋"①，令人称道，并非如有的学者所谓只擅长军事而疏于内政。对外扩张的成绩也是显而易见的，他能够按照计划，采用不同的策略，娶韩女，扶植秦、燕新君，窥秦，灭中山，并林胡、楼烦，在外交方面还是基本完成了既定的目标，从而也改变了整个战国形势的格局。

公子成虽然支持胡服，但在沙丘之变中仍与李兑合谋，犯上围宫，可见其本心仍未彻底认同武灵王之改革，故革新和守旧之间思维观念的对立如山峰沟壑林立，非短期强势的法令所可抚平。武灵王只取一时之功，未能有效遏制不同政见者的反弹②，同时用人方面也屡犯错误③，没有解决权力掌控的问题，在沙丘被围而无人可倚靠来破局④，最终赵国也无法彻底根除旧弊，消弭祸因，在战国后期的发展中虽能展现强势，却最终难以为继。茅坤慨然叹息：

> 《赵世家》次赵衰所由始及所由中绝，与简子所由兴如画，而武灵王胡服以招骑，其所北却林胡、楼烦，并中山以西，通云中、九原，于以窥秦，可谓英武矣。惜也，不幸中殂，至于两立公子，分王其地，遂亡沙丘宫，悲夫！⑤

---

① （汉）刘向集录，（南宋）姚宏、鲍彪等注：《战国策·赵策三》，上海古籍出版社1985年版，第715—716页。

② 孙开泰、陈阵、吕华侨：《试论赵武灵王的改革思想及其相关问题》，《邯郸学院学报》2008年第1期。

③ 张润泽：《试论赵武灵王》，《邯郸师专学报》1996年第1、2期。

④ 何清谷、崔向东：《沙丘之变与赵武灵王之死》，《赵国历史文化论丛》，河北人民出版社1989年版。

⑤ （明）茅坤选编：《史记钞》卷22，万历四十八年（1620）乌程闵氏刊朱墨套印本。

楚竹书所见战国秦汉时期政治思想与现实社会的互动*

杨博（中国社会科学院古代史研究所、
"古文字与中华文明传承发展工程"协同攻关创新平台）

出土简牍为研究先秦学术史、思想史提供了丰富材料。学界借助简牍典籍披露的大量新信息，对其涉及的有关"天命""君子""治世"等多层面展开研究，从不同方面关注儒、道诸家在春秋战国错综复杂的政治形势下，如何区别与完善自己的政治理论体系，如晁福林先生深入分析了先秦社会思想中"天命"与"彝伦"的观念。① 黄武智先生在文献编联、释读的基础上综合讨论了上博楚简"礼记"类文献所反映的先秦儒家政治思想，其中有关理想政治社会构建诸方面引起笔者注意。② 笔者亦曾简述楚竹书"君子"政治思想中的天人关系、"君子"修己和家族伦理中的"孝""悌"原则等，其目的均出自强调对君子个体德行的重视，着眼于对现实政治的关心。

---

　*　[基金项目] 教育部、国家语委甲骨文等古文字研究与应用专项重点项目"北京大学藏秦、汉简牍文字、文本综合研究"（YWZ-J020）；贵州省 2019 年度哲学社会科学规划国学单列课题"出土战国秦汉简牍典籍的史学研究"（19GZGX27）的资助；国家社科基金冷门绝学研究专项学者个人项目"出土文物与文献视野下的六博传统游戏研究"（22VJXG006）的阶段性成果；得到"古文字与中华文明传承发展工程"规划项目"出土简牍典籍与战国秦汉史事"（G3441）的资助。

　①　晁福林：《天命与彝伦——先秦社会思想探研》，北京师范大学出版社 2012 年版。
　②　黄武智：《上博楚简"礼记"类文献研究》，台湾中山大学 2009 年博士学位论文。

以战国楚竹书为例，其以子书为大宗，而子书中儒家文献又占多数，其次是道家，所以政治思想领域内的讨论多可归入传统认识中儒家思想范畴。因此这里同样以儒家政治思想为例，补充讨论政治思想与战国秦汉社会的互相影响。①

出土简牍的发现带有不完善、偶然性等特征。郭店简、上博简等文本有些可能是流传有年，相对定型的作品，有些则是文章的草稿、讲习材料等，可能是墓主为了某一目的收集起来的。② 这就使得我们在利用过程中，难以把握文本整体的思想。出土的偶然性使得这些文本能否反映当时的时代思想主流，是否可以代表当时中国的普遍思想，都是不得不认真考虑的问题。反之，将其作为具有楚地思想特征的资料是否合适呢？同样是值得考虑的问题。③ 笔者原则上赞同这种审慎的认识，但亦不妨对儒家文献在楚竹书中占据优势地位的现象作一简单的揣测。

其一，儒家以"六经"为典籍，而"六经"又是楚国官方教导贵族子弟的主要教材，这使得儒家与楚国有了文化上的"共同话语"，使得儒家学派思想在楚地的传播有着先天的文化亲近性。

其二，学者每以楚地僻处南方而强调其独特性，而楚竹书中大量"经""史"文献显示出其与商、周王官文化一脉相承的联系性。由此似亦可知战国时期的社会大变动，"士"阶层的崛起成为社会主要阶层的论断同样适用于楚国。④ 为获得职权，他们需要凭借军事指挥、文学修养和事务管理等方面的才能，而诸子之学正是这一主要社会阶层的晋身

---

① 详参杨博：《战国楚竹书史学价值探研》，上海古籍出版社 2019 年版，第 345—350 页；《凯俤君子 民之父母——战国楚竹书中的君子与社会》，九州出版社 2020 年版。

② 曹峰：《出土文献可以改写思想史吗?》，《文史哲》2007 年第 5 期；杨华：《中国古墓为何随葬书籍》，载徐刚主编：《出土文献：语言、古史与思想（〈岭南学报〉复刊第 10 辑）》，上海古籍出版社 2018 年版，第 187—209 页。

③ 曹峰：《价值与局限：思想史视野下的出土文献研究》，载刘笑敢主编：《中国哲学与文化》（第 6 辑）《简帛文献与新启示》，广西师范大学出版社 2009 年版，第 85—87 页。

④ 许倬云：《求古编》，商务印书馆 2014 年版，第 237—260 页。

之阶。这些都可能给儒家思想在楚地的传播提供便利条件。这可视作政治思想与社会现实互相影响的情况之一。

另外，李振宏先生曾对诸子学派判定问题发表过灼见，李先生指出"先秦诸子的划分形成于汉代；汉人根据他的时代需要，对先秦诸子学进行新阐释或改造"，并且用"'先秦学术体系'的汉代生成"的说法加以总括，这是很精到的。① 汉儒对于诸子学术进行溯源，谓其出于"王官"。《汉书·艺文志》将诸子各家与王官一一对应，如谓"儒家者流，盖出于司徒之官""道家者流，盖出于史官""法家者流，盖出于理官""名家者流，盖出于礼官""墨家者流，盖出于清庙之守""纵横家者流，盖出于行人之官"等。②《汉志》将诸子系连于王官，其深层的意蕴是表示统一的政治权力对于学术的重要，非有政统而不能有学派。这显然是出于适应汉代大一统政治局面的需要。③ 就此意义而言，是由于汉代之政治大一统，汉人由此上溯而对先秦诸子学术产生汉代政治背景下之理解与阐述，此亦可视作社会现实与政治思想相互影响的范例之一。下文则可粗略以社会影响思想和思想影响社会两类为界，④ 对"君子"的政治思想与战国秦汉社会的互动再试举数例。⑤

一、社会变迁对政治思想的影响

首先，需要提起注意的是"君子"指称在战国秦汉时期的往复变化。

---

① 李振宏：《论"先秦学术体系"的汉代生成》，《河南大学学报》2008 年第 2 期。

② 《汉书》卷 30《艺文志》，中华书局 1962 年版，第 1728、1732、1736、1737、1738、1740 页。

③ 晁福林：《诸子·王官·学统：诸子起源再认识》，《史学月刊》2014 年第 10 期。

④ 参见杨博：《战国楚竹书史学价值探研》，第 345—350 页；《凯俤君子民之父母——战国楚竹书中的君子与社会》，第 251—266 页。

⑤ 当然，上述分类并非绝对，举例亦只是为了更好地说明问题。

"君子"或以德、或以位，或德位相配的概念，源自传世文献与楚竹书，楚竹书"君子"文献更是强调"有德者"。出土战国秦汉简牍文书中也有不少谈到"君子"的，但其并非专指"有德者"，如新蔡葛陵楚简的"灵君子"：

　　□灵君子、户、步、门□。(《新蔡楚简》甲三∶76)
　　就祷灵君子一。(《新蔡楚简》乙一∶28)
　　□君、窆地宝主、灵君子……(《新蔡楚简》乙四∶82)①

周家台秦简《病方》的"陈垣君子"：

　　见东陈垣，禹步三步，曰："皋！敢告东陈垣君子，某病龋齿，苟令某龋已，请【326】献骊牛子母。"【327】②

学者多指出"灵君子"身份为巫，"陈垣君子"是神灵。③《睡虎地秦简》中《秦律十八种》的"君子"：

　　未卒堵坏，司空将红(功)及君子主堵者有辠(罪)，令其徒复垣之，勿计为繇(徭)。(《徭律》116)④
　　官啬夫节(即)不存，令君子毋(无)害者若令史守官，

---

　　①　陈伟等：《楚地出土战国简册(十四种)》，经济科学出版社 2009 年版，第 418、403 页。
　　②　湖北省荆州市周梁玉桥遗址博物馆：《关沮秦汉墓简牍》，中华书局 2001 年版，第 129 页；修订版参见武汉大学简帛研究中心、荆州博物馆编，陈伟主编：《秦简牍合集(叁)·周家台秦墓简牍》，武汉大学出版社 2014 年版，第 60—61 页。
　　③　韩伟涛：《出土文献中的"君子"新义》，《寻根》2018 年第 5 期。
　　④　睡虎地秦墓竹简整理小组：《睡虎地秦墓竹简》，文物出版社 1990 年版，第 47 页；修订版参见武汉大学简帛研究中心、湖北省博物馆、湖北省文物考古研究所编，陈伟主编：《秦简牍合集(壹)·睡虎地秦墓简牍》，武汉大学出版社 2014 年版，第 113 页。

毋令官佐、史守。(《置吏律》161)①

《秦律杂抄》亦见有：

> 徒卒不上宿，署君子、敦(屯)长、仆射不告，赀各一盾。
> 宿者已上守除，擅下，人赀二甲。【34】
> 所城有坏者，县司空署君子将者，赀各一甲；县司空【40】
> 佐主将者，赀一盾。【41】②

这里的君子与司空、令史相对应，应该指代地方吏员。将上面的"陈垣君子"与"署君子"联系来看，二者用法类似，"陈垣君子"本意似为管理陈垣的人，后来才成为神灵的名称。所以在战国乃至秦代社会语境中，如在秦律令即以"君子"指代管理者，还有"署君子"等特定称谓，③ 他们均是有一定身份的人，虽然不见得都是贵族，但是"君子"指代身份的义项在这里较为显明。

另一方面，"君子"思想又不会脱离社会现实存在。1978 年 5 月在河南淅川下寺春秋楚墓 M2 中出土的王子午鼎（《铭图》02468—02474）、王孙诰钟（《铭图》15606—15631）及湖北宜都山中出土的王孙遗者钟（《铭图》15632）等器物铭文，如严恭舒迟，畏忌翼翼、肃哲圣武，惠于政德以及淑于威仪等，学者据以指出楚国贵族形象的精神品质与儒家文化的君子人格风范极为符合，君子人格这一理想人格境界，

---

① 睡虎地秦墓竹简整理小组：《睡虎地秦墓竹简》，第 56 页；修订版参见《秦简牍合集（壹）·睡虎地秦墓简牍》，第 136 页。

② 睡虎地秦墓竹简整理小组：《睡虎地秦墓竹简》，第 88、90 页；修订版参见《秦简牍合集（壹）·睡虎地秦墓简牍》，第 186、190 页。

③ 李玥凝：《秦简"君子子"含义初探》，《鲁东大学学报（哲学社会科学版）》2016 年第 3 期。

是中原文化儒家的道德风范，也是楚国贵族阶层的伦理道德追求。① 是故至西汉中期以后，"君子"这一儒家理想人格的标志经过"独尊儒术"的强化逐渐为主流社会认同，成为国人一生的道德追求。此亦可视作"君子"思想与社会现实互动的情况之一。

其次，针对战国社会现状，其时的儒家学派的"君子"政治思想带有较强的针对性，世殊时异，思想内涵会随之演化。如"好恶"论，简本《缁衣》意识到君主的好恶对其臣下和民众具有规范的意义，因而君主须成为政治上和道德上两种意义的典范，有责任将自己的好恶明确无误地传递给臣民，否则臣民就会陷入混乱。从中可以看出对民心统一和服从的期待以及对君权的强调。"好恶"论因而具有政治和道德的两种意义。

而在汉代以后定型的今本《缁衣》中，这种针对政治的意味明显淡化。由表1所列文本来看，简本"好美"，今本第二章改为了"好贤"；简本的"有国者章好章恶"，今本第十一章则是"章善恶"；简本的"章志以昭百姓"，今本第六章成为"章志、贞教、敬仁"，"以子爱百姓"则不见于简本。种种迹象表明，简本《缁衣》由"好恶"所体现的强烈的现实政治意识到汉代时弱化、淡化为一般和普遍意义上的君子道德论，有从仁义方面加以解释的倾向。同时简本所表现出的"政治一元论""言行一致论"等在今本中趋于模糊。② 从中既可看出战国儒学到汉代儒学思想之演变，又可了解战国时期强调君主具有道德与政治两种权能的思想背景。这可视作政治思想与社会现实互相影响的情况之一。

---

① 连秀丽：《楚铭所见儒家道德对楚文化的影响》，《北方论丛》2011年第4期。

② 曹峰：《楚地出土文献与先秦思想研究》，台湾书房出版有限公司2010年版，第243页。

表1　郭店竹书本与今本《缁衣》"好美"相关文献对勘

简本	今本
好美如好缁衣，恶恶如恶遜（巷）伯。【1】	子曰：好贤如《缁衣》，恶恶如《巷伯》（第二章）。
有邽（国）者章好章恶，以示民厚，则民【2】情不忒（忒）。【3】	有国者章善恶，以示民厚，则民情不贰（第十一章）。
故伥（长）民者，章志以昭百眚（姓），则百眚（姓）致行异（己）以（说）其上。【11】	故长民者章志、贞教、尊仁，以子爱百姓，民致行己以说其上矣（第六章）。

又如上博竹书《昭王毁室》记述了楚王因为"君子"父亲的尸骨埋在新建宫室之下，而命人将新建的宫殿拆除的故事。故事的最终结果是以国君的妥协和"君子"的胜利告终。黄国辉先生指出其反映的观念，是"亲"重于"君"，这也是先秦儒家多所秉持的一个重要理念。在早期儒家的君、亲观念中，"亲"更重于"君"。① 郭店竹书《语丛》（三）

父亡亚（恶），君猷（犹）父也，其弗亚（恶）【1】也，猷（犹）三冟（军）之旓也，正也。所【2】以异于父，君臣不相才（戴）也，【3】则可已；不敚（悦），可去也；不【4】我（义）而加者（诸）己，弗受也。【5】②

简文讲的是君臣关系是有条件的，有"不相才（在）""不敚（悦）"，"不我（义）而加者（诸）己"是说这种关系是可以脱离的，"弗受也"。父子却是一种源于血亲的伦理关系，是无法脱离的。《语丛》（一）亦强调君臣为尊（厚义薄仁、有尊无亲），父子为亲（厚仁薄义，有亲无尊）：

---

① 参见黄国辉：《重论上博简〈昭王毁室〉的文本与思想》，《历史研究》2017年第4期。
② 陈伟等：《楚地出土战国简册（十四种）》，第257页。

　　友君臣，母（无）亲也…【81】…君臣、朋友，其臭（择）者也。【87】①

　　所以说"父子，至上下也【69】"。② 父子出于"仁"无法选择，君臣源自"义"，可以选择。③ 郭店竹书《六德》更是把这一君臣父子观念总结为：

　　为父蠿（绝）君，不为君蠿（绝）父。【29】④

　　引申而言，当然可以说是以血缘关系为重，也就是说父子关系重于君臣关系。学者指出，此种君臣父子（君、亲）关系原是儒家继承先秦旧制的一个典型，突出反映了孔子、子思一系对贵族分治权及其文化传统的认同态度，它能在楚地流行与传播，或与当时楚国典型贵族政治传统有一定关系。似可看出，当国家权力试图进入贵族集团领域之时，以"父子"（亲）对"君臣"（君），亲对尊的观念是楚竹书"君子"政治思想在这一重大社会政治问题上所真正持有之立场。⑤
　　当然儒家的君、亲观念并非一成不变。在后世"天地君亲师"的观念中，"君"已位列"亲"前，与早期儒家的君亲观念相反，那么"君"重于"亲"的观念到底从什么时候开始的？前人研究多追溯到《荀子》。⑥ 清华竹书《芮良夫毖》：

　　① 陈伟等：《楚地出土战国简册（十四种）》，第246页。
　　② 陈伟等：《楚地出土战国简册（十四种）》，第246页。
　　③ 李零：《郭店楚简校读记（增订本）》，中国人民大学出版社2007年版，第217页。
　　④ 陈伟等：《楚地出土战国简册（十四种）》，第237页。
　　⑤ 李健胜：《出土简牍所见"亲亲相隐"观念的形成及其权力属性——兼谈法律儒家化问题》，邬文玲、戴卫红主编：《简帛研究》（2019春夏卷），广西师范大学出版社2019年版，第41页。
　　⑥ 钱穆：《晚学盲言》，广西师范大学出版社2004年版，第242页。

亡（无）父母能生，亡（无）君不能生。【27】①

《芮良夫毖》在君亲观念的表达上，要比《荀子》更为直接，更为明确。《芮良夫毖》的成书时间，学界尚有争议，但早于《荀子》为诸家所认同。至睡虎地秦简《为吏之道》记有：

君鬼（惠）臣忠，父兹（慈）【46 贰】子孝，政之本殹（也）。【47 贰】②

不仅把"君臣"列于"父子"之前，并以二者是"政之本"。这与郭店竹书中重视"孝悌"的君亲观念已有很大不同。至《白虎通》时代，儒家最终明确了以"君臣、父子、夫妇"为核心的"三纲六纪"说。在秦汉以降君权崛起的时代，儒家君亲观念的转变意义重大。对于君权的拥抱，既符合了当时中国历史发展的潮流，在一定程度上也使得儒家学说在后世能够得到较好的延续和发展。③ 这亦是政治思想与社会现实互相影响的情况之一。

二、政治思想承传对社会变革的影响

君位选择中禅让说的破产。《子羔》篇中已经意识到禅让存在于理想中的古代社会，世袭则存在于现实中的战国社会。世袭与"血统"有

---

① 清华大学出土文献研究与保护中心编，李学勤主编：《清华大学藏战国竹简（叁）》，中西书局 2012 年版，第 146 页。

② 睡虎地秦墓竹简整理小组：《睡虎地秦墓竹简》，第 169 页；修订版参见《秦简牍合集（壹）·睡虎地秦墓简牍》，第 329 页。

③ 参见黄国辉：《重论上博简〈昭王毁室〉的文本与思想》，《历史研究》2017 年第 4 期。

关，禅让则重视"德行"。当时这种君位选择论的盛行，招致了公元前318—前314年间燕王哙禅位相国子之，最后国破君亡的惨剧。学者多已揭示，此后禅让理论彻底破产。但是在禅让理论式微之后，其对君主德行的重视却延续下来，成为理想政治模式下选择君位继承者的主要标准。思想知识阶层基本承认了血统在君位选择中的主导地位，但是他们抓住了"德行"这一主题，可以说是由君位选择中的唯血统论所带来的对"德"的强调。当然理想状况是"德""位"相合，但考虑到现实状况，有德者不见得能够在位，在位者亦并非皆有德，故对此问题必须有所说解或回应，所以楚竹书中不少篇章对此问题提供解释。

简言之，一方面通过《穷达以时》《子羔》等论述的"际遇""时机"等，以参照是否遇时，来解释这一问题。另一方面，强调"德"，用"德高于位"的观念说明有德者即便不在位，其地位仍高于在位者。例如上博竹书《君子为礼》中即有子羽与子贡的讨论，一一比较孔子与子产、禹、舜孰贤。逐次而言，子产有贤之名而无王之实，禹有贤之名亦有王之实，舜则有圣之名亦有王之实，三人之历史地位依序提升，而孔子一一与之相较，德行事功亦胜于三人。此外《季庚子问于孔子》中亦有述及"贤人"与"邦家"孰重孰轻的内容，其文为：

> 是故贤人大于邦，而有嚣（厚）心……【18】①

此种将"贤人"地位推崇至邦国之上的观念似已表示此说已开始流行。由此可联系至当时士人社会地位之提高。余英时先生曾举魏文侯和鲁缪公的礼贤下士和陈仲的不愿出仕，以及齐国成立的"稷下学宫"以保障知识分子的"议论权"为例，论述其时知识分子声望的提高。② 这

① 马承源主编：《上海博物馆藏战国楚竹书（五）》，上海古籍出版社 2005 年版，第227 页。

② 余英时：《古代知识阶层的兴起与发展》，《士与中国文化》，上海人民出版社 1987 年

与当时各诸侯国通过求得"礼贤下士"的美名，汇聚人才以增强实力的背景是分不开的。以上似是政治思想与社会现实互相影响的范例之一。

同时引发的矛盾问题是，"德治"思想似乎已占据优势地位，这即需要对传统认识上法家之外，其他诸家思想何以在秦不兴的原因有所说解。对此学者多引《史记·秦本纪》秦穆公与由余的对话：

> 戎王使由余于秦……缪公怪之，问曰："中国以诗书礼乐法度为政，然尚时乱，今戎夷无此，何以为治，不亦难乎？"由余笑曰："此乃中国所以乱也……夫戎夷不然。上含淳德以遇其下，下怀忠信以事其上，一国之政犹一身之治，不知所以治，此真圣人之治也。"①

由后来秦穆公留由余于秦并以客礼待之的态度可知，秦国君主对于"以诗书礼乐法度为政"时时招致乱局是一开始就有疑惑，即使对由余的话未必全信，但对由余所述"一国之政犹一身之治，不知所以治"的治国之道极为向往。居于西陲、与戎久处的客观现实，也使秦国那些有志向的为政者，包括任用商鞅进行变法的秦孝公在内，均不务虚名、只重实际，不管什么学说，能用的部分直接拿来为其所用，至于名头，并不重要。② 所以秦简中多可见儒、道、墨、法诸家思想汇于同篇的情形，《为吏之道》《为吏治官及黔首》《从政之经》的发现即是很好的例证。③

清华竹书《治政之道》与《治邦之道》从形式到内容都有密切关联，思想也多吻合，很可能是同一作者。本篇的思想从总体上来看，多与孔

版，第1—83页。

① 《史记》卷5《秦本纪》，第192—193页。

② 赵鹏璞：《战国政治地理格局研究》，博士学位论文，郑州大学2018年，第145—146页。

③ 朱玲丽：《秦统治思想新探——以简牍为中心》，硕士学位论文，苏州大学2015年，第30—37页。

孟儒家的核心价值观相合，但并不墨守一家，而是兼收并蓄，儒、墨、道、法各家思想作为公共资源被不同程度地吸收，呈现出诸家融合的气象。抄本是典型的楚文字，该篇很可能是楚人之作。

实际上，站在统治者甚至是读者的角度，无论何种政治思想，只要可为我所用，本身即为我可汲取之养料，这是文献流传的共性，当并非秦之个性。熊铁基先生曾解《史记·儒林列传》辕固生称《老子》书为"家人言"，意思是指它的流行之广，一般人都可以学它、讲它，体现了"黄老"书的流行程度。① 故就读者（使用者）而言，思想的内容、实质的可用性要大于学派等形式。西汉宣帝所云"汉家自有制度，本以霸王道杂之"正是此理。② 至今所见同墓所出楚竹书文献材料、楚竹书单篇文献均呈现兼容并包的特点亦可为之佐证。此亦可视作政治思想与社会现实互相影响的范例之一。

最后，由楚竹书这一横断面体现的某种以德治教化为核心观念的政治思想结构，和讲求"君人南面之术"的黄老道家之学的渊源相互运作，也对历史的纵深产生了深远的影响。《论六家要旨》中将黄老道家思想概括为"因阴阳之大顺，采儒墨之善，撮名法之要"，③ 白奚先生研究认为在黄老之学吸取的各家学说中，儒家所占的比重最大，对于黄老学理论体系的构建最重要。④ 北大竹书《周驯》的政治思想除以道、法为主外，还有一些明显出于儒、墨，如"孝悌慈仁""慈惠温良""尊仁贵信"等来自儒家，而选择继嗣时的"立贤"思想以及"畏天""事神"等主张可能来自墨家。因此《周驯》的思想宗旨即可以概括为"道法为纲、杂糅儒墨"。⑤ 蒙文通先生指出："百家盛于战国，但后来却是黄老独盛，

① 熊铁基：《从"稷下黄老"到"家人之言"——黄老道家的形成问题》，《中国哲学史》1993 年第 1 期。

② 《汉书》卷 9《元帝纪》，第 277 页。

③ 《史记》卷 130《太史公自序》，第 3289 页。

④ 白奚：《学术发展史视野下的先秦黄老之学》，《人文杂志》2005 年第 1 期。

⑤ 参见韩巍：《西汉竹书〈周驯〉若干问题的探讨》，载北京大学出土文献研究所编：《北

压倒百家。"① 黄老道家思想在战国逐渐成为显学，直至在汉初被遵奉为治国思想，即反映了这一趋势及影响。继之而起的标榜"德治礼教"的儒家主体思想更是对中国古代社会影响深远。这也是政治思想与社会现实互相影响的典型范例之一，亦体现着楚竹书"君子"文献在研究政治思想史方面的重要价值。

三、小结

战国楚竹书是目前所见年代最早的典籍，保留着传世典籍较早的版本和真实的面貌，许多内容为传世文献所不见，对证经补史以及重新审视先秦、秦汉学术与思想史中一些湮没已久的记述都有着不可替代的价值。

楚竹书文献以儒家为主，战国儒家政治思想与汉代儒家思想的差异，如"君子"指称的变化、君亲观念的转变等，都与战国秦汉社会现实的变化特别是大一统政权的建立息息相关。秦汉以降，以儒家思想为核心的诸子思想作为公共资源被不同程度地吸收，呈现出诸家融合的气象，从而为后世长达两千余年的帝制中国不断提供"治世"养料。

附记：小文部分内容曾分别以《战国楚竹书与儒家"理想社会"构建》《楚竹书君子"治世"思想与战国秦汉社会》为题，载《南昌大学学报（人文社会科学版）》2019年第1期、《宁波大学学报（人文科学版）》2020年第4期；后又修订收入拙著《凯俤君子 民之父母——战国楚竹书中的君子与社会》，九州出版社2020年版。收入本书时又作了部分修订。

京大学藏西汉竹书》〔叁〕，上海古籍出版社2015年版，第249—298页。

① 蒙文通：《略论黄老学》，载蒙文通著，蒙默整理：《蒙文通文集》第1卷《古学甄微》，巴蜀书社1987年版，第276页。

《汉宫阙疏》类文献辑佚及相关问题

翟金明（人民出版社）

历代关于古都长安（在今陕西西安市西北）史地的著作，当以辛氏《三秦记》为最早，此后直至近代，相关著述中涉及长安的文献也很丰富，比较重要的包括《三辅黄图》《两京新记》《长安志》《雍录》等。这些著述已经得到了比较充分的整理和利用，为我们研究古都长安史地提供了丰富的史料。[①] 当然，这些史料也存在一些不足，还需要我们结合考古发掘[②]、简牍文献[③]，乃至于通过实地勘查，进行分析利用。

历代关于长安史地的著作，秦汉时期的情况我们不得而知，现存的几种多为魏晋南北朝时期人所作，但大多已经散佚。然清代以来多有辑佚，如张澍辑《三秦记》《三辅故事》《三辅旧事》，茆泮林辑《三辅决录》，毕沅辑《三辅黄图》等。后代学者又根据这些辑佚成果，重新辑补考订，使之更加完备。除此之外，还有一些著作也为清代学者所关注，如张澍辑《三辅旧事》三卷，又序称"其书大抵与《汉宫阙疏》《三辅宫殿簿》《汉

---

① 史念海：《长安史迹丛刊·总序》，《类编长安志》，三秦出版社 2006 年版，第 1—2 页。

② 关于汉长安考古发掘资料，可参见刘庆柱、李毓芳：《汉长安城考古的回顾与瞻望：纪念汉长安城考古半个世纪》，《考古》2006 年第 10 期。此后又有《汉长安城武库》(2005)、《汉长安城遗址研究》(2006)、《汉长安城桂宫 1996—2001 年考古发掘报告》(2007)、《汉长安城长乐宫 4、5、6 号建筑遗址保护工程报告》(2017)、《汉长安城未央宫骨签》(2018) 等重要成果。

③ 关于简牍中的长安史料，可参见张俊民：《简牍文书所见"长安"资料辑考》，《简牍学论稿聚沙篇》，甘肃教育出版社 2014 年版，第 414—439 页；王子今：《汉简长安史料研究》，《出土文献》第 3 辑，中西书局 2012 年版；等等。

宫典职》《三辅黄图》《汉旧仪》《汉庙记》同体"。① 这里提及几种与《三辅旧事》"同体"的著作，也涉及长安史地。又《隋书·经籍志》所载，魏晋南北朝时期地理书约有 139 部，章宗源又据两《唐志》著录 157 部，其中有《汉宫阁簿》（三卷）、《汉宫殿名》（卷数不详）、《汉宫阙疏》（卷数不详）三部，姚振宗《隋书经籍志考证》认为，章氏所录有"未经厘剔及误收唐人《洺州记》《苏州记》，与远古久亡之秦地图，汉代相传之舆地图"，故重订为 132 部，其中也有《汉宫阙簿》三卷。又著录"见诸书所引莫详其篇卷"的 116 部，其中又有《汉宫殿名》《汉宫阙疏》。② 可见，以"汉宫"为书名的著作是魏晋南北朝时期地理书的重要一类，最少有 3 部。不过，与为学者熟知的那些重要著作相比，这类关于长安史地的资料，由于文字亡佚，仅有的佚文也散见于各处，因此较少被学者关注和引述。如清人王谟辑汉唐地理书，计划收书 388 部，后重订为四册 249 部，但现存的《汉唐地理书钞》只存书 70 部。③ 其中也不涉及此类书。刘纬毅的《汉唐方志辑佚》，所辑汉唐方志 440 种，④ 其中有《洛阳宫殿簿》《洛阳宫地记》《洛阳宫舍记》《洛阳故宫名》《建康宫殿簿》等类似著作，但也不涉及与"汉宫"相关的文献。笔者曾依据前人的研究成果，将明清史部佚书集合成《史学辑佚文献汇编》⑤，也未见此类书的辑佚成果。因此，对于《汉宫殿名》《汉宫阙疏》《汉宫阙簿》等有必要通过辑佚，考订其文献情况和史料价值。本文在检索搜辑相关资料的基础上，对此类书的书名、著录情况、内容特点、成书时间及作者、佚文情况及其价值作论述，敬请方家指正。

---

① （唐）佚名撰，（清）张澍辑，陈晓捷注：《三辅旧事·序》，三秦出版社 2006 年版，第 1—2 页。

② 姚振宗：《隋书经籍志考证》卷 21《史部十一》，师石山房丛书本。

③ （清）王谟：《汉唐地理书钞》，中华书局 2006 年版，"出版说明"第 2—3 页。陈运溶辑《麓山精舍丛书》有书 102 种，也不涉及此类书。

④ 刘纬毅：《汉唐方志辑佚》，北京图书馆出版社 1997 年版，"前言"第 2 页。

⑤ 翟金明主编：《史学辑佚文献汇编》，国家图书馆出版社 2016 年版。

一、关于书名

章宗源《隋经籍志考证》著录《汉宫阁簿》《汉宫殿名》《汉宫阙疏》三部，同时又辑录了三部书的部分佚文。但所录佚文的来源文献，其书名有的与这三部书并不一致。如章氏著录《汉宫阁簿》，所录佚文见于《汉宫殿簿》；再如《汉宫殿名》，所录佚文又见于《汉宫殿名》《汉宫阙名》《汉宫阁名》《汉宫阁记》；又如《汉宫阙疏》，所录佚文另见《汉宫阁疏》《汉宫殿疏》《汉宫室疏》。① 虽然这些来源文献的书名与三部书并不完全一致，但章氏仍将之列入这三部书之下，可见，章氏应该是认为这些来源文献与这三部书的书名，只是文字上有差异，其实是一致的。② 至于为什么会出现这种情况，章宗源并没有说明。③ 王应麟《玉海》著录《汉宫阁簿》《宫阙疏》，其辑录佚文的来源文献又有《汉宫阁名》《汉宫阁疏》，同样也只是进行了简单归类，并未进行细分。④ 对于这种书名不一致的情况，今人通过校勘认为，应该是同一种书名的不同写法。中华书局本《后汉书·班彪传》李贤注引"《汉宫阁疏》曰：长安九市，其六在道西，三在道东。"校勘记说：

> 《汉宫阁疏》曰汲本、殿本"阁"作"阙"。按：后文"披

---

① 据（清）章宗源：《隋经籍志考证》卷6所载，此书名《汉宫阙疏》，又名《汉宫殿疏》《汉宫阁疏》，《北堂书钞》称《汉宫室疏》（王承略、刘心明主编：《二十五史艺文经籍志考补萃编》第14卷，清华大学出版社2012年版，第106—107页）。

② 章氏在辑录《汉宫殿名》相关内容时，又指出"温室殿在未央宫，并引《汉宫阁记》"，见《三辅黄图》。章氏将《汉宫阁记》附于《汉宫殿名》之后，或许认为两书相类。但从笔者的辑录来看，题作"汉××记"的当是另一类书，与"汉××名"并不相同。

③ 但从其中所列的几种书名来看，他应该是将书名中最后一个字相同的视作同一类书。不过，从笔者辑录的文献来看，根据书名的末尾一字，大体可以分为簿、名、疏、记几类。

④ （宋）王应麟：《玉海》卷156《宫室》，广陵书社2003年影印本，第2874页。

香"注引"汉宫阁名"，殿本"阁"作"阙"，《文选》注亦作
"阙"。又后文"左牵牛而右织女"注引"汉宫阁疏"，殿本亦
作"阁"，而《文选》注则作"阙"。又按："汉宫阁疏"或"汉
宫阙疏"与"汉宫阁名"或"汉宫阙名"，《隋志》俱不著录，《唐志》
有《汉宫阙簿》，《史记·高祖纪》索隐、《初学记·居处部》、《御
览·居处部十二》引"汉宫殿疏"，《北堂书钞·舟部上》引"汉
宫室疏"，殆即一书也。①

可见，校勘记也注意到了这类文献的书名中"阁""阙"的区别，
但将"汉宫阁疏""汉宫阙疏""汉宫阁名""汉宫阙名""汉宫殿疏""汉
宫室疏"等视作同一种书，似有些武断。从笔者目前辑录的相关佚文来
看，书名中"阁""阙""殿""室"等文字差别，或多是出于传写过程
中因文字形似而产生的差异。如《长安志》所引《汉宫阙疏》曰："甘
泉林光宫，秦三代造。"②同样的内容在《类编长安志》中作《汉宫殿疏》
曰："甘泉林光宫，秦二代造。"③又如《长安志》所引"鼓簧宫，周匝
百三十六步，在建章宫西北"，见《汉宫阙疏》，而同样的内容《三辅黄
图》引自《汉宫阁疏》。类似的情况还有很多，恕不赘举。不过，通过
这两处引文的来源文献书名的细微差别，可以看出《汉宫阙疏》《汉宫
殿疏》《汉宫阁疏》当是同一书。但是，从笔者辑录的相关佚文（参见
附录）来看，题名为"汉××疏""汉××名""汉××簿""汉××记"，
当属于四种不同类型的著作，各书书名在传写过程中会有一些差别。

这种说法是较为可信的。主要在于汉魏时期，古籍书名并不固定，

---

① 《后汉书》卷40上《班彪传上》校勘记，中华书局1965年版，第1355页。

② （宋）宋敏求：《长安志》卷3《宫室一》，辛德勇、郎洁点校，三秦出版社2013年版，
第165页。

③ （元）骆天骧：《类编长安志》卷2《宫殿室庭·秦·宫·〔甘泉林光宫〕》，黄永年点校，
中华书局1990年版，第46—47页。

《汉宫阙疏》类文献辑佚及相关问题 / 313

且在传写过程中可能有所更改或讹舛。清代王谟辑有《汉唐地理书钞》，他在凡例中对汉魏时期地理书的命名情况有总结，认为古今地理书称名不一。最初称经、志、图、记，魏晋以后称传、录，又有称疏者，如《汉宫阙疏》、竺法真《罗山疏》。称簿者，如《洛阳宫殿簿》《河南郡境界簿》。又有称状、名的。① 王谟主要是根据汉魏时期地理书的书名及其内容情况归纳得出来的结论，可见这一时期地理书的书名与其内容之间有一定联系。称疏，称簿，称名，称记，看似并不固定，但从笔者所辑录相关佚文来看，书名称谓仍有一定规则和特点。试举例说明：《汉宫阙疏》所载内容虽然简短，但仍包含有较多信息，如《史记》载："三年，方筑长安城，四年就半，五年六年城就。"《索隐》引《汉宫阙疏》云"四年筑东面，五年筑北面"。② 其他佚文也大多是涉及宫殿等建造时间等一些细节。而《文选》李善注引《汉宫殿簿》曰："长安有西陂池、东陂池。"③ 涉及长安所存宫殿等建筑的名称。《汉宫殿名》类也应该同此，如《太平御览》引《汉宫阙名》：

> 长安有长乐宫、未央宫、长门宫、鼓簧宫、承光宫、宜春宫、池阳宫、长平宫、黄山宫、望仙宫、长杨宫、集灵宫、延寿宫、祈年宫、通天宫、驳娑宫、沛宫、林光宫、甘泉宫、龙泉宫、首山宫、交门宫、明光宫、五柞宫、万岁宫、竹宫、寿宫、建章宫、太一宫。④

而《三辅黄图》引《汉宫阁记》载："未央宫有宣明、长年、温室、昆德四殿。又有玉堂、增盘阁、宣室阁。"则是列举了未央宫的殿、阁

---

① （清）王谟：《汉唐地理书钞》，中华书局 2006 年版，"凡例"第 7 页。
② 《史记》卷 9《吕太后本纪》，中华书局 1982 年版，第 399 页。
③ （梁）萧统：《文选》卷 8《上林赋》，上海古籍出版社 1986 年版，第 366 页。
④ （宋）李昉：《太平御览》卷 173《居处部一》，中华书局 1960 年版，第 847 页。

名称。可见，由于这四部书所载内容的侧重点有所区别，所以才造成书名出现差异。不过，这四部书虽然记载角度及内容详略不同，但都涉及长安"宫殿、门阙、楼观、池苑"，故仍有集中辑录和研究的必要。

二、著录情况

章宗源《隋经籍志考证》卷六将此类书著录于"地理类"，但《隋书·经籍志》"地理类"并未著录这四部书，仅有《黄图》一卷（注：记三辅宫观、陵庙、明堂、辟雍、郊畤等事）、《洛阳记》四卷、《洛阳记》一卷（注：陆机撰）、《洛阳宫殿簿》一卷、《洛阳图》一卷（注：晋怀州刺史杨佺期撰）数种。至两《唐志》始著录《汉宫阁簿》三卷，与《三辅黄图》《三辅旧事》《洛阳宫殿簿》并列为一类，可见此类书也是关于三辅（长安）宫观、陵庙、明堂、辟雍、郊畤等内容的著作。不过，如《三辅黄图》《洛阳图》等始撰时均附录有图，但后来散佚了，而《汉宫阁簿》《汉宫殿名》《汉宫阙疏》则没有图。郑樵《通志·艺文略》著录都城宫苑四十一部，一百六十八卷，其中也有《汉宫阁簿》三卷。① 此四部书《宋史·艺文志》已不著录。但是，据说宋代宋敏求（1019—1079）撰《长安志》时，所利用的家藏图书中就有《宫阙记》《宫阙疏》：

> 《长安志》者，本朝宋敏求所著也。古有《长安记》矣，至此改《记》为《志》，明非一书也。宋氏家多书，如《宫阙记》《宫阙疏》《关中记》《庙记》《三辅黄图》《三辅旧事》，皆所采据矣，而制度因革，则多本诸《图经》，《图经》又皆本之梁载

---

① （宋）郑樵撰，王树民点校：《通志二十略·艺文略第四·史类第五·地里·都城宫苑》，中华书局1995年版，第1577页。明代焦竑《国史经籍志》卷三也著录有《汉宫阁簿》三卷。

言《十道志》也。①

其中所列《宫阙记》《宫阙疏》，当即《汉宫阙记》《汉宫阙疏》。或许此类书宋初尚有传写本，此后散佚。

三、内容特点

此类书为地理书，如宋王应麟《玉海·唐地理六十三家》载："地志则有《三辅旧事》《汉宫阁》《洛阳宫殿簿》《西京杂记》《西京》《关中》《洛阳记》。"② 章宗源《隋书经籍志考证》卷六将《隋书·经籍志》《旧唐书·经籍志》《新唐书·艺文志》中的此类著作进行集中著录，自《三辅黄图》至《建康宫殿簿》共 18 部，其中以"汉宫"为书名的即有《汉宫阁簿》《汉宫殿名》《汉宫阙疏》，另有一部《三辅宫殿名》，又根据史籍、类书、《文选》等对相关佚文有所辑录，但均注明"卷亡"。姚振宗《隋书经籍志考证》卷二十一则将《汉宫殿名》《汉宫阙疏》《三辅宫殿名》《长安图》《洛阳故宫名》《洛阳宫舍记》《晋宫阁名》《建康宫殿簿》等归为一类，属于既已亡佚，又不详卷数。③

以上几种书志均将此类书归入地理类，但并未明确其具体内容特点。清代《四库全书总目提要》明确指出，这类书又与一般的地理书有所区别：

> 右地理类宫殿疏之属，二部十一卷，皆文渊阁著录。案

① （宋）程大昌：《雍录》卷 1《长安志》，黄永年点校，中华书局 2002 年版，第 7 页。

② （宋）王应麟：《玉海》卷 15《地理书》，广陵书社 2003 年影印本，第 292 页。

③ 王承略、刘心明主编：《二十五史艺文经籍志考补萃编》第 15 卷第 2 册，清华大学出版社 2012 年版，第 935—936 页。

《太平御览》所引有《汉宫殿疏》，刘知几史通所引有《晋宫阙
名》，皆自为记载，不与地志相杂。今别立子目，冠于地理类
之首。

四库馆臣从史部地理类中分出了"宫殿疏之属"，包括六朝时人所
作《三辅黄图》（所纪宫殿苑囿之制）、元代王士点所撰《禁扁》（详载
历代宫殿门观池馆苑等名），认为此类书的编纂是出于"尊宸居"的需要，
其内容与一般的地理书"皆自为记载，不与地志相杂"，但还是有一定
区别的。

此类书是关于长安史地的重要文献，陈直《汉书新证》有引证，其
注"于是乃令何赐带剑履上殿"，据《太平御览》卷一百七十五引《汉
宫阙名》，有"萧何殿，曹参殿，韩信殿"，认为此为西汉初三殿名，疑
不久即废。可见此书对于我们了解汉长安城有一定的参考价值。

四、成书时间及作者

这类书的成书时间，由于相关著录和记载并没有具体记载，不过根
据唐宋以来文献的引用及佚文情况来看，应当在汉魏六朝时期。如《汉
宫殿疏》，唐代司马贞《史记索隐》、欧阳询《艺文类聚》、徐坚等《初
学记》多引用其中文字，何清谷据此认为此书估计为六朝人所撰。① 但
其实汉魏间《三辅黄图》，梁萧统《文选》李善注皆引此书，则此书的
成书时间当在汉魏时期。同理，《三辅黄图》中亦引《汉宫阁记》，则此
书亦应当成书在汉魏时期。而对于《汉宫阁簿》，学者认为成书在隋以

---

① 何清谷校释：《三辅黄图校释》卷 1《都城十二门·清明门》，中华书局 2005 年版，
第 76 页。

前，或在晋以前。因为两《唐志》列《三辅黄图》之后、潘岳《阁中记》之前。①《三辅黄图》的成书时间，陈直认为在东汉末曹魏初期②，这种说法比较合理。今本《三辅黄图》中也有引《汉宫殿疏》《汉宫阙疏》《汉宫阁疏》的内容。潘岳生于公元247年，卒于公元300年，则《汉宫阁簿》撰于东汉末曹魏时期，也就是说晋以前的说法是比较可信的。章宗源《隋经籍志考证》所列18种地理书，其中著录的作者有陆机、杨佺期、华延隽、戴延之等人，均为晋时人，《汉宫阁簿》《汉宫阙疏》《汉宫殿名》置于戴延之之后，或许他认为这三部书的成书时间在东晋时期。

至于《汉宫殿名》的成书时间，虽然并没有相关文献直接涉及，但目前辑录的佚文又为我们判断此类书的成书时间提供了更为可靠的依据。如《汉宫殿名》，《后汉书》卷八十三《逸民传》"即解冠挂东都城门"，李贤注引《汉宫殿名》："东都门，今名青门也。"《前书音义》曰："长安东郭城北头第一门。"③曹金华《后汉书稽疑》认为：

> 按：《集解》引沈钦韩说，谓《三辅黄图》云长安城东出南头第一门，本曰"霸城门"，民见门色青，名曰"青城门"，或曰"青门"。东出北头第一门曰"宣平门"，民间所谓"东都门"。注误。《校补》谓注引两书并存异说，并非有误。今按：《水经注·渭水》说同《黄图》，谓霸城门或曰青绮门，亦曰青门、青城门，王莽改作仁寿门无疆亭。宣平门，王莽更名春王门正月亭，一曰东都门，其郭门亦曰东都门，即逢萌挂冠处也。《刘盆子传》"遂攻东都门"，注引《三辅黄图》曰："宣平门，

---

① （汉）王褒等撰，陈晓捷辑注：《关中佚志辑注》附录《汉唐关中佚志存目·汉宫阁簿三卷》，三秦出版社2006年版，第172页。

② 陈直校证：《三辅黄图校证》，陕西人民出版社1980年版，"序言"第1页。

③ 《后汉书》卷83《逸民传·逢萌》，中华书局1965年版，第2760页。

长安城东面北头第一门也，其外郭门名东都门。"《文苑·杜笃传》"修理东都城门"，章怀注："长安外城门，东面北头第一门也。"陈直《三辅黄图校证》引《汉书·元帝纪》注、《疏广传》注、《翟义传》注皆谓东出北头门即宣平门。故疑《汉宫殿名》之说有误。①

　　曹金华认为，《汉宫殿名》的记载有误，是因为与《汉书》所载不一致。但这种说法值得商榷。因为《汉宫殿名》所云"东都门今名青门也"。这里的"今"并非指两汉时期。《汉书·王莽传中》载："（天凤三年，16）七月辛酉，霸城门灾，民间所谓青门也。"可见两汉时期的青门指霸城门。②但长安城东北部的宣平门，在两汉时期并不称为"青门"。西汉时期宣平门至东汉末年献帝迁长安时，仍然存在。至十六国后赵石虎再次大规划修筑长安城，并对宣平门进行了第二次改建。《太平御览》引《汉宫殿名》曰："长安有宣平门、覆盎门、万秋门、横门、（郭门）、东都门（今名青门）、宣德门、礼城门、青绮门、章义门、仁寿门、寿成门。成宫有辟门、有慈石门。"③即宣平门门外有郭，即东都门，在北朝五胡十六国时期改名为青门。王仲殊认为具体在后秦时期。④由此可见，《汉宫殿名》应当产生于南北朝时期。

　　从历史上看，魏晋南北朝时期的地理书数量比战国秦汉时期更为丰富，学者认为主要涉及山水、都城、佛教、域外、地名、民族、从征、

---

　　①　曹金华：《后汉书稽疑》，中华书局 2014 年版，第 1155 页。

　　②　《汉书》卷 99 中《王莽传中》，中华书局 1962 年版，第 4144 页。

　　③　（宋）李昉：《太平御览》卷 183《居处部七》，第 888—889 页。王先谦《后汉书集解》也有相同的认识。参见王仲殊：《汉长安城考古工作收获续记——宣平城门的发掘》，《考古通讯》1958 年第 4 期。刘庆柱、李毓芳《汉长安城》（文物出版社 2003 年版，第 30 页）也认为，东都门应为宣平门以东枳道亭附近的郭门。

　　④　十六国时期，有前赵、前秦、后秦的都城为长安，或许当时人为追述汉代长安盛况而撰成此类书。

总志、州郡等方面，①其中"都城类"应该包括《汉宫阁簿》《汉宫殿名》《汉
宫阙疏》。《隋志》也称晋代挚虞作《畿服经》，其内容涉及"国邑、山陵、
水泉"。可见这类关于前代都城的地理书在这一时期是比较丰富的。《晋
书》载晋武帝问张华汉宫室制度，张华应答如流：

> （张）华强记默识，四海之内，若指诸掌。武帝尝问汉宫
> 室制度及建章千门万户，华应对如流，听者忘倦，画地成图，
> 左右属目。②

宋代郑樵进一步指出，张华之所以能应答如流，除了其博学之外，
当时存在的汉宫室图也起到了很大作用：

> 世无图谱，人亦不识图谱之学。张华，晋人也，汉之宫室
> 千门万户，其应如响，时人服其博物。张华固博物矣。此非博
> 物之效也，见汉宫室图焉。③

《晋书》中提及的张华所阅览的汉宫室图，应该是当时地理书的一
类。当时人出于了解前代都城宫室的目的，编纂了此类图书。或在图旁
附简单的文字进行标识，也有在图前或图后附以长篇文字说明，还有
省略图而详细文字，实际上是以文字说明图。④《三辅黄图》原本有图，
后来散佚，应该属于以图为主，用文字进行标识，而《汉宫阁簿》《汉
宫殿名》《汉宫阙疏》《汉宫阁记》则应该属于以文字取代图来描述汉长

---

① 胡宝国：《汉唐间史学的发展（修订本）》，北京大学出版社2014年版，第148页。
② 《晋书》卷36《张华传》，中华书局1974年版，第1070页。
③ （宋）郑樵：《通志二十略·图谱略·原学》，王树民点校，中华书局1995年版，第1827页。
④ 何清谷校释：《三辅黄图校释·前言》，中华书局2005年版，第2页。

安城宫殿、门阙、楼观、池苑等。从目前笔者辑录的这四部书的相关文字来看，也比较符合记载"汉之宫室千门万户"的说法。如《三辅黄图》引《汉宫阙疏》云"鼓簧宫周匝一百三十步，在建章宫东，旁有承光宫。"即详述了汉代宫殿的规模、位置等信息。除了可以像张华这样以"博物"为目的了解汉宫室制度之外，《三辅黄图》还为我们提供了另外一个思考角度，其序文称"昔孔子作《春秋》，筑一台，新一门，必书于经，谨其废农时夺民力也"①，或许是当时人出于劝谏的目的而撰作。

五、佚文情况及其价值

此类文献为汉魏以后很多书籍所引用。如程金造《史记索隐引书考实》史部载有《汉宫殿疏·汉宫阙疏》，所辑内容来自《史记》《高祖本纪》《吕后本纪》《武帝本纪》据《索隐》转录三条。《汉书》《后汉书》《三辅黄图》《文选》《长安志》及唐宋代类书等亦有多处引用，宋人王应麟列举了这几部书的佚文情况：

> 《唐志》：《汉宫阁簿》三卷、《洛阳宫殿簿》二卷。《文选》注引《汉宫阁名》"长安有鸳鸾殿"，又引《汉宫殿疏》曰"长安有雁鹜陂"。又引《晋宫阙名》，《西都赋》注引《汉宫阙疏》，《景福殿赋》注引《洛阳宫殿簿》，《上林赋》注引《汉宫殿簿》，《汉书》颜师古注引《汉宫阁疏》，《黄图·鼓簧宫》《汉宫阁疏》云："周匝一百三十步，在建章宫西北。"《光武纪》注《洛阳宫殿名》有却非殿。《汉宫阁疏》曰："灵台高三丈，十二门。"②

---

① 何清谷校释：《三辅黄图校释·序》，中华书局 2005 年版，第 4 页。

② （宋）王应麟：《玉海》卷 156《宫室》，广陵书社 2003 年影印本，第 2874 页。

章宗源《隋经籍志考证》著录这三部书时，亦辑有一部分佚文。如《汉宫阁簿》：

《文选·上林赋》注："长安有东陂池、西陂池。"

《汉宫殿名》：

《后汉书·锺离意传》注："北宫中有德阳殿。"《逄萌传》注："东都城，今名青门也。"《太平御览·居处部》："长安有宣平、覆盎、万秋、宣德、元城、青绮、仁寿等门。"《艺文类聚》《初学记·居处部》并引之，"洛阳有泰夏、阊阖、西华、万春、苍龙、长秋、景福、丙舍、鸿都、濯龙等门"，又"神明台高五十丈上有九室"，并引《汉宫殿名》。《文选·西都赋》注："长安有合欢殿、披香殿、鸳鸯殿、飞翔殿。"《后汉书·班固传》注作《汉宫阁名》。《艺文类聚·居处部》："洛阳故北宫有九子坊。"并称《汉宫阙名》。《初学记·居处部》："长安有驭婆宫、宜春宫，有玉堂殿、铜柱殿。"并称《汉宫阁名》。《三辅黄图》：未央宫有宣明、长年、温室、昆德四殿，又温室殿在未央宫。并引《汉宫阁记》。

《汉宫阙疏》：

《文选·西都赋》注："长安立九市，其六市在道西，三市在道东。"《三辅黄图》："长安城第二门名城东门。"《史记·吕太后纪》《索隐》："四年筑城东面，五年筑北面。"并引《汉宫阙疏》。《汉书·郊祀志》注："神明台高五十丈上有九室。"《史记·孝武纪》《索隐》作《汉宫阙疏》。《后汉书·光武纪》注：

"灵台高三丈，十二门。"并称《汉宫阁疏》。《史记·高祖纪》《索隐》："枳道亭东去霸城观四里。"称《汉宫殿疏》。《艺文类聚》《初学记·居处部》所引亦称《汉宫殿疏》。《北堂书钞·舟部》："武帝昆明池作豫章大船。"称《汉宫室疏》。①

以上王应麟、章宗源辑录的佚文，为我们进一步辑录指明了方向。但王应麟、章宗源所辑部分佚文中，文本也存在一些错讹。如引《北堂书钞·舟部》："武帝昆明池作豫章大船。"今本《北堂书钞》作"《汉宫室疏》云'武帝作大池，周匝四十里，名曰崑明□，作豫章大舡'云云"。

本文简要叙述了《汉宫阙疏》等地理书的书名、著录情况、内容特点、成书时间及作者、佚文情况及其价值，说明此书一方面内容比较丰富，对我们研究汉长安城（部分内容涉及洛阳城）的建筑宫殿建置具有较好的参考价值，值得重新进行辑佚、校勘；另一方面此类书早已散佚，在后世典籍中多有引用，但相关佚文应当按"汉××疏""汉××名""汉××簿""汉××记"进行分类整理，以方便读者利用。而且，佚文来源不同，其文字有所差异，也需要进一步校勘。

正如四库馆臣所提到的，在汉魏六朝时期，应该存在一种为"尊宸居"而编纂的，以记录长安、洛阳等前代都城宫殿资料为主的书籍，但随着文献的散佚，现存的《三辅黄图》早已非旧貌，而是经过了唐人的历次"补缀"（陈直《三辅黄图校证序言》），又有散佚及差异。对于《汉宫阁簿》《汉宫阙疏》《汉宫殿名》《汉宫阁记》而言，情况则更加严重，一方面由以上引文可见，这几部书确实存在一书多名的情况，如汉宫阙疏、汉宫阁疏、汉宫阁名、汉宫殿名、汉宫殿疏、汉宫阁记、汉宫阙名、汉宫阙记、汉宫阙簿等，或书名改变，或书名为简称，为我们搜

---

① （清）章宗源：《隋经籍志考证》卷6，王承略、刘心明主编：《二十五史艺文经籍志考补萃编》第14卷，清华大学出版社2012年版，第106—107页。

辑相关佚文造成了一些困难；另一方面，虽然我们现在利用数据库等可以对这类书进行比较有效的搜辑，但前人引书过程中的节引、义引等现象，使其文本存在一些复杂的问题。① 这些问题都需要我们通过对佚文充分全面的辑佚、整理进行解决。

　　另外，笔者在搜辑资料过程中，也发现如《汉宫记》《庙记》等。今后可以将此类文献一并汇编整理，加以校勘考订，以为秦汉时期长安（或许有其他城市）城市、宫殿研究，提供更多有用的资料。

---

　　① 如明代《永乐大典》卷3519《门》涉及两汉各类门的文字中，也辑录了《汉宫殿疏》，所引文字与唐宋文献所引佚文也有差异。但按笔者目前的认识，此书宋以后即已散佚，不可能在明初修《永乐大典》时仍存在可以辑佚的文本。详见解缙等辑：《永乐大典》（卷三千五百十八至三千五百十九），书目文献出版社1983年版，第20—39页。

七十年来国内竹简《日书》研究的简要回顾

吴小强（广州软件学院、广州大学）

王国维《古史新证》："吾辈生于今日，幸于纸上之材料，更得地下之新材料。由此种材料，我辈因得据以补正纸上之材料，亦得证明古书之某部分全为实录，即百家不雅驯之言亦不无表示一面之事实，此二重证据法惟在今日始得为之。"① 王氏《最近二三十年中中国所发现之学问》："古来新学问起，大都由于新发现。有孔子壁中书出，而后有汉以来古文家之学；有赵宋古器出，而后有宋以来古器物古文字之学。"② 王氏所言，基于清末新史料的发现：（1）1899 年甲骨文的发现导致甲骨学兴起；（2）敦煌遗书的出世使敦煌学得以诞生；（3）汉晋简牍的发现引发简牍学勃兴；（4）内阁大库档案的发现，促进清史研究。

陈寅恪《王静安先生遗书序》："一曰取地下之实物与纸上之异文互相释证，二曰取异族之故书与吾国之旧籍互相补正，三曰取外来之观念与国有之材料互相参证。""吾国他日文史考据之学，范围纵广，途径纵多，恐亦无以远出三类之外。"《汉书·艺文志·六艺略·书序》："武帝末，鲁共王坏孔子宅，欲以广其宫，而得《古文尚书》及《礼记》《论语》《孝经》凡数十篇，皆古字也。"③ 这是最早的出土文献记载。

《晋书·束皙传》：晋武帝太康二年（281），汲郡人不准盗发战国魏

---

① 王国维：《古史新证——王国维最后的讲义》，清华大学出版社 1994 年版。

② 《王国维遗书》第 5 册，上海古籍出版社 1965 年版，第 65 页。

③ 《汉书》卷 30《艺文志》，中华书局 1962 年版，第 1706 页。

襄王墓（一说魏安釐王墓），获得汲冢书（今存《竹书纪年》《穆天子传》二种），是历史上最著名的出土文献事件之一。李学勤先生说："简帛是20世纪我国最重大的一项考古发现。"①

1901年1—2月，英籍匈牙利探险家马尔克·奥莱尔·斯坦因（Marc. Aurel.Stein）在中国新疆尼雅发现40枚汉简和524枚古印度佉卢文（Kharosthi）木牍，斯坦因于1900年12月在丹丹乌里克发现了第一枚汉简，编号为"D.V.5"（=S.5891）②。1905年法国学者沙畹（Edouard Chavannes）将研究成果发表在《亚洲人杂志》上，1907年正式发表《丹丹乌里克·尼雅、安迪尔发现的汉文文书》。这是20世纪最早的简牍发现与研究。

1914年，罗振玉、王国维在日本出版《流沙坠简》，是在沙畹寄来的图片资料的基础上完成的，是简帛研究的标志性成果。

李学勤先生说：20世纪"70年代以来新出土的大量古籍，数量之丰富、内容之珍秘，已超过孔壁、汲冢，在短期是不可能全部理解消化的。可以断言的是，这些新发现一定会对学术界产生广泛的影响，有的方面或许是今天难以估量的。"③2015年，江西省南昌市郊西汉海昏侯刘贺墓出土了约5000多枚竹简，其中也有与《日书》关系密切的数术类竹简300余枚，引起学术界对《日书》的再度关注。

一、竹简《日书》的发现与整理

《史记·太史公自序》："齐、楚、秦、赵为日者，各有俗所用。欲

---

① 张显成：《简帛文献学通论·序》，中华书局2004年版，第1页。

② 魏德胜：《略谈中国简帛学的分期问题》，《鲁东大学学报（哲学社会科学版）》2013年第6期。

③ 李学勤：《简帛佚籍与学术史》，江西教育出版社2001年版，第3—4页。

循观其大旨，作日者列传第六十七。"①《史记·日者列传》卷 127 载《史记集解》："《墨子》曰：'墨子北之齐，遇日者。日者曰：帝以今日杀黑龙于北方，而先生之色黑，不可以北。墨子不听，遂北，至淄水。墨子不遂而反焉。日者曰：我谓先生不可以北。'然则古人占候卜筮，通谓之'日者'。"②日者群体活跃于从春秋战国到东汉魏晋的古代社会，专司占卜、预测人们各类日常活动吉凶宜忌之事，特别是时、日事项的宜忌。其所使用的工作手册卜筮之书，即《日书》。在李斯建议并为秦始皇所采纳的恶政之一"焚书"政令中，卜筮之书与医药、种树等自然科技类图书则受到保护。然而，在 20 世纪 70 年代中期云梦睡虎地 11 号秦墓出土竹简《日书》之前，《日书》的真实面目早已隐藏于历史的黑幕之后。

最早发现的《日书》是 1959 年，甘肃武威磨咀子 6 号东汉墓中发现的几枚《日书》及杂占残简。③ 按照内容年代，目前所知年代最早的是 1981—1989 年发掘出的湖北江陵县九店公社雨台大队取土场第 56 号战国楚墓竹简《日书》。④ 迄今为止，中国大陆地区出土或发现的简牍《日书》约有 20 余种，时间跨度从战国到东汉。其中最完整的有以下 4 种（按照时间排列）：

（一）九店楚简《日书》

据介绍，九店公社雨台大队取土场共发掘东周墓葬 596 座，其中第 56 号战国晚期早段楚墓出土竹简 164 枚，"其内容可分为与农作物有关和《日书》两部分"（见骈宇骞、段书安著作）。1995 年，《江陵九店东

① 《史记》卷 130《太史公自序》，中华书局 1982 年版，第 3318 页。
② 《史记》卷 127《日者列传》，第 3215 页。
③ 沈颂金：《二十世纪简帛学研究》，学苑出版社 2003 年版，第 63 页。
④ 骈宇骞、段书安编著：《二十世纪出土简帛综述》，文物出版社 2006 年版，第 8 页。

周墓》考古发掘报告由科学出版社出版，据重新统计，M56 共出土 205 枚竹简，1 简中字数最多者 57 字，共约 2700 字，《日书》释文经李家浩先生整理。2000 年，湖北省文物考古研究所、北京大学中文系编《九店楚简》由中华书局出版。

（二）睡虎地秦简《日书》

1975 年 12 月，湖北云梦县城关西部睡虎地发掘 12 座秦代墓葬，其中第 11 号（M11）出土 1155 枚竹简（另有残简 80 枚），内容包括《编年记》《语书》《秦律十八种》《效律》《秦律杂抄》《法律问答》《封诊式》《为吏之道》及《日书》甲乙种。而《日书》共有 423 枚简，约 18000 字。其中甲种《日书》166 枚，位置在墓主头部右侧，无篇名，有 32 个章题，双面书写，间距较密，约有 12000 字。乙种《日书》259 枚，位于墓主足下，单面书写，约有 6000 字，简册末有"日书"篇名。郑刚认为，从文字上看，甲乙种《日书》都是从篆到隶的过渡阶段，但乙本篆意明显，接近于秦刻石、权量文字，而甲本多隶意，可见乙本的时代早于甲本。甲本是更成熟的本子，显示出数术系统由粗到精的发展过程。①

1981 年，考古发掘报告《云梦睡虎地秦墓》由文物出版社出版，其图录与释文包含了《日书》甲乙种，这是秦简《日书》的首次公布。1990 年 9 月，睡虎地秦墓竹简整理小组编订的《睡虎地秦墓竹简》由文物出版社出版，包含图版、释文、注释、语译（未译《日书》）。该书"出版说明"："先后参加秦简整理工作的（按姓氏笔画为序）小组成员主要有于豪亮、安作璋、朱思中、李学勤、李均明、高恒、唐赞功、陈抗生、张政烺、曾宪通、舒之梅、裘锡圭、刘海年、窦爱丽等同

① 郑刚：《论睡虎地秦简日书的结构特征》，《中山大学学报》1993 年第 3 期，李均明、刘国忠、刘光贤、邬文玲：《当代中国简帛学研究（1949—2009）》，中国社会科学出版社 2019 年版，第 20 页。

志。""参加注释、译文和说明编写的有于豪亮、安作璋、朱思中、李学勤、高恒、唐赞功、刘海年、窦爱丽等同志，由李学勤同志定稿。《日书》部分的注释，于豪亮同志作了主要工作。"① 刘乐贤回忆，《睡虎地秦墓竹简》精装本，其中包括了由于豪亮先生撰写、经李学勤先生改定的睡虎地秦简《日书》注释。② 晏昌贵认为，目前"睡虎地秦简《日书》仍是形式最齐备、内容最丰富的《日书》文本，研究成果也最多，在很多方面都可以作为《日书》的一个典型标本"③。

（三）放马滩秦简《日书》

1986 年 3 月，甘肃省天水市北道区党川乡放马滩林场 1 号秦代墓葬发掘出 461 枚竹简，内容包括《日书》甲种、乙种和《志怪故事》3种。另外 M1 出土木板地图 4 块 7 幅图，是已知最早的中国古代地图实体。甲种《日书》有 73 枚简，包括《月建》《建除》《亡盗》《吉凶》《禹须臾》《人日》《生日》《禁忌》等 8 个章题。乙种《日书》共 381 枚简，章题有《月建》《建除》《置室门》《门忌》《方位吉时》《地支时辰吉凶》《吏听》《亡盗》《昼夜长短》《臽（臽：音 xian）日长短》《五行相生及三合局》《行》《衣良日》《牝牡月日》《人日》《四废日》《行忌》《五音日》《死忌》《作事》《六甲孤虚》《生子》《衣忌》《井忌》《畜忌》《卜忌》《六十甲子》《占候》《五种忌》《禹步》《正月占风》《星度》《纳音五行》《律书》《五音占》《音律贞卜》《杂忌》《问病》等 38 个章题。根据同出的《志怪故事》7 枚简中第一枚"八年八月己巳"句，及随葬品均为战国中期至晚期的器物

---

① 睡虎地秦墓竹简整理小组：《睡虎地秦墓竹简》，文物出版社 1990 年版，第 2 页。

② 刘乐贤：《西八间房读博记——怀念李学勤先生》，访问时间：2019 年 3 月 24 日，来源：澎湃新闻，https://www.thepaper.cn/newsDetail_forward_3151198。

③ 晏昌贵：《简帛日书的发现与研究》，《中国经济与社会史评论·2011 年卷》，中国社会科学出版社 2012 年版，第 7 页。

推断，放马滩秦墓 M1 下葬时间当为秦始皇八年（前 239）以后。据整理者何双全先生等分析，所出秦简甲种《日书》的字体有战国古文之风，而乙种《日书》和《志怪故事》的字体多有秦隶之意。结合整个墓地的早晚序列，推测"两种《日书》的形成先于墓葬本身，早已有之，或许在战国早期就已很流行。甲种是一种较早的本子，而乙种是墓主人抄于甲种后形成的一种抄本，其时代当在墓主生前时期，即公元前 239 年以前，由于爱好此术，死后随之入藏。这与同出毛笔互为印证，乙种之抄件很可能系墓主所写。"[①] 不过，这个说法仍存争议，一些学者认为，《发掘报告》一方面坚持《墓主记》（《志怪故事》初名）是根据墓主特殊经历而编创的"志怪故事"，另一方面又认为其中的"纪年及历朔为实录"的说法是自相矛盾的。"目前没有切实证据证明'丹'是墓主，既然《墓主记》属于志怪故事，'八年八月己巳'不一定为真实的历史时间，而且也很难与某一特定的王联系起来，因此判断秦简年代的依据仍是墓葬出土器物及竹简的字体特征。"[②]

《文物》1989 年第 2 期发表了甘肃省文物考古研究所等单位《甘肃天水放马滩战国秦汉墓群的发掘》、何双全《天水放马滩秦简综述》2篇文章，全面介绍了放马滩秦简出土情况。1989 年 12 月，甘肃人民出版社出版《秦汉简牍论文集》，刊载《天水放马滩秦简甲种日书释文》与何双全《天水放马滩秦简甲种日书考述》，其甲种《日书》只有简体字简文，没有标点、注释和图版，此为放马滩秦简《日书》甲种的首次公布。2009 年 8 月，甘肃省文物考古研究所编《天水放马滩秦简》在中华书局出版，包括了放马滩秦简《日书》甲乙两种的全部图版、释文，但释文没有标点。放马滩秦简《日书》无图，文字简奥，应当是更为古

---

① 甘肃省文物考古研究所编：《天水放马滩秦简·天水放马滩墓葬发掘报告》，中华书局 2009 年版，第 129 页。

② 李均明、刘国忠、刘光贤、邬文玲：《当代中国简帛学研究（1949—2009）》，中国社会科学出版社 2019 年版，第 25 页。

老的一种《日书》版本。

（四）孔家坡汉简《日书》

1998 年 10 月，湖北省随州市城关东北孔家坡砖瓦厂发现汉墓。2000 年 3 月，发掘第 8 号汉墓（M8）时，在墓主椁室头箱两侧出土竹简 2 组，分别为《日书》和《历日》。另外还有木牍两组 4 方，为《告地书》。《日书》在头箱东北角，登记竹简 700 余枚，发掘者推测原来竹简有绢包裹，大致呈卷状，保存状况良好，基本保持了下葬时的原貌。整理者根据同出的《历日》冬至日记载，确定"M8 年代可订为汉景帝后元二年即公元前 142 年"①。根据所出木牍"库啬夫辟"及《告地书》"桃侯国丞万告地下丞"之言，墓主名叫"辟"，任桃侯国库啬夫之职。孔家坡汉简《日书》是继睡虎地秦简《日书》、天水放马滩秦简《日书》之后又一部比较完整的《日书》，其编写体例与内容与睡虎地秦简《日书》具有更大的相似性，可以视为前者的延续与完善，其中保存了更为丰富的秦代至西汉前期的社会文化信息，弥足珍贵；许多内容可以与《史记》《汉书》《淮南子》《论衡》等传世经典文献相互印证与补充。2006 年 6 月，湖北省文物考古研究所、随州市考古队编《随州孔家坡汉墓简牍》由文物出版社出版，包含了《日书》甲乙种图版、释文和注释。晏昌贵认为，"孔家坡《日书》是目前所见最为完整的一套汉代《日书》抄本，意义重大"②。

晏昌贵先生曾经介绍了 23 种出土的《日书》，包括战国楚简 2 种，

---

① 湖北省文物考古研究所、随州市考古队编：《随州孔家坡汉墓简牍·随州孔家坡汉墓发掘报告》，文物出版社 2006 年版，第 33 页。

② 晏昌贵：《简帛日书的发现与研究》，陈峰主编：《中国经济与社会史评论·2011 年卷》，中国社会科学出版社 2012 年版，第 22 页。

秦简 5 种，汉代简牍 16 种。据统计，除了上列 4 种《日书》之外，还有上海博物馆收藏战国楚简《日书》（1994 年购入），湖北江陵县郢北村王家台秦简《日书》（1993 年发现），湖北沙市周家台秦简《日书》（1993 年发现），湖北江陵岳山秦牍《日书》（1986 年发现），香港中文大学收藏汉简《日书》（2001 年公布），湖北荆州张家山汉简《日书》（1983 年发现），安徽阜阳双古堆 M1 汉墓《日书》残简（1977 年发现），湖南长沙马王堆汉墓帛书《式法》（1973 年发现），湖南沅陵县城关镇虎溪山汉墓竹简《日书》（1999 年发现），湖北云梦睡虎地 M77 汉墓竹简《日书》（2006 年发现），湖北荆州沙市区关沮乡印台汉墓竹简《日书》（2006 年发现），北京大学收藏汉简《日书》（2009 年收藏），河北定县八角廊 M40 汉墓《日书》（1973 年发现），陕西西安南郊杜陵汉牍《日书》（2001 年发现），江苏省连云港市东海县尹湾汉墓数术竹简（1993 年发现），甘肃武威市新华乡磨咀子汉简《日书》（1959 年发现），甘肃敦煌市东甜水井汉代悬泉置遗址出土汉简《日书》（1990—1992 年发现），甘肃永昌县水泉子汉墓竹简《日书》（2008 年发现），甘肃居延汉简《日书》，内蒙古额济纳旗汉代烽燧遗址出土汉简《日书》（1999—2002 年发现）。①

另据介绍，2015 年 7 月，在南昌西汉海昏侯刘贺墓主椁室文书档案库发现 5200 余枚简牍，其中包括数术类古书。这对于深入了解汉代数术之学，以及相关的思想史、科技史、社会史研究具有重要意义。该批竹简正在整理中。②

---

① 见晏昌贵：《简帛日书的发现与研究》，陈峰主编：《中国经济与社会史评论·2011 年卷》，中国社会科学出版社 2012 年版，第 1—26 页。

② 2011 年 4 月，江西省文物考古研究院发掘了南昌市西汉海昏侯墓园，2015 年 7 月，在刘贺墓主椁室文书档案库发现 5200 余枚简牍（包含残断简牍），另在主椁室各处发现 110 枚签牌（以下简称"海昏简牍"）。2015 年 10 月，在荆州文物保护中心的指导下，清理保护工作正式展开。简牍原放置在四个漆笥中，漆笥大部分已腐朽，底部以织物承托，出土时仍可见部分织物与竹编织物的残片。竹简放置在三个漆笥内，最小的存简一组，200 余枚，最大的存简三组，4000 余枚，其余 1000 余枚放置于另一漆笥中。竹简各卷之间杂有部分木牍。

（五）七十年来《日书》研究的简要回顾

张艳国在"简帛网"发表《简牍日书研究论著目录》，[①] 统计 1976—2015 年间中外关于简牍《日书》研究论著，共计专著 58 部，其中"核心研究"（1）《日书的图版发布与释文整理》13 部；（2）《日书的诸学科研究》5 部（含吴小强《秦简日书集释》，岳麓书社 2000 年）。"相关研究"专著 40 部（具体见本文文后"附录"）。此外，统计简牍《日书》研究论文共 1300 余篇，不含未发表的硕士、博士学位论文和百余篇网络论文。

关于《日书》研究的综述论著，主要有：吴福助《睡虎地秦简十四年研究》[②]，林剑鸣《曲径通幽处，高楼望月时——评介当前简牍日书研究状况》，[③] 刘乐贤《睡虎地秦简日书研究·导论》，[④] 沈颂金《中日两国

海昏简牍还包含几种前所未见的数术类文献，现存竹简 300 余枚。其中有 60 余枚简关于阴阳五行、五方五帝，明确提到"五行金木水火土""东方青龙西方白虎南方朱鸟北方玄武"等，惜简文残损严重，其性质需要进一步判断。《易占》类竹简 180 余枚，简文多残断，两道编绳，约容 35 字。简文并不直接抄引《易经》卦爻辞，而是利用《易经》作日常吉凶杂占的数术书，似应题为《易占》，而非《易经》。阜阳双古堆西汉汝阴侯墓出土的所谓《易经》，虽然抄引《易经》，下附占断，多与择日之术有关，其实也是用于同样的目的，同样不应称为《易经》，而应题为《易占》。简文格式通常包括四部分：一是讲卦，说明某卦由某个下卦和某个上卦构成，然后用"某卦，某也"开头，简单解释卦义；二是讲象，通常作"某方多少饺，某方多少，干支"，用于裁断吉凶；三是注明此卦属于《易经》上经或下经第多少；四是讲择日，通常作四时孟中季吉凶或某月吉凶，往往还配演禽所属的动物。此外，另可见简文以卦象配姓氏。《易占》之外，另有杂占书 100 余枚，尚不能确定其书种类。据残简识读，其内容有刑德端令罚与十二时相配占测吉凶，与尹湾汉简《刑德行时》相近（见江西省文物考古研究院：《江西南昌西汉海昏侯刘贺墓出土简牍》，《文物》2018 年第 11 期）

① 张艳国：《简牍日书研究论著目录》，"简帛网"，发布时间：2017 年 1 月 17 日，http://www.bsm.org.cn/show_article.php?id=2699。

② 吴福助：《睡虎地秦简十四年研究》，《民国以来国史研究的回顾与展望研讨会论文集》，台湾大学历史系 1987 年 8 月，又收入《睡虎地秦简论考》，文津出版社 1994 年版。

③ 林剑鸣：《曲径通幽处，高楼望月时——评介当前简牍日书研究状况》，《文博》1988年第 3 期。

④ 刘乐贤：《睡虎地秦简日书研究·导论》，台北文津出版社 1994 年版，第 1—18 页。

学者研究秦简〈日书〉述评》，① 张强（张铭洽、吴小强）《近年来秦简〈日书〉研究评介》，② 刘乐贤《睡虎地秦简〈日书〉研究二十年》，③ 曹旅宁《秦律研究综述》，④ 刘乐贤《早期数术文献及研究成果概述》，⑤ 陶磊《〈日书〉与古历法研究综述》，⑥ 张显成《古今出土简帛大观》，⑦ 骈宇骞、段书安编著：《二十世纪出土简帛综述》，⑧ 李均明、刘国忠、刘光贤、邬文玲：《当代中国简帛学研究（1949—2009）》上编《简牍典籍》，⑨ 孙占宇、张艳玲《简牍日书社会生活史研究述评》，⑩ 晏昌贵《简帛日书的发现与研究》，⑪ 夏利亚《三十六年来〈睡虎地秦墓竹简〉研究综述》⑫ 晏昌贵、廉超《简帛数术的发现与研究：1949—2019》等。⑬

如果从 1959 年 7 月甘肃武威磨咀子 6 号汉墓出土 10 余枚"忌、杂

---

① 沈颂金：《中日两国学者研究秦简〈日书〉述评》，《中国史研究动态》1994 年第 9 期；沈颂金：《二十世纪简帛学研究》下编《简帛学研究综述》，学苑出版社 2003 年版，第 670—680 页。

② 张强（张铭洽、吴小强）：《近年来秦简〈日书〉研究评介》，《文博》1995 年第 3 期；吴小强《秦简日书集释》附录三，岳麓书社 2000 年版，第 350—365 页；《简帛研究》第 2 辑，法律出版社 1996 年版。

③ 刘乐贤：《睡虎地秦简〈日书〉研究二十年》，《中国史研究动态》1996 年第 10 期。

④ 曹旅宁《秦律研究综述》，《广东教育学院学报》2002 年第 1 期。

⑤ 刘乐贤：《早期数术文献及研究成果概述》，《简帛数术文献探论》第一章，湖北教育出版社 2003 年版，第 3—52 页。

⑥ 陶磊：《〈日书〉与古历法研究综述》，《中国史研究动态》2004 年第 9 期。

⑦ 张显成：《古今出土简帛大观》，载《简帛文献学通论》，中华书局 2004 年版，第 15—107 页。

⑧ 骈宇骞、段书安编著：《二十世纪出土简帛综述》，文物出版社 2006 年版。

⑨ 李均明、刘国忠、刘光贤、邬文玲：《当代中国简帛学研究（1949—2009）》上编《简牍典籍》，中国社会科学出版社 2019 年版，第 3—473 页。

⑩ 孙占宇、张艳玲：《简牍日书社会生活史研究述评》，《甘肃高师学报》2011 年第 1 期。

⑪ 晏昌贵：《简帛日书的发现与研究》，载陈峰主编：《中国经济与社会史评论·2011 年卷》，中国社会科学出版社 2012 年版。

⑫ 夏利亚：《三十六年来〈睡虎地秦墓竹简〉研究综述》，《古籍整理研究学刊》2013 年第 4 期。

⑬ 晏昌贵、廉超：《简帛数术的发现与研究：1949—2019》，《华中师范大学学报（人文社会科学版）》2019 年第 3 期。

占木简"(《日书》类）算起，《日书》的发现已有 60 年，若从居延汉简算起，年代则更久。然而，1975 年 12 月发现的云梦睡虎地秦简《日书》，才真正开启了《日书》研究的元年。

就已知文献，最早发表有关《日书》楚历月名研究文章的学者是中山大学中文系曾宪通先生。其《楚月名初探——兼谈班固墓竹简的年代问题》一文，首次关注到《日书》的历法问题。[①] 睡虎地秦简《日书》释文的撰写者、古文字学家于豪亮先生《秦简〈日书〉记时、记月诸问题》指出"'日书'两个字写在乙种《日书》最后一支简的背面，我们据此称此书为《日书》。"认为"《日书》是关于选择日子吉凶的迷信书籍，其中有些迷信习俗一直到解放前都还在流行。"[②] 笔者于 20 世纪 90 年代移居广东以后，发现《日书》的某些习俗至今仍被民间所沿袭，香港更是如此。于豪亮引用《韩非子·亡征》"用时日，信鬼神，可亡也。"并言及东汉王充《论衡》中《四讳》《譋时》《讥日》《辨祟》《难岁》诸篇与《日书》的关联性。他根据《日书》材料断定，秦汉民间普遍使用的是十六时制，十二时制只为历法家等少数人使用。于先生还讨论了楚国的纪月与十二生肖的流传问题。于豪亮先生被李学勤先生称之为《日书》研究第一人，惜乎于先生 54 岁即与世长辞。李学勤先生《纪念于豪亮同志》："1975 年底，云梦睡虎地秦简出土。此后一年多时间，于豪亮同志参加了秦简的整理注释工作。他曾通读简文，在注释的准备工作中有很多贡献。秦简里的两种《日书》，非常繁复，性质又是数术书，而秦汉数术久已失传，前人很少研究。于豪亮同志苦心孤诣，爬梳有关典籍，写成了《日书》的注释稿，同时还撰有论文，成为《日书》的第一位研究者。最近即将出版的秦简精装本，这一部分注释基本上是于豪亮

① 曾宪通：《楚月名初探——兼谈班固墓竹简的年代问题》，《中山大学学报》1980 年第 1 期；饶宗颐、曾宪通：《楚地出土文献三种》，中华书局 1993 年版，第 343—360 页。

② 于豪亮：《秦简〈日书〉记时、记月诸问题》，载《云梦秦简研究》，中华书局 1981 年版，第 351—357 页；《于豪亮学术文存》，中华书局 1985 年版，第 157—162 页。

同志执笔的原貌，仅由于全书体例做出了不多的更动。"①

饶宗颐、曾宪通出版《云梦秦简日书研究》一书，② 是探究《日书》数术体系的第一部论著，开启了利用出土简帛文献研究秦汉数术的学术大门，也是《日书》研究的首部专著，影响深远。

李学勤先生发表《〈日书〉与秦、楚社会》，③ 引《论衡·讥日》篇"岁月之传既用，日禁之书亦行。世俗之人委心信之，辩论之士亦不能定。"提出："可见《日书》一类书籍非常盛行，为古代民间所常用。对于《日书》，至少可从两方面去研究：一方面，是从数术史的角度考察。秦汉之世，数术流行，然而《汉书·艺文志》所录数量庞大的数术著作，几乎已经全部佚失。现在幸能获见秦简《日书》这样丰富的材料，使我们有可能系统了解这一类数术的真相，对认识当时的思想文化无疑是有益的。另一方面，对《日书》的内容还可以作社会史的考察。《日书》虽系趋吉避凶的迷信，但所罗列的事项条文，却能反映当时社会生活的不少情况。"④ 李学勤先生可谓《日书》研究的顶层设计大师，此后学术界的简帛《日书》的研究路径与成果，大体上是按照他的设想与思路展开和收获的。

1986 年，访日归来的林剑鸣先生在西北大学创办"《日书》研读班"，效法日本关西大学大庭脩教授主办之"木简研读班"形式，对当时尚不为学术界所重视的睡虎地秦简《日书》进行集体攻关研究，连续进行了两个多月，取得了很大收获。当《日书》甲种读完时，林先生命笔者作一个小结发言。笔者遂从命作了题为《日书（甲种）的特点及其反映的社会内容》的发言，受到林先生的赞许和大家的肯定，林老师说

---

① 于豪亮：《于豪亮学术文存》，中华书局 1985 年版，第 4 页。

② 饶宗颐、曾宪通：《云梦秦简日书研究》，香港中文大学出版社 1982 年版；饶宗颐、曾宪通：《楚地出土文献三种》，中华书局 1993 年版。

③ 李学勤：《〈日书〉与秦、楚社会》，《江汉考古》1985 年第 4 期；李学勤：《简帛佚籍与学术史》，江西教育出版社 2001 年版，第 135—144 页。

④ 李学勤：《简帛佚籍与学术史》，江西教育出版社 2001 年版，第 136 页。

"发言的水平已经超过了日本人研究《日书》的现在水平"。林先生的鼓励，成为笔者进行《日书》研究的巨大推力。① 研读班的集体研究成果《日书：秦国社会的一面镜子》，在于豪亮、李学勤、饶宗颐、曾宪通等学者研究的基础上，第一次对《日书》进行了比较全面、系统的梳理探索。② 嗣后，林剑鸣先生《从秦人价值观看秦文化特点》、③《秦汉政治生活中的神秘主义》，④ 李晓东、黄晓芬《从〈日书〉看秦人鬼神观及秦文化特征》，⑤ 张铭洽《云梦秦简〈日书〉占卜术初探》，⑥ 贺润坤《从〈日书〉看秦国的谷物种植》，⑦ 吴小强《试论秦人婚姻家庭生育观念》，⑧ 王子今《睡虎地秦简〈日书〉所见行归宜忌》等系列文章，⑨ 产生了较大的学术影响，并带动了学术界在更大范围和更深层次上展开对简牍《日书》的研究，而"研读班"师生则"成为《日书》早期研究的一支重要力量"⑩。

《日书》研读班的成功，体现了林剑鸣先生宽广的学术视野和卓越的史学家眼光。正如黄留珠先生所评价的，"应该说，他是一位高瞻远瞩，具有超前意识的人。一名成功的学者，天赋固然重要，但勤奋更是立业之本。而林先生，正是一位勤奋不已的人。当年林先生在西北大学任职期间，我每次去他家时，总见他在伏案工作，甚至阴历除夕也不例外。其精神感人至深。我自己每每以先生为榜样，自勉自励"⑪。林剑鸣

---

　　① 吴小强：《林剑鸣先生与〈日书〉研读班》，载王子今主编，刘志平、曾磊副主编：《秦史：崛起与统一》，西北大学出版社 2019 年版，第 241—257 页。

　　② 《日书》研读班（导师林剑鸣）：《日书：秦国社会的一面镜子》，《文博》1986 年第 5 期。

　　③ 林剑鸣：《从秦人价值观看秦文化特点》，《历史研究》1987 年第 3 期。

　　④ 林剑鸣：《秦汉政治生活中的神秘主义》，《历史研究》1991 年第 4 期。

　　⑤ 李晓东、黄晓芬：《从〈日书〉看秦人鬼神观及秦文化特征》，《历史研究》1987 年第 4 期。

　　⑥ 张铭洽：《云梦秦简〈日书〉占卜术初探》，《文博》1988 年第 3 期。

　　⑦ 贺润坤：《从〈日书〉看秦国的谷物种植》，《文博》1988 年第 3 期。

　　⑧ 吴小强：《试论秦人婚姻家庭生育观念》，《中国史研究》1989 年第 3 期。

　　⑨ 王子今：《睡虎地秦简〈日书〉所见行归宜忌》，《江汉考古》1994 年第 2 期。

　　⑩ 晏昌贵：《简帛〈日书〉的发现与研究》，载陈峰主编：《中国经济与社会史评论·2011 年卷》，中国社会科学出版社 2012 年版，第 10 页。

　　⑪ 黄留珠：《林剑鸣先生逝世周年祭》，《秦陵秦俑研究动态》1998 年第 1 期。

先生生于1935年，卒于1997年1月25日晚20：30，享年61岁。举办《日书》研读班是林先生生命后期的一项重要学术创新活动，他对此颇为在意。林先生在《秦简〈日书〉校补》前言中写道："笔者一九八五年和一九八九年先后两次去日本介绍《日书》研究情况时，曾与日本学者大庭脩、古贺登、工藤元男等讨论过《日书》释文中漏、误的问题。一九八六年在国内也曾召集过有志于研究《日书》的青年学者举办研读班，对释文进行校补。现在，参加研读班的诸位青年早已风流云散，有的在海外求学（硕士，黄晓芬），有的不知所往。"①

台湾吴福助先生对云梦睡虎地秦简的名称予以订正。②1993年，蒲慕州《睡虎地秦简〈日书〉的世界》从社会与文化的角度对《日书》做了细致的分析，认为《日书》反映了秦代整个中国中下阶层的生活与信仰。是《日书》社会史研究的一篇力作。③

初就读于曾宪通先生硕士、继读于李学勤先生博士的刘乐贤在其博士学位论文的基础上完成《睡虎地秦简日书研究》。这是继饶宗颐、曾宪通合著《云梦秦简日书研究》之后第二部《日书》研究专著，也是在文献学和数术史方面对《日书》用功最深的著作，颇多创见。④刘乐贤认为"数术史研究指从古代数术学的角度阐释《日书》每个单篇的涵义和源流，可以说是《日书》本身的研究。这一方面的成果集中体现在研究《日书》的两部专著里。《云梦秦简日书研究》开《日书》数术史研究之先，分十二个专题对《日书》中常见的数术项目作了简略的阐述，为后来这方面的研究奠定了基础。《睡虎地秦简日书研究》在此基础上作了更为深入细致的探讨，该书尽可能搜集传世和出土数术资料与《日

---

① 林剑鸣：《秦简〈日书〉校补》，《文博》1992年第1期。

② 吴福助：《新版"睡虎地秦简"拟议》，《东海中文学报》1988年第8期。

③ 蒲慕州：《睡虎地秦简〈日书〉的世界》，载《"中央"研究院历史语言研究所集刊》第62本第4分册，1993年，第623—675页；蒲慕州主编：《生活与文化》，中国大百科全书出版社2005年版，第83—128页。

④ 刘乐贤：《睡虎地秦简日书研究》，文津出版社1994年版。

书》作对比研究，解决了这方面的一些难题"①。晏昌贵评价"这是睡虎地秦简《日书》研究的一项标志性成果"② 这些评论无疑是客观的、公允的。刘乐贤在回忆恩师李学勤先生的文章中透露，1992 年其博士论文答辩委员会由胡厚宣、张政烺、高明、林剑鸣、李学勤五位先生组成，胡厚宣先生为答辩委员会主席。答辩时，"林剑鸣先生甚至表扬说，这篇论文代表了当前《日书》研究的最新和最高水平，林先生的谬赞竟然得到了各位答辩委员的赞同，并且写进了答辩决议，真是让我既惭愧又感激。"③

2000 年，吴小强《秦简日书集释》问世，这是第三部《日书》研究专著，也是中国大陆地区公开出版的首部《日书》研究著作。④ 该书收录了睡虎地秦简《日书》甲乙两种和放马滩秦简《日书》甲种的释文，主体部分由释文、注释、译文、述论等四部分组成，尽可能汇集了学术界已有的成果。鉴于 1990 年文物出版社出版的精装本《睡虎地秦墓竹简》未对所出土 10 种秦简中的《编年记》《为吏之道》和《日书》甲乙两种进行语译，《集释》除了对放马滩秦简甲种《日书》释文补充标点、注释外，便是增加了对全部《日书》释文的现代汉语翻译，其中的曲解、误译难以避免。其后王子今先生在《睡虎地秦简〈日书〉甲种疏证》一书中就拙著所提出的某些观点多有商榷讨论。晏昌贵认为"这是一部学术性的普及读本"⑤。张荣芳先生评价："本书既是一部在研究基础上的高质量的普及读物，又是充分反映学术前沿，对研究者具有重要参考价

① 刘乐贤：《睡虎地秦简〈日书〉研究二十年》，《中国史研究动态》1996 年第 10 期。
② 晏昌贵：《简帛〈日书〉的发现与研究》，载陈峰主编《中国经济与社会史评论·2011 年卷》，中国社会科学出版社 2012 年版，第 11 页。
③ 刘乐贤：《西八间房读博记——怀念李学勤先生》，访问时间：2019 年 3 月 24 日，来源：澎湃新闻，https://www.thepaper.cn/newsDetail_forward_3151198。
④ 吴小强：《秦简日书集释》，岳麓书社 2000 年版。
⑤ 晏昌贵：《简帛〈日书〉的发现与研究》，载陈峰主编《中国经济与社会史评论·2011 年卷》，中国社会科学出版社 2012 年版，第 12 页。

值的学术著作，是一部雅俗共赏的优秀古籍整理作品，它是作者治学认真、学风严谨的体现，真可谓'板凳要坐十年冷，文章不写半句空'！"①杨东晨《评吴小强〈秦简日书集释〉》、②张铭洽《〈秦简日书集释〉与日书研究》先后评论拙著，并指出不足。③王健在年度秦汉史研究综述中认为拙著填补了《日书》研究的某种空白。④王文此处所谓"填补空白"，恐指拙著系中国大陆地区第一部正式出版的秦简《日书》研究专著，亦为首部为竹简《日书》释文做了现代汉语翻译的普及性著作。

2003年，王子今《睡虎地秦简〈日书〉甲种疏证》出版，这是《日书》研究的第四部学术专著，也是大陆公开出版的第二部《日书》研究著作。⑤作者在深入研究和广泛利用的基础上，集中对睡虎地秦简《日书》甲种进行周密细致的考证与注疏，颇有乾嘉朴学遗风，"尤其是利用文化人类学观点和资料研究睡虎地秦简《日书》，形成其研究特色"⑥。

放马滩秦简《日书》的研究，晏昌贵《天水放马滩秦简乙种〈日书〉分篇释文（稿）》，⑦弥补了公布的放马滩秦简《日书》乙种未作分篇注释的缺憾。拙著《秦简日书集释》对放马滩秦简《日书》甲种释文曾作了初步的注释。⑧

最后，有必要提及海外的《日书》研究，特别是日本学者工藤元男在《日书》研究领域用功最深，成果最著。他在《睡虎地秦简所见秦代国家与社会》后记中说："最后，对自己的家人也要说一声感谢。至今

---

① 张荣芳：《读吴小强〈秦简日书集释〉》，《中国史研究动态》2001年第1期。

② 杨东晨：《评吴小强〈秦简日书集释〉》，《天水师范学院学报》2001年第4期。

③ 张铭洽：《〈秦简日书集释〉与日书研究》，《文博》2001年第5期。

④ 王健：《2000年秦汉史研究综述》，《中国史研究动态》2001年第7期。

⑤ 王子今：《睡虎地秦简〈日书〉甲种疏证》，湖北教育出版社2003年版。

⑥ 晏昌贵：《简帛〈日书〉的发现与研究》，载陈峰主编：《中国经济与社会史评论·2011年卷》，中国社会科学出版社2012年版，第12页。

⑦ 晏昌贵：《天水放马滩秦简乙种〈日书〉分篇释文（稿）》，《简帛》第5辑，上海古籍出版社2010年版，第17—41页。

⑧ 吴小强：《秦简日书集释》，岳麓书社2000年版，第180—258页。

为止，我从来没有组织过家庭旅游，连在外住宿一夜的小旅行也没有。能够整天埋头于工作与研究，完完全全靠的是家人的牺牲和忍耐。借助这个机会，我要向母亲京、妻子惠子、女儿史记子、儿子周，特别是向妻子长年来付出的辛苦，表示自己最真挚的感激之情。1997 年 10 月，工藤元男"① 工藤元男，1950 年生于日本山形县，1974 年早稻田大学大学部毕业，1982 年早稻田大学文学研究科后期博士课程（东洋史专业）学分修满，1998 年获得博士学位。任早稻田大学文学部教授，早稻田长江流域文化研究所所长，武汉大学简帛研究中心兼职教授，曾任日本中国出土资料学会会长。著有《马王堆帛书战国纵横家书》（合著，朋友书店 1993 年）、《二年律令与奏谳书》（合著，上海古籍出版社 2007 年）

（本文原发表于中国秦汉史研究会、咸阳师范学院编，梁安和、徐卫民主编：《秦汉研究》2020 年，西北大学出版社 2020 年版，第 56—73 页。作者对该文作了少量删减与修改）

---

① ［日］工藤元男：《睡虎地秦简所见秦代国家与社会》，［日］广濑熏雄、曹峰译，上海古籍出版社 2010 年版，第 377 页。

"截蒲"苦学，尚德缓刑

——《汉书·路温舒传》读后感

王文涛（河北师范大学历史文化学院）

路温舒（生卒年不详），字长君，约为西汉昭帝时钜鹿（今河北广宗）人。家贫。其父是钜鹿县东里的监门。[①] 路温舒小时候牧羊，没有书读，就找来湖泽中的蒲草，做成简牒，抄书学习。学问稍长，求人做了县里监狱中的小吏，从此开始学习律令，不久提升为狱史，位在狱掾之下，辅佐狱掾管理犯人。后来，他又钻研《春秋》，通晓大义，被举为孝廉，任山邑县丞，累迁至临淮太守，卒于官。路姓以"截蒲"和"临淮"为堂号，典故均出自《汉书·路温舒传》。该传的主要内容是路温舒上宣帝《尚德缓刑书》，传颂至今的还有他"编蒲抄书"苦学成才的故事。

一、路温舒编蒲抄书及其影响

《汉书·路温舒传》载："温舒取泽中蒲，截以为牒，编用写书。"[②] 唐人徐坚在考证"纸"字偏旁为何"从丝"时云："古者以缣帛，依书长短，

---

① 里监门，掌管里门的吏卒。主里门开闭，百姓出人。
② 巨鹿临近大陆泽，大陆泽又名巨鹿泽、广阿泽。汉代大陆泽水面辽阔，跨今河北省邢台市的隆尧、巨鹿、任县、平乡、南和、宁晋六县。

随事截之，名曰幡纸。故其字从丝。贫者无之，或用蒲写书，则路温舒截蒲是也。"① 蒲，常指一种多年生草本植物，生池沼中，高近两米。根茎长在泥中，可食。叶长而尖，可编席、制扇。牒，指可供书写的简札。《晋书·王育传》载有王育"折蒲学书"的故事，与路温舒"截蒲为牒"相类。王育少孤贫，为人佣牧羊。有暇时，即折蒲学书，遂博通经史。

后人以路温舒"截蒲为牒"为刻苦学习的典故，广泛使用，流传至今。此典在流传中出现了很多变体，主要有"编蒲、削蒲、截蒲、题蒲、编简"等，时间从南朝梁至清初。择要举例如下。

"编蒲"，南朝梁任昉《为萧扬州荐士表》："至乃集萤映雪，编蒲缉柳。"② 唐刘禹锡《南海马大夫见惠著述三通，……诗以谢之》："编蒲曾苦思，垂竹愧无名。"③ 唐康廷芝《对求邻壁光判》："郗珍荷花横带，缉柳编蒲。"④ 唐蔡希综《法书论》："古之君子，夙夜强学，不宝尺璧，而重寸阴。或缉柳编蒲，或聚萤映雪，寝食靡暇，冀其业广，匪直禄取。"⑤ 宋余良弼《教子诗》："年将弱冠非童子，学不成名岂丈夫。幸有明窗并净几，何劳凿壁与编蒲。"⑥ 明末清初诗人吴伟业《芦笔》诗："采箸编蒲课笔耕，织帘居士擅书名。"

"削蒲"，北周庾信《预麟趾殿校书和刘仪同》诗："子云犹汗简，温舒正削蒲。"⑦ 乾隆《题莳经馆》："沼刺削蒲绿，芸馡汗简青。"⑧

---

① （唐）徐坚：《初学记》卷21《文部·纸》，中华书局2004年版，第517页。

② 《梁书》卷33《王僧孺传》，中华书局1973年版，第469页。

③ 郝世峰主编：《增订注释全唐诗》（第二册）卷352《刘禹锡十》，文化艺术出版社2001年版，第1670页。

④ （宋）李昉等编：《文苑英华》卷510《勤学惰教师殁直讲门十六道》，《景印文渊阁四库全书》第1337册，台湾商务印书馆1986年版，第675d页。

⑤ （宋）陈思：《书苑菁华》卷12《书论下》，《景印文渊阁四库全书》第814册，第120c页。

⑥ （清）厉鹗辑：《宋诗纪事》卷63，上海古籍出版社2013年版，第1598页。

⑦ （北周）庾信撰，（清）倪璠注：《庾子山集注》卷3《诗·预麟趾殿校书和刘仪同》，中华书局1980年版，第267页。

⑧ 乾隆：《御制诗集》卷3《题莳经馆》，《景印文渊阁四库全书》第1337册。

"截蒲"，如唐骆宾王《上兖州刺史启》："每蟋蟀凄吟，映素雪于书帐，莎鸡振羽，截碧蒲于翰池。"①唐温庭筠《病中书怀呈友人》诗："赠远聊攀柳，裁书欲截蒲。"②陈尧佐（963—1044）《三城侍郎寄示留题延庆寺二韵诗二章》："闻君又枉行春骑，应笑溪边旧截蒲。"③顾炎武《谒宁翁先生敬述长律六十韵》诗："把卷唯窥牖，编言亦截蒲。"④

"题蒲"，如南朝陈江总《建初寺琼法师碑》："东山北山之部，贯花散花之句，并编柳成简，题蒲就业，学非全逆，无待冬书。"⑤

"编蒲"亦演变为"编简"，如北齐颜之推云："古人勤学，有握锥投斧，照雪聚萤，锄则带经，牧则编简，亦为勤笃。"⑥

南宋王阮《出丰城》诗云："蒲叶向冬犹未割，临风遥忆路温舒。"⑦爱国诗人王阮望见冬天的蒲叶，触景生情，感怀苦学成才的路温舒。元人沈梦麟《花溪集·小儿牧羊图》诗，追忆少年苦读的路温舒："小儿坡下草盈墟，濊濊群羊食有余。谁道牧童长在野，截蒲曾见路温舒。"⑧

胪列以上史例，意在说明路温舒苦学精神影响之深之广之久，实为中华传统文化的宝贵遗产，理应继承弘扬。"温舒编蒲"的故事还编入了《三字经》中，用以激励和褒扬勤奋读书、立志成才的学子。"披蒲

① （清）董诰等编：《全唐文》卷198《骆宾王·二·上兖州刺史启》，中华书局1983年版，第2004页。

② （唐）温庭筠撰，刘学锴校注：《温庭筠全集校注》卷6《诗》，中华书局2007年版，第596页。

③ 王明信编著：《济源古代诗词赏析》，中国文联出版社2008年版，第213页。

④ 华东师范大学古籍研究所整理，黄珅、严佐之、刘永翔主编：《顾炎武全集》卷22《附录》，上海古籍出版社2011年版，第237页。

⑤ （清）严可均编：《全上古三代秦汉三国六朝文·全隋文》卷11《江总·建初寺琼法师碑》，中华书局1958年版，第8152页。

⑥ （北齐）颜之推：《颜氏家训》卷3《勉学》，中国华侨出版社2014年版，第128页。

⑦ （南宋）王阮：《义丰集》卷11《出丰城》，《景印文渊阁四库全书》第1154册，第562a页。

⑧ （元）沈梦麟：《花溪集》卷3《五言律诗·小儿牧羊图》，《景印文渊阁四库全书》第1221册，第108a页。

编，削竹简。彼无书，且知勉"。我们今天有印制精美的书籍，便利的书写工具，良好的学习条件，优越舒适的生活环境，有什么理由不努力学习，勤奋向上。

二、路温舒上《尚德缓刑书》三事补证

《汉书·路温舒传》云："元凤中，廷尉光以治诏狱，请温舒署奏曹掾，守廷尉史。会昭帝崩，昌邑王贺废，宣帝初即位，温舒上书，言宜尚德缓刑。""尚德"，指崇尚德治。"缓刑"，古指放宽刑罚，与今意不同①。《周礼·地官·大司徒》："以荒政十有二聚万民：……三曰缓刑。"贾公彦疏："三曰缓刑者，谓凶年犯刑缓纵之。"本段文字《汉书》颜师古注有误，试证如下。

（一）关于"廷尉光"其人

颜师古注引张晏曰："光，解光。"明梅鼎祚编《西汉文纪》沿袭颜注之误。其文曰："元凤中，廷尉解光以治诏狱，请温舒署奏曹掾。"②清何焯《义门读书记》卷十七："按，《百官公卿表》元凤六年（前75），廷尉李光。注云解光，误也。解光，成、哀间人，仕至司隶校尉，亦非廷尉也。"③《前汉书》卷五十一考证，与此同。"召南按：此李光也。《公卿表》李光以元凤六年为廷尉，四年免。师古以成、哀间解光当之，非

---

① 现代缓刑的含义是：法律规定在一定条件下，对犯人所判处的刑罚延期执行或不执行。缓刑期间，如果没有再犯新罪，原判刑罚即不再执行；如果再犯新罪，撤销缓刑，把前罪和后罪所判处的刑罚合并执行。

② （明）梅鼎祚编：《西汉文纪》，《景印文渊阁四库全书》第 1396 册，第 450b 页。

③ （清）何焯撰，蒋维钧辑录：《义门读书记》卷 17，中华书局 1987 年版，第 284 页。

是。"①

《汉书》卷六十八《霍光传》，霍光与群臣连名，奏废昌邑王，群臣中有"廷尉臣光"，颜师古曰："李光。"又卷八《宣帝纪》本始元年春正月，宣帝下诏封赏臣僚，有"廷尉光"师古曰："李光。"其时正当宣帝初即位，"廷尉光"当为"廷尉李光"。《汉书·百官公卿表下》云：元凤六年，"廷尉李光，四年免"。李光做廷尉四年，被免。本始元年（前73）廷尉李光仍在位。

（二）路温舒上《尚德缓刑书》的时间

本传说，"温舒上书"的时间是"宣帝初即位"。据《汉书·宣帝纪》载，宣帝即位于本始元年七月庚申。荀悦《前汉纪》将路温舒上书的时间系于本始元年七月。其文曰："本始元年秋七月。立燕刺王太子建为广阳王。广陵王胥少子弘为高密王。廷尉史钜鹿路温舒上书。"②《汉书》所记明确，不知为何，《资治通鉴》却将"廷尉史钜鹿路温舒上书"系于地节三年（前67）十月③。《通鉴》误。

（三）宣帝以路温舒之言善，擢其为广阳私府长

颜师古注曰："藏钱之府，曰少府，诸侯曰私府。长者，其官之长也。"王先谦《汉书补注·路温舒传》引钱大昭之说，指出"颜注"之误。"汉制，诸侯王国亦有少府，不名私府。《百官表》詹事、中长秋、私府、令长丞皆属焉。然则私府皇后之官，诸侯王之后亦有之耳。"钱大昭所引见于《汉书·百官表公卿上》，未全引，对于不熟悉汉代职官者，

---

① 施之勉：《汉书集释》第12册《贾邹枚路传》，三民书局2003年版，第5943页。

② （汉）荀悦：《前汉纪》，张烈点校，中华书局2002年版，第298页。

③ 《资治通鉴》卷25《汉纪十七·地节三年》，中华书局1956年版，第808、814页。

理解起来有困难，予以补述。《百官公卿表上》曰："詹事，秦官，掌皇后、太子家，有丞。属官有太子率更、家令丞、仆、中盾、卫率、厨厩长丞，又中长秋、私府、永巷、仓、厩、祠祀、食官令长丞。诸宦官皆属焉。"颜师古注曰："自此以上，皆皇后之官。"是知"私府"属于皇后的藏钱之府，或者说是汉代后宫中藏钱物的府库。"私府"的主管官员，或称私府长，或称私府令。司马彪《续汉志·百官志三·宗正下》云："诸公主，每主家令一人，六百石。"刘昭注引《汉官》云："主簿一人，秩六百石。仆一人，秩六百石。私府长一人，秩六百石。"《续汉志·百官志四》："中宫私府令一人，六百石。本注曰：宦者。主中藏币帛诸物，裁衣被补浣者皆主之。"

三、《尚德缓刑书》的意义与影响

路温舒上《尚德缓刑书》，规劝汉宣帝减省律令、放宽刑罚、崇尚德政。他希望朝廷改变重刑罚、重用治狱官吏的政策，主张"尚德缓刑"，"省法制，宽刑罚"。秦、汉间人言刑、德者，各执一端，儒家言尚德，法家言尚刑。贾谊《新语·道基》说："齐桓公尚德以霸，秦二世尚刑而亡。"温舒之论与贾谊所言宗旨相同。南宋黄震曰："温舒一疏，切中时弊。盖自武帝后，法益烦苛。宣帝初即位，温舒冀一扫除之。"[1]明人凌稚隆予以高度评价："《温舒传》只载尚德缓刑一疏。其说皆万世君臣当服膺者"。"贾山之至言，路温舒之尚德缓刑疏，可以比肩（贾）谊、（晁）错。"[2]

汉朝法律承袭自秦。汉初，萧何作《九章律》，叔孙通又益以律所

① （宋）黄震：《黄氏日抄》卷47《读史二·汉书·路温舒》，《景印文渊阁四库全书》第708册，第294d页。

② 施之勉：《汉书集释》第12册《贾邹枚路传》，三民书局2003年版，第5944、5952页。

不及，为十八篇。武帝之世，征发烦数，百姓贫耗，穷民犯法，奸轨不胜，于是使"张汤、赵禹之属，条定法令"①。张汤增补汉律为二十七篇，赵禹加了六篇，共为六十篇。此外，还有汉朝的案例随时编辑起来，谓之《令甲》《令乙》……《决事比》。《汉书·刑法志》说：至武帝时，"律令凡三百五十九章，大辟四百九条，千八百八十二事，死罪决事比万三千四百七十二事"。法律繁多杂乱，"文书盈于几阁，典者不能遍睹"，难于使用。因此，多有办案官员或逢迎上意，或谋求私欲，有意曲解法律条文，"或罪同而论异。奸吏因缘为市，所欲活则傅生议，所欲陷则予死比，议者咸冤伤之"。《晋书·刑法志》说："后人生意，各为章句。叔孙宣、郭令卿、马融、郑玄诸儒章句十有余家，家数十万言。凡断罪所当由用者，合二万六千二百七十二条，七百七十三万二千二百余言，言数益繁，览者益难。"

路温舒见识高远，上书针砭时弊，力陈救弊之策。宣帝初立，政之宽猛，官吏百姓未尝得见，而路温舒首以尚德缓刑为戒，援引古今至于千言。上书中说："秦有十失，其一尚存，治狱之吏是也。"他认为秦朝之所以灭亡，是因为法密政苛，重用狱吏。汉朝自武帝以来，严刑峻法，冤狱四起。治理刑狱的官吏，以刻薄为明察；苛严者名闻朝野，公平者却后患无穷。所以，治理刑狱的官吏都想着把犯人整死，并非是他们憎恨罪犯，而是其自安之道就在于致犯人于死地。因此，死人之血流遍街市，受刑犯人比肩而立，被大辟处死者每年数以万计，帝王的仁爱圣德遭到严重伤害。路温舒建议，这种弊政必须革除，纠正前朝之失，清理苛烦法令，解除民间疾苦，以顺应天意。

他在上书中引用当时的俗语，形象地表达了百姓对官吏执法苛暴的悲愤之情。"画地为狱，议不入；刻木为吏，期不对。"画地为牢，没有人敢上朝议政；刻木人为吏，必定没有人敢对策。在路温舒之前，司

① 《汉书》卷23《刑法志》，中华书局1962年版，第1101页。

马迁在《报任少卿书》中有类似的悲情表述："故士有画地为牢势不入，削木为吏议不对，定计于鲜也。"① 此亦可为武帝以来刑法渐酷、吏民哀怨之佐证。

尤为难能可贵且影响久远的是，路温舒反对刑讯逼供，认为刑讯逼迫犯人为求生而编造假口供，为狱吏枉法定罪提供了方便之门。人之常情，安乐则愿生，痛苦则欲死。重刑之下，要什么口供而不得？犯人为少受非人的折磨，不能求生转而求死，不得不胡乱招供，屈打成招屡见不鲜。狱吏又千方百计深文周纳，罗织罪名，用刑残酷无比，为苟且于一时，不顾国家忧患，实为今世之大敌。所以，天下之患，莫过于冤狱；败坏法令，扰乱政事，离间亲戚，阻塞言路，"莫甚乎治狱之吏"。这就是所谓秦朝弊政至今尚存的表现。

如何纠正这种弊政呢？路温舒建议，减轻乃至取消对诽谤罪的处罚，以便广开言路，博采民意。"诽谤之罪不诛，而后良言进"；"除诽谤以招切言，开天下之口，广箴谏之路，扫亡秦之失，……省法制，宽刑罚"，废黜苛酷的治狱之吏。果能如此，则太平之风可兴，并永享祥和康乐。南宋真德秀认为："温舒论缓刑，而并及除诽谤，招切言，必其时有因言获罪者。"② 路温舒的主张继承了先秦开明政治家反对"防民之口"③ 的优良传统。他在上书中引用《尚书·大禹谟》中的"与其杀不辜，宁失不经"，表明自己的司法主张。引语的含义是，在处理两可的疑难案件时，宁可偏宽不依常法，也不能错杀无辜。即可杀可不杀者不杀，可治罪可不治罪者不治罪。为防止枉杀无辜，保证适用法律的正确性，凡是疑难案件，均应采取从轻处理或赦免的原则。这种法律精神在西周时即已开始实施，在今天仍有积极意义。

宣帝在民间时就了解到狱政的弊端，看到路温舒的上书，深有感

---

① 《汉书》卷 62《司马迁传》，第 2732 页。

② 施之勉：《汉书集释》第 12 册《贾邹枚路传》，第 5950 页。

③ 《国语》卷 1《周语上·邵公谏厉王弭谤》，上海古籍出版社 1978 年版，第 9 页。

触。官吏玩弄法律，舞文弄墨，量刑日益加重。判案不当，让有罪者心生邪恶，无辜者反受重刑。为纠正这种弊端，地节三年十二月，宣帝下诏增设廷尉的属官，即增加审判案件的司法官员。廷尉是汉代最高的司法审判机构长官，其属官中秩级较高的是廷尉正和左、右监，都是千石级的官员。宣帝在其下设四名廷尉平，简称廷平，或廷评，官俸六百石①，负责审理诏狱的罪犯，并兼审地方疑难案件，务求办案公正公平。由于皇帝重视，一时之间，成效显著，"狱刑号为平矣"。

路温舒的《尚德缓刑书》在西汉时即为人所重。西汉末，刘向在《说苑·贵德》中转录温舒上书，略去篇首二百多字，自"陛下初登至尊"以下照录。班固在撰写《汉书·路温舒传》时，非常看重《尚德缓刑书》，《路温舒传》全传1040字，《尚德缓刑书》全文照录，计814字，而记载路温舒其他事迹的文字仅有226字。他在该传的"赞语"中称赞路温舒的上书"辞顺而意笃，遂为世家（指门第高贵、世代为官的人家），宜哉"！《尚德缓刑书》作为名篇佳作，被选入多种文集。例如，南宋大儒真德秀编的诗文选集《文章正宗》、元陈仁子编的《文选补遗》、明唐顺之编的《文编》、明梅鼎祚编的《西汉文纪》、明贺复徵编的《文章辨体汇选》、康熙皇帝所选的《御选古文渊鉴》等。这些文集均收入文渊阁《四库全书》。清人吴楚材、吴调侯编撰《古文观止》，编选东周至明代的名篇佳作222篇，《尚德缓刑书》也全文入选。康熙皇帝对路温舒的《尚德缓刑书》甚为推崇，他给予了这样的评价："凡为法吏者，皆宜朝夕省览，庶可上宣德意，下安黎氓。"②

真德秀以为，路温舒之论，虽然针对狱吏之政而发，但其实是"讥

---

① 施之勉：《汉书集释》第12册《贾邹枚路传》引杨树达曰：按，宣帝因温舒言，诏置廷平，见《刑法志》（第5951页）。据《汉书·百官公卿表》则为左、右平二人。东汉仅有左平一人。

② 《圣祖仁皇帝御制文集》第三集卷29《杂著·古文评论》，《景印文渊阁四库全书》第1299册。

当时之君"，具有强烈的现实批判精神。所以，"始言秦之时，贵治狱之吏，非自贵，由上之贵也。次言上下相殴，以刻为明。则下之为此者，上实驱之也。又次言自安之道，在于人死。则可见当时之吏，能杀人者，上之欲，故安。否则违上之所欲，故危"。① 汉昭帝时，霍光在平定上官桀父子谋反之后，颇峻刑罚。元凤三年（前78）夏四月，少府徐仁、廷尉王平和左冯翊贾胜胡皆坐纵反者，徐仁自杀，王平、贾胜胡皆腰斩。② 对于"所谓宜改前世之失"中的"前世"，清人何焯认为此"前世"实指"当世"，路温舒不敢批评当世之失，"故以秦失尚存立论"。执法严酷苛刻者获公名，而务求法律公平公正者多后患，"皆隐以讥切昭帝时事也。当以《杜延年黄霸传》中语参观之"③。

路温舒身为狱吏，熟悉刑狱，故其上书详于"缓刑"，而略于"尚德"。此亦为由宋入元的学者陈仁子所指出："温舒之言重刑狱虽详，而所以道帝于德化者尚略，故于神雀、甘露之时无补也。"④ 宣帝虽为贤明之君，而实好刑名之学。路温舒提出了"省法制"的建议，但未展开论述。涿郡太守郑昌对增设廷尉平的评价不高，认为此举虽然有助于矫治司法弊端，但只是治标之法，"不若删定律令"以治其本，"律令一定，愚民知所避，奸吏无所弄矣"⑤。宣帝未及修正施行。终汉之世，删定律令未能有成。曹魏代汉后，才命陈群等编成新律十八篇，未及颁行而国亡。

路温舒的苦学精神和尚德缓刑的主张影响广泛而深远，上至帝王将相、达官显贵，下至士人学子、布衣百姓，皆钦慕其精神，服膺其高论，其历史价值和现实意义兼备，值得认真总结，发扬光大。

---

① 施之勉：《汉书集释》第 12 册《贾邹枚路传》，第 5945 页。参见（元）陈仁子辑：《文选补遗》卷 13《上尚德缓刑书》，《景印文渊阁四库全书》第 1390 册，第 239d 页。

② 《汉书》卷 7《昭帝纪》，第 229 页。

③ 施之勉：《汉书集释》第 12 册《贾邹枚路传》，第 5946 页。

④ 施之勉：《汉书集释》第 12 册《贾邹枚路传》，第 5950 页。

⑤ 《汉书》卷 23《刑法志》，第 1102 页。荀悦《前汉纪·宣帝纪》作"谏议大夫郑昌"。

古代历史文化散论

德业双臻：明代崔恭的宦海生涯

——纪念崔恭诞辰 610 周年

王红成（河西学院历史文化与旅游学院）

崔恭，字克让，号敬斋，顺德府广宗县人。他是明代正统到成化年间声望颇高的当时名臣。他自正统元年（1436）起步入政坛，施展了自己的政治才华，得到了明英宗和李贤君臣的赏识，甚至把他定为"后日（吏部）尚书之选"[①]。明代内阁权重之前，吏部乃是六部之首，明英宗想让他担任如此重要职位，足见对他的赏识与器重。崔恭曾在临终前时告诫自己的子孙说："吾平生无益于国，毋乞恩烦渎。"[②] 这是他最后留在人世间的话。若是一般人往往会交代家中重事，而他弥留之际却始终"不及家事"[③]，可见他忠心为国的至公无私之心。清人孙奇逢评论他说："庄敏（崔恭）抚定叛乱，两竣河工。人多其干济之才，吾钦其廉靖之品，殆王忠肃一流人。"[④] 在朝为官期间，他施展了他的卓越才能，同时还能在当时混沌的官场中保持廉洁奉公的品质，绝不是一般人所能够达到的境界。时至今日，当地很多百姓依然称颂他执

---

① 姜楷荣修，韩敏修纂：《广宗县志》卷13《崔恭传》，成文出版社1969年版，第10b页。

② 姜楷荣修，韩敏修纂：《广宗县志》卷2《崔庄敏公墓志铭》，第19a页。

③ 姜楷荣修，韩敏修纂：《广宗县志》卷2《崔庄敏公墓志铭》，第19a页。

④ 孙奇逢：《畿辅人物考》卷2《崔庄敏公恭》，载张显清编：《孙奇逢集》，中州古籍出版社2003年版，第300页。

政为民的事迹。

一、家庭背景与生平履历

　　崔恭的生卒年在史料中记载得比较清楚。据明人刘珝的记述，崔恭生于永乐七年（1409），卒于成化十五年（1479），"得寿七十有一"①。清修《明史》描述崔恭为"广宗人"②，不过他的祖籍是博陵安平。他祖先是西汉昭帝时担任侍御史的崔朝，崔朝的十一世孙名为崔伯谦，始从博陵迁居柏乡（今河北柏乡县）。他的曾祖崔志刚在元朝担任卫镇抚，授武略将军。为了躲避元末的战乱，崔志刚举家迁到顺德府广宗县南苏村。也就是说，崔恭作为广宗人是从他曾祖父崔志刚算起的，而崔志刚是广宗崔氏一支的始祖。按照今天的行政区划说，崔恭是今广宗县崔南苏村人。③ 但《崔庄敏公墓志》中却记载说崔恭为"苏村"人，且据此墓志撰者明人刘珝自言，他和崔恭"相知三十五年"④，则崔恭是"苏村"人的说法必可信从。那么，崔恭是怎样从"苏村"人变为"崔南苏村"或"崔南苏"人的呢？这还要从这个村名历史演变上说，今广宗县在元末明初还是这个名字，但今崔南苏村在当时却叫"苏村"；明朝中叶苏村人口渐多，为区别北苏村，而习称之为南苏。⑤ 南苏系村名，与北苏相对。又因在明成化间曾有官至吏部尚书崔恭，因此又把它俗称为崔官

---

　　① 姜楷荣修，韩敏修纂：《广宗县志》卷2《崔庄敏公墓志铭》，第19a页。

　　② 《明史》卷159《崔恭传》，中华书局1974年版，第4339页。

　　③ 记述崔恭相关的史料基本都称他为广宗人，仅有查良佐说他是"北直广平人"，及今人隋同文等说是"广东顺德人"，均误。查良佐：《罪惟录》卷11上《崔恭传》，倪志云、刘天路点校，齐鲁书社2014年版，第1777页；隋同文编注，刘序勤辑录：《刘珝诗文集》第4集《吏部尚书崔恭墓志铭》，中国社会出版社2005年版，第323页。

　　④ 隋同文编注，刘序勤辑录：《刘珝诗文集》第4集《吏部尚书崔恭墓志铭》，第319页。

　　⑤ 河北省广宗县地名办公室编：《广宗县地名志》，1984年，第101页。

庄。^① 至清咸道年间，南苏又以姓氏命名，遂有刘南苏、李南苏、贺南苏之分别，而这个村庄因崔氏历史比较烜赫，于是以姓氏改称崔南苏，一直沿用至今。

说到崔恭的家世背景，还得从他的曾祖父崔志刚谈起。据《崔庄敏公墓志铭》载，崔至刚曾"仕元为镇抚"^②。元制：全国各地置有 10 个行中书省，总管地方行政和军政。又，行省之下设若干元帅府（或称统军万户府），统领镇戍军。镇抚为万户府下之镇抚司官，置二人，蒙古人、汉人参用，协助万户府长官管理军务。其中，上万户府所属镇抚为正五品，中万户府所属镇抚为从五品，俱金牒（牌）；下万户府所属镇抚为正六品，银牒（牌）。又据民国《广宗县志》云："元武略将军卫镇抚崔至刚墓在城北南苏村东北。……至刚原籍柏乡县，仕元为镇抚，因避难徙广宗县苏村，系恭之曾祖。"^③ 武略将军，元代武散官，从五品，以皇帝之"制"任命。由此看来，崔至刚在元时虽是以汉人身份被"参用"的，地位在蒙古镇抚之下，但毕竟是元朝从五品的武官，在当地应具有一定的社会地位。

但不幸的是，崔至刚生活在元末明初之世，入明而后不仅不能享有前朝军职，其本人还要归入"军籍"成为正军，到某处卫所服役，而这一支崔氏也由前朝的"官户"沦为"军户"，承担相应的徭役。^④ 崔氏族谱编纂者应该也清楚，他们的始迁祖崔至刚不惜舍弃武官军衔、不顾

---

① 河北省广宗县地名办公室编：《广宗县地名志》（内部发行），1984 年，第 101 页。

② 隋同文编注，刘序勤辑录：《刘玥诗文集》第 4 集《吏部尚书崔恭墓志铭》，第 319 页。

③ 姜楷荣修，韩敏修纂：《广宗县志》卷 2《地舆略》，第 18b 页。

④ 学者于志嘉对明代军户及其相关问题进行过系统研究，其在论著中列举的族谱谈到不少经历朝代更迭的旧元武臣，尤其谈到这些人入明后仍被归入"军籍"的案例，可以帮助我们理解崔至刚"因避难徙广宗县苏村"的真实动机。关于元明军役连续性的研究，可参照于志嘉：《明代军户世袭制度》（学生书局 1986 年版，第 12、22—24、47—48 页。）及《试论族谱中所见的明代军户》（《"中央"研究院历史语言研究所集刊》第 57 本第 4 分册，1986 年，第 651—652、665 页）。

君臣之义，也要迁到偏僻的村庄，除了躲避战乱，更重要的还是让他的子孙免遭明朝繁重军役之累。或许正是了解崔至刚的良苦用心，这个编纂者才做了"为尊者讳"的曲笔，而谎称"因避难徙广宗县苏村"。不过，从后世崔氏宗族的发展状况来看，崔至刚的抉择无疑是正确的。他本人虽说在朝代更迭中失掉了前朝武官职位，却也趁明太祖朱元璋重建社会秩序之机，把他本人当房人丁的户籍成功转化为"民籍"，从此扎根在了广宗县苏村。

刘玥在讲述崔恭父祖辈崔文秀和崔斌的时候，没有谈到他们的其他讯息，只说"据以公（崔恭）贵"①，可见他们平生并没有取得功名，他们的官阶不过是死后因崔恭的缘故而追赠的。又据明人王时中说，崔恭"早游邑庠"②。"邑庠"即县学，具体应指广宗县学。这说明他的家境还算比较宽裕。若综合来推断，广宗崔氏在明洪武、永乐年间已从仕宦之家转化为较为殷实的耕读之家了。崔恭就出生在这样一个家庭之中。崔恭从小聪明好学，博闻强记。永乐十六年（1418），不满9周岁的崔恭便考中秀才，得以进入县学学习。按照明初的规定，县学设教谕1人、训导2人，生员20人。崔恭入县学后，学业精进，精通《易》《书》《礼》三经。宣德十年（1435），他应顺天府乙卯科乡试中举，时年27岁。正统元年（1436），他又连捷丙辰科会试，名列三甲第四十二位，赐同进士出身。崔恭得中进士后不久，即被任命为户部主事，始步入仕途。此后，他又先后任莱州知府、湖广右布政使、江西左布政使、都察院右副都御史、吏部右侍郎、吏部左侍郎、吏部尚书、南京吏部尚书等职，直至成化十三年（1477），69岁致仕，任官长达40年之久。其间，他能"持守名节，建树事业，义范乡邦，翊翼人才"③，算得上是明代官员的

---

① 隋同文编注，刘序勤辑录：《刘玥诗文集》第4集《吏部尚书崔恭墓志铭》，第319页。

② 王时中：《崔庄敏公祠记》，载姜櫄荣修，韩敏修纂：《广宗县志》附录《广宗文征》，第579页。

③ 王时中：《崔庄敏公祠记》，载姜櫄荣修，韩敏修纂：《广宗县志》附录《广宗文征》，

典范。以下，试将崔恭值得称道的事迹加以叙述，并"寓论断于序事"①
之中。

二、革除弊政　行政为民

观政期间，即获"能声"。洪武十八年（1385），明太祖命没被选
入翰林院、承敕监等机构的进士，"观政于诸司"②。自永乐七年（1409）
开始，没被选为庶吉士的二三甲进士，分录诸司观政，此后相沿不
改。③此制度创设的目的就是让这些进士熟悉律令条例，"谙熟政体，
然后擢任之"④。崔恭中进士后，没能选入翰林院等机构，而是被分发到
户部观政。观政期满，他被擢为户部陕西司主事，"提督延绥仓储"⑤。
这个职位是户部司官中品阶最低的一级，正六品。宣德十年（1435），
始定户部十三司，每司各设郎中一人，员外郎一人，主事二人。十三司
各掌其分省之户口、钱粮等事，兼领所分两京、直隶贡赋及诸司、卫所
俸禄，边镇粮饷，并各仓场盐课、钞关。"延绥"，明代军镇之一，治所
在今陕西省绥德县。所谓"提督延绥仓储"即提调督办延绥守边所需的
军用物资储备。崔恭接受此项任务不久，就圆满地完成了任务，并赢得
了"出纳有法""有能声"⑥的美誉。"及还，遇照例汰冗官，名列其中"⑦。

第 580 页。

① 顾炎武、黄汝成集释，栾保群、吕宗力点校：《日知录集释》卷 26《史记于序事中寓论断》，上海古籍出版社 2006 年版，第 1428 页。

② 《明太祖实录》卷 172，"中央"研究院历史语言研究所 1962 年校印本，第 2627 页。

③ 章宏伟：《明代观政进士制度》，《吉林大学社会科学学报》2008 年第 5 期。

④ 《明太祖实录》卷 172，第 2627 页。

⑤ 隋同文编注，刘序勤辑录：《刘珝诗文集》第 4 集《吏部尚书崔恭墓志铭》，第 319 页。

⑥ 隋同文编注，刘序勤辑录：《刘珝诗文集》第 4 集《吏部尚书崔恭墓志铭》，第 319 页。《明史》卷 159《崔恭传》，第 4339 页。

⑦ 南炳文：《崔恭年谱》，载《明史新探》，中华书局 2007 年版，第 285 页。

时任吏部尚书的郭琎特别赏识崔恭的才干，随后奏明明英宗，把他改调河南司。正统十年（1445），崔恭又因时任礼部尚书兼大学士杨溥的推荐①，被擢升为莱州知府，官至四品。据现有的关于崔恭的履历资料，崔恭在户部任职近十年。不过，崔恭任莱州知府，应属越级升迁，这为他以后仕途的发展奠定了基础。

为国分忧，先期勤王。正统十四年（1449）六月，蒙古瓦剌部首领也先侵犯他人领地，明英宗亲率历来用以对外作战主力军队的50万京营将士出兵讨伐，于土木堡被擒，京营将士几乎全部溃散。八月，也先将逼京师，朱祁钰登临午门代理朝政，亟遣官员分头招募官舍余丁义勇，并起集民夫，更替沿河官军，令悉隶神机等营。同时，又遣御史15人分赴直隶、山东、山西、河南招募民兵入援。十月，又敕直隶、山东、山西、河南、陕西巡抚及直隶、山东、山西、河南分守各府监察御史等官躬自率领所选官军民壮进京策应。崔恭闻知皇帝被擒、京师危机的消息后，哭泣道："此臣子效力之秋也。"②十月，崔恭已多方集结莱州民兵数千人，配备武器，委任统领，入京救援。《明史》本传所载"也先犯京师，遣民兵数千入援"③京师事，就是指莱州知府崔恭的此次勤王行动。事后，"公卿大臣皆以为忠"④。

整顿吏治，匡正时弊。崔恭因治理莱州有方，"奏课为天下最，超升湖广右布政使"⑤。洪武九年（1376），改行中书省为承宣布政使司，长官称布政使。宣德三年（1428），明宣宗把全国划为两京和十三布政使司，每司设左、右布政使各一人，为一省最高行政长官。崔恭就任湖广右布政使前，"湖藩自布政以下，鱼、菜、油、烛、茶、果之类咸

---

① 傅维麟认为"大学士李贤荐（崔恭）莱州知府"，其他史料均不及此，当误。傅维麟：《明书》卷122《崔恭传》，齐鲁书社1996年版，第635页。
② 隋同文编注，刘序勤辑录：《刘珝诗文集》第4集《吏部尚书崔恭墓志铭》，第320页。
③ 《明史》卷159《崔恭传》，第4338页。
④ 隋同文编注，刘序勤辑录：《刘珝诗文集》第4集《吏部尚书崔恭墓志铭》，第320页。
⑤ 姜楹荣修，韩敏修纂：《广宗县志》卷13《崔恭传》，第10b页。

取办于下"①，大大增加了百姓负担。崔恭到任后，即与其同僚及佐官商定，"一切革去之"②。崔恭做了几年布政使颇有政绩，朝廷就把他提升为江西左布政使。他上任不久就有人和他反映，主管广济库的官吏冒领所存国家物资，其价值高达 50 万两白银。崔恭经过周密调查确认属实，遂向巡抚韩雍作了汇报，不但使贪占国家财产的奸吏得到应有的惩处，"典守者咸获罪"③，也使失职的右布政使受到了应有的惩处。此案的告破，使当地各级官吏为之肃然。

鉴于崔恭为官颇有政绩，恰巧朝廷吏部又有侍郎缺，崔恭便被召用为吏部右侍郎。明英宗为此特下敕谕和年近八十的王翱说："朕为卿寻一好同僚，待其至，卿善教之。"④崔恭上任伊始，便"置劝惩簿，以录天下人才贤否"⑤。每当吏部对官员遴选黜陟时，王翱都会咨求崔恭的意见，优者他推荐给王翱用之，劣者建议王翱罢免之，"时号称得人，无怨言"⑥。因此他备受王翱倚重。时称："选法大清，王（翱）之善多公（崔恭）之善也。"⑦他的杰出才能明英宗是看在眼里的，他也曾和大学士李贤说过："尚书王翱老矣。若侍郎崔恭、姚夔亦佳。"李贤回奏说："二人皆后日尚书之选也。"⑧只是时过境迁，王翱致仕时已是成化三年（1467），李贤也先一年过世，尚书一职也由左都御史李秉继任。又过两年，崔恭在任吏部左侍郎八年后，代李秉为吏部尚书。不久，崔恭因丁母忧，归广宗故里守孝，尚书一职由姚夔接任。明宪宗成化七年

---

① 隋同文编注，刘序勤辑录：《刘翊诗文集》第 4 集《吏部尚书崔恭墓志铭》，第 320 页。

② 隋同文编注，刘序勤辑录：《刘翊诗文集》第 4 集《吏部尚书崔恭墓志铭》，第 320 页。

③ 《明史》卷 159《崔恭传》，第 4339 页。

④ 姜槢荣修，韩敏修纂：《广宗县志》卷 13《崔恭传》，第 10b 页。

⑤ 隋同文编注，刘序勤辑录：《刘翊诗文集》第 4 集《吏部尚书崔恭墓志铭》，第 321 页。

⑥ 隋同文编注，刘序勤辑录：《刘翊诗文集》第 4 集《吏部尚书崔恭墓志铭》，第 321 页。

⑦ 王时中：《崔庄敏公祠记》，载姜槢荣修，韩敏修纂：《广宗县志》附录《广宗文征》，第 580 页。

⑧ 姜槢荣修，韩敏修纂：《广宗县志》卷 13《崔恭传》，第 10b 页。

（1471），崔恭丁母忧期满后，被任命为南京吏部尚书。他到任后，雷厉风行，先后罢免了恃才放肆、交通贿赂的南京吏部郎中方嵩、门相等不称职的部属十余人，使南京吏部的风气为之一新。

三、关注民生　体恤百姓

体恤民情，节省民力。明制：每府置知府一员，管理府内民政、治安、赋税、学校教育、农田水利、邮政、仓库、驻军粮草供应等事宜，为一府之最高行政长官。当时，"东莱号难治"①。崔恭在正统十年（1445）到莱州上任后，整顿吏治，兴利除弊，发展教育，为莱州府地做了不少善事。整顿莱州府库"过海布"②存储和转运制度就是其中之一。此前，内地输送给辽东的"过海布"，全部贮藏在莱州府库中，因府库年久失修，使得长期积压库中的数万匹"过海布"因腐烂而不堪使用；依明代制度，府库贮藏物腐坏，守库者要赔偿坏损部分的价值。所以，那些守库者大多因此破产。崔恭得知情况后，筹资别建库房三十余间，大大改善了"过海布"的贮存条件。同时，崔恭又奏请朝廷批准，府库中除留足输往辽东的固定数量的"过海布"，其余全部折为本府军饷，结果不过一年府库中便再无积压。还因此精简了用以守库的 800 多人，极大地减轻了莱州百姓的负担。

"土木之败"次年（1450），朝廷以临清为必守之地，"公卿咸议，临清要地，即不守则燕、蓟不可居，而中原不可保"③。明代宗随即派平江侯陈豫出镇临清，调济宁左卫五所来临清，合原驻军为卫。与此同

① 姜楷荣修，韩敏修纂：《广宗县志》卷 2《崔庄敏公墓志铭》，第 19a 页。
② 隋同文编注，刘序勤辑录：《刘玥诗文集》第 4 集《吏部尚书崔恭墓志铭》，第 319 页。
③ 张度等纂修：乾隆《临清直隶州志》卷 2《廨署》，清乾隆五十年（1785）刻本，第 23b 页。

时，明代宗接受兵部尚书于谦在会通河与卫河会合处东北方的"闲旷之地"修筑临清新城的建议，并命巡抚洪瑛与平江侯陈豫以及都御史孙曰良主持其事，计划年底完成筑城任务。大计已定，朝廷用檄文征召山东服劳役的人前往临清筑城。当时，正值青黄不接之时，百姓乏食，难以派出服役之人。崔恭接到檄文后，立即上疏朝廷，奏请莱州府各县宽限至秋收之后开工，并保证年底完成。崔恭在任莱州知府的六年间，"威惠大行，吏畏民怀"①；莱地百姓爱之如父母，"歌曰：'古之杨，今之崔。'"②杨震是东汉莱州刺史，深受百姓喜爱，故以此歌谣称颂崔恭之美德。

崔恭在江西任左布政使期间更是制定了"均徭法"，此法的主要内容是"量地之要散，计役之轻重而为之"，使农民能"任一岁之劳者，有九年之逸"③。用现在的话说，就是按民户丁粮多寡摊派杂役，每一个成丁在十年内只服一年劳役，其余九年可以安居乐业，休养生息。此后，"均徭法"遂成为定例，并在江西实施了很长一个时期。

安辑流民，抚定叛乱。崔恭任湖广右布政使后，发生了当地苗民进攻武冈县城的事件。崔恭亲自督办军饷，训练民兵，前往解围。苗民听说崔恭亲率民兵前来后，因慕崔恭之威惠，避而不战，"相率归服"④。又有岳州来报：各地流民聚集于公安、监利二县，且互相搏杀，给当地的治安带来严重问题。崔恭接到禀报，说："为今之计，惟镇之以静而已。"⑤他并没有采取武力解决的方式，而是宣布："愿附籍者收之，不愿者秋成遣归。"⑥意思是：愿意附于岳州户籍的人听从自便，不愿意附籍者等到秋收过后遣归原籍。此令一下，众流民随

---

① 姜楷荣修，韩敏修纂：《广宗县志》卷13《崔恭传》，第10b页。

② 姜楷荣修，韩敏修纂：《广宗县志》卷13《崔恭传》，第10b页。

③ 隋同文编注，刘序勤辑录：《刘珝诗文集》第4集《吏部尚书崔恭墓志铭》，第321页。

④ 隋同文编注，刘序勤辑录：《刘珝诗文集》第4集《吏部尚书崔恭墓志铭》，第320页。

⑤ 隋同文编注，刘序勤辑录：《刘珝诗文集》第4集《吏部尚书崔恭墓志铭》，第320页。

⑥ 隋同文编注，刘序勤辑录：《刘珝诗文集》第4集《吏部尚书崔恭墓志铭》，第320页。

即安定了下来。崔恭的这一安辑流民的措施，赢得了"上下称便"①的好评。

重视农业，刊刻农书。《农桑撮要》（又称《农桑衣食撮要》《养民月宜》）一书是元鲁明善撰写的一部以《月令》为载体的综合性农书。这本书在元代鲁明善曾刊刻过两个版本：一是延祐甲寅刻本，二是至顺元年刻本。②到明代初年，这两个版本都比较罕见，只有抄本偶尔还在流传。等到正统年间，由汝宁知府李敏推荐、金希厚出资这本书始在明代初次刊刻，此即金希厚刻本。金氏刻本行世八年之后，被莱阳知府崔恭见到。他认为"人其不劳于先，将何以逸于后"，像这样的书"诚有益于民生日用"，应该"命工梓敷布列城，俾之家喻而户晓，讵非吾有司所当务？遂刊之"③。

疏浚河道，利国利民。天顺二年（1458），崔恭由江西左布政使升为左副都御史，"巡抚南直隶，督理粮储"④，仍食从二品俸。崔恭临行前"诣阙陛辞"，明英宗"至文华殿，委谕甚重"⑤。崔恭也没有辜负明英宗的期待，上任伊始，就召集父老，询问当地利病，"所至痛为兴革，凡有建白率以经久便民为务"⑥。漕运总兵官右都督徐恭奏请朝廷疏浚仪真、瓜洲漕河，崔恭率六万多役夫，"程工赡廪，民不告劳"⑦。此后，他又疏浚常镇运河，以避江险。当时漕运船只途经孟河

① 隋同文编注，刘序勤辑录：《刘珝诗文集》第 4 集《吏部尚书崔恭墓志铭》，第 320 页。

② 高栋梁：《鲁明善与〈农桑撮要〉研究》，中央民族大学硕士学位论文 2007 年，第 22—25 页。

③ 转引自沈津：《〈农桑撮要〉书名和版本问题初探》，《农史研究》编委会编：《农史研究》第 5 辑，农业出版社 1985 年版，第 241—242 页。

④ 《明英宗实录》卷 292，"中央"研究院历史语言研究所 1962 年校印本，第 6238 页。

⑤ 姜楷荣修，韩敏修纂：《广宗县志》卷 13《崔恭传》，第 11a 页。

⑥ 王时中：《崔庄敏公祠记》，载姜楷荣修，韩敏修纂：《广宗县志》附录《广宗文征》，第 580 页。

⑦ 姜楷荣修，韩敏修纂：《广宗县志》卷 13《崔恭传》，第 10b 页。

段，因年代久远河道淤塞，官民船只"屡罹大江风涛之险"①。尚宝少卿凌信疏请以镇江运河代替此漕运河段，并建议把镇江运河疏浚，重修京口、吕城等闸，"遇浅则增置，视潮盈缩，以时启闭，人受其利而害可以减"②。崔恭上疏称凌信等人的建议，"诚东南经久之利"③。于是，明英宗命浙江嘉、湖、苏、松、常、镇六府役发当地民夫，付给官钱，"设法劝助，务在成功"④；又令崔恭协同巡按御史郑佑、郎中沈彬及知府林鹗等人勘议。他们都称"今修故道深浚，从京口、奔牛接引江潮；修整旧闸四座，增置城南灭渡桥新闸一；每二月中旬后潮高水涨，则开闸放船，九月初旬后霜降水落时闭闸车坝；如此则工力减省，事易成"⑤。明英宗批准了他们的奏请，这个工程也在成化四年（1468）最终完成。

苏、松地区的江河塘浦定期就要疏通治理，自明永乐开始夏原吉、周忱、李敏等人都曾治理过该地区的水利工程，而崔恭接下来的这次对吴淞江的治理，主要在松江地区，以配合上游的整治，解决泄水问题。⑥ 吴淞江原设有闸、捞清夫，天旱的时候就随着潮水开闸引清水灌溉田地，水大的时候就开闸放水，以防庄稼被淹没。但后来逐渐荒废，近几十年中沿江百姓都遭受洪涝的侵害。崔恭"巡抚东南，首询水患，以松为尤甚"⑦，于是命苏州知府姚堂、松江通判侯景德等人疏浚河道，这些人在详细勘察河道之后，"以为江之故道虽浚必合，莫若从新

---

① 隋同文编注，刘序勤辑录：《刘翔诗文集》第4集《吏部尚书崔恭墓志铭》，第321页。

② 王直：《抑斋文后集》卷4《镇江府重修运河记》，《景印文渊阁四库全书》集部第1241册，商务印书馆1986年版，第403页。

③ 王直：《抑斋文后集》卷4《镇江府重修运河记》，第403页。

④ 王直：《抑斋文后集》卷4《镇江府重修运河记》，第403页。

⑤ 王直：《抑斋文后集》卷4《镇江府重修运河记》，第403页。

⑥ 罗仑主编，范金民、夏维中：《苏州地区社会经济史》（明清卷），南京大学出版社1993年版，第128—129页。

⑦ 张萱：《西园闻见录》卷90《水利》，《续修四库全书》第1170册，上海古籍出版社2002年版，第126页。

地凿之，力易为而功不坏"①。崔恭采纳了他们的建议，疏浚"大盈浦至
吴淞江，凿江自昆山夏驾口至上海白鹤江；又自白鹤江至嘉定卞家渡，
迄庄家泾，出旧江万四千二百余丈；又浚蒲汇塘新泾四千丈，浚曹家沟
南抵新场三万丈，并浚六磊塘、莺窦湖、乌泥泾、沙竹冈诸水，通流入
浦"②。这样一来，当地水路"大小联络，无不通贯……程工而授，计口
而食，民虽劳而不怨，则国本垂永之计"③。在此期间，崔恭亲自督工疏
浚，当地百姓深感他的恩德，因此称曹家沟为"都台浦"。

　　救灾赈灾，拯民于水火。崔恭任莱州知府的第三年（1448），莱地
大旱，蝗虫遍野，致使当年颗粒无收，百姓无法活命。崔恭在亲自组织
并监督捕蝗的同时，还和同府官员商讨进一步的对策，但多数官员都认
为要先向朝廷疏请，等待朝廷降旨再开仓放粮，救济灾民。唯独崔恭
说："待报则无民矣。亟发六十万石，勿缓。"④ 同时"劝富民粟赈之"⑤，
还"奏免胶州、即墨诸处逋民粮草"⑥。崔恭这一系列救灾赈灾办法的实
施，使得莱州"民赖以全活者，无虑千余"⑦。另外，崔恭在任都察院右
都御史时，受命主持仪真漕河疏浚工程，"设法劝粟若干（引者按：此
'干'当为'千'字。）石给军，未久工毕，尚余两千石"⑧，于是他就把
这些剩余的粮食发放给扬州的饥民，帮助他们度过了饥荒。崔恭调离莱
州的二十三年之后，山东再次闹饥荒，莱州百姓触景生情，都说："前
崔公尚在，我辈何至此极耶？"⑨ 鉴于对崔恭思念之情，当地百姓向官府

----

① 张萱：《西园闻见录》卷 90《水利》，《续修四库全书》第 1170 册，第 126 页。

② 应宝时等修，俞樾、方宗诚纂：《上海县志》卷 4《水道下》，成文出版社 1975 年版，
第 294—295 页。

③ 张萱：《西园闻见录》卷 90《水利》，《续修四库全书》第 1170 册，第 126 页。

④ 姜楹荣修，韩敏修纂：《广宗县志》卷 13《崔恭传》，第 11a 页。

⑤ 隋同文编注，刘序勤辑录：《刘珝诗文集》第 4 集《吏部尚书崔恭墓志铭》，第 320 页。

⑥ 隋同文编注，刘序勤辑录：《刘珝诗文集》第 4 集《吏部尚书崔恭墓志铭》，第 320 页。

⑦ 隋同文编注，刘序勤辑录：《刘珝诗文集》第 4 集《吏部尚书崔恭墓志铭》，第 320 页。

⑧ 隋同文编注，刘序勤辑录：《刘珝诗文集》第 4 集《吏部尚书崔恭墓志铭》，第 321 页。

⑨ 隋同文编注，刘序勤辑录：《刘珝诗文集》第 4 集《吏部尚书崔恭墓志铭》，第 322 页。

陈述崔恭的善政，在汉杨震祠中为他立"去思碑"①。

四、秉公执法 发展教育

依法断案，力平冤狱。崔恭任莱州知府期间还破获了一起盗窃案，最终还以蒙冤者清白。某天有位外地行商途经掖县（今山东莱州市），夜间住宿于县城的客舍中，次日醒来发现货物被偷后报官。掖县同知吴佑逮捕店主之孙严刑拷问，屈打成招。崔恭得知情况之后，发现此案疑点重重，怀疑盗贼并非店主之孙。但崔恭没有急于派人四处搜查，而是和盗贼玩起了心理战。他先"祷于城隍祠"②，向神明祈告这个案件，并命乡民前去观望。城隍在明代是保护一方安定的神明，是民间最重要的信仰之一。百姓对城隍的神圣性深信不疑，崔恭这样做也是想让盗贼心生畏惧。他明面上派民快到军营当中搜查，以误导盗贼以为他的怀疑重点在兵卒身上；背地里却派人到该县四门城楼的往来人群中详细排查。盗贼一方面对神明的敬畏，另一方面也发现确实没法把货物转移到城外，最终只得偷偷把货物放在客舍门外，"侦者擒其人来，孙获免"③。另外，"即墨寡妇之执翁奸案""潍县民妇之污人为盗案"等④，都是经由崔恭审理后才真相大白的。

在此期间，崔恭还审理了昆山王凯冒籍案。起初，昆山县太仓第二十九保人王阿隆充太仓卫军，死后无子户绝，里正据实上报，核准不再勾补。当时，有一个同姓别籍之无赖王凯，意图霸占王阿隆所遗田产；还想借太仓卫离家近之便，能够不离家而充军，每月得食军饷。于

---

① 隋同文编注，刘序勤辑录：《刘珝诗文集》第4集《吏部尚书崔恭墓志铭》，第322页。
② 隋同文编注，刘序勤辑录：《刘珝诗文集》第4集《吏部尚书崔恭墓志铭》，第320页。
③ 隋同文编注，刘序勤辑录：《刘珝诗文集》第4集《吏部尚书崔恭墓志铭》，第320页。
④ 隋同文编注，刘序勤辑录：《刘珝诗文集》第4集《吏部尚书崔恭墓志铭》，第320页。

是找到南畿清理军伍的御史郭观，冒充王阿隆的近亲，声称他是为逃避军役将军籍改变成民籍的。郭观武断地认为，具有民籍者绝不会像王凯这样主动冒充属于低贱的军籍身份，遂追究了有关涉案人员，最后竟有24人被论为隐匿罪，发配苏中充军。太仓庠生陆容之父时任里正，就在这充军之列。当时，陆容向郭观陈诉实情，郭观置之不理。陆容无奈，于是就联合含冤众人一道向崔恭上诉。崔恭对此案十分重视，遂行文要求郭观核实处理，但郭观仍不为所动。崔恭即委任所属军卫与府吏并集合二里父老，认真调查，最终理清了此案的来龙去脉，不仅治了王凯之罪，而且还使蒙冤者脱去了军籍，复归民籍。为此，陆容撰《雪冤颂》，献给崔恭。数年后，陆容又请长洲吴宽撰写《崔巡抚辨诬记》，专记此事。

爱惜人才，奖拔后进。崔恭每到一地方都特别注意扶持教化，"尤加意学校"①，勤于课士，注重发展教育事业。当时有位名为黄沦的士人，他是宣德十年（1435）举人，正统元年（1436）中式进士，之后在汜水县任教谕之职。至成化初年，黄沦任职九年考满，依例吏部要根据他这期间为官称职与否，作出或升或降的人事安排。黄沦在汜水县为官深受当地百姓爱戴，于是百姓向吏部提交状书，希望能继续留他在原地任职。当时吏部对黄沦的安排有了分歧，吏部尚书李秉认为应该顺从百姓的意愿，但任吏部右侍郎的崔恭却以故乡顺德府教育废弛为由，要把黄沦任命为顺德府教授。最终，黄沦的人事安排依照崔恭的意愿，被调到了顺德府学。由于黄沦才能卓著，"顺德士翕然化服"②，往往能够考取进士，进登显要官位。崔恭的这一举动虽有滥用职权之嫌，但从顺德府教育层面上讲确实对提升当地教化水平起到了至关重要的作用。

崔恭在担任南京吏部尚书第六个年头，因年老病弱上疏乞休，明宪宗

---

① 隋同文编注，刘序勤辑录：《刘翔诗文集》第 4 集《吏部尚书崔恭墓志铭》，第 319 页。

② 引自［日］三浦秀一：《乡试考官林光与明代中期的副榜合格者》，天一阁博物馆编：《科举与科学文献国际学术研讨会论文集》（下），上海书店出版社 2011 年版，第 200 页。

"特赐玺书，以荣其归"①；等到归家之日，朝廷"公卿而下，送者十余里不绝，莫不谓可继二疏"②。这里说的"二疏"，是西汉宣帝时的名臣疏广和疏受，疏广为太傅，疏受为少傅，因两人同时以年老乞求致仕，时人贤之。这里把崔恭和"二疏"作比，足见史家对他的认可和颂扬。崔恭致仕回乡后，独居一室，手不释卷，除读书自娱外，还"教子孙读书"③；时常有后生向他"拜而问艺，悉一一指画不倦"④。长期以来，广宗因地处偏僻，士子难得全书，极大地影响了他们学业的长进。崔恭发现了这个问题，便慷慨解囊，购买印刷品质好的历代正史、《文献通考》《通志略》《玉海》《五经》《四书》及有关"四方古今名儒论议"⑤的书籍，捐赠给广宗县学，供生员及全县读书人阅读。此后，"广宗之士，科不乏人"⑥局面的出现，应该说和崔恭有绝大关系。当时，昌邑县童子史奇、李春二人因有人告发其散布谣言而被下狱。崔恭知道后，曰："孩童何知？冤哉！"⑦他于是"力辨其枉"，不仅解救他二人出狱，而且还将他们送入县学学习。

明初以来，凡在南京国子监读书的监生学习期满后，必须到北京国子监引奏纪选后，方可卒业，"其中贫乏者病于往复，率多淹滞"⑧。崔恭在任南京吏部尚书时上疏朝廷，请求南京国子监应享有和北京国子监同等的权力。经崔恭力争，朝廷获准，并著为例。这极大地方便了在南京国子监就读的贫困监生。成化十五年（1479）冬十二月四日，崔恭病

---

① 隋同文编注，刘序勤辑录：《刘珝诗文集》第4集《吏部尚书崔恭墓志铭》，第322页。
② 王时中：《崔庄敏公祠记》，载姜槛荣修，韩敏修纂：《广宗县志》附录《广宗文征》，第580页。
③ 隋同文编注，刘序勤辑录：《刘珝诗文集》第4集《吏部尚书崔恭墓志铭》，第322页。
④ 王时中：《崔庄敏公祠记》，载姜槛荣修，韩敏修纂：《广宗县志》附录《广宗文征》，第580页。
⑤ 王时中：《崔庄敏公祠记》，载姜槛荣修，韩敏修纂：《广宗县志》附录《广宗文征》，第580页。
⑥ 隋同文编注，刘序勤辑录：《刘珝诗文集》第4集《吏部尚书崔恭墓志铭》，第322页。
⑦ 河北省广宗县地名办公室编：《广宗县地名志》（内部发行），1984年版，第222页。
⑧ 隋同文编注，刘序勤辑录：《刘珝诗文集》第4集《吏部尚书崔恭墓志铭》，第322页。

逝家中，"疏闻，诏遣官谕祭、营葬"①。明宪宗降旨赠"太子少保"，以示尊荣。崔恭一生"宽平坦易，中无芥蒂，临事刚而不亢，柔而不亵，其在吏部，慎惜人才，奖拔后进，廉靖自居，人知严惮"②，故谥号"庄敏"，因称"庄敏公"。据南延涛先生介绍，"弘治五年（1492）为纪念崔恭，在广宗城内北街建牌坊一座，上书'两京冢宰，宫保尚书'字样。据说，当时文官到此下轿，武官到此下马。现在不下六十岁的人对牌坊的形状、位置仍记忆犹新，他们每谈及此，总要滔滔不绝地讲一番崔恭生平事迹，议论一番他为百姓做过的好事，借以寄托思念之情。"③

（注：本文在写作中参考了邢台当地学者的已有成果。在此，谨表谢意！）

① 隋同文编注，刘序勤辑录：《刘玙诗文集》第 4 集《吏部尚书崔恭墓志铭》，第 319 页。

② （明）孙奇逢：《畿辅人物考》卷 2《崔庄敏公恭》，载张显清编：《孙奇逢集》，第 299 页。

③ 南延涛：《崔恭的一生》，载《广宗文史资料》（第 1 辑），政协广宗县委员会，1990 年，第 87 页。

沙丘平台历史文化的保护研究
与开发利用

南朝品（广宗县政协文化文史和学习委员会）

  沙丘平台在中国历史上占有重要地位，是广宗县独具特色的历史文化名片，具有极其深厚的历史文化底蕴。沙丘平台发生的重大历史事件，深远地影响了中国历史发展进程。

  2001 年 2 月 7 日，沙丘平台遗址列为"河北省重点文物保护单位"。1996年 4 月 19 日，全国人大常委会副委员长、民盟中央主席，著名社会学家、人类学家费孝通第三次来广宗时考察了沙丘平台遗址。费孝通先生非常重视沙丘平台的历史文化价值，提出广宗要"解放思想、开发沙丘、就地取材、造福人民"，希望对沙丘平台遗址做好保护研究与开发利用，服务于广宗人民。2020 年 8 月 28 日，全国人大副委员长、民盟中央主席丁仲礼考察了沙丘平台遗址。

费孝通先生题字

一、沙丘与沙丘平台

"沙丘"一词，《辞源》释文为："古地名，在今河北省广宗县境……纣益广沙丘苑台……赵公子成囚主父于沙丘宫，又秦始皇崩于沙丘平台，即此地。"

最早记载有"沙丘苑"的湖北
云梦秦竹简

2020年第七版《辞海》注释："沙丘，古地名。在今河北广宗大平台、前后平台一带。相传殷纣王于此筑台，畜养禽兽；公元前295年，战国赵武灵王为公子成和李兑所围，饿死沙丘宫；前210年，秦始皇巡视途中病死于沙丘平台，均在此。"①

商纣王于此扩建沙丘苑台并设"酒池肉林"，围绕赵武灵王、秦始皇，在沙丘发生过两次沙丘政变，史书方志记述颇多。1989年10月，湖北云梦县城东郊龙岗地区的秦代古墓中出土了一批简牍，其中有一枚竹简上面赫然写有"沙丘苑"三字，这是关于"沙丘苑"最早的文字记载。由此可以说明，"沙丘""沙丘苑"在秦朝及其以前是具有极高知名度和非常有影响的地方。

"沙丘"作为地名，最早见于《史

① 参见《辞海》网络版"沙丘"条，网址：https://www.cihai.com.cn/search/words?q=%E6%B2%99%E4%B8%98。

记·殷本纪》，商纣王"益广沙丘苑台……大聚乐戏于沙丘"。《史记正义》引《竹书纪年》："自盘庚徙殷至纣之灭二百五十三年，更不徙都，纣时稍大其邑，南距朝歌，北据邯郸及沙丘，皆为离宫别馆"[1]。《汉书·地理志》："赵、中山地薄人众，犹有沙丘纣淫乱余民。"[2] 清康熙《广宗县

商晚期陶鬲、战国龙纹瓦当、战国陶豆

① 《史记》卷3《殷本纪》，中华书局2014年版，第135—136页。

② 《汉书》卷28下《地理志下》，中华书局1962年版，第1655页。

续志序》："按广宗一邑，列在顺德之东偏，即周秦之代所谓沙丘也。"①

广宗属古黄河、古漳河长期泛滥而成的冲积平原，由于在历史上黄河和漳水、洺河多次泛滥、改道，沉积物交错分布，加上风力和人为的影响，以及基地运动的作用，致使县境形成了许多缓岗沙丘和封闭洼地。沙丘主要分布在县境东部，称"百里沙带"②。据康熙《广宗县志》

清康熙二十六年重修关帝庙碑（全碑、局部）

---

① （清）刘辑续修：(康熙)《广宗县志》康熙十九年（1680）梁士泚序，广宗县旧志校注工作委员会编《广宗县旧志校注》，冀出内准字（2001）第 AX0008 号，2001 年，第 59 页。

② 广宗县地方志编纂委员会编：《广宗县志》第一编第六章《地貌》及《概述》，方志出版社 1999 年版，第 102、1 页。

记载："地名沙丘，志实也。斗邑无崇山峻岭之奇，止有堆沙连延，包络东郊，右映新漳，相成襟带。"①民国《广宗县志》也记载："广宗全境地势平衍，无崇山峻岭。土壤概系沙质，到处堆积成丘，自古以沙丘著名。"②古黄河曾流经一千多年，境内黄河故道迤逦南北，起伏的沙丘地貌至今仍依稀可见。

在《史记》等史籍及历代方志中，有"沙丘苑台""沙丘苑""沙丘台""沙丘平台""沙丘宫"等不同的名称，均和"沙丘"有关。在今广宗大平台、前平台、后平台等村一带，有沙丘平台遗址，其中一处原东西150米，南北70米，高3米。今在大平台村南，因村民世代建房取土，挖成了七米左右的大坑，此处褐色的夯土层和地表绳纹砖瓦片随处可见，曾出土商代陶鬲、陶罐、战国陶壶、柱础、地砖、短剑、青铜器残片、玉饰件等。③

在沙丘平台遗址北侧大平台村，有关帝庙前一通古碑，系清康熙二十六年（1687）重修的关帝庙碑记，其中有"堂阳迤逦北八里许，《史记》商辛于此筑沙丘平台，迄今大平台村即以是台为村名也"。明万历二十六年（1598）《广宗县志》记载："秦置巨鹿郡，汉因之，始置堂阳县属焉。东汉分堂阳地置广宗县，仍属巨鹿。"④又该志载："沙丘台，在县西北八里。"⑤广宗在汉代系析巨鹿郡堂阳县设置，说明沙丘平台遗址属今广宗，在广宗县治西北八里。①此碑还说明了大平台村以"台"得名，由村名也证明了沙丘平台与大平台村的关系。

二、沙丘平台发生的重大历史事件

（一）祖乙迁邢的再迁之地即沙丘一带

据专家学者梳理文献及地方志书考证而知，商王祖乙因避开水患再迁之地即沙丘一带。《竹书纪年统笺》：沙丘台……则《史记》谓祖乙迁邢者，当即为《竹书》所云迁庇者。盖是时未有邢国，邢自周公子靖渊始封，商时谓之庇也。乾隆《顺德府志》及清《广宗县志》所载："广宗，禹贡冀州之域，商祖乙所都。"周萧先生在《祖乙迁徙地望初考》中说："沙丘平台的历史可以推至纣王以前，很有可能为祖乙圮于耿迁于庇的地望"，陈伯韬先生的解释是：《尔雅·释地》云"逦迤，沙丘也"，庇即逦迤，所以沙丘即庇。他在考证了《汉书》《括地志》中的有关记载后指出："纣所作沙丘苑台、赵所作沙丘宫、秦所作沙丘台，亦即祖乙所迁之庇"，傅振伦先生在《殷帝祖乙迁都邢台说》一文中肯定了这一观点，《邢台通史》主编赵福寿先生也指出："庇即沙丘遗址"，并把庇按同地异名标注在《商代都城迁徙图》上。商代时沙丘具有建都所需的地理、气候、人文、饮水、防洪等各种优越条件，古代都城的标志——宫室（沙丘宫）、庙社（商汤庙）、苑囿（沙丘苑）、高台（沙丘台）及国家粮仓（巨桥仓）等在广宗遗址尚存。②

---

① 此碑"堂阳"代指广宗，清康熙年间广宗治所在今县城县衙大堂，由大堂往西北八里许，恰好是大平台村。

② 关于商代祖乙迁都于庇的研究，谷华池：《殷商五代帝王建都沙丘考》（载《邢台学院学报》2006 年第 1 期）一文有所考证。

（二）商纣王与沙丘苑台、酒池肉林

《史记·殷本纪》记载："（纣）好酒淫乐，嬖于妇人。爱妲己，妲己之言是从。于是使师涓作新淫声，北里之舞，靡靡之乐……益收狗马奇物，充仞宫室。益广沙丘苑台，多取野兽蜚鸟置其中。大聚乐戏于沙丘，以酒为池，县肉为林，使男女裸，相逐其间，为长夜之饮。"纣王在以往帝王营建的基础上扩建了沙丘苑台，增建了离宫别馆，从全国搜罗各种珍禽奇兽放养于苑内。据《汉语大词典》"苑"字的释义为"古称养禽兽、植林木的地方，多指帝王或贵族的园林。""台"的释义为"高而上平的方形建筑物，供观赏眺望用。"《尔雅注疏》《说文解字》"台"字的解释："积土四方而高者名台""台，观四方而高者"。在上古先民眼中，巍峨高耸的"台"象征着天神居住的地方，在高台上祭祀就能与天神沟通。苑、台结合是中国古典园林的雏形。沙丘苑台是中国有文字记载的最早的帝王园林，是中国古典园林的发源地。

"（纣王）厚赋税以实鹿台之钱，而盈钜桥之粟。"商纣王还命人在附近修建了巨大粮仓即巨桥仓，装满了从全国掠夺来的粮食。巨桥仓是中国历史上第一座皇家粮仓。据广宗地方文史学者谷华池先生考证，巨桥、巨桥仓遗址在广宗县张葛、旧店村一带。

（三）赵武灵王与沙丘宫变

赵武灵王是战国群雄争霸中一位杰出的政治家、军事家、改革家，曾被梁启超称为"黄帝以后第一伟人"。他推行"胡服骑射"改革，建立了一支强大的骑兵，使赵国很快成为当时华夏大地上东部最强国。他在沙丘苑大规模营建离宫别馆，除了在沙丘宫苑休养、游猎之外，还接待齐、楚、燕、韩、秦等多国宾客和来自北方戎狄部族首领，使沙丘宫苑成为彰显赵国国力之地。公元前295年，赵武灵王因在王位继承问

题上废长立幼引发沙丘宫变，"宫中人悉出。主父欲出不得，又不得食，探雀鷇而食之。三月余而饿死沙丘宫。"一代枭雄赵武灵王竟然被自己禅位的儿子惠文王和叔父公子成围困在沙丘宫而活活饿死！其悲剧成为太史公讥讽的笑柄："主父初以长子章为太子，后得吴娃，爱之，为不出者数岁，生子何，乃废太子章而立何为王。吴娃死，爱弛，怜故太子，欲两王之，犹豫未决，故乱起，以至父子俱死，为天下笑，岂不痛乎！"

（四）秦始皇与沙丘之谋

公元前 210 年，秦始皇第五次东巡返回咸阳的归途中，在山东平原津得了重病，来到沙丘宫暂驻休养。"始皇恶言死，群臣莫敢言死事。"秦始皇的病日益沉重，他亲口授给赵高一封事关大秦帝国命运的诏书，写给公子扶苏："以兵属蒙恬，与丧会咸阳而葬。"但是诏书还未交给使者，便撒手人寰。"丞相斯为上崩在外，恐诸公子及天下有变，乃秘之，不发丧。"秦始皇突然病逝，这封事关大秦帝国命运的遗诏便留在中车府令兼行符玺令事的赵高手中，他是胡亥的律令老师，如果胡亥能够继承皇位，无疑对自己最有利。赵高首先说服胡亥篡改秦始皇诏书谋取帝位，又威逼利诱李斯。李斯深怕扶苏继位后重用蒙恬导致自己失宠，最终屈从了赵高。赵高、李斯和胡亥经过一番密谋，毁掉了秦始皇给扶苏的诏书，伪造了册立胡亥为太子的假诏书。沙丘之谋导致扶苏自裁，胡亥登基，短短十五年大秦帝国灭亡。

三、沙丘平台的历史文化价值

沙丘平台具有十分深厚的历史文化积淀，其园林文化、学术价值、帝王文化、警示教育意义等值得进一步挖掘研究、开发利用。这也是沙丘平台的巨大的文化旅游开发价值。沙丘平台以其巨大的文化魅力，吸引着历代无数文人墨客、名人政要、专家学者到此访古探幽、参观考察，近年来还成了网红打卡地。

（一）沙丘苑台是世界园林之源，具有重要的园林文化价值。中西方学者认为，"世界园林之母"是东方园林，东方园林的代表是中国园林。沙丘苑台为中国有文字记载的第一座帝王园林，是中国园林的发源地。苑、台结合是中国古典园林的雏形。中国古典园林专家周维权在《中国古典园林史》中论及，春秋战国时期，"台与苑结合、以台为中心而构成贵族园林的情况已经比较普遍，台、宫、苑、囿等的称谓也互相混用，均为贵族园林"。沙丘苑台对创建生态园林城市并发挥其生态、环境、游憩等功能仍具有重要意义。2019 年 8 月 28 日在邢台市召开的河北省第三届园林博览会主场馆园林艺术馆，介绍文字显示中国园林发源地位于广宗县的沙丘苑台。2019 年 9 月 2 日武汉市园林考察团来到广宗沙丘平台遗址考察中国园林发源地——沙丘苑台。武汉考察团表示，此次来广考察调研，是源于国家住建部推荐中国园林的发源地在广宗，是对园林追本溯源的一次重要活动。

（二）沙丘平台承载了厚重的历史，具有极高的学术研究价值。这里发生的重大历史事件都已进入大中小学课本，商纣王、赵武灵王、秦始皇等知名历史人物再加上影视及文学作品的渲染和演绎，沙丘平台的故事早已是家喻户晓了，知名度极高。夏商史、春秋战国史、秦朝史、华北地理、华北河流、黄河史、考古学，都可以在沙丘平台找到研究课题。这里发生的重大历史事件均在秦朝及先秦时期，远及夏代，至今已影响中国历史 3000 多年。这些历史人文旅游资源，均具有"唯一性"。比如沙丘苑作为商纣王"酒池肉林"典故的出处，反映出中国奴隶制社会的特征，具有较高的历史文化研究价值。

（三）沙丘平台留下了众多帝王的足迹，有浓郁的帝王文化色彩。禹在契的辅佐下在今邱县、广宗交界地带导黄（河）入漳（河）。契因佐禹治水有功，舜帝任其为司徒，赐姓子氏，封于滴（漳），"商"因之成为部族的徽号，继而又成为泱泱大国的国号。漳河是商族的发源地，也是广宗文化兴起于先商时期的重要历史背景。商汤来到今北塘瞳祷于桑林（遗址在南寺郭村），北塘瞳村至今有汤王庙。公元前 14 世纪，商王祖乙迁都于沙丘一带，使商王朝走向中兴之路。商纣王于此扩建了沙丘苑台，设"酒池肉林"。赵武灵王、秦始皇先后于此发生沙丘政变。沙丘留下了大禹、商汤、祖乙、商纣王、赵武灵王、秦始皇等帝王的足迹，沙丘有都城的标志性建筑——沙丘台，有帝王处理政务和居住的宫室——沙丘宫，有皇家园林——沙丘苑台，有宗庙——汤王庙，有大型国家粮仓——巨桥仓，沙丘留下的古地名、古遗址、民间传说等承载并传承着浓郁的帝王文化而名扬中外。

（四）沙丘平台的历史镜鉴属性，具有很强的警示教育意义。

1.商纣王扩建沙丘苑台，设"酒池肉林"，倒行逆施、残暴统治，激起诸侯大臣的愤怒和奴隶平民的反抗和逃亡，盛极一时的商王朝走到了历史的尽头。纣王居功自傲，刚愎自用，荒淫无度，乱政丧国，给历代从政者以深刻的历史镜鉴：为官必须时刻保持清醒头脑，为国为民，不忘初心，终生奉献；慎独自省，廉洁自律，修养为官之德；发扬民主，从善如流，听从意见建议；克勤克俭，恪尽职守，殚精竭虑，致力于经济社会发展。

2.沙丘宫变的原因是武灵王在王位继承这一事关国运兴衰的大事上缺乏政治智慧，在王位继承人选择上首鼠两端，先是废长立幼，而后为解决王位纷争又错误地"欲分赵而王章于代"，将赵国一分为二，赵何为赵王，赵章为代王。这种"一国两王"的办法在战国时代诸侯激烈竞逐、互争雄长的背景下是违背历史潮流的倒退行为，造成赵国王室内部严重分裂，最终导致沙丘宫变。对此，荀子有精辟的论述："君者，国之隆也。隆一而治，二而乱。自古及今，未有二隆争重而长久者。"（《荀子·致士》）又说："权出一者强，权出二者弱。"（《荀子·议兵》）赵武灵王的悲剧带给后人极为深刻的历史教训，足以引起历代当政者的镜鉴。两千多年来，到沙丘宫遗址访古探幽的游人墨客，无不对赵武灵王饿死沙丘宫发出感慨。清广宗知县王�《探雀宫月》诗曰："武灵遗恨满沙丘，赵氏英名于此休。月去月来春寂寞，故宫雀鼠尚含羞。"

3."其兴也勃焉，其亡也忽焉。"秦的速亡，给我们以深刻的历史教训。秦始皇花费十七年时间完成统一大业，统一是大势所趋、人心所向。然而，战争也给人民带来巨大的灾难和痛苦，人们渴望统一后能够过上和平、幸福的生活，但是秦始皇没有顺应人民的意愿改弦更张，与民休养生息，而是继续发动战争，生活奢靡，严刑峻法，苦害百姓，这是造成秦朝速亡的深层次原因。秦始皇用人上失察，重用赵高这样的阴谋家，是导致沙丘政变的重要原因。沙丘之谋是大秦帝国由盛转衰的转折点，是秦走向速亡的直接原因，这次政变彻底改变了大秦帝国的命运，也彻底改写了中国历史。

4.我们除了要汲取他们的历史教训，还要学习、继承他们精神中的可贵之处：商汤以宽治民，以严治吏，任用贤能，勤政亲民、宽仁爱民等政治品格；祖乙大力改革，实现"祖乙中兴"的改革精神；商纣王早期的励精图治、开疆拓土的积极进取精神，赵武灵王强力推行"胡服骑射"改革强军强国的改革图强精神，秦始皇顺应历史大势，矢志统一中国的开拓进取精神。上述品格和精神，至今仍然闪耀着中华优秀政治思想文化的光芒，积淀着中华民族最深层的精神追求，代表着中华民族独特的精神标识，传承着中华民族的精神基因，这是我们最深厚的文化软实力，需要我们传承和弘扬。

四、沙丘平台的保护研究及文旅开发建议

习近平总书记在党的二十大报告中强调：加大文物和文化遗产保护

力度，加强城乡建设中历史文化保护传承，建好用好国家文化公园。坚持以文塑旅、以旅彰文，推进文化和旅游深度融合发展。2023 年 6 月 2 日，习近平总书记在文化传承发展座谈会上强调，在新的起点上继续推动文化繁荣、建设文化强国、建设中华民族现代文明，是我们在新时代新的文化使命。我们要落实好习近平总书记关于文化建设传承发展的重要讲话精神，保护传承、开发利用好沙丘平台历史文化，把沙丘平台的历史文化资源优势变为文旅开发优势，建设从商文化到秦文化的文化旅游商业综合体，着力打造沙丘平台文化旅游项目，切实做大做强广宗文旅产业。沙丘平台文化旅游开发将对广宗乃至邢台经济发展起到积极的拉动作用，助推我市高质量发展。

（一）成立专项领导小组。要高度重视，成立沙丘平台文化旅游开发专项工作领导小组，专门负责沙丘台旅游区谋划、筹建工作，专门机构要由县领导牵头，总揽、统筹、协调、部署沙丘平台文旅开发的各项工作。建议县委、县政府在发展沙丘平台文化旅游产业上给予政策支持，特别是在加强领导工作机制、部门联动、政策资金、人才引进等方面。要创新思维、创新举措，加大政策支持力度和招商引资力度。比如，沙丘平台遗址搞文旅开发，可否考虑以优惠的政策招商引资的方式吸引投资。要以新时代的文化视野系统梳理、研究、审视、思考、解读沙丘平台的历史文化，摒弃一些不合时宜的、陈旧的、不符合时代发展的提法和解读，把好沙丘平台的宣传导向，注意正能量宣传，组织专家学者编写、出版权威的、统一口径的沙丘平台权威宣传读本。要加强领导，强化机制，坚持问题导向，突破条条框框、打破坛坛罐罐，特事特办，急事急办，真正形成联动机制。

（二）加大遗址保护力度。在严防盗挖和破坏的基础上，积极争取上级扶持资金，努力申报国家级重点文物保护单位。要保护沙丘平台遗址及其相关文物，特别是保护好夏家庄村东沙丘原貌。尽快收集散失在民间的各种沙丘平台遗物，派专人看守平台遗址，禁止捡拾盗挖遗址文物遗留，对违法者依法予以打击。沙岗、沙堆是广宗县域内的地貌形式，但近年来大都消失了。沙丘平台遗址范围内，典型的沙丘地貌也只有夏家庄村东那一处了。慕名来广宗参访沙丘平台遗址者，大都想体验一下"登临沙丘"的感觉。2019 年 11 月 10 日，举办"沙丘平台与广宗区域文化"学术研讨会时，与会专家学者登上夏家庄村东的沙岗时兴奋地说："找到沙丘的感觉了！"建议要采取措施保护好这仅有的这一处沙岗及上面的古树。这对沙丘平台文化旅游开发意义重大，如果这处沙岗地貌也消失了，那带来的损失是无法估量和弥补的。

（三）申请开展考古发掘。向省市等文物部门申请，对沙丘平台遗址进行考古发掘。广宗是黄河故道，因历史上黄河"三年两决口"，大平台沙丘平台遗址处的秦朝时地平面应该在今地平面 15 米甚至于 20 米以下，因此，应该首先进行卫星遥感，探测商朝沙丘苑台、赵国沙丘宫、秦朝沙丘平台基本情况。在条件具备时，对沙丘宫、沙丘平台遗址进行考古发掘，搞清遗址真实情况，为开发利用提供科学依据。

（四）突出历史文化特色。深入挖掘沙丘文化，凸显沙丘平台厚重的历史文化价值。2019 年 11 月 9 日，中国秦汉史研究会主办、广宗县政协承办的首届"沙丘平台与广宗区域文化"学术研讨会在广宗隆重召开。中国秦汉史研究会会长，中国社会科学院古代史研究所所长、研究员卜宪群等 40 余名来自全国各高校、科研机构的专家学者莅临研讨。这是一次高水平、有影响、成果丰硕、具有现实意义的学术盛会，为沙丘平台的开发建设奠定了深厚的学术文化基础和广泛的国际国内影响。建议沙丘文化的研讨要形成机制，定期举办，从不同的角度深入系统挖掘研究，以期凸显沙丘文化的品牌效应。要运用更为广阔的历史视野和文化理念继续进一步深入挖掘研究沙丘平台的历史文化价值，这是搞好文化旅游开发的灵魂。要邀请古建筑专家作为学术指导，要忠于历史原貌。沙丘苑、沙丘台、沙丘宫等不同建筑形式的建筑风格要体现商、周、春秋、战国、秦文化的传承性、连续性和地域性。

（五）注重整体规划设计。沙丘平台的文旅开发应注重整体规划、顶层设计，注重文化品味和文化格局。可分阶段分区逐步开发。一要邀请知名专家学者对旅游区规划、设计、建设等方面进行论证，坚守"科学务实"的原则，确保景区总体规划高起点、高标准，忠于历史。二要分阶段分区逐步开发。景区范围应足够大，可规划成三个区：创业大道北延段以东为东区；创业大道北延段与 201 县道之间为中区；201 县道以西至平乡界为西区。分区开发，以中区为主，优先开发建设。建筑布局不要中轴线、对称式；建筑体量应足够大，避免小巧纤弱。当前，为沙丘平台文旅开发营造浓厚的文化氛围，同时也提升县城品位和广宗文化形象，立足资源保护，建议加快建设沙丘平台博物馆、沙丘主题文化公园和沙丘遗址公园暨警示教育基地。

（六）推动产业融合发展。探索"文化＋旅游＋产业"模式，将沙丘文化与国家级非遗太平道乐、梅花拳、柳编等独具特色的历史文化资源和广宗农业"三宝"、自行车产业有机结合起来。搞好策划，打造丰富多彩的文旅景点、文创产品和地方特色美食等文旅品牌，同时搞好营销宣传。要设计符合历史事实的表演和体验项目。比如，可以着眼赵武灵王的"胡服骑射"，在景区建造大型骑马场，可以让游客身着

商汤祈雨桑

胡服，体验骑射，感受战国时代古人的尚武豪情，增强广宗文旅品牌效应。要根据广宗的历史文化，精心设计文创产品。比如，广宗的国家级非遗柳编，可以结合现代人的生活打造新的柳编产品。要打造广宗特色美食，除了美名远扬的薄饼丸子汤，还要开发更具地方特色的美食。利用景区建设环境，可同时打造成为表现夏商周至战国时代题材的影视拍摄基地。基于投资少、见效快、和乡村振兴紧密结合的原则，可以在创业大道北延段以东，西牛庄、周田庄村西的沙丘树林地带，利用起伏的沙丘地貌和树林，引资发展"拓展训练"、骑马、射箭、打靶对抗项目和青少年锻炼项目，也可设计为"沙丘游击战"红色拓展项目。要用好直播、抖音、小视频等新媒体、自媒体平台，宣传推介广宗历史文化，助推广宗文旅开发及文化产业发展。

（七）打造廉政文化基地。要利用好沙丘平台很强的警示教育意义，规划设计、精心打造廉政文化教育基地，开展精神传承及警示教育，比如编演商汤祈雨、网开三面、纣王暴政、胡服骑射、武灵遗恨、统一华

商汤庙遗址

夏、始皇东巡等大型实景剧目，可以鼓励和号召旅游区范围内的村庄村民参加实景剧演出，还可以邀请游客参与其中亲身体验历史，从而实现历史文化、警示教育与商业经济的有机融合。同时也有利于推进全面从严治党，对做好当前党员干部的警示教育和中华优秀传统文化教育能发

太平道乐演奏

梅花拳表演

挥积极作用。

（八）整合全县文旅资源。全盘策划、统筹、整合全县文旅资源，乃至策划打造邢台东部县区精品旅游线路，以期形成整体效应。要对全县丰富的文化旅游资源进行全盘谋划、整合，精心包装。比如，要统筹对明代县衙大堂开发利用。建议以大堂为依托，复建广宗古县衙博物馆及钟鼓楼、城隍庙等历史文化景观，打造县城文化地标。以县衙博物馆、城隍庙为依托，打造仿古街区，集中展示地方手工作坊、民俗演艺、古玩字画、奇石根雕、花卉盆景、地方美食等文化元素。比如，可以把国家级非遗太平道乐、梅花拳搬到沙丘平台旅游区表演。广宗是文化部命名的中国民间艺术之乡，这些丰富多彩的民间艺术无疑也可以打造成沙丘平台旅游区及县域博物馆景区的精彩看点。此外广宗是传说中的八仙之一张果老的故里，张国老道情文化，广宗作为革命老区的红色文化，也可以进行策划、包装，如此整合全县的文化旅游资源，必然会产生良好的整体效应，擦亮广宗文化旅游名片。要推动区域协调发展，主动对接市文旅局，打造邢台市东部县区 1 日游精品旅游线路，把广宗的文旅点位纳入全市文旅规划，比如，广宗的沙丘文化旅游区、南宫的普彤塔和红色研学基地、清河的羊绒小镇等，设计好旅游线路。这对广宗的宣传、带动作用无疑是非常巨大的，必将助力广宗文旅产业快速发展。

后 记

2019 年 11 月 9 日，由中国秦汉史研究会主办，广宗县政协承办的首届"沙丘平台与广宗区域文化"学术研讨会在河北广宗雍华大酒店隆重召开。来自中国社会科学院古代史研究所、中国地方志指导小组办公室、东北师范大学、河北师范大学历、香港科技大学、南开大学、湘潭大学、秦始皇帝陵博物院、邯郸学院等全国各高校、科研机构的 40 余名专家学者及广宗县的历史文化学者莅临大会。与会专家学者多学科多角度地对沙丘平台遗址及其涉及的历史事件，史书记载，战国秦汉历史、思想与文化等展开了深入探讨，并对广宗县今后挖掘、整理、研究、传承、运用沙丘平台遗址历史文化，发展文化旅游产业提出了宝贵的意见和建议。

《中国社会科学》杂志社、《中国史研究动态》《史学集刊》《人民政协报》等新闻媒体做了专题报道。本书插页照片由侯玉钦、李香泉、高峰、侯志营等提供，部分文物资料由卫贵卿、刘灵雪、李杰等提供。

编 者

2023 年 7 月

责任编辑：翟金明

封面设计：姚　菲

图书在版编目（CIP）数据

秦始皇与广宗沙丘平台遗址学术论文集／卜宪群 主编 . — 北京：人民出版社，
　2023.10

ISBN 978 – 7 – 01 – 024683 – 3

I. ①秦… 　II. ①卜… 　III. ①秦始皇（前259—前210）– 人物研究 – 文集
　②文化遗址 – 广宗县 – 文集　IV. ① K827=33 ② K878-53

中国版本图书馆 CIP 数据核字（2022）第 059146 号

秦始皇与广宗沙丘平台遗址学术论文集
QIN SHIHUANG YU GUANGZONG SHAQIU PINGTAI
YIZHI XUESHU LUNWENJI

卜宪群　主编

人民出版社 出版发行
（100706　北京市东城区隆福寺街 99 号）

烟台市光大印刷有限责任公司印刷　新华书店经销

2023 年 10 月第 1 版　2023 年 10 月北京第 1 次印刷
开本：710 毫米 × 1000 毫米 1/16　印张：24.75　插页：3
字数：337 千字

ISBN 978 – 7 – 01 – 024683 – 3　定价：95.00 元

邮购地址 100706　北京市东城区隆福寺街 99 号
人民东方图书销售中心　电话（010）65250042　65289539